컨벤션 기획사 자격시험 대비

컨벤션 기획 · 운영 실무자들을 위한

컨벤션산업론

Introduction to Convention Industry

Introduction to Convention Industry

컨벤션산업론 개정판을 내면서...

올 해는 본 저자가 1997년 우리나라에서는 처음으로 컨벤션 · 전시 분야 전문 대학원을 만든 지 꼭 10년이 되는 시점이다. 그 간에 300여 명의 제자들이 컨벤션 · 전시 분야에서 사장으로, 전문 기획사로 그리고 전국 여러 대학의 강단에 서면서 우뚝 자리매김을 해 나가고 있다. 시설 측면에서도 서울의 코엑스에서 부산, 대구, 제주, 광주, 일산에 각종 회의 및 전시시설이 들어서고, 인천의 송도와 대전에도 시설 건설이 한창인 오늘 하드웨어 인프라도 상당히 갖추어지고 있다.

또한 "2000 ASEM 정상회의", "2002 월드컵", 그리고 "2005 부산 APEC 정상회의"와 같은 대규모 행사를 개최하면서 컨벤션 개최국으로서의 우리나라 위상도 높아졌는데, 이는 그 동안 여러 대학에 컨벤션 · 전시 관련 전공이나 학과의 개설을 통한 소프트웨어(휴먼웨어)의 저변 확대에도 그 공이 있다고 본다.

지난 10년간 많은 인력이 배출되었고 행사개최 노하우도 축적되었지만, 변화하는 컨벤션 · 전시 시장은 더 많은 새로운 일꾼과 재충전된 기존 일꾼을 필요로 하고 있다. 따라서 본 저자가 2002년도에 펴낸 『컨벤션 산업론』의 내용을 일부 수정하고, 최신 자료를 추가하고, 또 가장 중요한 부분으로 인식되는 마케팅(국제기구 유치 등) 부분을 강화하여 개정판을 내게 되었다. 이 개정판이 컨벤션 · 전시 분야에 관심 있는 모든 분들이 궁금증을 풀어가면서, 이 분야에 대한 커다란 밑그림을 그려나가는데 조금이나마 도움이 되기를 바란다.

2007년 아주 더운 여름,
연구실에서

서 승진, 윤 은주

이 책의 구성과 활용

이 책의 구성은 크게 이론적인 부분(Part I ~ III)과 실무관련 부분(Part IV) 그리고 부록으로 되어 있다. Part I은 전반적인 컨벤션 산업의 개요를 다루며, Part II는 컨벤션 산업의 구성요소로서 주최자, 참가자, 개최지 및 개최시설, 컨벤션 전담기구와 기획사에 대한 분석을 다루고 있다. Part III에서는 이전의 컨벤션 산업론에서는 다루지 않았던 컨벤션 마케팅에 관한 내용을 추가로 수록하였다. 컨벤션 산업의 발전에 있어서 주춧돌과 같은 역할을 하는 마케팅 분야를 경영학적 측면의 마케팅 이론과 결부시켜 다루어보았다. 따라서 컨벤션 서비스, 컨벤션 유치마케팅, 컨벤션 참가자 마케팅, 국제기구 유치마케팅이라는 4가지 분야에서 접근했다. 이렇게 Part I에서 Part III 까지는 "컨벤션학" 이라는 개념하에 자세하게 여러 학자들의 연구문헌, 관련 전문가들의 의견과 최신 관련 자료들을 정리한 바, 향후 학문적 접근을 위해 그 쓰임이 매우 유용하리라 본다. Part IV는 국제회의에 초점을 두고 컨벤션 기획사가 수행하게 될 기획 · 운영 실무를 프로그램 기획, 개최지 선정, 등록, 숙박, 학술, 홍보, 전시, 예산, 행사 및 식음료, 관광 및 수송, 의전 분야를 업무 성격별로 정리했다.

이 책은 컨벤션에 관심이 있는 다양한 독자들을 위해서, 그리고 컨벤션 분야를 다양한 학생들을 대상으로 강의하시는 교수님들의 1학기 강의교재 활용을 위해 다음과 같이 3가지 갈래길(track)로 입체적 구성을 하였다.

Track ❶ 2년제 대학 혹은 4년제 대학교 상급학년 재학생 그리고 졸업생 중에서 컨벤션 실무를 이해하여 실무분야에 진출하고자 하는 독자들은 다음과 같은 순서로 선별하여 공부하면 효율적이다.

Part I : 컨벤션 산업의 개요

▼

Part IV : 컨벤션 실무

▼

Chapter III : 컨벤션 마케팅

또한 이런 학생들을 가르치시는 강의 담당 교수님들도 실무실습과 병행하여 강의교재로 활용할 수 있다.

Track ② 4년제 대학교 졸업생으로 실무에 입문하여 어느 정도 경험은 있거나 고졸이상의 학력으로 수년간 컨벤션 실무에 종사하였어도 체계적으로 이를 정리하여 실무능력을 향상시키고 싶은 분 그리고 컨벤션 기획사 국가기술 자격증 2급을 준비하시는 분은 다음과 같은 방식으로 이 책을 활용하라고 권하고 싶다.

Part I : 컨벤션 산업의 개요

▼

Part II : 컨벤션 산업의 구성요소

▼

Part III : 컨벤션 마케팅

그리고 나서 Part IV의 컨벤션 실무로 기존에 알고 있는 지식을 정리하면 도움이 될 것으로 보인다.

물론 이런 독자들을 대상으로 교육을 담당하시는 교수님들께서 Part I에서Part III의 내용을 요약해서 강의할 수도 있을 것이다.

Track ③ 대학원에서 깊이 있게 실무를 이해하고자 하는 학생들, 그리고 이론적 연구를 심화하여 논문을 쓰고자 하는 학생들은 모든 Chapter를 숙독하고 특히 저자가 열심히 수집 · 정리한 Chapter 별 참고자료를 충분히 활용해 주기를 바란다.

순수히 대학원에서 연구논문 위주로 컨벤션 분야를 지도하시는 교수님들께서는 Part I에서 Part III의 내용이 새로운 연구주제나 방법을 찾아내는데 도움이 되도록 이 책에 수록한 참고문헌의 활용을 권장해 주실 수도 있다.

컨벤션 기획사 자격증 제도

컨벤션 기획사 자격증 제도는 한국산업인력공단(http://www.hrdkorea.or.kr)에서 국가기술자격검정의 집행, 시험문제출제, 관리, 자격증교부 및 사후관리 등 자격제도 운영을 총괄하고 있다.

응시자격

• 컨벤션 기획사1급

1. 해당 종목의 2급 자격을 취득한 후 응시하고자 하는 종목이 속하는 동일 직무분야에서 4년 이상 실무에 종사한 자
2. 대학졸업자 등 졸업후 응시하고자 하는 종목이 속하는 동일 직무분야에서 7년 이상 실무에 종사한자
3. 전문대학 졸업자 등으로서 졸업 후 응시하고자 하는 종목이 속하는 동일 직무분야에서 9년 이상 실무에 종사한 자
4. 응시 하고자 하는 종목이 속하는 동일 직무분야에서 11년 이상 실무에 종사한 자
5. 외국에서 동일한 등급 및 종목에 해당하는 자격을 취득한 자

• 컨벤션 기획사 2급

1. 대학 졸업자 등 또는 그 졸업예정자.
2. 전문대학 졸업자 등으로서 졸업 후 응시하고자 하는 종목이 속하는 동일 직무 분야에서 2년이상 실무에 종사한 자.
3. 응시하고자 하는 종목이 속하는 동일 직무 분야에서 4년 이상 실무에 종사한 자.
4. 외국에서 동일한 등급 및 종목에 해당하는 자격을 취득한 자.
5. 학점인정 등에 관한 법률 제8조의 규정에 의하여 대학 졸업자와 동등 이상의 학력을 인정받은 자 또는 동법 제7조의 규정에 의하여 106학점 이상 인정받은 자.

6. 학점인정 등에 관한 법률 제8조의 규정에 의하여 전문대학졸업자와 동등 이상의 학력을 인정 받은 자로서 응시하고자 하는 종목이 속하는 동일 직무분야에서 2년 이상 실무에 종사한 자.

시험과목

구분	필기시험	문항수	실기시험
1급	1. 컨벤션 기획 실무론	40	컨벤션 실무
	2. 재무회계론	30	1. 컨벤션 기획 / 실무 제안서 작성(70점)
	3. 컨벤션 마케팅	30	2. 영어 프리젠테이션(30)점
2급	1. 컨벤션 산업론	40	컨벤션 실무
	2. 호텔 · 관광실무론	30	1. 컨벤션 기획 / 실무 제안서 작성(70점)
	3. 컨벤션 영어	30	2. 영어 서신 작성(30점)

제출서류

1. 최종학력 졸업증명서(또는 졸업예정증명서)
2. 재직증명서
3. 다음 3가지 서류 중 한가지 선택 제출
    - 공기관 발행 경력확인 서류
    - 연도별 소득세 원천징수 영수증
    - 공기관 발행 해당 소속기관 갑근세 납세증명서

합격기준(1급/2급 공통)

필기 : 매 과목 100점 만점으로 과목당 40점 이상, 전과목 평균 60점 이상

실기 : 100점 만점에 전체 심사관의 전체 점수 평균 60점 이상

* 심사위원은 실기 시험문제 출제자를 포함하여 5인 내외 (학계 3인, 업계 2인) 의 전문가로 구성하며, 점수는 각 심사위원의 채점 점수 중 가장 높은 점수와 가장 낮은 점수를 제외한 중간 점수를 총합하여 이를 평균화한다.
* 1급/2급 필기 합격자가 실기 시험 불합격시 필기 시험 2년간 유효기간 적용

CONTENTS

Part I 컨벤션산업 개요

Part II 컨벤션산업의 구성요소

CONTENTS

Part IV 컨벤션 운영업무

Part I 컨벤션산업 개요

Chapter 1

컨벤션의 개념 정의 및 분류

1. 컨벤션의 개념 정의

하루가 다르게 변모하는 현대사회의 새로운 물결을 이해하고 적응하며 살아가기 위해서 정보와 지식은 물질적 자원이나 자본보다 더 중요한 자산으로 인식되었으며, 이러한 시대적 변화의 흐름에 효율적으로 대응하고자 인간은 서로의 정보와 지식을 교류하며 공유해야 할 필요성을 느끼게 되었다.

또한 인류사회의 생활향상과 병행하여 국제통신, 국제교통의 발달은 인간의 이동을 용이하게 하였고 컨벤션 참석의 기반을 형성하게 되었으며, 규모의 크고 작음을 막론하고 국가 또는 민간, 국제단체는 어느 일정한 시기를 선택하여 구성원들을 한자리에 모으는 행사를 자체사업의 주요업무로 하고 있다. 또한 그 모임도 일정한 시기나 시간에 고정시키는 것이 아니라 회원국 또는 여타 지역을 교대로 변경해 가면서 개최하는 경향이 두드러지게 나타나고 있다. 그러므로 컨벤션산업의 중요성과 더불어 컨벤션의 개최는 주최국에 많은 영향을 미치게 되었다.

이러한 현실에서 컨벤션, 특히 국제회의의 개최가 빈번해지고 그 의의도 높게 평가되고 있으며, 국제회의 산업은 지속적으로 성장하고 있다. 국제간에 일어나는 모든 문제는 대화로 해결되고, 나아가서는 국제평화에 기여하는 인류의 이상적 목표를 지향한다고 볼 때 컨벤션의 중요성이 높이 평가 받고 있는 이유가 여기에 있다고 할 수 있다.

정부, 기업, 민간 부분에서 새로이 부상하는 문제들을 효율적으로 해결하기 위해서 정보와 지식의 공유체계가 필요해짐에 따라, 국제회의 그리고 이에 병행하여 개최되는 전시 및 각종 행사를 포괄하는 의미로서의 컨벤션(Rutherford, 1990: 44)은 이제 이 같은 정보와 지식의 교류장치로서 그 중요도와 수요가 더욱 커지게 되어 산업으로까지 자리 매김을 하게 되었다.

산업으로서의 컨벤션은 일차적으로 컨벤션 센터의 운영과 관련된 설비 및 서비스 관련 산업, 국제회의, 전시 · 이벤트 산업을 지칭하나, 다양한 연관 산업 효과를 가지고 있으므로 경제적 파급효과가 매우 크다. 종합 서비스 산업으로서 대규모 컨벤션이 개최되면, 해당 개최 지역에서는 새로운 고용기회가 늘어나고 지역경제를 활성화시키며 외화획득과 세수증대의 기회를 창출한다. 또한 개최지역의 국제적 인지도 향상과 개최도시의 이미지 개선, 개최 지역 주민들에게 교육 · 문화적 기회 제공 등 긍정적 파급효과를 가져온다.

이와 같이 컨벤션은 관광 · 레저산업, 숙박 · 유흥 · 식음료 산업, 교통 · 통신 산업 등 관련 분야까지 포함하는 종합 산업이자 지식과 정보의 생산과 유통을 촉진하는 고부가 가치의 지식기반 산업(knowledge-based industry)의 핵심 산업인 것이다.

컨벤션은 국내는 물론 세계 각국에서 매년 10,000여건 내외로 개최되고 있으며, 21세기 정보화 시대와 더불어 특정 도시나 지역에서 컨벤션산업은 새로운 지역경영(destination management)의 한 방법으로 주목받고 있다. 이는 컨벤션이 지역사회에 미치는 경제적 · 문화적 파급효과, 고용증대의 가능성 및 장래성에 대한 인식이 날로 높아가고 있기 때문이다.

그러나 컨벤션이 이제 독립된 학문으로 정립되어가는 첫걸음의 단계에 있고, 컨벤션에 대한 개념정의에 있어서도 학자나 전문가에 의해 여러 관점에서 국제회의와 혼용되어 쓰이고 있으며, 따라서 각 논자에 따라 약간씩 차이가 있는 것이 현재의 실상이다. 따라서 본

책에서는 컨벤션을 전문적으로 연구하는 학자나 실무에 종사하고 있는 전문인들 사이에서 통용되는 다양한 정의를 역사적, 사전적, 제도적, 법률적 그리고 학문적으로 정리해보고, 아울러 형태별, 주최자 및 목적별로 분류해 보고자 한다.

1) 역사적 · 사전적 정의

백과사전(학원출판공사 사전편집국, 1993: 531)에는 컨벤션의 정의를 다음과 같이 내리고 있다.

"컨벤션(convention)은 국가 간의 약속이 국제적 합의에 붙여진 명칭으로, 일반적으로 '조약' 또는 '협약' 이라 번역되는 경우도 있다. 1899년 및 1907년의 헤이그 평화회의에서 성립된 전쟁에 관한 여러 조약이 컨벤션이라 일컬어진 이래로, 1915년의 국제연맹, 1945년의 국제연합과 같이 국제기구가 주최하는 국제회의에서 성립하는 조약에 공통적으로 사용되어 왔다. 따라서 양국 간 조약이 아닌, 국제 (외교)회의에서 성립하는 다수 국가의 조약에 사용되며, 조약 내용도 새로운 규칙의 작성이 아니라, 이미 국제 관습법으로서 확립되어 있는 내용을 조약의 형식으로 작성하는 법전화 조약(法典化 條約)인 경우에 사용된다."

그 후 미국에서는 컨벤션이 기업이나 단체의 대회나 집회를 가리키는 용어로 사용되었다. 즉 영한사전 (시사영어사/랜덤하우스 편집실, 1991: 498)에는 컨벤션(convention)을 "정당, 교회, 사회단체, 우애조합 따위의 대표자에 의한 집회, 협의회, 대회, 대표자 회의"라고 정의하고 있다.

한편 유럽에서는 콩그레스(congress) 혹은 멧세(messe)로 불리며, 국제기관에 의한 공식적인 회의 및 전시회를 주류로 하는 행사를 의미한다. 그러나 이후 서구의 콩그레스 · 멧세에 회의가 동반되고 미국의 컨벤션에 전시회가 동반되어, 양자는 차츰 통합된 오늘날의 컨벤션 형태로 변화해 오고 있다.

우리나라의 경우를 살펴보자. 국어사전에는 "컨벤션" 이라는 단어가 외래어로서 1980년대에 나타났으며, 그 의미도 법전화 조약의 것과 유사하다. 그러나 국제회의의 뜻을 보면 "국제적 이해사항을 심의 · 결정하기 위해서 각국의 전권위원에 의해 열리는 회의"(금성출판사, 1991: 346), 또는 "국제적 이해사항을 토의 · 결정하기 위하여 대다수의 대표자에 의해 열리는 회의"(이희승, 1991: 418)라고 정의하고 있다. 관광용어사전(안종윤, 1985: 665)은 컨벤션은 "대부분 많은 사업가 또는 전문직업인들이 참가하는 회의를 일컬으며, 미국 이외의 나라에서는 콩그레스(congress)라는 용어가 흔히 쓰이고 있다."라고 규정하고 있다.

2) 제도적 정의

각국에서는 국가제도로 관광담당기관을 설치 · 운영하고 있으며, 세계적 혹은 지역별로 관광관련 업체로 구성된 국제협회나 기구가 존재하는데, 이런 기관이나 기구에서 내리는 정의를 제도적 정의라 칭할 수 있다.

한국관광공사(2006: 19)는 컨벤션을 국제회의의 한 종류로 간주하며 주로 국제회의에 대한 정의를 다음과 같이 내리고 있다.

> "국내에서 개최된 국제행사로 참가국 수 3개국 이상, 외국인 참가자수 10명 이상인 순수 국제회의(국내 회의도 본 기준을 충족하면 국제회의로 포함)"

세계국제회의전문협회(International Congress & Convention Association: ICCA)에서는 국제비정부기구(협회)에서 주최하는 회의로 정기적으로 개최되며(일회성 행사는 포함되지 않음), 개최지는 3개국 이상 순회하고, 회의 참가자 수가 50명 이상인 회의를 국제회의의 개념으로 2001년 6월부터 적용하고 있다.

또 국제협회연합(Union of International Association: UIA)의 국제회의 개념 정의에서는 국제기구(정부기구 및 비정부기구 모두 포함)가 주최하거나 후원하는 회의 또는 국내단체가 주최하는 회의 가운데 다음 조건을 모두 만족하는 회의라 정의하고 있다. 전체 참가자 수가 300명 이상이며, 참가자 중 외국인이 40% 이상, 참가국 수 5개국 이상이 참가하는 회의로, 그 기간은 3일 이상인 회의를 말한다.

단, 순수 내국인 회의 및 종교적, 교육적, 정치적, 상업적, 스포츠 성격의 회의와 위원회, 전문가 단체 등과 같이 회의 참가자가 엄격히 제한되는 정부 단위의 회의로서, 대규모 범정부간 국제기구 본부가 소재한 뉴욕, 제네바, 로마, 브뤼셀, 비엔나 등에서 개최되는 회의와 기업회의 및 인센티브 회의 등은 제외하고 있다.

이상의 3개 기관의 기준이 현재 국내 및 해외에서 통상적으로 많이 쓰이는 기준이고, 기타 국제회의에 대한 정의를 내리는 기관들의 정의는 다음과 같다.

영국관광공사(British Tourist Authority: BAT)는 1976년 컨퍼런스(conference)를 "회합을 할 수 있는 일정한 장소와 회의 시간이 최소한 6시간 이상, 회의 참가자는 25명 이상이며, 사전에 안건이 마련되어야 한다"고 규정하고 있으며, 1984년에 실시한 컨벤션 및 전시에 관한 시장조사에서 컨벤션을 컨퍼런스(conference)와 회합(meeting)으로 구분하였다.

컨퍼런스는 정해진 주제 하에 15명 이상이 참석하여 최소한 2일 이상 계속해서 회합, 세미나, 교육 프로그램 등을 실시하는 것을 의미하며, 회합은 정해진 주제 하에 15명 이상의 인원이 최소한 6시간 이상의 세미나와 교육 프로그램을 포함하는 모임으로, 2일 이하의 기간에 걸쳐 실시하되 숙박서비스는 포함되지 않는다고 함으로써 컨벤션의 정의를 다소 수정하였다. 이렇게 영국관광공사는 컨벤션 보다는 국제회의의 개념에 초점을 맞추며, 그 내용도 회의의 목적 보다는 회의의 구성요소인 장소, 시간, 참가자의 수 등에 주력하고 있다.

국제기구나 협회의 정의를 보면, 아시아컨벤션뷰로협회(Asia Association of Convention & Visitor Bureau)에서는 2개 대륙 이상에서 참가하는 회의를 국제회의(international meetings)로, 동일 대륙 2개국 이상의 국가가 참가하는 회의를 지역회의(regional meetings)로 규정하고 있다.

3) 법률적 정의

우리나라의 관광진흥법 제3조에서는 국제회의에 관하여 다음과 같이 규정하고 있다.

국제회의업: 대규모 관광수요를 유발하는 국제회의(세미나 · 토론회 · 전시회 등을 포함)를 개최할 수 있는 시설을 설치 · 운영하거나 국제회의의 계획 · 준비 · 진행 등의 업무를 위탁받아 대행하는 업

다음과 같이 국제회의산업육성에관한법률에 의하면 제2조 정의에서 "국제회의라 함은 상당수의 외국인이 참가하는 회의(세미나, 토론회, 전시회 등을 포함한다)로서 대통령령이 정하는 종류와 규모에 해당하는 것"이라고 말한다. "국제회의 산업"이라 함은 국제회의 유치 및 개최에 필요한 국제회의시설, 서비스 등과 관련된 산업의 말한다고 정의하고 있다. 이외에도 국제회의 시설, 국제회의도시, 국제회의 전담조직, 국제회의산업육성기반 등에 대한 정의를 내리고 있는데, 국제회의 산업 육성에 관한 법률은 부록의 전문을 참고하도록 하자.

4) 학문적 정의

컨벤션에 대한 학문적 정의는 법률, 제도, 실무적 정의를 바탕으로 국제회의의 개념적 정의를 내리고 있다. 그러나 회의라는 개념은 컨벤션(convention), 콩그레스(congress), 컨퍼런스(conference) 등 유사한 개념이 중복 또는 혼용되고 있어 그 구분이 명확하지 않으며, 나라마다 약간씩 다르게 사용되고 있으므로 국제회의를 학술적으로 정의하는데 어려움이 있다.

Weirich(김용관 역, 1999: 26)의 정의에 따르면 컨벤션이란 컨벤션을 통한 사업적 모임과 참가자들 간의 사교적 상호작용이라는 두 가지 목적을 모두 포괄하고 있다. 이에 따르면, 컨벤션은 보통 해마다 개최되는데, 위의 두 가지 목적을 모두 수행하기 위해서는 광범위한 사교프로그램까지 반드시 조직되어야 하기 때문에 다른 형태의 회의에 비해 좀 더 집

중적인 기획이 필요하다. 회의 참가자들이 직접 참여할 수 있는 각종 스포츠 행사, 칵테일 파티, 테마가 있는 만찬파티, 관광 및 동반자(배우자 및 자녀를 포함한)를 위한 각종 오락적 요소를 감안해야 하므로 컨벤션을 기획하는 과정은 더욱 세분화되고 복잡해진다.

Berman과 그 외 학자들(1984: 1)은 컨벤션을 "특별한 목적을 달성하기 위한 사회단체나 정당원들 간의 회의, 사업이나 무역에 있어서의 회의, 그리고 정부 또는 정치가 간의 회의로, 통상 공인된 단체가 3개국 이상에서 온 대표자들을 모시고 개최하는 정기적 혹은 부정기적 회의"라 정의하고 있다. 김정희(1986: 7)는 포괄적 의미의 컨벤션 보다는 국제회의를 "어떤 문제에 대해 토의하여 일반정책을 마련하거나 개선방안을 모색하기 위해서 관계국들의 대표자로 구성된 회의"라고 정의함으로써 외교 정책적 측면에 있어 문제해결을 위한 수단에 초점을 맞추고 있다.

한편 김우형(1987: 5)은 국제회의를 포괄적으로 "국가 간의 이해를 조정하기 위한 교섭회의, 각국의 연구결과를 가지고 서로 발표하고 검토하는 학술 교류회의, 토의의 내용보다는 참가자의 우호증진을 도모하는 친선회의, 혹은 국제기구 및 단체의 사업계획이나 인사를 주목적으로 하는 기획회의 등 여러 가지 종류의 회의가 포함되어 있으며, 주최측면에서 보면 정부기관, 국가단체 및 민간단체가주관하는 등의 국제회의를 비롯한 전시회, 박람회, 스포츠 대회"로 정의하였다. 이는 컨벤션의 개념 자체에 대한 정의라기보다는 회의의 종류를 다양한 시각에서 종합해 놓은 것이다.

회의는 관광산업의 하나로 시작되었고, 사람들이 모여서 회의를 하다가 이것이 정례화되면서 전시가 동반하게 되었다. 그 후 회의와 전시를 통합해서 컨벤션이라 칭하게 된 것이다(Rutherford, 1990: 44). 또한 회의나 전시에 수반하여 각종 행사가 첨가됨으로써 참가자 유치에 도움이 되어왔다. 한편 물물교환 상태에서 정기적인 장(market)이 서면서, 물건의 교류가 이루어지기 시작한 것이 전시의 시작이며, 이 전시는 점차 전문 무역 전시로 그 특성을 잡아가게 되었다. 그러다가 전문 전시에 회의와 행사가 첨가되면서 더욱 전시 개최의 효율성을 높이게 되었다.

행사도 그 자체를 문화 · 축제 위주의 행사, 스포츠 위주의 행사 등으로 나눌 수 있으며, 다양한 행사에 회의와 전시가 동반되어 가는 추세이다. 이렇게 우선순위는 다르나 〈그림 1-1〉에서와 같이 회의, 전시, 행사의 구성 요소들 간의 관계를 정리할 수 있다. 본 책에서는 회의가 중심이 되고, 전시와 행사가 수반되는 모임을 "컨벤션"이라 정의하고자 한다.

〈그림 1-1〉 컨벤션의 3대 구성요소

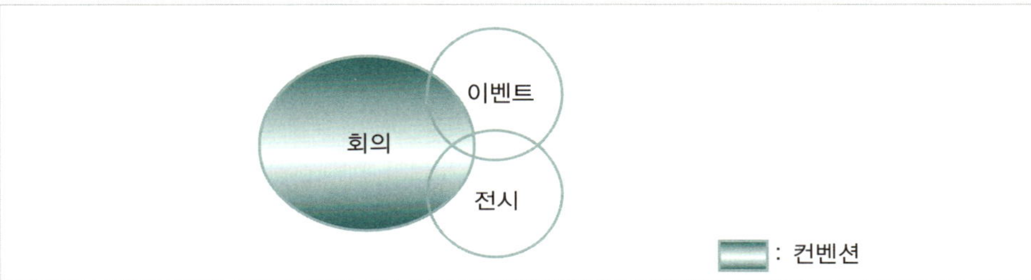

다시 말해, 본 책에서 저자는 컨벤션을 〈그림 1-1〉에서처럼 형태별, 성격별, 목적별로 분류되는 "모든 회의와 이에 수반되는 전시 및 각종 행사를 매개체로 하여 사람과 물건의 만남을 창출하는 시스템"으로 정의내리고자 한다. 이러한 개념으로서의 컨벤션은 화상회의나 뉴미디어가 전달할 수 없는 생생한 정보를 직접 체험할 수 있고 사람과 사람의 인간적인 만남이 이루어지며, 매우 집적도가 높은 정보공간에서 함께 모여 목적이 합치된 정보를 즐거움 속에서 효율적으로 수집할 수 있다는 점에서 지식정보화 시대에 "제 3의 커뮤니케이션 미디어"로 규정할 수 있다.

2. 컨벤션의 분류

1) 형태별 분류

일반적으로 컨벤션은 개최규모, 운영방법, 주제, 참가자 수에 따라 다양하게 구별될 수 있다. Abbey와 Astroff(1988: 8~14)에 따르면 컨벤션은 그 형태에 따라, 컨벤션

(convention), 컨퍼런스(conference), 콩그레스(congress), 심포지엄(symposium), 강연회(lecture), 포럼(forum), 세미나(seminar), 워크숍(workshop), 클리닉(clinic), 단기강습회(institute), 패널(panel), 전시회(exhibition and trade show)로 나눌 수 있으며, 각 형태에 따른 정의는 다음과 같다(한국관광공사, 1989: 8).

- 컨벤션(convention)

회의분야에서 가장 널리 사용되는 용어로 정보전달을 목적으로 하는 정기집회를 말한다. 과거에는 국제적, 국가적 기구, 단체에서 개최하는 연차총회로 그 의미가 제한적이었으나, 오늘날에 와서는 본회의와 분과회의 등을 포함하며 전시회가 함께 열리기도 한다. 보통 정기적으로 개최되는데 1년을 주기로 개최되는 경우가 많다. 컨벤션에는 총회 개최시 전체 참석자가 참가할 수 있는 대연회장과 소규모 토의를 위해 분리된 소회의실이 필요하다.

- 컨퍼런스(conference)

컨벤션과 거의 같은 의미로 쓰이지만 컨벤션에 비해 더 많은 토론이 이루어진다. 또한 컨벤션은 정기적인 총회의 성격을 띠는 반면, 컨퍼런스는 과학, 기술 분야 등에서 새로운 지식습득 및 문제 해결을 목적으로 한다.

- 콩그레스(congress)

유럽이나 국제행사에서 자주 사용된다. 컨퍼런스와 성격이 유사하며 참가인원도 매우 다양하다.

- 심포지엄(symposium)

포럼과 유사한 형식을 취하지만 포럼에 비해 형식적이다. 운영방식은 연사가 청중에게 프레젠테이션을 하며 청중이 질의를 할 수도 있지만 포럼에 비해 청중이 참여할 수 있는 기회가 적다.

- 강연회(lecture)

강연회는 심포지엄에 비해 더욱 형식적이다. 전문가가 청중에게 프레젠테이션을 하는 방식으로 이루어지며 청중의 질의기회는 상황에 따라 가능할 수도 있고 가능하지 못할 수도 있다.

• 포럼(forum)

일반적으로 패널리스트나 연사의 주도하에 이루어지는 토론회이다. 청중이 토론회에 참여할 수 있다. 포럼의 경우에는 2인 이상의 연사가 서로 상반되는 견해를 가지고 청중에게 연설을 하게 되며, 사회자는 쌍방의 견해를 요약해주고 토론을 이끌어가는 역할을 한다.

• 세미나(seminar)

세미나에서는 연사가 연단에서 강연을 하는 형식을 지양한다. 일반적으로 세미나에서는 의견교환이 자유로우며, 토론 참석자 중 한 사람이 모임을 이끌어 간다.

• 워크숍(workshop)

워크숍은 소그룹 형태의 모임으로 특정 문제나 과제 등을 다룬다. 워크숍은 주로 교육담당자의 주도하에 참석자들이 서로 문제에 대한 새로운 지식이나 기술 등을 교환하면서 이루어지는 교육이다 . 이러한 모임의 특징은 서로 얼굴을 맞대고 문제를 해결하는 형태를 취하며, 참석자 전원이 참여하게 된다.

• 클리닉(clinic)

주로 교육활동에 사용되는 형태의 모임으로, 특정 주제에 대한 기술지도 및 강연이 이루어진다. 이러한 형태의 모임은 소그룹만이 가능하다.

• 단기강습회(institute)

단기강습회는 주로 업계 내에서 이루어지는 것으로, 좀 더 심도 있는 교육의 기회를 제공한다.

• 패널(panel)

두 명 이상의 연사가 나와 자신의 의견을 피력하는 형태로 이루어지며, 패널리스트와 더불어 청중도 토론에 참여할 수 있다. 사회자가 패널모임을 이끌게 되는데, 이러한 패널형태의 모임은 어느 회의의 한 부분으로 개최될 수도 있다.

• 전시회(exhibitions and trade shows)
  - Exhibition: 주로 회의나 컨벤션과 연계되어 개최되는 행사로, 판매자가 제품이나 서비스를 전시하는 형태를 취한다.
  - Trade show: 전시회 자체만을 위한 행사를 일컫는다. 유럽에서는 다른 프로그램과의 연계 없이 개최되는 전시회를 trade fair라고 지칭한다.

2) 주최자 및 목적별 분류

국제회의가 중심이 되고 전시와 각종 행사가 수반되는 의미로 컨벤션을 볼 때, 국내 일부지방(local), 전국(national), 지역(regional), 그리고 국제(international) 행사로 나눌 수 있고, 참가자의 규모 상 소규모(small: 15~150명), 중규모(medium: 150~500명), 대규모(large: 500~1500명), 초대형(big: 1,500~3,000명), 그리고 극초대형(mega: 3,000~20,000명 이상)으로 나눌 수 있다(Castex, 2001).

그러나 대체로 주최자와 개최목적을 기준으로 분류하는 것이 보통이며, 주최자별로는 협회/학회 회의(association/scientific meeting), 정부회의(government meeting), 그리고 기업회의 (corporate meeting)로 나뉜다. 그리고 보이 스카우트 연맹의 세계 잼버리 대회, 로터리 클럽 세계대회 등 비영리단체 회의(non-profit organization meeting)는 협회회의에 포함시킨다(Montgomery and Strick, 1995; Kawashima, 2001; Castex, 2001).

이제 주최자 별로 참석자와 회의 주제를 정리해 보면 〈표 1-1〉와 같다.

〈표 1-1〉 주최자별 회의분류

회의분류	주최자	참가자	주제
정부회의	정부, 정부산하 기관	정부, 준 정부 기관 대표	국제/정치/사회/경제문제
협회/학회회의	각종 협회, 학회	협회, 학회 회원	학술적, 사회적 문제
기업회의	단일기업, 기업관련 조직	기업 내부직원/국내외 업계 인사	회사 경영에 관한 문제

출처: 본 저자의 재정리

협회/학회회의의 예는 세계디자인협회총회, 국제패션협회총회, 세계치과의사협회연맹총회, 국제펜클럽협회총회, 아시아산부인과협회총회, 세계잡지연맹총회, 세계인간공학회총회 등 무수히 많다. 또한 규모가 어느 정도 되는 회의에는 흔히 전시가 수반된다.

정부회의는 정부가 주관하거나 정부산하 조직이 주관하는 세계적 또는 전국적 회의를 말한다. ASEM (아시아유럽 회의), OECD 국제포럼, APEC 관광장관회의, 아태지역 노동장관회의, 관세협력이사회 연례회의, 세계국회의원연맹 총회 등이 그 예이다.

기업회의는 기업이 개최하는 회의로서 경영회의, 주주총회, 사원연수 및 창립기념대회, 신제품 발표회 등이 그 대표적 예이며, 소규모 전시가 수반된다. 참가자나 주최 측 모두 국제회의의 개최 목적은 행사마다 강조하는 부분에 차이가 있겠으나, 대체로 다음과 같이 정리할 수 있다(Kawashima, 2001: 4~5).

① 지식과 경험의 교류, ② 전문가의 강의, ③ 문제해결, ④ 협상, ⑤ 제품이나 회사의 홍보, ⑥ 대중홍보 및 설득, ⑦ 정책결정 및 결과 보고, ⑧ 사교접촉 및 관광, 여흥, 스포츠 등 행사 참여

광범위한 문제 또는 특정 문제에 대한 일반 토론을 위한 토론장으로서의 역할을 하는 회의의 예로는 국제기구의 총회 또는 이사회를 들 수 있다. 조약문 또는 기타 정식 국제문서 작성 · 채택을 위한 회의의 예로는 유엔해양법회의를 들 수 있고, 국제적 정보교환을 목적으로 하는 회의의 예로는 원자력의 평화적 이용에 관한 유엔회의를 들 수 있으며, 국제적 사업에 대한 자발적 분담금 서약회의의 예로는 UNDP, WFP등 기여금 서약회의를 들 수 있다.

Chapter **2**

컨벤션산업의 역사적 배경 및 특성

1. 컨벤션산업의 역사

1) 유럽 · 북미 사례

인간이 존재하는 순간부터 회의는 있었다. 고대 유적지를 보더라도 사람들이 모여 사냥이나 전쟁, 평화협상, 종족의 축제 등과 관련된 토론을 할 수 있는 공동의 장소가 있었던 것을 발견할 수 있다. 이러한 공동의 모임은 유목생활 종식 이후 문명의 발달과 더불어 지역단위로 이루어지게 되었다. 특히 도시의 형성과 더불어 부, 기술, 사람, 상업이 집중되고 교통의 발달로 지역 간 연계성이 강화되면서 도시는 공통의 관심사를 논의하고 교역을 하는 사람과 물건이 모이고 행사를 벌리는 장소로서의 기능을 갖게 되었다(Gartrell, 1988).

컨벤션 분야가 하나의 산업으로 가장 먼저 정착한 곳은 유럽지역 이다. 국제기구 및 본부의 65%가 소재하고 있는 유럽은 전 세계 국제회의의 약 57%를 개최하는 등 세계 컨벤션 산업의 중심인 것이다. 이러한 컨벤션의 역사적 배경은 로마시대의 체육행사에서 비롯되었다고 볼 수 있다. 운동장과 같이 넓은 장소는 사람들이 모이기에 충분한 공간이었기 때문이다(Powers, 1979: 215).

그 후 유럽에서 국제회의는 근대 국가사회의 성립과 때를 같이하여 국제사회의 전반적 평화유지를 목적으로 비롯되었다. 이와 같은 국제 평화해결 방식으로서의 국제회의 효시는 30년 전쟁 후의 1648년 웨스트팔리아(Westphalia)회의라고 할 수 있으나, 그것이 특징적으로 확립된 것은 1815년의 빈 회의이다(박영사 편집실, 1975: 22). 이는 나폴레옹 몰락 후의 유럽 사태를 처리하기 위해 영국, 오스트리아, 프러시아, 러시아 4개국이 동맹을 체결하기 위한 회의였다. 그 후 정기적으로 국제평화와 질서유지에 관한 협의를 계속함으로써 컨벤션 발전의 획기적인 전환점이 되었다.

그 후 산업화와 공업화의 진전으로 국제회의가 유럽지역 밖으로 파급되면서 그 규모와 기능이 점차 확대되었고, 국가 간의 회의를 통하여 서로의 발전과 복리증진 그리고 국가 간의 상호 이해를 도모할 필요성이 대두되었다. 또한 제 1, 2차 세계 대전을 거치는 동안 국제동맹, 국제연합과 같은 국제적 조직이 설립되면서 그 대상국이 범세계적으로 확대되었으며, 분야도 정치, 경제, 사회, 문화, 학술, 스포츠, 관광 등 전 분야에 걸쳐 이루어지게 되었다.

북미의 경우 1800년대 중반부터 업계, 전문가, 친목 종교단체의 모임이 활발하게 일어나면서 협회를 중심으로 회의가 활성화되기 시작했다. 1896년부터 디트로이트 상공인들은 그들이 어느 도시에서 회의, 전시 등을 개최하든지 간에 그런 모임이 자신들의 사업에 큰 이익이 되고, 개최 지역에게도 다양한 이득이 있음을 인식하기 시작했고, 오늘날 컨벤션뷰로라고 알려진 조직을 최초로 디트로이트 시에 설립하게 되었다. 이는 여러 단체들이 디트로이트에서 회의나 전시를 개최하도록 하는 전담기구의 기능을 수행하기 위함이었다. 이 같은 컨벤션 뷰로의 설치는 그 후 미국 전국 여러 도시에 생기게 되었다. 1914년에는 International Association of Convention and Visitors Bureaus (IACVB)[1]가 설립되었고, 1927년에는 Hotel Sales and Marketing Association International이 설립되었다(Montgomery and Strick, 1995: 7).

미국 컨벤션산업의 급격한 성장과 발전에 영향을 끼친 것은 이 같은 다양한 협회들의 발

1) IACVB는 2006년도에 Destination Marketing Association International로 명칭이 변경되면서 장소 마케팅 업무를 보다 강조하고 있음.

족이었으며, 따라서 회의와 전시산업에 관련된 모든 정보를 중앙 집중적으로 수집·관리·배포할 수 있는 기구가 필요하게 되었고, 그리하여 1949년 Convention Liaison Council(오늘날의 Convention Industry Council)이 발족되었다(Montgomery and Strick, 1995: 7).

한편 컨벤션산업이 미국 내에 성장세에 있었으나, Holiday Inn, Sheraton, Hilton, Marriott, 그리고 Hyatt 같은 호텔체인이 들어서면서 비로소 호텔업계도 컨벤션의 중요성과 경제적 파급효과를 인식하기 시작했다. 1950년대에 들어서는 컨벤션과 전시산업을 촉진시키기 위해 회의전문기획사와 회의주최 측의 의견을 반영하여, 전문적인 최신 시설들이 호텔에 들어서기 시작했다.

이 같은 컨벤션 전문호텔들이 생기면서 컨벤션 전문 담당자(Convention Service Manager: CSM)가 호텔이나 컨벤션센터 내에 필요하게 되었다. 시카고에 있는 Conrad Hilton 호텔의 영업사원이었던 Jim Collins가 이 같은 전문인력의 필요성을 인식하기 시작했고, 1989년에 호텔의 컨벤션 서비스 전담자의 전문협회인 Association for Convention Service Management(ACOM)가 설립되었고, 같은 해에 미국 노동부가 회의 및 컨벤션 기획사를 새로운 직종으로 공인하게 되었다(Lofft, 1992).

역사적으로 회의, 컨벤션, 전시산업은 전반적으로 환대산업(hospitality industry)의 변화를 그대로 반영해왔다. 환대산업의 지출이 증가하면서 회의, 컨벤션 그리고 전시산업도 크게 성장하였고, 지난 30여 년 동안 환대산업의 성장과 함께 회의, 컨벤션, 전시의 중요성도 크게 인식되었다. 이 같은 성장배경에는 사람들이 얼굴을 맞대고 커뮤니케이션을 하고자 하는 필요와 욕구가 그 원동력으로 자리 잡고 있는 것이다.

2) 국내 사례

우리나라 컨벤션 역사는 구미 선진국에 비해 매우 짧다. 우리나라 회의의 시초는 1915년 4월 조선호텔에서 개최된 '전 조선 기자대회' 라고 할 수 있는데, 이 대회는 질과 양적 측면에서 오늘날과는 비교가 되지 않는 행사였다(임재일, 1996: 7).

우리나라는 1965년 제14차 아시아 · 태평양 관광협회(Pacific-Asia Travel Association: PATA) 총회를 서울에서 치러 내면서 관광 산업에 대한 인식을 새롭게 하고 동 산업을 제도적으로 발전시키게 되는 하나의 전기를 맞게 되었다. 컨벤션산업의 입장에서는 1979년 PATA 총회를 다시 개최하게 된 것이 한국관광공사에 국제회의부(현 컨벤션뷰로: Convention Bureau)를 설치하는 계기가 되었다. 그 이후 1982년 제 8차 아세아 · 태평양 국제잼버리대회, 1983년 미국관광업자협회(American Society of Travel Agents) 총회, IPU 총회, 1985년의 IBRD, IMF 총회 등이 개최되면서 우리나라에도 국제회의 산업의 육성을 향한 본격적인 노력이 경주된 것이다(한국관광공사, 1983: 9).

특히, 1986년의 아시안 게임과 1988년 서울 올림픽의 성공적인 개최를 계기로 세계 속에서 한국의 지명도가 높아지게 되었으며, 이 영향으로 국제회의 산업은 새로운 전기를 맞이하게 되었다. 또한 1996년 아시아 · 유럽 정상회의(ASEM) 유치를 계기로, 동 대회를 수용할 수 있는 최초의 회의 전문 시설로서 KOEX가 COEX로 명칭이 바뀌면서 확장되었고, ASEM 컨벤션 센터가 갖추어지게 되었다. 지난 2000년 10월 아시아 및 유럽의 26개국 정상과 그 수행원들이 모여서 제 3차 ASEM 서울대회가 역사적으로 개최되면서 우리나라 컨벤션산업은 본격적인 산업화단계로 진입하게 되었다고 할 수 있다. 그 후 2005년 부산에서 개최된 아시아 태평양 정상회의(APEC)는 한국의 컨벤션산업 발전을 더욱 가속화 시켰다.

그럼 우리나라에서는 어떤 주제로 어떤 국제회의가 어디에서 누구 주관으로 개최되었는가? 이제 1960년대부터 1990년대까지의 개간에 개최된 회의를 요약 정리해보겠다(이자형, 2000: 101~102).

1960년대는 우리나라가 일제의 식민지 시대에서 벗어나 경제적인 자립을 시작하는 시기이면서 민주적인 자립의 기반을 형성하는 시기이기도 하였다. 개최 건수가 상당히 적었지만 대부분의 회의가 가을과 봄에 집중되었으며, 개최 장소는 호텔이 대부분이었다. 개최 기간도 1일과 2일로 짧은 기간에 개최된 것으로 국제회의의 모양을 갖추었으나, 초기 단계임을 추정해 볼 수 있다.

1960년대에 개최된 국제회의를 주제별로 살펴보면, 경제관련 분야가 국제회의의 전체의 15.63%를 차지하면서 가장 많은 개최건수를 보여주고 있다. 이것은 1962년 경제 개발 계획의 실행에 의한 결과라고 할 수 있을 것이다. 또한 한 · 미 관계, 한 · 일간의 국제관계를 통해 경제원조와 기술협력을 하였다는 정황은 주제별 국제회의 현황에서도 반영이 되어, 국제관계 관련 회의가 12.5%를 차지하였다. 다음으로 1차 산업인 농림수산업을 주제로 한 국제회의가 7.81%로 많은 건수를 보이고 있다.

1970년대에는 개최 건수가 많이 증가하였으며, 3일간 개최된 회의가 개최회의 현황에서 많은 비율을 차지하였다. 역시 개최 기간으로는 시기상 가을인 9월, 10월과 함께 봄에 많은 개최 건수를 나타내고 있다. 대부분의 회의가 서울지역에 집중 되었으며, 장소 역시 호텔이 가장 많은 회의 개최장소로 꼽혔다.

이 시기의 국제회의를 주제별로 살펴보면, 국제관계 관련 회의가 14.08%를 차지하였으며, 다음으로는 경제관련 회의가 많은 부분을 차지하고 있다. 이러한 결과는 이 시기에 경제 개발 계획이 실시되었으며, 박정희 대통령의 주요 정부정책이 경제 발전이었기 때문인 것으로 추정할 수 있다. 80년대, 90년대와 비교했을 때, 이 시대의 특징적인 것으로 국방, 통일, 반공에 관한 회의가 많았음을 볼 수 있는데, 이것 역시 당시 박정희 대통령의 정책과 제에 나타나 있다. 그 당시 경제발전과 함께 국방과 안보를 제 2의 정부정책으로 표명했기 때문이다.

1980년대는 산업부문 관련 회의가 총 98건으로 전체의 10.06%를 차지하였으며, 그 뒤를 이어 스포츠, 사회 · 복지 관련 회의, 경제관련 회의가 많은 비중을 차지하였다. 1980년대는 60년, 70년대의 주요 회의 주제였던 1차 산업인 농림수산업의 산업구조에서 탈피해, 2차, 3차 산업으로 대변되는 중화학 공업과 첨단 기술 산업의 발전이 두드러지게 나타나면서 이 분야에 관한 회의가 많이 개최되었다.

다음으로는 스포츠 관련 회의가 8.93%로 높은 비율을 차지하고 있는데, 이는 1986년 9월 20일~10월 5일에 열린 제10회 아시아 경기대회, 1988년 9월 17일~10월 2일 사이에 161

개국이 참가한 제24차 서울 올림픽 대회와 서울 장애자 올림픽 대회 조직 위원회가 주최하고, 61개국이 참가한 1988년 10월 15일~10월 24일 기간의 제8회 서울 장애자 올림픽으로 개최로 인한 영향이라 할 수 있겠다. 다음으로는 사회 · 복지 관련 회의가 7.29%를 차지하고 있는데, 이는 전두환 대통령 집권기인 80년대의 4대 지표 중 하나가 복지사회의 구현임을 살펴볼 때 추측할 수 있는 상황이라 할 수 있다.

1990년대에는 과학의 발달과 함께 컴퓨터와 전자통신 등 최첨단의 기술이 발달한 만큼 이에 관한 회의가 많이 개최되었다. 과학 · 기술관련 분야 국제회의가 총267건으로 15.39%를 차지하였다. 다음으로는 산업관련 분야, 교육 · 학술, 의학 · 약학 그리고 경제관련 회의가 많이 개최되었다. 또한 과학 · 기술과 산업의 발달로 인한 산물이라 할 수 있는 환경문제도 그 동안의 개최 비율과 비교했을 경우 2.94%라는 높은 회의 건수를 기록하고 있다. 통신 · 전자, 우주항공, 해운 · 해양개발과 같은 고기술 산업도 국제회의 주제가 되고 있다. 지난 1998~2000년까지 3년간 주제별 국제회의 개최 비율을 보면, 과학 · 기술관련 주제가 전체 국제회의 중 가장 큰 비중(25%)을 차지하고 있으며, 다음으로 예술 · 문화, 교육에 관한 주제가 차지하고 있음을 알 수 있다(한국관광공사, 2000(b)).

2000년대에 들어와서 국내 국제회의는 여전히 과학 기술 분야가 2003년부터 2005년까지 지속적으로 가장 많은 행사를 개최하였고, 참가자 수 또한 증가하였다. 반면 2005년에 들어서면서부터 경제 · 금융 관련 회의와 의학회의, 관광 · 교통 관련 회의의 개최건수가 증가하였다.

40여 년간 개최된 국제회의를 살펴보았을 때, 국제회의산업과 국가발전단계와는 많은 상관관계가 있음을 알 수 있다. 그렇다면 21세기 유망산업은 무엇일까? 많은 사람들이 향후 성장산업으로 정보와 통신관련 분야와, 환경, 그리고 교육과 관광분야 등을 꼽는다. 우리가 컨벤션산업 선진국 대열에 합류하기 위해서는 정확한 정보의 데이터베이스화와 국가발전과 국가정책, 그리고 성장 가능한 컨벤션 개최분야 등의 전망을 예측할 능력이 필요한 것이다.

그 일환으로 우리나라는 21세기의 국가 전략사업으로 국제회의산업을 육성하기로 하였고, 1996년 12월 30일 '국제회의산업육성에관한법률' 을 제정하였다. 또한 1999년 2월 8일 관광 진흥법을 개정, 국제회의업을 국제회의기획업과 국제회의시설업으로 분류하였다(http://www.mct.go.kr).

위에서 살펴본 대로 한 나라에서 수십 년 동안 개최되었던 컨벤션은 곧 그 나라의 산업 발전 단계를 반영하는 거울이다. 우리나라에서 개최된 국제회의의 변화과정은 그 당시 개최되었던 회의의 형태, 기간, 주제들을 통해 당대의 정치 · 경제 · 사회상을 엿보게 해주고 나아가 앞으로 개최해야 할 컨벤션의 방향과 특성을 예견케 해준다. 따라서 국제적인 흐름에 충분한 대비를 하는 것이 국내 컨벤션산업의 발전에 기여하리라고 본다.

2. 컨벤션산업의 특성[2)]

1) 운영상의 특성

① 시간과 공간적 상품

컨벤션시설은 상품 자체가 사용 고객에게 전달되어지는 것이 아니라, 고객이 일정 요금을 지불함으로써 시설사용에 대한 권한을 가지며, 그에 상응하는 서비스를 제공받게 된다. 즉, 컨벤션센터 운영자 입장에서 본다면 고객에게 컨벤션시설에 대하여 일정기간 동안 제한된 특정 공간의사용권을 판매하는 것을 의미한다.

따라서 이와 같은 시간과 공간적 상품의 기능을 가진 컨벤션은 이를 운영하는데 있어 특별한 관리가 필요한데, 만약 그날의 컨벤션상품을 그날 팔지 못하면 그 상품에 대한 가치는 상실되고 마는 것이며 저장 또한 불가능한 것이다. 따라서 적절한 시기에 최고의 가격으로 컨벤션상품을 판매하여야 한다.

---

2) 최태영(2002: 2~4)의 내용 인용.

② 사전예약

컨벤션은 업무 특성상 사전예약이 대단히 중요하다. 사전예약이 없으면 적절한 수요 예측도 불가능할 뿐 아니라, 현장에서 즉시에 컨벤션상품을 생산할 수도 없기 때문이다. 또한 행사에 따라 다르긴 하나 컨벤션은 상당 기간 전에 일정 및 장소가 결정되기 때문에 사전예약이 필수적이다.

③ 커뮤니케이션의 체계화

어느 서비스도 마찬가지이지만 컨벤션에 있어서 주최자, 컨벤션 기획사, 참가자간의 커뮤니케이션은 매우 중요하다. 특히 컨벤션은 상품 자체가 대규모이고 관련 산업체와의 협동 작업이 필수적일 뿐 아니라 여러 행사가 함께 어우러지는 경우가 많기 때문에, 이들과의 긴밀한 협조와 커뮤니케이션의 체계화는 합리적이고 조직적으로 계획되어야 할 것이다.

④ 가격의 융통성

컨벤션에 있어서 가격은 그룹의 규모, 개최시기, 체제기간, 잠재력, 경쟁호텔 및 컨벤션센터와의 경쟁력 등에 따라 가격이 융통성 있게 정해진다. 그래서 보통 컨벤션의 경우 객실과 컨벤션, 연회 등을 함께 묶어서 전체 가격을 결정하는 경우가 많은데, 사전에 가격변동을 예측하여 결정한다. 융통성 있는 가격책정은 성공적 컨벤션 개최의 중요 요소일 것이다.

2) 컨벤션시장의 특성

컨벤션시장은 관광 시장의 한 부분이지만 일반 관광시장과는 구별되는 다음과 같은 특징을 갖고 있다.

① 개인보다는 그룹이 참여

컨벤션시장에는 개인보다는 그룹이 참여하는 경우가 대부분이다.

② 세밀하고 전문화된 기획력 및 기획사를 필요로 함

컨벤션 기획은 일반적으로 복잡하고 많은 시간을 필요로 한다. 따라서 행사 개최일 보다

수 년 앞서 기획되는 것이 보통이다. 이러한 복잡한 기획과정으로 인해 전문적인 기획사를 필요로 하며 컨벤션 기획사는 개최지선정에 중요한 영향력을 미친다.

③ 평가 및 선정 작업으로 개최지 결정

일반적으로 개최지선정을 위해 여러 후보 개최지가 심의되고 입찰과정을 거쳐 결정된다. 개최지 결정과정에는 개최장소의 시설, 서비스, 편리한 교통, 숙박시설, 관광 명소들을 평가하며 컨벤션 행사는 개최 때마다 개최국 또는 개최 도시를 번갈아 가며 개최한다.

④ 전문화된 시설 및 서비스를 필요로 함

회의 및 전시 공간, 조명 및 음향시설, 시청각 기자재 및 부스장치 등 전문화된 시설 및 서비스를 필요로 한다.

⑤ 서비스의 모방이 용이함

대부분 서비스가 그렇지만 컨벤션 서비스도 쉽게 모방될 수가 있다. 제조업의 경우 제조상의 비밀을 경쟁자로부터 보호하기 위해 공장 출입을 금지하거나 아예 특허권을 통해 보호받을 수가 있다. 그러나 컨벤션 서비스의 경우 경쟁자들이 특정 서비스가 창출 · 소비되는 장소를 자유롭게 출입할 수가 있고, 또 특정 서비스를 특허를 통해 보호받을 수 없기 때문에 모방이 쉽게 이루어진다.

Chapter 3

컨벤션산업의 동향과 파급효과

1. 컨벤션산업의 국내외 시장 동향

1) 세계 컨벤션시장 동향

전 세계적으로 개최되는 국제회의 개최건수는 UIA 통계자료나 ICCA 통계자료를 살펴보면 2001년 이후 〈표 3-1〉에서처럼 정체현상을 보이고 있다.

〈표 3-1〉 세계 국제회의 개최건수(2001-2005)

(단위 : 건, %)

구분 / 대륙	2005	2004	2003	2002	2001
개최 건수	8,953	9,160	9,920	9,509	9,199
증감률(%)	-2.26%	-7.66%	4.32%	3.37%	-11.66%

출처: 한국관광공사(2006)

다음의 〈표 3-2〉를 살펴보면, 2005년을 기준으로 봤을 때, 국제회의 개최건수의 시장점유율 측면에서 유럽이 1위(57.3%)를 차지하고 있고, 미주지역이 2위(20.4%), 아시아주가 3위(14.6%)를 차지하고, 아프리카주는 4위(4.8%), 대양주가 5위(2.9%)순으로 나타나고 있다. 결과적으로 유럽과 미주가 전체 국제회의 시장의 약 77.7%를 장악하고 있음을 알 수 있다.

〈표 3-2〉 대륙별 국제회의 개최현황(2001-2005)

(단위 : 건, %)

구분 대륙	2005		2004		2003		2002		2001	
	건수	구성비	건수	구성비	건수	구성비	건수	구성비	건수	구성비
아프리카주	426	4.8	469	4.9	522	4.9	502	5.0	493	5.1
미 주	1,824	20.4	2,080	20.4	2,265	21.4	2,031	20.3	2,020	20.9
아시아주	1,305	14.6	1,466	14.4	1,264	11.9	1,341	13.4	1,238	12.8
대 양 주	264	2.9	327	3.2	326	3.1	328	3.3	377	3.9
유 럽	5,134	57.3	5,814	57.1	6,226	58.7	5,824	58.1	5,542	57.3
계	8,953	100.00	10,183	100.00	10,603	100.00	10,026	100.00	9,670	100.00

출처: 한국관광공사(2006)

UIA 통계기준

- 국제기구가 주최하거나 후원하는 회의
- 국제기구에 소속된 국내지부가 주최하는 국내회의 가운데 다음 조건을 만족하는 회의

한국컨벤션전시산업연구원(icem)에서 수행한 송도국제컨벤션센터운영방안(2006)에 관한 연구 결과물을 살펴보면, 국제회의시장을 유럽과 미주가 장악하는 배경에 다음과 같은 이유를 들고 있다.

첫째, 국제회의 및 학술회의 등의 본부와 유치 결정권자들이 유럽과 미주지역에 집중해서 위치해 있으므로 타 개최지에 비해 국제회의 유치 및 개최가 용이할 것이다. 둘째, 정치, 경제, 학술단체 및 기관 등의 유명한 본부나 기구가 대부분 유럽과 미주지역에 창설되어 있으므로 국제회의 유치 및 개최에 있어 유리한 위치에 있고, 셋째, 다른 지역보다 볼거리와 문화유산 등 관광자원이 많이 있고, 관광객들을 위한 기본시설이 충분히 갖추어져 있으므로 참가자 유치에 경쟁력을 갖추었기 때문에 많은 국제회의가 이 지역에서 개최되고 있을 것이다. 마지막으로 정책적으로 관광이나 컨벤션을 육성하는데 초점이 비교적 많이 맞추어져 있으므로 강점을 지니고 있다.

2005년 기준으로 전 세계에서 개최되었던 국제회의를 참가 규모별로 살펴보면 〈표 3-3〉처럼 100-500명 규모의 행사가 가장 큰 비중(49.71%)을 차지하였으며, 다음으로는 100명

이하 규모(18.77%)의 회의가 차지하고 있다. 이는 전체 국제회의시장에서 대규모의 국제회의보다 중소규모의 국제회의 개최비중이 훨씬 높다는 것을 의미한다. 1,000명 이상의 대규모 국제회의는 가장 낮은 비중(15.83%)을 차지하였는데, 2001년 이후 대규모 국제회의의 개최비중은 점차로 낮아지고 있다. 이러한 결과는 많은 시사점을 도출할 수 있다. 대부분의 국제회의 시설은 대규모의 메가급 이벤트성 행사보다는 중소규모 행사가 많은 시장의 성격을 파악하여 이러한 시설을 갖추고 있어야 한다. 또한, 메가급 행사가 단일 행사로서 지역에 미치는 경제적 파급효과는 클 수 있으나 지속적으로 개최되는 성격이 아닌 단발성 행사임을 인지하여야 할 것이다.

〈표 3-3〉 국제회의 참가자 규모별 개최현황(2001-2005)

(단위 : 건, %)

년도	규모(명)	100이하	100~500	501~1,000	1,001~3,000	3,000이상	계
2005년	건수	30	1,055	369	252	108	2,084
	구성비(%)	14.45	50.62	17.71	12.09	5.18	100
2004년	건수	393	1,000	338	205	83	2,019
	구성비(%)	19.47	49.53	16.74	10.15	4.11	100
2003년	건수	359	951	299	204	100	1,913
	구성비(%)	18.77	49.71	15.63	10.6	5.23	100

출처: 한국관광공사(2006)

2) 아시아지역 국제회의 개최현황

아시아지역은 1950년 세계 국제회의 시장점유율이 2%에 불과하였으나, 1998년 13.46%로 비약적인 성장을 보여주었다. 그러나 이후 시장점유율은 뚜렷한 성장양상을 보이지 않고 있으며 2005년에는 14.6%로 전년대비 2.26%가 감소하였다. 개최건수에 있어서는 2004년(1,466건)에 비해 161건이 감소하여 2005년에는 1,305건이 개최되었고, 대륙별 구성비에 있어서 아시아지역이 차지하는 비율은 2003년 11.9%, 2004년 14.4%, 2005년에는 14.6%로 전년에 비해 약간 감소했으나 전반적으로 안정세를 보여주고 있다.

2005년 아시아 지역 국제회의 개최건수는 국가별로는 〈표 3-4〉에서 보듯이 중국, 홍콩,

마카오가 216건(아시아 내 점유율 16.6%), 한국 185건(14.2%), 싱가포르 177건(13.6%), 일본 168건(12.9%)을 개최하여, 우리나라는 2004년도보다 21건 증가한 185건을 개최, 아시아 지역 국가 2위를 차지하였다.

〈표 3-4〉 아시아지역 주요국가 국제회의 개최현황(2001-2005)

2005년				2004년	2003년	2002년	2001년
순위	국가	건수	구성비(%)	건수	건수	건수	건수
1	중국 · 홍콩 · 마카오	216	16.6	231	130	175	161
2	한국	185	14.2	164	160	124	131
3	싱가포르	177	13.6	156	124	138	113
4	일본	168	12.9	206	229	222	222
5	인도	106	8.1	99	111	89	83
6	태국	74	5.7	99	117	111	84
7	말레이시아	61	4.7	84	70	74	59
8	인도네시아	37	2.8	33	43	50	32
9	필리핀	32	2.5	28	44	37	38
10	아랍에미리트연방	28	2.1	31	28	15	14

출처: 한국관광공사(2005)

도시별 순위에서는 〈표 3-5〉에서처럼싱가포르가 177건(아시아 내 점유율 13.6%)으로 1위를 차지하고 있고, 서울이 103건(7.9%)으로 2위 그리고 베이징이 82건(7.9%)으로 3위를 차지하였다.

〈표 3-5〉 아시아지역 주요도시 국제회의 개최현황(2001-2005)

2005년				2004년	2003년	2002년	2001년
순위	국가	건수	구성비(%)	건수	건수	건수	건수
1	싱가포르	177	13.6	156	124	138	113
2	서울	103	7.9	109	87	83	102
3	베이징	82	6.3	88	44	59	36
4	도쿄	56	4.3	47	50	48	54
5	방콕	50	3.8	69	75	76	69
6	쿠알라룸푸르	44	3.4	64	46	51	41
7	상하이	40	3.1	36	15	29	21
8	뉴델리	37	2.8	31	44	39	33
9	홍콩	35	2.7	58	37	48	81
10	부산	23	1.8	6	7	10	8
11	제주	22	1.7	4	2	3	4

출처: 한국관광공사(2005)

3) 우리나라 국제회의 개최현황

우리나라는 UIA의 통계자료에 의하면, 1997년 IMF 여파로 1998년 국제회의 개최건수가 63건에 불과하였으나, 이후 지속적인 증가로 2005년 185건을 개최하였다. 이는 세계14위에 해당하는 것으로 아시아지역에서는 중국(216건 개최, 세계11위)에 이어 2위를 차지하였다. 이는 IMF 이후 경제회복과 더불어 중앙정부 및 지방자치단체의 국제회의산업에의 관심 증가와 더불어 국제회의산업에 대한 지원정책 활성화 및 전시컨벤션센터 시설확충 등에 기인한 것으로 판단된다(한국컨벤션전시산업연구원, 2006).

2005년에 개최된 국제회의를 전체 참가자 규모별로 살펴보면, 50명이상~500명 미만인 중소규모 회의가 총 236건으로 전체의 79.2%를 차지하여 가장 높은 비중을 차지하였고, 1,000명 이상인 국제회의 개최건수는 8.05%로 가장 낮은 비중을 차지하였다. 이는 전체 국제회의 시장에서 대규모 국제회의보다는 중소규모 회의가 훨씬 시장규모가 크다는 것을 의미한다(한국컨벤션전시산업연구원, 2006).

4) 컨벤션산업 주요동향 분석 결과[3]

① 전체 국제회의 시장규모는 성장한계를 보이고 있다.

세계적으로 개최되는 국제회의 개최건수의 지속적인 성장은 이루어지지 않고 있으며, 시기별 환경요소에 따라 증감이 나타나고 있다. 1998년 국제회의 개최건수는 9,498건이었으며 2005년에는 8,953건으로, 전체적으로 보면 개최건수는 감소한 경향이 있다. 이런 점을 고려할 때, 현재의 국제회의시장은 이미 성숙기에 접어든 것으로 판단되고, 향후 국제회의의 대폭적인 개최건수의 증가는 기대하기 어려울 것으로 보인다.

세계국제회의 개최건수와는 달리 아시아 지역의 국제회의 시장점유율은 과거 지속적인 성장세를 보여주었다. 2001년 12.8%의 개최건수를 개최한 이후, 2005년에는 전체 국제회의의 14.6%를 개최하여 성장세를 유지하고 있지만, 성장률 자체는 미미하다.

우리나라 국제회의 개최건수는 1998년 이후 지속적인 성장세를 보여주고 있으며, 2005년엔 185건의 국제회의를 개최하여 세계 14위, 아시아 2위를 기록하였으며, 1994년 대비 140%나 증가하여 동기간 획기적인 성장률을 보여주었다. 이는 IMF 이후 경제회복과 더불어 중앙정부 및 지방자치단체의 국제회의산업에 대한 관심증대로 지원정책 강화 및 전시컨벤션센터 시설확충 등의 요소에 기인한 것으로 판단된다.

② 국가 간, 도시 간 국제회의 유치경쟁이 치열하다.

미국, 독일과 같은 유럽 및 북미 국가들은 물론, 홍콩, 싱가포르와 같은 아시아 국가들 역시 전시컨벤션센터 건립을 지속적으로 추진하고 있으며, 특히 1990년대 후반부터 전시컨벤션센터 신규 건립 및 시설확충 건수는 급성장하고 있다. 그러나 국제회의 개최건수의 성장은 한계에 이르렀기 때문에, 향후 국제회의시장은 자국의 시장점유율을 높이기 위해 보다 치열한 경쟁을 벌일 것으로 예상되며, 이에 따라 자국의 국제회의 유치경쟁력을 높이기 위한 수단의 일환으로 전시컨벤션센터 건립이 경쟁적으로 이루어지고 있는 것으로 보인다.

3) 한국컨벤션전시산업연구원(2006)의 "송도국제컨벤션센터운영방안연구" 에서 발췌함.

또한, 그간의 경쟁이 국가를 중심으로 이루어져왔다면 향후에는 도시 간 국제회의 유치경쟁양상이 보다 치열해지는 상황으로 전개될 것으로 예상된다. 따라서 개별 국가는 물론 개별 도시들이 국제회의 유치경쟁력을 향상시키기 위해 전시컨벤션센터의 건립 및 시설확충을 비롯한 다각적인 정책적 노력이 뒤따를 것으로 전망된다.

아시아지역의 국제회의 개최건수가 미미한 성장세를 보이고 있는 반면, 유럽의 국제회의 시장점유율이 1998년 56.85%에서 2005년 57.3%로 오히려 증가했다. 이는 국제회의시장의 선발주자인 유럽이 아시아지역에 대한 견제 및 자국의 국제회의 유치경쟁력을 더욱 향상시키기 위한 노력 및 활동을 벌이기 때문인 것으로 사료된다.

③ 대규모 국제회의보다 중소규모 국제회의가 차지하는 비중이 훨씬 높다.

2005년 기준 1,000명 이상이 참가건수는 360건으로 전체 개최건수의 17.27%를 차지하였다. 이에 반해, 100~500명 규모의 중소규모 국제회의는 50.62%로 가장 높은 비중을 차지하였다. 또한 100명 이하 국제회의도 전체 개최건수도 2003년도에 18.77%, 2004년도에 19.47%, 2005년도에 14.45%로 높은 비중을 차지하고 있다. 따라서 향후 국제회의 시장점유율을 높이기 위해서는 대규모 국제회의 유치뿐만 아니라 중소규모 국제회의를 유치하기 위해 역량을 집중시킬 필요가 있다.

EIBTM 보고서(2006)에 따르면, 최근의 회의는 개최기간이 짧아지고 참가규모가 작아지는 반면, 개최회수는 더욱 빈번해지고 있다고 한다. 이는 시간 및 예산상의 제약을 받게 됨에 따라 회의참가자들이 회의기간 내내 체류하기 보다는 꼭 필요한 회의의 일부분만 참석하게 되기 때문으로 해석되고, 이 보고서 역시 중소규모 회의 유치에 보다 집중해야 함을 뒷받침해주고 있다.

④ 신규 컨벤션시장 개발의 필요성이 증대하고 있다.

컨벤션산업의 성장을 위해서는 시장성장에 한계를 보이고 있는 (협회 혹은 정부주최의) 국제회의뿐만 아니라, 신규 회의시장을 개척할 필요가 있음은 두말할 나위가 없다. 이에 대한 대안으로 미국에서는 이미 큰 규모의 독립된 시장으로 활성화되어 있는 기업회의 시장에 눈을 돌려 다양한 기업회의를 유치하고 운영하고 있으며 기업회의 통계자료도 나오고 있다.

기업회의는 영리를 추구하는 조직에서 특별한 목적을 가지고 개최하는 회의로서, 참가자 숫자가 100명 이하인 경우가 75%에 달할 정도로 소규모이고 비정기적인 경우가 많지만 개최횟수는 매우 많은 것이 특징이다. 기업회의시장은 내부회의(internal meeting)와 외부회의(external meeting)로 분류되는데, 내부회의는 내부 종사자를 대상으로 하는 판매, 기술, 교육, 인센티브 회의 등이고, 외부회의는 기업체의 시장을 대상으로 기업체 관계자와 대외적인 협력업체들이 주로 참석하고 딜러/판매업자 회의, 심포지엄/세미나, 신상품 발표회, 전시, 인센티브, 주주회의, 출판회의 등으로 이루어져 있다.

다음 〈표 3-6〉에서 보는 바와 같이, 미국의 전체 회의시장에서 기업회의는 매우 큰 비중을 차지하고 있고, 최근 국내에서도 중앙정부나 관광공사차원에서도 신규 국제회의 시장으로서 기업회의시장에 대한 관심이 높아지고 있다.

또한 최근 들어, 국제회의시장에서 새로운 회의상품을 개발하는 사례가 발생하고 있는데, 이는 기존의 관행처럼 국제회의를 유치하는 수준을 한 단계 뛰어넘어 '새로운 국제회의 상품' 을 개발하여 이를 정기적으로 개최하는 것으로써, 국내에서는 매일경제신문과 국제회의 전문기획업체인 인터컴이 주최하는 '세계지식포럼' 이 대표적 성공사례라 할 수 있다. '세계지식포럼' 은 2000년 10월, 22개국 1,100여명이 참석하여 1회를 개최하였으며, 이후 정기적으로 매년 10월 서울에서 개최되고 있다.

국제회의상품을 개발하는 것은 고도의 기획력과 창의력을 요하는 것이기는 하나, 별도의 유치노력 없이 고정적으로 개최할 수 있기 때문에 매우 매력적인 대안이 될 수 있을 것이다.

〈표 3-6〉 미국 회의시장 현황

구 분	개최건수	참석자수	지출비용
기업회의	835,700회	51,014,000명	$10,243,000,000
협회회의	174,200회	15,599,900명	$13,668,600,000
컨벤션	11,600회	12,306,000명	$16,251,600,000
합계	1,021,500회	78,919,000명	$40,163,900,000

출처 : Meeting & Conventions Magazine(2002)

2. 컨벤션 개최효과

컨벤션은 정보교환 및 친목도모를 위해 개최된다. 동일한 학문 연구 분야 또는 사업 분야에 종사하는 각국의 회원이 일정 시일과 장소에 집합하여, 정해진 주제를 갖고 그 분야의 학술적 연구결과나 신개발 기술을 발표하거나 정보를 교환하고, 또는 동업자간의 문제해결을 위한 방안제시 등을 함으로써, 학문, 기술의 발전 또는 해당업무분야의 발전과 나아가 회원국가 및 회원 간의 상호 정보 교환 및 친목 도모를 향상시키는데 그 목적이 있다.

컨벤션산업은 단순히 회의분야 뿐만 아니라 회의시설, 숙박, 교통, 시청각 기자재 등, 회의 기획 · 진행에 필요한 관련 산업이 포함되어 있어 경제적 중요성이 높으며, 이외에도 컨벤션을 개최함으로써 발생되는 개최지 이미지의 제고, 홍보 효과 등 사회 · 정치 · 문화적으로도 유형 · 무형적인 파급효과(spill-over effect)가 매우 크다.

세계 각국은 컨벤션 유치로 기대되는 여러 가지 파급효과를 높이기 위하여 국가적 차원에서 컨벤션산업의 지원육성을 강화하고 있다. 이러한 노력의 일환으로 각국의 국제회의 전담기구(Convention & Visitors Bureau: CVB) 또는 국가관광기구(National Tourism Organization: NTO)는 대외적인 광고 · 홍보를 강화하게 되었고, 이에 따라 컨벤션산업의 양적 규모는 세계 전역에서 급속하게 확대되고 있다.

컨벤션을 개최함으로써 발생되는 파급효과는 개최도시나 해당국가의 제반 여건에 따라 다양하고 광범위하게 나타난다. 이러한 컨벤션 개최효과는 크게 2가지로 나누어 볼 수 있는데, 하나는 주최자 및 참가자 측면과 또 다른 하나는 국가적 측면이다.4)

1) 국가적 측면

컨벤션산업의 효과는 '국제회의 개최로 인하여 한 국가 또는 지역에서 나타나는 모든 결과' 라 할 수 있다. 즉, 국제회의산업의 효과는 국제회의를 개최함으로써 국가 또는 지역에서 기대되는 여러 결과를 말하며, 긍정적 효과와 부정적 효과, 1차적 효과와 2차적 효과, 정치적 효과, 경제적 효과, 사회 문화적 효과, 관광 산업적 효과 등을 포괄한 의미를 지닌다(강규상, 1997: 5). 따라서 정부 주관회의 및 기타 모든 회의가 여기에 해당된다.

〈그림 3-1〉에서 볼 수 있는 바와 같이 컨벤션, 특히 국제회의의 개최는 곧 운송, 여흥, 쇼핑, 숙식 그리고 관광으로 이어지는 파급효과가 광범하며, 개최지에 미치는 긍정적인 효과가 매우 크다. 더욱이 컨벤션산업은 비수기를 타지 않아 순수 관광객의 발길이 끊기는 관광 비수기에도 수요를 창출할 수 있다는 이점이 있다(Abbey and Luck, 1994: 273~84).

뿐만 아니라, 컨벤션 참가자들이 개최지에 대해 호의적인 인상을 받고 돌아가는 경우, 그들은 다른 기회에 다시 개최국을 관광하러 오게 되는 재구매자가 되거나 구전(word of mouth)등을 통해 주변 사람들에게 개최국의 방문을 추천해 주기도 한다(Go and Govers, 1999: 39).

컨벤션은 국가간 인적교류 확대를 위한 메커니즘이다. 컨벤션 및 컨벤션산업의 발전을 인적 교류를 확대시킬 수 있는 중요한 요인으로 인식할 수 있는 것은 컨벤션이 본질적으로 일련의 커뮤니케이션 과정이기 때문이다. 국제관광, 경제교류, 사회문화적 교류 등이 인적 교류를 확대시키는 수단적 성격을 지니고 있는 반면, 컨벤션은 그 자체가 인적 교류의 본질

5) 최태영(2002)은 이를 주최자적인 측면, 관련분야 및 종사자적인 측면 그리고 국가적인 측면인 3가지로 분류하고 있으나 처음 2가지 범주는 개인적 측면으로 간주되어 본 저자는 2가지로 분류하였음.

〈그림 3-1〉 국제회의 개최 효과

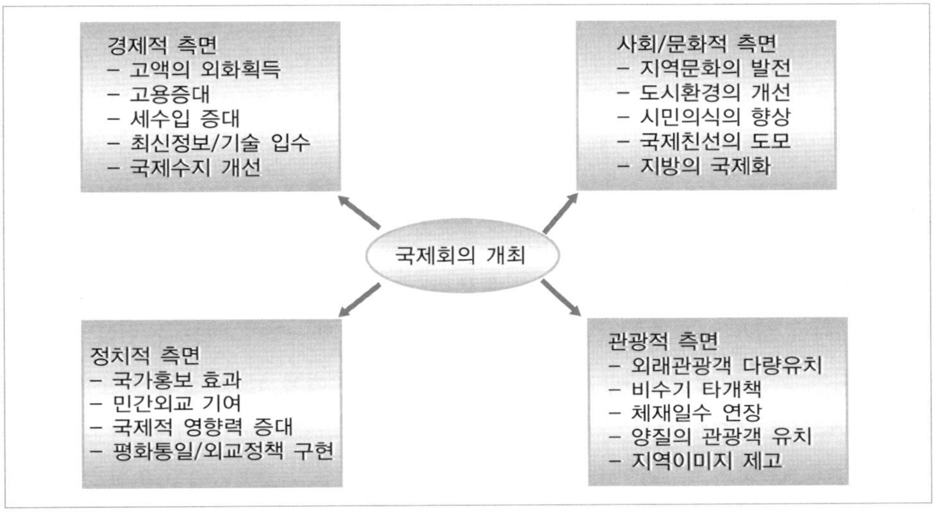

출처: 한국관광공사(1998: 9)

적 요소로서의 성격이 있는 것이다.

컨벤션으로 인한 국가간 인적교류 확대는 이와 같이 여러 부문에서의 효과, 즉 경제적 효과, 사회 · 문화적 효과, 정치적 · 관광적 효과 등 부가적 파생적 효과를 크게 기대할 수 있기에 다음에서 보다 자세히 살펴보자.

① 경제적 측면

컨벤션산업은 '종합 서비스 산업' 으로, 서비스업을 중심으로 사회 각 산업분야에 미치는 승수효과가 크다. 컨벤션은 개최국의 소득향상 효과(회의참가자의 지출, 서비스산업 등 수 증가, 시민소득 창출), 고용 효과(서비스업 인구 등 광범위한 인력 흡입력), 세수증가 효과(관련 산업 발전으로 법인세, 개인소득세 증가)등 경제 전반의 활성화에 기여하게 된다. 그 밖에도 참가자들이 직접 대면을 하게 되므로 상호이해 부족에서 올 수 있는 통상마찰 등을 피할 수 있게 될 뿐만 아니라, 선진국의 노하우를 직접 수용함으로써 관련분야의 국제경쟁력을 강화하는 등 산업발전에도 중요한 역할을 한다.

컨벤션산업의 경제적 효과로서 국민경제 발전이란 컨벤션 개최로 인하여 국민경제가 양적으로 증가하는 현상 즉, 국민경제의 성장과 질적 구조적 변화 상태 및 과정을 의미한다. 따라서 컨벤션산업의 국민경제 발전에 대한 기여와 비중은 여러 가지 양적 지표와 질적 · 구조적 지표를 통해 측정될 수 있으며, 컨벤션산업도 관광산업과 마찬가지로 외화획득, 고용창출, 재정수입증대, 국제수지 개선 등을 통해 국민경제 발전에 기여한다. 뿐만 아니라 회의 참가자와 동반자를 비롯하여 컨벤션 참가 및 개최지 관광을 주목적으로 하는 관광객의 대량 유치가 가능하므로 관광객 유치로 인한 경제적 효과도 거둘 수 있다. 2004년도 국제회의 부문의 경제효과를 분석해 볼 때, 총 생산효과를 4,408억 원(직접생산효과 2,493억 원, 간접생산 효과1915억 원), 총 고용효과를 8,039명, 총 소득효과를 887억 원으로 보고 있다(한국관광공사, 2005: 16). 또한 〈표 3-7〉에서와 같이 컨벤션산업은 엄청난 수출대체 효과가 있다.

〈표3-7〉 컨벤션산업의 수출대체효과(2002년 1월초 기준)

	외화획득액		외화가득율 감안	
	1인당소비액 ($1,969)	총소비액 ($6,615만)	1인당소비액 ($1,648)	총소비액 ($5,536만)
반도체($2.50/128M)	787개	2,646개	970개	3,261만개
승용차($10,000/대)	0.2대	6.615대	0.22대	7.342대
TV($330/대)	5.97대	20만대	8.33대	28만대

■국제회의 산업(83.7%), 반도체 산업(67.9%), TV 부문(59.9%), 승용차(75.4%)
■S반도체 128M DRAM 미주지역 수출가격 기준
■H 자동차(1,500cc) 미주지역 수출가격 기준
■S전자 25인치 컬러TV(아날로그 방식) 미주지역 수출가격 기준)

출처: 이진식(2002: 11)

산업구조의 개선이란 '한 나라 또는 하나의 경제권에서 생산한 경제재의 가치가 1차 산업, 2차 산업, 3차 산업 등의 순으로 그 비중이 높아져 가는 현상 또는 그 과정' 을 말한다.

컨벤션 혹은 국제회의산업은 일련의 산업구조 변화 즉, 중량확대에서 경량축소로의 변화, 대규모 공장에서 소규모 지식산업으로의 변화, 하드(hard)에서 소프트(soft)로 이동하는 단계에서 중요한 수단으로 각광받고 있다.

이처럼 산업의 구조적 변화로 인하여 각종 노하우를 축적하고, 나아가 이를 통해 새로운 노하우가 창출된다. 즉, 컨벤션은 참가자, 주최자 등의 관계자와 개최 지역의 관계자가 여러 가지 정보를 직접적으로 교환하는 시스템이다. 직업의 전문화와 업무의 세분화가 이루어진 현대 경제사회에서 이 같은 교환 시스템은 이른바 첨단과학적인 새로운 노하우를 창출하기 위한 수단이다. 컨벤션은 개발도상국이 선진국의 대열에 진입하기 위해 그들의 노하우를 직접적으로 수용하는 계기가 되며, 국제협력과 산업발전에 필수적인 역할을 한다(한국관광공사, 1990: 24).

컨벤션산업의 발전으로 기대할 수 있는 또 다른 효과는 지역경제 활성화와 더불어 가능해진 최신 정보기술의 입수를 통한 지역의 국제화이다. 컨벤션은 참가자와 개최국 국민이 직접적으로 교류함으로써 지식과 정보가 교환되고, 개최국 국민이 국제적 환경을 경험하며, 나아가 지역의 국제화를 이룩할 수 있는 기회가 된다. 컨벤션시설은 건설단계에서 개장에 이르기까지 많은 인력과 재원을 필요로 하는 거대한 사업이므로 지역경제에 커다란 영향을 미친다. 컨벤션산업에서 국제회의 개최와 관련하여 각종 소비활동이 확대되므로 관련산업의 발전을 촉진시키며, 국제회의의 유치 · 계획 · 운영 등이 지속적으로 반복됨으로써 개최지 각 부문의 다양한 역할과 능력을 향상시킬 수 있다.

② 사회 · 문화적 측면

각종 컨벤션이 한국에서 개최되는 빈도가 증가함에 따라 각 관련분야의 국제화 내지 질적 향상은 물론, 일반국민의 자부심 및 의식수준 향상을 꾀할 수 있고, 아울러 각종 시설물 정비, 교통망 확충, 환경 및 조경개선, 고용증대, 항공 항만시설 정비, 신상품 개발 등 일반사회의 발전에 광범위한 파급효과를 가져올 수 있다.

컨벤션은 외국과의 직접적인 교류를 통해 지식 및 정보의 교환, 참가자와 시민간의 접촉을 통한 시민의 국제 감각 향상 등 국제교류의 중요한 수단이 될 수 있다. 또한 지방으로의 컨벤션 분산 개최는 지방의 국제화와 지역 균형발전에도 큰 몫을 하게 된다. 컨벤션 개최는 외국으로부터 다수의 관계자들이 회의 개최지로 모이는 계기가 되므로, 컨벤션 개최기간 중 개최지를 중심으로 복합 문화공간이 형성된다. 새로운 정보를 직접 접할 수 있고, 그 결과 회의장은 정보의 중심지가 되므로 장기적으로 보면 이는 지역 활성화에 도움이 된다. 또한 회의 참가자와 지역주민이 함께 어울리는 장소 즉, 국제친선, 국제교류의 장소가 되어 문화적인 효과를 거둘 수 있다.

국내외로부터 해당 컨벤션에 관계된 많은 전문가들이 개최지에 모이게 되므로 새로운 지식과 정보가 유입된다. 그 결과 컨벤션개최지는 정보의 중심지가 되고 개최지역 주민들의 지적 자극을 통한 시민의식의 향상 등 교육적 파급효과가 기대된다. 또한 국내외로부터 많은 사람들이 모이므로 회의에 직접 필요한 시설뿐만 아니라 쾌적한 분위기의 확보도 필요하다. 따라서 사회 기반시설의 정비, 제반 관계시설의 설비 및 정비가 추진되어 결과적으로 지역주민의 생활환경을 보다 윤택하게 하고 지방의 국제화도 가능해 진다.

③ 정치적 측면

컨벤션에는 통상 수 십 개국의 대표들이 대거 참여함으로써 국가 홍보에 기여하는 바가 크며, 회원자격으로 참가하는 미수교국 대표와 교류기반을 조성할 수도 있어 국가 외교 면에서도 커다란 기여를 한다. 또한 앞서 서술했듯이 컨벤션 참가자는 대부분 해당분야의 영향력 있는 인사들이므로 민간외교 차원에서도 그 파급효과가 크다.

컨벤션산업의 육성은 국가 간 인적교류와 국제회의 참가자 상호간의 직접적 정보교환으로 인하여 국가 간 상호이해를 증진시키는 데 있어 필수적이며, 개최국의 국가적 측면에서는 자국의 국익신장에 기여할 뿐만 아니라 국제적 지위향상에도 기여한다. 컨벤션은 문화 대 인간의 커뮤니케이션을 증대시키는 요인으로 작용하므로 컨벤션산업의 발전으로 컨벤션 개최국, 컨벤션 참가국 및 참가자의 상호이해 증진을 기대할 수 있다.

국제사회에서 상대국과의 정치적 관계는 상대국에 대한 상호이해에 따라 협력관계와

배타적 관계로 구분할 수 있다. 국가 간 정치적 협력에 영향을 미치는 요인으로는 위에서 지적한 컨벤션, 특히 국제회의 개최와 이로 인한 국제회의산업의 발전뿐만 아니라 각국의 사회체제의 부문별 협력 및 그 수준, 국교의 수립 및 지속성, 국제사회에서 상대국에 대한 지지 등을 들 수 있다.

컨벤션은 정치적 이념을 서로 달리하는 국가 간에 커뮤니케이션이 이루어질 수 있는 계기가 되며, 장기적으로 이념의 차이를 줄이고 이념적 동질성을 이룩할 수 있는 기회가 된다. 특히 한국과 같이 지배 이데올로기 내지 정치적 이념의 차이로 민족의 감정과 정서가 인위적으로 양극화되어 있는 상황에서, 컨벤션의 개최는 이러한 대립을 극복하고 정치적 이념의 동질화를 위한 중요한 수단이라 할 수 있다. 결국 컨벤션 및 컨벤션산업의 발전은 한반도의 평화통일 외교정책 구현에 기여할 수 있다. 더욱이 컨벤션 참가자는 대부분 정부기관 또는 사회 각 분야에서 영향력이 있는 지도급 인사라 할 수 있으므로, 정부차원 뿐만 아니라 민간외교 차원에서도 그 파급효과가 지대하다(박승욱, 1987(10): 10).

컨벤션은 다수 국가 또는 참가자가 인종과 언어, 관습 등을 초월하여 사회문화적인 교류를 통해 이질성을 극복하는 과정이며, 컨벤션산업은 이를 지원하고 발전시키는 산업이라 할 수 있다. 또한 컨벤션은 개최국 또는 개최지 국민과 컨벤션 참가자의 접촉과 교류를 촉진시킨다. 이렇게 컨벤션이나 국제회의를 개최함으로써 참가자들이 서로 정보를 교환함과 동시에 국제간의 이해를 증진시키는 장으로 활용함으로써 국제관계 개선에도 많은 기여를 하게 되며 더 나아가서는 인류의 공동 발전과 복리증진, 세계평화에 기여하는 장이 되기도 한다(고화옥, 1994: 13).

④ 관광 측면

각종 국제회의 · 전시회의 참가자는 회의 1건 당 보통 100명에서 1,000명 이상의 규모가 되므로 컨벤션 유치는 대량 관광객 유치의 첩경이 된다. 또한 컨벤션은 상대적으로 계절적 요인에 덜 영향을 받기 때문에 관광 비수기 타개책의 일환으로 인식이 되고 있다. 그러나 이러한 효과는 실증적 연구로 뒷받침되어야 한다. 또한 각종 컨벤션 참가자들에 대한 판촉 활동을 계획적 · 집중적으로 전개할 수 있다는 점에서 국내 관광업계에 새로운 판촉 활로를 열어 줄 수 있다. 특히 컨벤션 전 · 후 관광을 통하여 기존 관광 상품 및 신규상품을 대규모 참가자들에게 소개하고 한국 고유의 문화, 전통, 풍습 등에 대한 깊은 인상을 심어줌으로써 참가자들이 체제기간 동안 얻은 한국에 대한 지식을 귀국 후 주위에 전파하게 되어 한국 관광홍보의 파급효과를 가져오게 된다.

컨벤션산업은 고부가가치를 창출하는 관광산업의 꽃으로, 일반 관광객의 평균 체제일수인 5.2일에 비해 국제회의 참가자는 5.4일의 체류기간을 갖는다. 또한 국제회의 참가자들의 경우 1인당 평균 외화 소비액은 항공료를 제외하고 미화 1,736.51불로 일반 관광객의 1,282불 보다 높다(한국관광공사, 2000(a)). 특히 관광 비성수기에 컨벤션을 유치할 경우 호텔객실의 판매는 물론 비수기 타개책으로 활용이 가능하고 관광업계의 마케팅 및 신 시장 개척에 직접 기여한다.

컨벤션에 참가하는 각국 대표들은 해당 컨벤션 내용이 참가자 자신과 밀접한 연관성을 가지고 있어 일반 관광객에 비해 개최지에 대해 호기심 이상의 관심을 가지게 된다. 통례상 컨벤션 개최지는 수년 전에 결정되므로 비교적 충분한 심적 준비기간을 가지고 관심사항에 대한 자료나 정보를 수집하게 되므로 이들을 통한 효과적인 개최지 이미지 부각이 용이하다. 또한 컨벤션 참가 전, 개최지 방문에 따른 제반 사항을 주위의 동료, 친지, 관련단체, 주요 인사들과 접촉 시에 의논함으로써, 그리고 컨벤션 개최지에서의 관광을 통해 그 나라의 사회상황과 문화를 함께 접하게 됨으로 간접적인 개최지 홍보효과를 가져온다. 컨벤션과 관광은 더욱 밀접한 관계에 있으므로 다음에서 그 관계를 좀 더 자세히 살펴보고자 한다.

2) 주최자 및 참가자 측면

컨벤션의 파급효과를 회의개최 조직을 기준으로 분류할 때 협회 · 학회회의의 경우, 국제회의를 개최함으로써 해당 협회에 미치는 가장 중요한 효과는 역시 회원들 간의 정보제공과 지식교류를 가능하게 해줌으로써, 소속 회원들 개개인의 경쟁력을 제고해주는 것이다. 나아가 협회 회원들 간의 단합심을 공고히 해주고, 소속감을 제고시키는 한편, 회원들

간의 네트워킹을 강화시켜줄 수 있는 시스템으로서의 효과를 기대할 수 있다.

기업회의의 경우, 국제회의를 개최하는 기업에게 가져다주는 파급효과는 회의를 하기 위해 예산과 비용을 쓰는 만큼, 회의를 투자의 일환이라는 관점에서 파악해야 한다. 즉 직원들에게 회의를 통해 기업의 목표를 설정하고, 때로 현안문제를 해결할 수도 있다. 신입사원이나 중견사원들의 연수교육을 하기도 하고, 판매 팀이나 딜러들을 상대로 신상품의 소개와 판매기법을 교육할 수 있다. 궁극적으로 회의를 통해 기업은 생산성을 향상시키고자 하는 목적을 가지고 있는 것이다. 그 외에도 자사 직원들의 집단적 정체성(collective identity)을 확립시키는 데에도 기업회의는 상당한 기여를 하게 된다. (보다 자세한 내용은 Chapter 4와 Chapter 5 참조)

3. 컨벤션산업과 관광산업

1) 컨벤션산업의 관광산업에 미치는 파급효과

컨벤션산업은 〈그림 3-2〉에서와 같이 그 연계성이 폭넓고 복잡해서 그 만큼 다양한 산업에 걸쳐 미치는 영향이 크다(한국관광공사, 1997).

앞에서도 컨벤션산업의 개최효과가 경제, 정치, 사회, 문화, 관광 등 사회 전반에 파생됨을 살펴보았는데 여기서는 컨벤션 개최가 가져오는 이러한 파급효과 중에서 컨벤션, 특히 국제회의산업과 많은 유사성을 가지고 있으면서 상호 직접적인 영향을 미치며 보완관계가 있는 관광산업에 미치는 효과에 대해 알아보겠다. 우선 컨벤션은 국경을 넘나드는 인적교류, 정보교류 및 문화교류를 촉진시키며 국제평화 증진에 기여한다는 점에서 관광의 기본이념과 일치한다. 동시에 이러한 기본이념의 추구는 공익적인 성격이 높기 때문에 민간부문의 노력만으로는 산업진흥에 한계가 있다는 점도 컨벤션산업과 관광산업의 공통된 점이라고 할 수 있다(허영희, 1997: 33).

〈그림 3-2〉 컨벤션산업의 파급효과

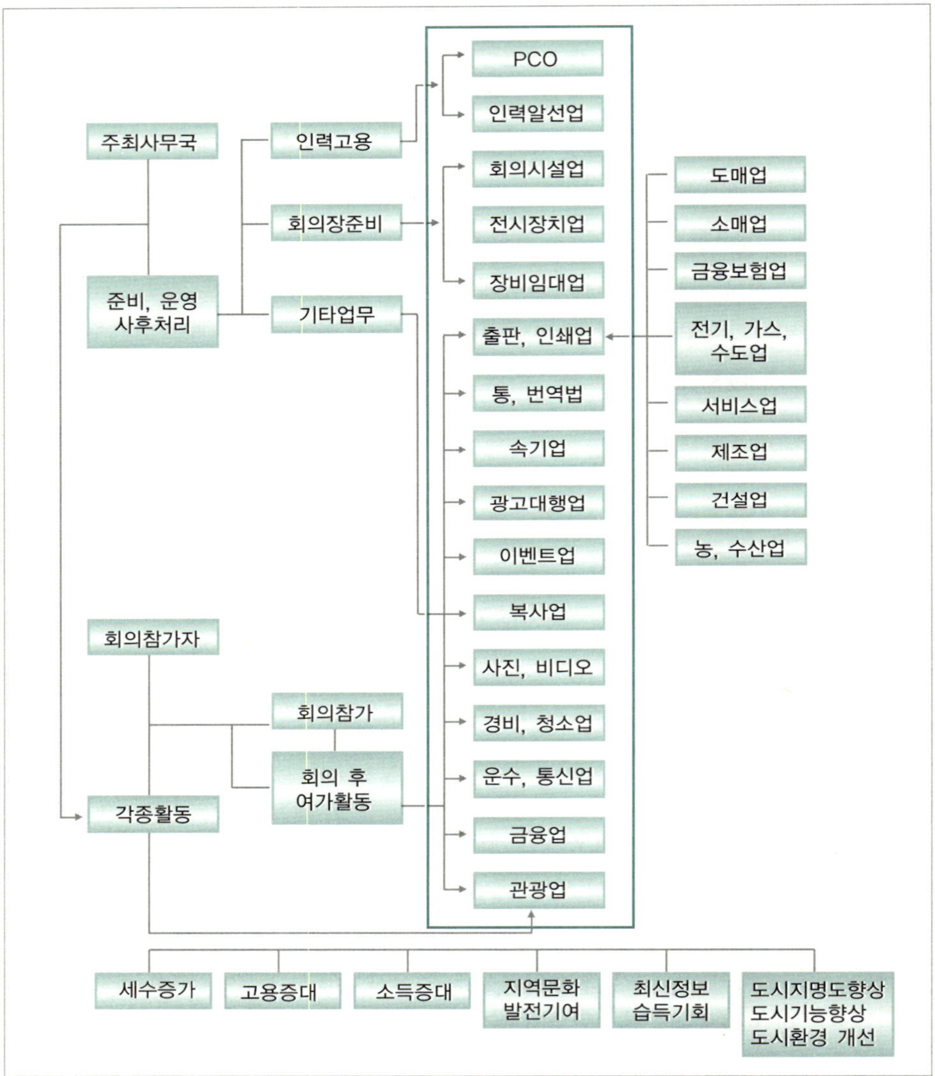

출처: 한국관광공사(1997)

첫째, 여행목적과 일정 및 취향이 다양한 개별 일반 관광객과는 달리 컨벤션 참가자는 다양한 지역의 여행객들이 하나의 목적으로 모이기 때문에 단체관광객을 동시에 유치하는 효과를 기대할 수 있다(김미현, 2000: 17).

둘째, 컨벤션은 계절에 구애받지 않고 개최가 가능하므로 관광비수기에 적극 유치함으로써 계절성의 극복효과를 얻을 수 있어 관광비수기 타개책으로 활용될 수 있다(유서정, 2000: 25).

셋째, 컨벤션 참가자들을 위해 회의기간 전, 회의기간 중, 회의기간 후에 실시되는 관광행사를 통해 기존 관광 상품 및 신규상품에 대한 좋은 인상을 심어주고 귀국 후 주위에 전파를 유도, 개최국의 관광 상품을 홍보하는 효과를 얻을 수 있다(허영희, 1997: 34). 또한 국제회의 관련 사항의 국내외의 보도나 방송매체 등을 통한 미래의 관광시장에 대한 홍보효과 역시 크다고 할 수 있다(권상영, 1997: 20).

넷째, 컨벤션 참가자들은 대부분 개최지를 최종 목적지로 하기 때문에 체재일수가 길며 일반 관광객 보다 1인당 소비액이 높아 관광수입 측면에서도 승수효과가 높다(권상영, 1997: 20).

다섯째, 컨벤션 참가자들은 주로 항공편을 이용하고, 호텔 등 숙박시설 및 유흥업소 등을 이용하며, 레크리에이션, 관광, 쇼핑 등을 하므로 관광관련 분야의 산업발전을 유도하며 관광업계의 활동 촉진 및 신규시장 개척에도 기여한다(유서정, 2000: 32).

여섯째, 컨벤션산업은 대량의 국제 컨벤션 유치에 따른 국제관광 뿐만 아니라 국민관광에도 큰 효과를 보이고 있다. 호텔산업의 육성과 자연명소 및 문화 유적지의 개발 등으로 국민관광의 활성화를 촉진하고, 국민의식을 고양시키며, 세계 전역의 컨벤션 참가자 유치에 따른 항공교통망의 확충으로 컨벤션 개최는 국민관광 육성의 견인력이 된다. 또한, 컨벤션 참가자들은 의식이 높은 지식층이며 선진국으로부터의 참여도가 높으므로, 컨벤션 투어(convention tour)는 국민 관광객의 행동성향에 계도적 역할을 한다.

마지막으로, 컨벤션 개최는 본질적으로 사람들의 모임을 수반하기 때문에 이를 개최하는 경우에 지역발전 효과를 기대할 수 있다. 그 한 예로, 일본의 지방자치단체에서는 국제회의를 지방의 진흥정책으로 활용하고 있다(유서정, 2000: 32).

이와 같이 컨벤션 참가자의 회의 전 · 후 관광을 통한 경제적 효과와 지명도에 따른 국가적 이미지 고양효과 등은 관광관련 업체들에게 경제적인 수요창출과 이익을 안겨줌과 동시에 관광의 기본이념인 세계평화에도 일익을 담당하는 중요한 산업인 것이다(김도희, 1993: 20).

2) 관광산업차원에서의 컨벤션 개최 의의

① 관광 진흥 측면에서의 컨벤션

컨벤션은 관광상품으로서의 그 가치를 부여받고 있기 때문에 국제관광, 국내관광의 수요를 증대시키는 역할을 한다. 이런 측면에서 본다면 컨벤션은 관광동기와 관광의사 결정에 작용하며, 관광 목적지에서의 관광의 질을 결정하는 관광분위기 및 관광환경을 조성하는데 중요한 역할을 하게 된다. 반면에 컨벤션은 성격상, 그 파급효과를 고려해 본다면 컨벤션을 단순히 관광상품 내지는 관광대상으로만 받아들여서는 안 될 것이다. 이러한 측면에서 컨벤션은 관광측면에서 다음과 같은 관광 진흥상의 주요한 의미를 갖는다.

첫째로, 관광은 이동을 전제로 한다는 관점에서 볼 때, 컨벤션은 그 이동을 결정하는 데 있어서 중요한 동기를 부여한다.

둘째로, McIntosh and Agoldener(1986)의 관광심리의 동기 분류에 의하면, 컨벤션은 문화적 동기, 사회적 동기, 지위 향상적 동기를 제공함으로써 관광의 추구이념인 개인의 자아실현의 필요조건이 될 수 있으며, 이를 통하여 성장지향적인 인간의 욕구를 충족시킬 수 있다.

마지막으로, 컨벤션 개최지의 위락환경은 인간의 호기심, 과학기술의 전시, 경쟁력 있는 위락시설, 흥미에 대한 인간의 욕구 등 여러 측면들과 관련되어 있다. 위의 측면들을 결합

시켜보면 관광 목적지로서의 컨벤션 개최지는 관광의 질을 결정하는 쾌적한 관광 분위기 및 관광 환경을 조성하도록 유도해준다.

② **관광공급 측면에서의 컨벤션**

관광공급이란 관광객의 욕구, 욕망의 대상이 되는 모든 것 즉, 관광객의 관광행위의 대상이 되는 모든 형태의 관광자원을 공급하는 행위라고 할 수 있다. 이와 같은 관점에서 볼 때 관광공급은 관광자원 및 제반 관광상품의 개발행위를 통해 이루어지며, 아울러 개발은 다시 계획이라는 과정을 통해 이루어지는 실천적 행위라고 정의될 수 있다. 이러한 관점에서 볼 때에 컨벤션의 개최는 자연관광자원, 하부시설(infrastructure), 상부시설(superstructure), 교통수단, 위락 및 문화관광자원 등의 차원에 있어서 관광공급의 구체적인 실천행위라고 할 수 있다. 이를 보다 상세히 정리하면 다음과 같다.

첫째, 컨벤션 참가 겸 관광을 하러오는 방문객을 유치하기 위하여 컨벤션 개최지의 자연관광자원은 관광동기를 유발시킬 수 있는 매력을 지닌 관광자원으로서 계획되고 개발되어진다.

둘째, 컨벤션 개최지는 상수 공급체계, 오수 및 쓰레기 처리, 가스와 전기 공급 및 통신체계 등이 다른 상부시설 등과 연계되어야 함으로 상부시설의 개발에 앞서 계획, 개발되어진다.

셋째, 컨벤션 개최지는 방문객을 수용하기 위하여 숙박시설, 식음료시설, 토산품 판매점, 쇼핑센터 및 관광 안내시설 등을 계획, 개발하게 된다.

넷째, 컨벤션 참가 겸 관광을 위하여 일정기간 동안 개최지를 방문하는 방문객의 수가 급증하게 되므로, 이를 수용하려면 그 접근성이 용이해야 되는데, 이를 위해 관광지와 개최지 간의 교통시설을 확충, 개선하게 된다.

다섯째, 컨벤션의 개최 및 그 시설들이 위락 및 문화 관광자원이 되며, 컨벤션 개최지에는 관광객들을 위한 레크리에이션 시설 및 문화교육 시설과 개최기간 동안 각종 문화행사가 계획되어진다.

이와 같이 관광공급의 측면에서 볼 때에는 컨벤션 개최지는 관광객 위주로 하여 계획, 개발되어지기 때문에 관광매력 제고와 아울러 관광객 중심의 시설들을 갖추게 됨으로써, 관광의 기본이념에 부합되는 관광환경을 조성하게 된다. 컨벤션, 특히 국제회의와 관광마케팅의 관계를 관광공급 측면에서 관련시켜 비교한 상관관계는 다음 〈그림 3-3〉과 같다.

〈그림 3-3〉 관광공급의 측면에서의 국제회의와 관광마케팅과의 관계

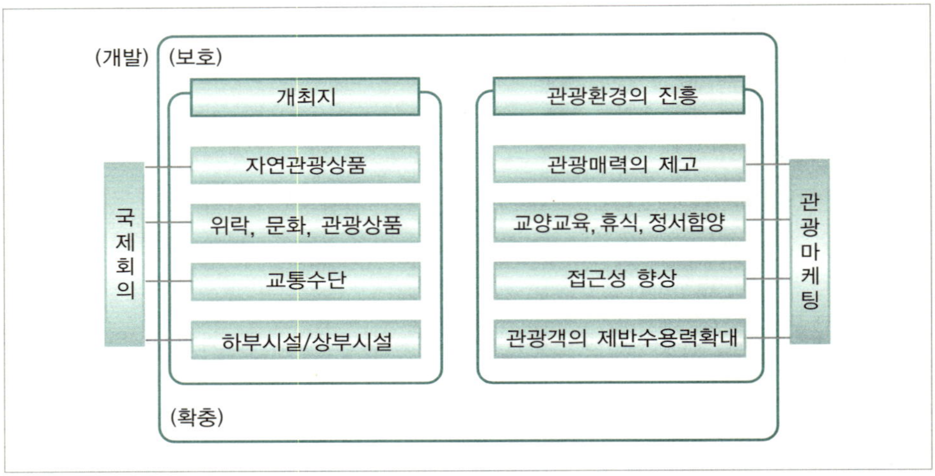

출처: 이영민, 박창민(1992: 103)

③ 관광수요 측면에서의 컨벤션

관광을 행하고자하는 관광욕구나 욕망을 관광수요라 할 수 있으며, 여가와 위락 및 관광의 본질이 휴식, 기분전환, 자기개발 등의 기능에 있음을 고려해 볼 때에, 관광수요는 무형적인 수요와 관광시설 이용에 대한 수요 및 유형 관광상품에 대한 유형적인 수요로 나누어 볼 수 있다. McIntosh and Agoldener(1986: 231)는 이와 같은 관광수요의 척도로서 방문 관광객 수 및 총 방문 횟수, 관광일 수 등을 들고 있다.

이와 같은 관점에서 보면 컨벤션 개최는 관광객 수에 있어서 총 방문 횟수의 증대를 가져오게 되고, 그 개최 기간이 비교적 길기 때문에 관광일 수의 연장을 가져오게 되는데, 이는 곧 관광수요의 증대를 가져오게 될 것이다.

이와 같은 관광수요의 증대는 이를 수용할 수 있는 관광공급을 활성화시킴으로써 관광진흥의 여건을 조성하게 된다. 관광수요 측면에서의 국제회의와 관광 진흥의 상관관계는 〈그림 3-4〉와 같이 나타낼 수 있다.

〈그림 3-4〉 관광수요 측면에서의 국제회의와 관광진흥과의 관계

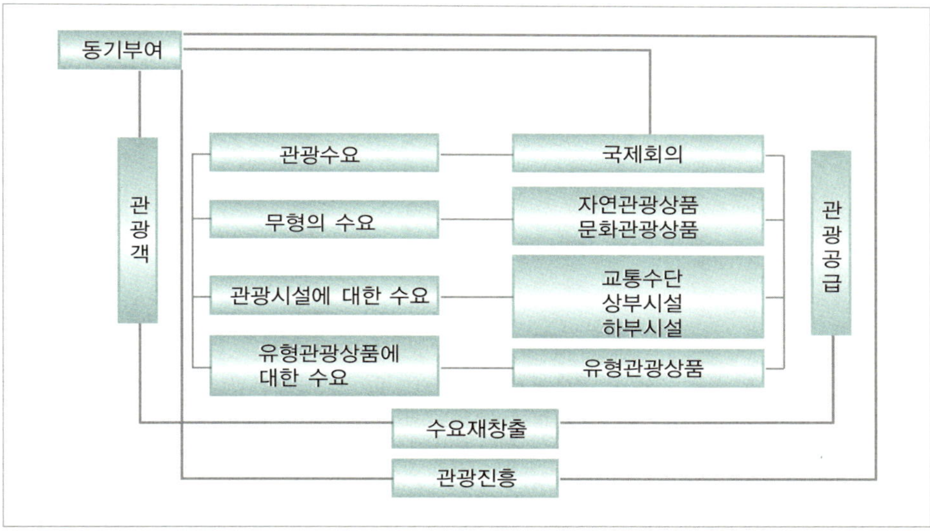

출처: 이영민, 박창민(1992: 104)

④ **컨벤션 유치와 관광진흥의 상관관계**

관광지로서의 성립요건은 관광지가 가지고 있는 관광 매력성, 접근성, 관광 수요성 등이라고 하지만, 그 곳이 관광지로서의 성공여부는 관광수요 시장을 상대로 매력 있는 관광상품의 개발여부, 시장 가격경쟁과 관련해서 가질 수 있는 가격상의 우위 및 시장을 상대로 한 촉진활동의 적극성여부 등에 좌우된다고 할 수 있다. 국제회의산업과 관광진흥과의 관

계를 살펴보면 〈그림 3-5〉와 같이 나타낼 수 있다.

〈그림 3-5〉 국제회의와 관광 진흥과의 상관관계

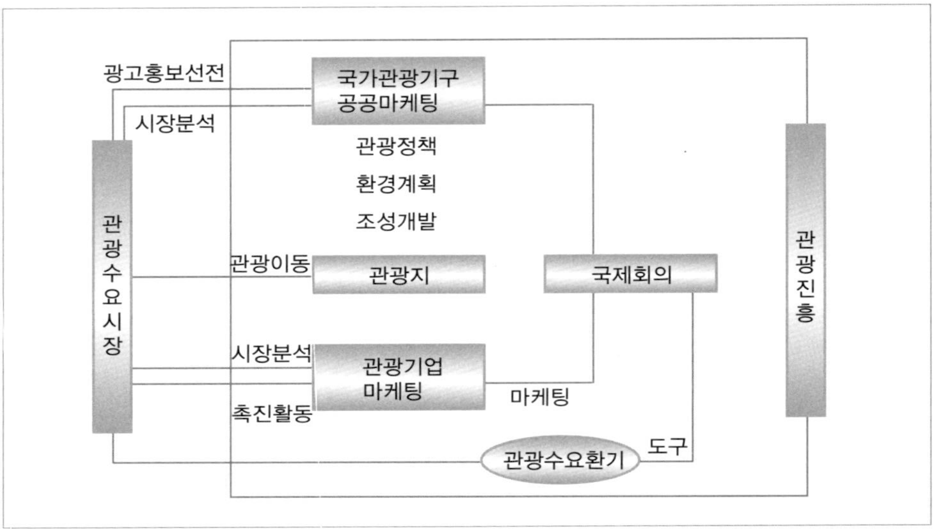

출처: 이영민, 박창민(1992: 104)

컨벤션산업은 광대한 관광의 세분시장으로서 그 개최가 국제관광마케팅 활동에서 갖는 의미는 상당히 중요하다고 할 수 있다. 컨벤션유치는 금후의 저성장, 고령화 · 성숙사회에 있어서 관광수요의 창조를 위한 수요환기의 전략으로서 의미하는 바가 크다고 할 수 있다. 특히, 국제관광시장의 개성화, 고도화, 다양화에 대응하는 적절한 전략으로 마케팅을 하여야 하는 오늘날에 있어서, 그 국가 또는 그 지역의 관광홍보 및 선전을 맡고 있는 국가 관광기구의 존재와 역할은 절대적이다. 따라서 관광진흥을 위한 필수적 존재라는 관점에서 볼 때, 국가차원에서의 컨벤션 개최는 국제적 마케팅을 전개함에 있어 그 중심이 되는 국제관광 촉진전략 활동으로 볼 수 있으며, 이에 따른 관광진흥에 미치는 영향은 상당하다고 할 수 있다.

참고문헌

A 국내문헌

1. 도서

금성출판사편, 1991. 국어대사전, 금성출판사

박영사 편집실, 1975. 정치학대사전, 박영사

시사영어사/랜덤하우스 편저, 1991. 영한대사전, 시사영어사/랜덤하우스

안종윤, 1985. 관광용어사전, 법문사

이희승 편저, 1991. 국어대사전, 민중서림

학원출판공사 사전 편집국, 1993. 학원세계대백과사전(28권), 학원출판공사

한국관광공사, 1983. 한국국제회의 개최현황

한국관광공사, 1989. 국제회의운영편람, 한국관광공사

한국관광공사, 1990(3월). 컨벤션/인센티브 트래블 시장동향, 한국관광공사

한국관광공사, 1997. 한국국제회의산업현황, 한국관광공사

한국관광공사, 1998. 국제회의개최현황, 한국관광공사

한국관광공사, 2000(a). 한국관광실태조사, 한국관광공사

한국관광공사, 2000(b). 2000국제회의산업현황, 한국관광공사

한국관광공사, 2005. 국제회의산업의 경제적 파급효과 분석에 관한 연구, 한국관광공사

한국관광공사, 2006. 2005 국제회의 개최현황, 한국관광공사

한국컨벤션전시산업연구원, 2006, 송도국제컨벤션센터 운영방안 연구, 한국컨벤션전시산업연구원

2. 논문

강규상, 1997. "한국의 국제회의 산업 육성전략에 관한 연구", 경기대학교 석사학위논문

고화옥, 1994. "한국국제회의 산업의 활성화 방안에 관한연구: 호텔컨벤션산업을 중심으로", 경기대학교 석사학위 논문

권상영, 1997. "국제회의 산업의 경제적 효과에 관한 연구", 동아대학교 경영대학원, 석사학위논문

김도희, 1993. "국제회의 참가자의 여행의식 결정에 관한 연구: 외국인 참가자를 중심으로", 한양대학교 대학원, 석사학위 논문

김미현, 2000. "컨벤션 개최를 위한 효율적인 CVB 운영방안에 관한 연구", 세종대학교대학원, 석사학위논문

김우형, 1987. "효율적인 컨벤션 운영관리에 관한 연구", 경희대학교 경영대학원 석사학위논문

김정희, 1986. "국제회의에 있어서의 외교", 한양대학교 행정대학원 석사학위 논문

박승욱, 1987(10월호). 국제회의 용역업 육성정책에 바란다, 한국관광협회관협

유서정, 2000. "한국 국제회의 산업 진흥 방안에 관한 연구", 관동대학교 대학원, 석사학위 논문

이영민, 박창민, 1992. "국제회의 유치에 따른 관광 마케팅 적용 방안에 관한 연구" 대전전문대학 논문집 18집

이자형, 2000. "한국의 국제회의 발전 역사에 관한 연구" 한림대학교 국제학대학원 석사학위논문

이진식, 2002. "국제회의산업의 현황 및 육성방안", 한림대학교 국제학대학원 특강(2002년5월15일)자료

임재일, 1996. "우리나라 호텔 컨벤션산업 육성에 관한 연구", 단국대학교 경영대학원 석사논문

최태영, 2002. "국제회의 기획가의 현황가 나아갈 길", 전경련에서 개최된 2002 국제회의 기획전문가 준비생을 위한 세미나의 강의내용

허영희, 1997, "한국컨벤션산업의 국제 경쟁력 제고 방안에 관한 연구", 연세대학교 경영대학원 석사학위논문

B 외국문헌

1. 도서

Abbey, J. R. and C. K. Luck, 1994. "The Convention and Meetings Sector: Its Operation and Research Needs", in J. R. B. Ritchie and C. R. Goeldner(eds.), Travel, Tourism and Hospitality Research(2nd Ed.), Waterbury Press, Cranbury, N. Y.

Abbey, James R. and M. T. Astroff, 1988. Convention Sales and Service(5th Ed.) Waterbury Press, Cranbury, N.Y.

Berman et. al., 1984. Convention Management and Service, AH & MA.

EIBTM, 2006. Industry Trends & Market Share Report, EIBTM

Gartrell, Richard B. 1988. Destination Marketing for Convention and Visitors Bureaus, Dubuque, Iowa: Kendall Hunt.

McIntosh and Agoldener, 1986. Tourism: Principles, Practices, Philosophies, New York: Willy.

Meetings & Conventions, 2000. Meeting Market Study, New Jersey: NORTHSTAR Travel Media, LLC.

Montgomery, R. J. and S. K. Strick, 1995. Meetings, Conventions and Expositions: An Indtroduction to the Industry, Van Nostrand Reinhold.

Powers, Thomas F. 1979. Introduction to Management in the Hospitality, N.Y.: John Wiley and Sons.

Rutherford, D.G. 1990: Introductionto the Conventions, Expositions and Meetings Industry, N.Y.: Van Nostrand Reinhold.

Weirich, Marguerite L., 1992(김용관 역. 1999), 컨벤션 경영론, 일신사

2. 논문

Castex, Jorge, 2001. "Management of PCO office and a Congress, 2nd IAPCO.AACVB Joint Seminar on Professional Congress Organization, Thailand.

Go, frank M. and Rober Govers, 1999. "The Asian Perspective: Which International Conference Destination in Asia Are the Most Competitive?", Journal of Convention and Exhibition Management, Vol. 1(4).

Kawashima, Hisao, 2001. "Types of Meetings and Defining Objectives of and International Meeting", 2nd IAPCO/AACVB Joint Seminar on Professional Congress Organization, Thailand.

Lofft, Virginia. 1992. "Hiphip hooray!" Successful Meetings. New York: Bill Communications, Inc.

C 참고사이트

http://www.mct.go.kr

Part II 컨벤션산업의 구성요소

CONVENTION

Chapter 4

컨벤션 주최자

컨벤션 시장은 하나의 시스템으로서, 주최 조직(회의 주최자), 잠재 참가자(회의 참석자), 개최지(개최장소) 등의 3대 주요 인자에 의한 유기적 조직체로 인식할 수 있다.

이외에도 컨벤션 시장의 구성인자로 전시를 들 수 있다. 1992년 ASAE의 통계에 따르면, 회의의 경우 34%가 전시회를 병행하여 개최되었으며, 전시수입은 회의 관련 수익의 중요한 수입원으로서 가장 큰 수입원인 등록비 다음으로 비중이 큰 것으로 나타났다(최태영, 2002: 8~9).

본 책에서는 회의에 초점을 맞추고자 전시부분을 생략하였으며, 그 대신 개최장소 즉 해당 도시의 모든 것을 마케팅하는 전담기구로서 컨벤션 및 방문객 뷰로(Convention and Visitors Bureau)를 핵심적 컨벤션시장의 구성요소에 포함하였다. 또한 컨벤션의 준비에는 고도의 전문성이 요구되며, 컨벤션에 관한 종합적인 식견을 지닌 전문인력이 필요하므로 컨벤션기획사 또는 컨벤션기획 전문업체(Professional Convention Organizer: PCO)를 컨벤션 시장의 구성 요소로 간주하였다.

이 책에서는 컨벤션이라는 포괄적 용어 대신 한국관광공사 기준에 준하여 국제기구본부나 국내 단체가 주관하는 회의로서, 참가자 수 10명 이상, 참가국 수 3개국 이상의 순수 국제회의에 해당되는 좁은 의미로서 "국제회의"에 초점을 맞추고, 앞서 논의한 국제회의 분류에 따라 정부회의 주최자, 협회 · 학회회의 주최자, 그리고 기업회의 주최자로 나누어 살펴보고자 한다.

1. 정부회의 주최자

대부분 국제기구 본부와 해당 개최국가 정부가 주최자가 되고, 참가자 역시 정부 및 정부관련 기관, 학계, 업계 등의 대표자가 주류를 이룬다. 또한 의전에 의해 초청되는 행사로서, 사전에 주제가 정해지며 엄격히 비공개적으로 개최되는 경우가 많다. 협상, 토론, 정보교환, 문제해결 등의 정치, 사회, 경제 분야의 주제를 주로 다루며, 이에 관련된 연사들도 자비부담 보다는 주최 측 비용부담의 형식으로 초청된다. 등록비도 무료인 경우가 많아 정부의 예산을 확보하여 비용을 충당하거나 대기업의 후원을 받기도 한다. 대체로 전시는 수반되지 않으며, 연사 이외의 참가자에 대한 의전도 매우 중요하다.

주최 측은 조직적으로 구성된 조직위원회 혹은 준비위원회를 가동하게 되고, 필요시 부분적 서비스를 외주를 통해 충당한다. 공항영접, 운송, 언론과의 관계, 2개 이상의 언어 서비스, 의전에 따른 사교행사 등에 중점을 많이 두고, 짧게는 4개월 길게는 7~8년 전부터 준비를 하게 되며, 회의 준비기간과 운영기간에 상당한 문서작성 업무가 요구된다 (Kawashima, 2001: 4).

2. 협회 · 학회회의 주최자

회의시장의 대부분을 점유하는 것이 협회 · 학회 회의와 기업회의이며, 미국의 경우 개최건수나 참가자의 수를 기준으로 보았을 때에는 기업회의의 규모가 더 크지만, 비용 면에서는 〈그림 4-1〉에서처럼 협회 · 학회회의가 기업회의의 2.5배 이상을 지출하고 있다.

〈그림 4-1〉 지출액으로 본 협회 · 학회회의와 기업회의의 시장비율

출처: Dotson(1995: 18)

협회란 같은 관심사를 가진 개인들의 모임을 말하며, 협회에 의해 개최되는 회의를 협회회의라 한다. 협회회의는 협회의 주요 수입원 중의 하나이며, 주로 등록비, 전시부스 판매비 등을 통해 이익을 창출한다. 협회회의는 참가결정 여부가 자발적이며, 참가비를 참가자 본인이 부담하는 경우가 대부분이다. 회의 개최장소가 매년 변경되는 경우가 대부분이고, 개최지는 관광매력이 많고 레크리에이션 시설이 잘 갖춰진 곳이 선호된다. 개최시기가 정기적이며, 개최 준비는 전문 회의기획가에 의뢰하는 경우가 많다(Kawashima, 2001: 4).

협회의 형태와 성격은 다양하지만 협회회의의 개최 목적은 대략 다음의 3가지로 정리된다(Dotson, 1995: 16).

첫째, 협회 회원들에게 혜택을 제공하기 위함이다(benefit to association members). 회원들은 협회에서 주최하는 회의에 참가함으로써 서로 공통된 관심사를 가진 사람들과 개인적으로 접촉하고 의견을 교환할 수 있는 기회를 갖게 된다. 뿐만 아니라 그들의 산업이나 직업 혹은 그들을 둘러싼 환경과 관련된 변화를 감지할 수 있게 해주기도 한다. 또한 사교적 활동, 레크리에이션 활동을 제공해주는 것도 협회회의가 회원들에게 제공하는 혜택 중 하나라 할 수 있다.

둘째, 협회의 재정적 수입(financial gains for association)을 위해서 협회회의를 개최한

다. 협회마다 조금씩 다르겠지만, 협회 연간 수입의 30~37%가 협회회의와 이에 수반되는 전시회 수입에서 발생하는 것이라 한다. 전시회를 동반한 협회회의의 경우, 전시공간의 임대료, 등록비, 교육자료, 기념품 등의 판매를 통해 수입이 발생한다.

셋째, 협회와 회원의 인지도 향상(recognition for the association and its members)을 위해 협회회의를 개최한다. 국제적 규모의 협회회의가 개최되면 대중 매체에 크게 보도되는 것이 일반적이다. 대부분의 컨벤션은 새로운 아이디어나, 기술기반, 제품 등 처음으로 촉진되고 전시되는 모임의 장이다. 따라서 이러한 이벤트는 국가적, 세계적 관심을 모으기에 충분하며 이로써 협회와 회원의 인지도를 향상시킬 수 있다.

협회의 종류와 형태는 다양하지만 협회회의는 다른 회의와 구분되는 다음과 같은 독특한 특징을 갖는다(Dotson, 1995: 17).

• 회의 스케줄

협회회의는 정기적으로 개최되는 것이 보통이며, 경우에 따라서는 1년에 2번 혹은 2년마다 개최하는 협회회의도 있으나, 대부분 1년에 한 번을 기조로 열리게 된다. 회의 개최계획은 2~5년 전에 결정이 되며 준비기간(lead time)은 5~8개월 정도가 전형적이다. 협회회의는 대부분 회의 기획가들에 의뢰하여 준비한다. 협회회의 개최기간은 보통 3~5일 정도이다.

• 회의 참가 및 참가비용

협회회의의 참가여부는 전적으로 개인의 선택사안이다. 따라서 회의 참가자에 드는 모든 비용을 자신이 직접 충당하거나 제3자의 재정적 지원을 받는다. 직업훈련과 관련된 경우 고용주가 일정액을 지불해 주기도 한다. 협회회의 참가자의 회의참가 목적은 정보의 습득에 있을 수도 있고, 사교활동이나 네트워킹에 있을 수도 있으며, 레크리에이션 활동에 더 큰 비중을 둘 수도 있다.

• 개최 장소 및 시설

회의참가가 전적으로 자발적인 개인의사에 달려있으므로 협회회의 개최지는 참가자에게 매력적이어야 한다. 개최지의 매력도와 레크리에이션 시설의 유무는 레크리에이션 활동 추구형의 참가자인 경우 더욱 중요한 요소가 된다. 회의시설은 예상 참가자의 규모 그리고 전시의 유무 등에 따라 회의장, 분과회의실, 전시회 공간, 숙박시설이 충분해야 하며, 경제적 능력에 걸맞은 시설이 요구된다. 특정 협회의 경우, 회의가 일정 지역에서만 개최되어야 한다든지 각 지역을 순회하며 개최되어야 한다든지 따위의 제약조건이 있는 경우도 있다.

• 교통편

미국의 경우 반수 이상의 국제회의 참가자들(58.5%)이 국내 500 마일 이상의 거리를 여행한다. 따라서 회의 개최지까지의 접근성, 교통수단, 환승여부, 여행거리 등이 주요 고려의 대상이 된다.

이상에서 협회회의의 개최목적 및 일반적인 특징을 살펴보았다. 협회회의에 대한 기본적인 이해를 바탕으로 다음에는 협회회의 시장을 구성하고 있는 중요 요소들과 이 요소들 사이의 역학관계를 파악해 보도록 하겠다.[1)]

협회회의 시장은 〈그림 4-2〉에서와 같이 3개의 주요 구성요소(main players)로 형성된 하나의 시스템으로 도식화 시켜볼 수 있다. 세 개의 주요 구성요소란 협회(association), 개최지(host location) 그리고 잠재적 참가자(potential attendee)를 말한다(Opperman and Chon, 1997: 183).

협회회의를 구성하고 있는 이 세 구성요소 사이의 역학관계를 파악하는 일은 개최지 마케터에게 무척 중요하다. 이 세 구성요소들 즉, 협회와 개최지역 그리고 참가자의 관계는 어느 한 편이 일방적으로 혜택을 주거나 받는 입장이 아니라 서로 혜택을 주고받는 상호작용의 관계, 교환의 관계이기 때문이다. 교환이 성립되는 관계에서만 마케팅 활동이 유의미하며, 이때 개최지 마케터가 관심을 갖는 관계는 "개최지와 협회" 그리고 "개최지와 참가자"의 관계이다. 협회와 참가자의 욕구를 파악하여 만족한 상품과 서비스를 제공함으로써 개최지의 이윤을 창출하려는 것이 마케터의 목적이기 때문이다.

1) 보다 자세한 내용은 이소영(1999) 참조.

〈그림 4-2〉에 이 세 구성 요소의 상호작용과 역학 관계를 보다 상세히 서술하자면 다음과 같다. 회의개최지 마케터는 협회 측에 회의유치를 위한 촉진활동(promotion)을 벌이는 동시에 잠재적 참가자를 대상으로도 개최국 혹은 개최지역에 대한 촉진활동을 수행한다. 회의의 주최자인 협회는 잠재적 참가자에게 회의와 개최지에 대한 촉진 활동을 수행하여 보다 많은 참가자가 회의에 참가하도록 유도한다. 이로써 회의개최지는 협회와 참가자에게 자신의 도시 혹은 자신의 국가를 홍보할 수 있는 효과를 얻게 된다. 뿐만 아니라 회의를 개최함으로써 관광 비수기에 엄청난 수요를 창출해낼 수 있는 것이다.

〈그림 4-2〉 협회시장의 구성요소

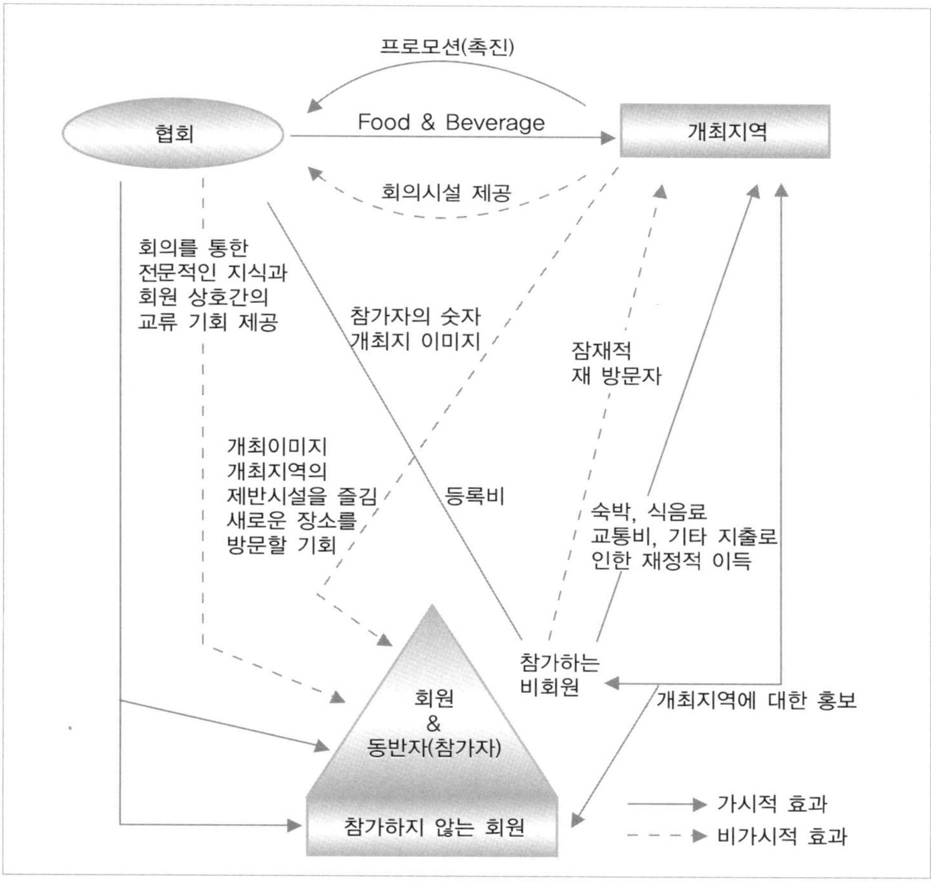

출처: Opperman & Chon(1997: 183)

한편, 협회 측은 개최지로부터 회의시설 및 식음료를 제공 받는 것 외에도 개최지역의 이미지를 이용하여 회원의 참가율을 높일 수 있는 기회를 가질 수 있다. 또한 협회 측은 참가자들로부터 등록비를 통한 수입을 올릴 수 있으며, 개최지역에 협회의 이미지와 위상을 제고할 수 있다. 개최지역은 참가자들의 숙박, 식음료, 교통비 지출 등의 소비행동으로 말미암은 경제적 이득은 물론이고, 그들이 좋은 인상을 받고 돌아갈 경우 재구매 고객, 혹은 구전을 통한 홍보가 되는 이득을 창출할 수 있다. 한편, 참가자들은 회의참가를 통해서 전문적 지식이나 유용한 정보를 습득, 교환할 수 있으며, 사교활동을 할 뿐만 아니라 개최지의 오락시설을 즐기고, 관광과 여홍을 즐길 수도 있다.

3. 기업회의 주최자

한국관광공사에서 2001년에 발간한 '미국 관광시장 분석'에 의하면 미국인 해외여행자 및 방한 미국인의 특성분석 결과 사업목적 여행자는 관광목적 여행자보다 체류기간은 짧지만 소비액은 월등히 높은, 그래서 부가 가치가 높은 분야(segment)로 조사되었으며, 사업 여행자의 상당수가 관광도 겸하는 것으로 나타나, 사업목적 여행자의 적극적인 유치가 관광수지개선을 위한 효율적인 방안으로 제시되었다.

또한 이 보고서는 사업목적 여행자를 대규모로 유치하기 위한 방안으로 기업회의(corporate meeting)를 유치하거나 기업체의 인센티브(incentive) 단체를 유치하는 것을 최우선적으로 추진할 필요가 있음을 천명하고, 이를 위해 대기업의 회의전담직원, 즉 기업회의 기획가들 대상의 꾸준한 마케팅의 필요성을 강조하였다(한국관광공사, 2001: xiv).

그러면 기업회의란 무엇인가? 기업회의란 영리를 추구하는 조직에서 특별한 필요(need)를 가지고 개최하는 모든 회의를 말한다. 따라서 기업회의는 단 몇 명의 종업원을 거느린 회사에서 행해지는 회의까지도 포함한다. 다시 말해, 기업회의의 개념은 특정규모 이상의 기업에서 주최하는 회의로 제한되지 않고 회의를 주최하는 기업의 욕구 유무에 의해 정의된다. 기업이 회의를 개최하는 이유는 종업원의 사기진작, 종업원들의 지식수준 향상,

기업의 신상품에 대한 소개 및 취급방법에 대한 훈련 등 다양하다(Kawashima, 2001: 4).

일부 기업회의는 연간 판매회의나 주주총회와 같이 정해진 시기에 개최되기도 하지만, 대부분의 기업회의는 고정된 회의시기가 정해져 있지 않고, 회의가 필요할 때마다 개최된다(남궁의용, 1994: 12). 기업회의 준비기간은 협회회의 보다 짧아 대부분 3개월에서 1년 정도의 준비기간이 소요된다. 때로는 긴급회의와 같이 준비 없이 갑작스럽게 열리기도 한다. 참가자를 모집하는 협회회의와는 달리 기업회의는 최고경영진의 요구에 의해 종업원들이 의무적으로 참가하며, 참가비는 기업 측에서 부담하는 경우가 대부분이다. 기업회의의 75% 정도가 100명 이하의 참가자로 이루어지고 있다(Abbey, 1987: 265).

또한 기업회의는 협회회의와는 달리 매년 같은 장소에서 열리는 경우가 많고, 기업 내에서 열리는 사내회의(in-house meeting)도 많다. 회의참가가 의무적이고 업무의 연장이기 때문에, 개최장소의 레크리에이션 시설과 관광 매력도는 협회회의 만큼 개최지 결정에 영향을 끼치지는 않는다. 기업회의에서는 오히려 외부환경과 차단되고, 프라이버시가 지켜질 수 있는 장소를 선호하기도 한다. 단, 동기부여나 포상을 위한 회의(incentive)의 경우, 개최지의 관광 매력도가 중시된다(남궁의용, 1994: 13).

앞에서도 언급했듯이, 기업회의와 협회회의를 제외한 기타 회의의 경우 주최자의 비율이 극히 미미하므로, 컨벤션 시장은 기업회의 시장과 협회회의 시장으로 구분하는 것이 보통이다. 이 두개의 시장은 몇 가지의 특성상 뚜렷한 차이를 보인다.[2] 참가자의 관점에서 보았을 때, 협회회의는 참가자 개인의 "선택의 자유(freedom of choice)"가 있지만, 기업회의의 경우 참가자들은 거의 의무적으로 회의에 참가해야 한다는 것이 가장 큰 차이점이라 할 수 있다(Opperman and Chon, 1997: 179). 이러한 "선택의 자유" 때문에 협회회의 참가자의 여행형태나 구매태도는 개최지, 소속 협회에 대한 인식, 자신의 욕구와 동기 그리고 재정적인 요인 등에 의해 크게 달라진다. 즉, 협회회의 시장은 마케팅 노력의 여하에 따라 높은 참가율을 창출할 수 있는 시장이라 볼 수 있다(Opperman and Chon, 1997: 179).

2) 기업회의의 특성에 관해서는 오현숙(2001) 참조.

또한, 협회회의가 컨벤션산업에 잘 알려져 있고 쉽게 지각할 수 있는 반면, 기업회의는 쉽게 시장을 지각할 수 없다. 즉, 협회회의는 국제회의연합(Union of International Association: UIA)이나 국제회의전문협회(International Congress and Convention Association: ICCA)를 통한 협회의 목록을 통해 확인할 수 있으며, 참가자 유치를 위한 각종 홍보물을 통해서도 쉽게 파악할 수 있다. 그러나 기업회의는 각 기업의 종사자나 주주 이외에는 쉽게 알려지지 않는 경우가 대부분이다(이소영, 1999: 14).

컨벤션 시장에서 가장 큰 비율을 차지하고 있는 협회회의시장과 기업회의시장의 특성을 비교하면 다음 〈표 4-1〉과 같다.

이렇게 참가자와 비용의 컨트롤이 비교적 용이한 기업회의는 기업이 비용을 한 번에 지불하기 때문에, 회의 개최시설 측으로서는 청구 및 지불기간이 따로 없어서 회의업체의 현금 흐름에 큰 도움이 되고, 행사가 끝난 후에 하나의 영수증, 즉 Master Account로 회의 발생 비용을 묶어서 청구하고 받을 수 있기 때문에 비용정산의 면에서 매우 편리하다는 장점이 있다(최태광, 1997: 33).

기업회의의 개최 시 고위경영진이 관련되어 있는 경우가 많으므로 회의 참가자는 대개 의무적으로 참가하게 되고, 이 때문에 기업회의의 규모는 쉽게 예측이 가능하고 그만큼 회의준비는 용이하다.

회의개최지 및 개최시설 선정절차도 협회회의와는 달리 대규모 위원회나 대표전체가 하기 보다는 한 개인이 정하는 경우가 많다. 따라서 회의시설을 유치하고자 하는 측면에서는 결정권자를 찾아내는 것이 회의유치 성사에 결정적이며, 이를 위해서는 여타 회의 유치보다 더 빈번하고 지속적인 관계유지가 요청된다.

기업회의의 잠재성은 그야말로 무궁무진하다. 혹자는 빙산에 비하고 있는데, 즉 수표 면에 떠오른 면은 극히 작지만 그 밑에는 거대한 얼음 덩어리가 숨어있듯이, 현재 파악되고 있는 기업회의보다 파악되지 않고 있는 회의가 더 많다는 것이다. 무엇보다 기업회의의 영

<표 4-1> 협회회의와 기업회의 비교

구분	협회회의	기업회의
참가	자발적	의무적
의사결정	비 중앙집권적; 주로 위원회 결정	중앙집권적
회의 건수	회의 수는 적지만 참가자 수는 많음	회의 수는 많지만 회의 당 참가자 수는 적음
동일 개최지 선정 가능성	약간, 대부분 장소를 선회함	높음
객실 블럭	예약 일자를 반드시 확인	안정적임
동반자	일반적	적음
전시회	자주 개최됨: 환대를 위해서 많이 요구됨	대개 개최 안됨
장소선정	매력적인 장소를 통해 참가자 유치; 때로는 정치적으로 결정됨	편리하고 서비스와 안전성이 보장되는 지역 추구
개최지 선정 유형	지리적으로 순회	정해진 유형 없음
준비기간	길다(대개 2~5년)	짧다(대개 1년 이하)
지불형식	개별 방식	Master Account 개설
취소 위험률	최소	높음. 위약금 조항과 사전 계약금 지불이 일반적임.
도착/출발	일찍 출발하는 것을 선호함.	사전에 미리 도착하거나 출발하는 경우가 거의 없음
가격	보다 가격에 민감함; 좋은 협상이 요구됨	가격 민감도 낮음
CVB 개입정도	도시 전반에 걸친 컨벤션의 경우 CVB를 적극적으로 활용함	CVB 접촉이 거의 없음
예약절차	우편으로 예약을 받거나 숙박 사무국을 이용함	객실 명단을 제공함

출처: Kawashima(2001: 4)

향력 및 성장속도는 컨벤션산업에서 결코 간과할 수 없는 중요한 시장으로 인식되기에 충분하다.

기업에서 개최하는 다양한 회의 중 그 대표적 종류는 다음과 같다(Astroff and Abbey, 1998: 159~165; 최태광, 1997: 34~36).

• 판매회의(sales meetings)

기업이 개최하는 회의 중 가장 잘 알려진 회의가 바로 판매회의이다. 호텔시설을 필요로 하는 가장 잘 알려진 오래된 활동이기도 하다. 판매회의를 개최하는 목적은 무척 다양한데, 연간 판매실적 회의나 신제품 소개, 새로운 회사규칙, 판매기술 공유, 또는 협동심, 단결력 고양 등의 목적으로 열리기도 한다. 판매회의를 위해 선호되는 호텔의 유형이나 위치에 관련된 정해진 패턴은 없으며, 그 규모나 개최시기 또한 다양하고 지역별, 국가별로 연대하여 개최하기도 한다.

• 경영자회의(management meetings)

경영자회의는 대개가 소규모의 회의로 정기적, 비정기적으로 다양한 목적으로 열린다. 개최일 수는 평균 2일이 가장 보편적이며, 개최 장소는 시내 중심지 호텔, 공항 호텔, 리조트 등으로 다양하고, 일반적으로 최고의 시설과 최고의 서비스를 요구하는 특징이 있다. 경영자회의는 무엇보다도 참석자 개개인이 후속 비즈니스를 가져올 수 있는 강력한 잠재고객이라는 점에서 회의시설 측에게는 더욱 중요한 회의이다.

• 교육훈련회의(training meetings)

교육훈련회의는 기업회의 시장 중 가장 큰 시장으로 부각되고 있다. 빠르게 변화하는 세상과 더불어 교육의 필요성이 더욱 요청되고 있기 때문이다. 교육훈련회의의 특징으로는 그 개최규모가 50명 미만, 특히 30명 내외인 것이 가장 보편적이고, 평균 개최일 수는 3일 정도이다. 개최 장소는 해당기업의 사무실, 또는 제조시설에 근접한 도시나 교외지역에서 개최되고 호텔이나 리조트 지역에서 개최되는 경우도 흔하다. 교육훈련회의는 같은 장소에서 반복적으로 벌어지는 경우가 많이 때문에 시설 측에게 특히 매력적인 대상이 된다.

• 주주회의(stockholders meetings)

주주회의는 다른 회의형태에 비하여 그 개최여부가 경제 흐름에 매우 민감한 편이며, 개최기간은 보통 1일, 회의실을 대여하는 것 이외에는 다른 수입이 거의 없는 편이기 때문에 매출액 면에서 적다. 주주회의는 주로 기업이 위치한 도시에서 개최된다는 특성이 있다.

• 신상품 설명회(new products introduction)

기업에서는 신상품이 나오면 딜러나 유통업자, 또는 자사직원 등을 대상으로 신상품 설명회를 개최한다. 개최규모나 형태, 개최일 수에 있어서 매우 다양하며, 전시를 포함하여 개최되기도 한다. 대개가 첨단 시청각설비를 활용하고 예산의 측면에서도 높게 측정되는 것이 보통이다.

• 인센티브 회의(incentive meetings of trips)

인센티브 회의(또는 인센티브 여행)는 기업회의 시장에서 그 중요성이 점차 높아지고 있는 회의형태 중 하나이다. 판매원이나 경영진들의 뛰어난 업적을 보상하기 위하여 실시하는 것이 가장 보편적인 형태이며, 딜러나 고객을 대상으로 하기도 하다. 프로그램 중에 회의가 포함이 되기는 하지만 대개가 최소한으로 제한되는 것이 보통이고, 참석자들이 즐길 수 있는 다양한 프로그램이 제공되기 때문에 레크리에이션 시설이 중요한 요소로 작용한다. 다른 회의분야에 비하여 연회가 빈번히 열리고 참석자들이 호텔의 시설을 최대한 사용한다는 점에서 시설 측에게는 특히 매력적인 대상이다.

• 전문 인력 회의(professional/technical meetings)

현대 사회에서는 앞서가는 기술을 따라가기 위해서는 정보의 공유가 그 무엇보다 절실하기 때문에 그 개최빈도가 점차 증가하고 있다. 전문 인력 회의는 대개 세미나나 워크숍의 형태로 개최되며, 외부 인사를 초청하여 강연의 형태로 열린다.

• 유통업자회의(distributors and dealers meetings)

이 회의는 기업회의 중에서 일인당 평균지출이 가장 높은 회의이다. 유통업자는 많은 기업의 소매 판매망을 대표하는 것으로, 이러한 회의를 통해서 마케팅 담당부서로서는 개별 소매업자를 상대로 하는 마케팅 프로그램과 정책을 검토해 보는 기회가 된다. 어떤 경우에는 해당기업의 철학에 따라 회의개최지 선정에 있어서 이색적인 목적지를 선정하는 것이 우선되기도 하지만, 어떤 경우는 기업이 본부시설을 독점 사용할 수 있는 특별지역을 선정하도록 유도하기도 한다.

이 밖에도 기업에서는 지역별, 국가별로 모임을 갖는 지역회의(regional/local chapter meeting), 기자회견(press interview), 조인식(signing ceremony), 시무식, 종무식 등 다양한 행사를 개최한다.

4. 컨벤션, 기업회의, 협회회의의 시장비교: 미국사례

이제 컨벤션시장의 현황을 보다 실증적으로 파악하기 위해, 대표적인 컨벤션 전문지인 Meetings & Conventions Magazine 구독자를 대상으로 1999년에 응답 조사한 결과를 기초로 하여 작성된 "The 2000 Meetings Market Study"의 내용을 기저로, 미국의 컨벤션, 기업회의, 협회회의의 특성을 비교해보자.

지난 10년간 1989년에서 1999년 사이 미국에서 개최된 회의와 컨벤션의 개최건수를 보면 〈그림 4-3〉과 같다. 1999년에는 전체적으로 개최건수가 늘었으며, 특히 기업회의와 컨벤션이 증가한 반면, 협회회의는 1997년의 189,500건에서 1999년에 174,200건으로 줄었다.

그러나 기업회의, 컨벤션, 협회회의 모두 1989년의 수준보다 개최건수가 감소하였다. 기업회의와 협회회의가 10년 전에 비해 거의 4% 감소하였고, 컨벤션도 1989년도 12,600건에서 1999년 11,600건으로 줄었다.

<그림 4-3> 미국의 회의 및 컨벤션 개최건수(단위: 1,000건) (1999~1999)

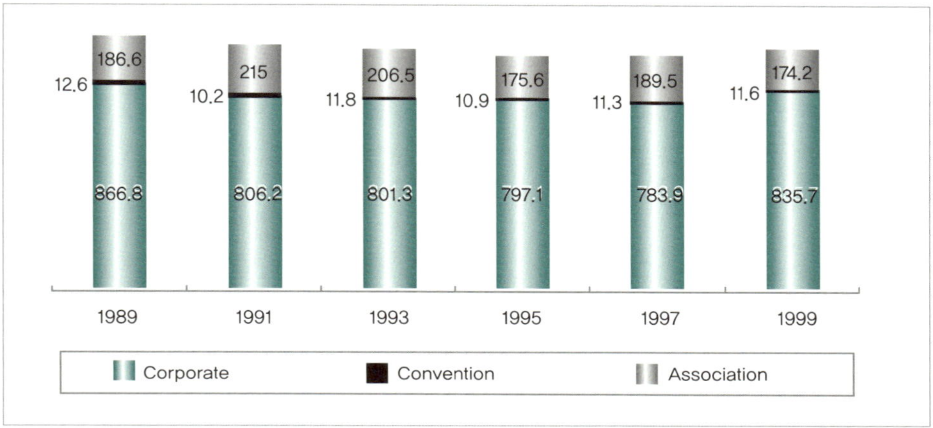

출처: Meetings & Conventions Magazine(2000: 5)

개최건수의 감소에 따라 참가자수도 1989년의 93.7백만 명에서 1999년 78.9백만 명, 그리고 기업회의에는 51백만 명이 참가하여, 참가자수로는 기업회의가 꾸준히 우위를 점하고 있다.

<그림 4-4> 미국의 회의 및 컨벤션 참가자수(단위: 백만 명) (1989~1999)

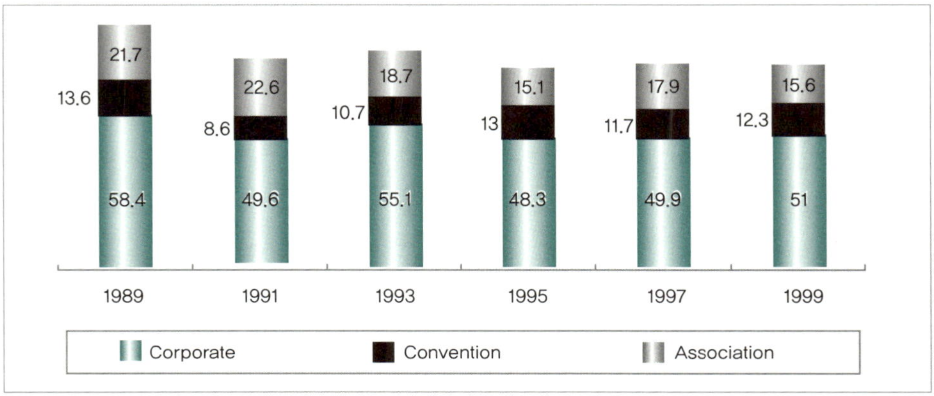

출처: 출처: Meetings & Conventions Magazine(2000: 6)

회의와 컨벤션에 소요되는 비용은 1997년 418억불로 최고를 기록하였으나 1989년도의 396억불에 비해 1999년도에는 402억불에 이르는 규모로써, 참가자 수가 감소했는데도 비용은 거의 같거나 약간 높은 수준을 보이고 있다. 3가지의 범주 중 컨벤션이 163억불로 가장 큰 비용을 사용했으며, 회의시장에서 꾸준히 큰 손의 위치를 차지하고 있다. 그 다음으로 1999년에도 협회회의와 기업회의가 각각 140억불, 102억불을 소요하였으며, 대체로 협회가 기업보다 개최비용을 많이 쓰고 있음을 알 수 있다.

<그림 4-5> 미국의 회의와 컨벤션 개최 소요비용 (단위: 일억 불) (1989~1999)

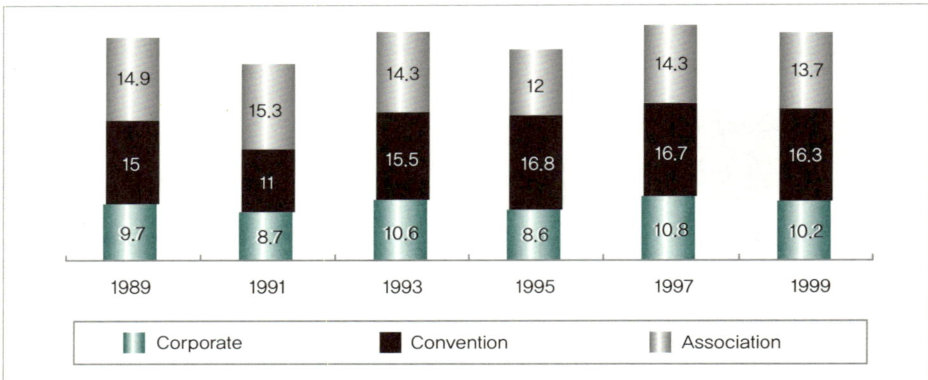

출처: Meetings & Conventions Magazine(2000: 7)

다음 〈표 4-2〉은 미국의 협회회의를 유형별로 세분한 것으로(1999년도 기준), 기획인력의 투입정도에 있어서 이사회가 74%로 가장 큰 부분을 차지하고 그 다음이 훈련 · 교육목적의 세미나로 61%의 규모로 있으며, 평균 2.2일 동안 연간 14.7건의 회의에 평균 90명이 참석한 것이다. 협회회의를 계획하는 데에는 평균 9개월이 소요되는 것으로 나타났다.

<표 4-2> 미국의 협회회의 유형별 특성

회의종류	회의기획사 개입	평균 회의 수	평균 참가자 수	평균 개최일 수
이사회	74%	4.0	36	1.9
교육/훈련 세미나	61	7.4	99	2.4
전문/기술회의	42	6.0	97	2.3
지역/지부회의	32	6.7	104	1.8
Other off-premises meetings	16	4.2	188	2.6
평균	87	14.7	90	2.2

협회회의 계획에 필요한 평균 소요 시간: 9개월

출처: Meetings & Conventions Magazine(2000: 99)

이제 위의 내용을 기업회의와 비교해보자. 〈표 4-3〉은 미국의 기업회의를 유형별로 세분한 것으로(1999년도 기준), 기획인력의 투입정도에 있어서 세일즈/마케팅회의가 57%로 가장 큰 부분을 차지하고, 그 다음이 협회회의의 경우와 마찬가지로 그 위에 있으며(51%)

<표 4-3> 미국의 기업회의의 유형별 특성

회의종류	회의기획사 개입	평균 회의 수	평균 참가자 수	평균 개최일 수
영업/마케팅 회의	57%	5.4	64	3.2
관리회의	48	5.4	32	2.6
훈련/교육 세미나	51	7.4	64	2.9
전문/기술회의	31	4.4	62	2.8
신제품 발표	20	4.4	121	2.3
개별 인센티브회의/여행	17	4.4	24	5.2
그룹 인센티브회의/여행	24	4.2	90	4.7
주주회의	10	2.6	33	3.0
기타회의	4	4.2	89	2.8
기타	95	13.8	61	3.2

회의 기획에서 장소선정가지 기업회의 계획에 필요한 평균 소요 시간: 6.6개월

회의 기획과정에서 회의 개최까지 기업회의 계획에 필요한 평균 소요시간: 6.6개월

출처: Meetings & Conventions Magazine(2000: 37)

경영진회의 역시 그 다음으로 중요하게 나타났다(48%). 평균 3.2일 동안 연간 13.8건의 회의에 평균 61명이 참석했으며 회의기획에서 장소선정까지 소요된 기간은 6.6개월, 회의기획에서 실제로 회의가 시작된 날까지 소요된 기간은 6.7개월이다.

지금까지 미국의 컨벤션, 기업회의, 협회회의의 시장규모 및 다양한 특성을 살펴보았다. 이 같은 분석의 틀로 우리도 국내의 컨벤션 시장에 대한 자세한 분석 통계자료를 구축해 나아가야 하겠고, 대규모 컨벤션 유치 이외에 중 · 소규모의 그러나 씀씀이가 큰 협회회의 및 기업회의의 유치 · 기획 · 운영에 대한 연구노력이 요구된다.

5. 주최자 사무국

회의를 준비하기 위해서는 일차적으로 회의의 주최자가 되는 조직위원회가 구성된다. 그러나 조직위원회는 성격상 협회, 학회 및 각 기관의 내부업무에 충실하기 때문에 고도의 전문성을 필요로 하거나, 규모가 큰 회의를 단독으로 기획 · 준비한다는 것은 사실상 어렵다. 따라서 국제회의를 개최하기 위해서 구성되는 전담 조직인 '사무국' 의 역할과 구성에 대해 주목하고자 한다.

1) 사무국의 정의 및 역할

국제회의를 기획 · 준비 및 운영하기 위해서 구성되는 기구를 '사무국' 이라고 한다. 사무국은 국제회의의 유치단계에서 진행과 마무리까지 회의의 모든 것을 책임지는 기구를 의미한다. 일반적으로 회의를 개최하기 위해서 구성되는 사무국은 그 구성 시기가 행사규모에 따라 다소 차이가 나지만, 행사개시 이전, 길게는 행사 전 4~5년, 짧게는 3개월 정도 전에 구성이 된다.

사무국은 회의를 준비하는 주최 측이 회의 개최 전에 구성하며 상설기구로 조직하거나 한시적 기구로 조직할 수 있다. 사무국은 일반적으로 주최 측의 하부기구로 존재한다. 사무국의 업무는 개최하게 되는 회의 및 주최 측의 조직상의 성격에 따라 달라진다. 또한 회의의 규모와 회의를 통해서 얻을 수 있는 파급효과의 크기에 따라 유치단계에서부터 사무국이 조직되는 경우도 있으며, 유치는 그 조직 및 단체의 일반원칙에 따라 정해지고, 그 준비와 집행을 위해 사무국이 구성되는 경우도 있다.

회의가 일정규모 이상이며 반복적으로 진행되는 경우, 주최 측의 조직 및 단체의 내부에 전담부서가 있는 경우도 있다. 사무국은 일반적으로 조직 및 단체 등 그 소속 기관 내에 위치하며, 상황에 따라서 별도의 사무실을 준비할 수도 있다. 또한 준비의 효율성에 따라 국제회의 전문 기획업체(PCO) 사무실에 위치할 수도 있다.

사무국 인력구성에 있어서 소규모회의의 경우 주최 측의 인력만으로도 가능한 경우가 있다. 특히 회의의 규모가 소규모이고 성격상 정기적으로 개최되는 회의의 경우 더욱 그러하다. 그러나 회의의 규모가 크고 전차(前次) 대회가 없는 경우, 내부인력 뿐 아니라 외부인력의 도움을 필요로 하게 된다. 이 경우 일반적인 회의개최 · 운영에 대한 전문가인 외부인력과 개최하려는 회의의 성격과 주최 측에 대해 잘 알고 있는 내부인력이 함께 모여 사무국이 구성된다.

또한 회의시장의 변화에 따라 사무국의 구성형태도 변한다. 회의 참가자의 규모와 회의를 통해서 얻고자 하는 목표, 그리고 회의 참가자들의 욕구가 다양해짐에 따라 내부인력에 의해 기획 · 운영되는 국제회의와 외부 인력에 의해 기획 · 운영되는 국제회의가 결정된다(김은희, 2000: 6~7).

이제 외부인력인 국제회의 전문 기획업체(PCO)와 함께 기획 · 운영되는 경우를 살펴보자.

2) 주최 측과 PCO의 역할 분담

사무국을 구성하는 요소로는 크게 조직위원회와 PCO로 나누어 볼 수 있다. 조직위원회(organizing/host committee)는 회의 개최업무 뿐만 아니라 다양한 분야의 경험을 소유하고 있는 사람들의 집단으로 회의 주최기관이 맡게 된다. 일반적으로 조직위원회 측이 회의 개최를 위한 전반적으로 원칙적인 기본계획을 설계한다면, PCO측은 보다 세부적이고 실제적인 계획을 수립하면서 조직위원회가 결정을 내릴 수 있는 기본 자료를 제공하는 일을 한다. PCO는 또한 실제 행사에 있어서 진행을 위한 모든 실질적 준비와 집행 및 결과보고까지 맡게 된다. 이들 조직위원회의 역할은 다음과 같이 〈표 4-4〉로 정리해 볼 수 있다.

<표 4-4> 조직위원회 업무 분장

기획부분	• 회의 목적 심의 • 전체 계획 심의 (참가 대상자, 주제, Program 회의기간, 회의장소, 예산 등 파악 및 결정) • 후원업체 섭외 및 결정 • 예산 조정 및 결정 • 대외 협조
학술부분	• 회의 주제 결정 • 회의관련 논문 수집 • 초청 연사 결정 • 회의 형태 기획 및 결정
홍보 · 인쇄부분	• 회의관련 홍보물 결정 • 대외 홍보 관련 기관 및 회원 • 출판물의 종류 및 형태 결정
기타부분	• 참가자 관광 프로그램 결정 • 숙박 및 회의장 결정 • 연회 행사 내용 결정 • 기타 참가자 편의 프로그램 제공사항 결정

출처: 김은희(2000: 30)

조직위원회의 역할이 위와 같은 경우, 조직위원회에서 여러 사항에 대한 결정을 내릴 수 있도록 자료를 제공하고 결정된 사항에 대해 실행을 하는 사무국 내에서 PCO의 역할은 다음과 같이 세분화 될 수 있다. 〈표 4-5〉에서 정리한 PCO 업무분장은 사무국 업무분장을 기준으로 상세화한 것이다.

<표 4-5> PCO의 업무분장

구분	업무
기획부분	• 회의 목적에 따른 회의유형 분석 자료 제공 • 행사 예정일 및 규모별 회의장 자료 제공 • 세부 예산안 제공 • 예상 후원업체 자료 제공 • 전차대회 자료 분석
학술부분	• 논문수집관련 안내문 제작 및 발송 • 논문집 제작 • 연사 초청 관련 업무 • 회의 진행 세부 시나리오 작성
홍보 · 인쇄부분	• 각 매체별, 각 유형별 홍보물 제시 • 회의관련 홍보물 제작 • 참가서신, 등록양식 및 프로그램 발송
기타부분	• 관광프로그램 안(案) 제시 및 집행 • 숙박 관련 호텔 자료 제시 • 지정 숙박시설과의 지속적인 연락 • 객실 block 지정 및 해지 • 연회 행사 출연 단체 섭외 • 수송업체 섭외 및 관리 • 각종 표시물(sign board 제작) • 기념물 제작 • 기타 참가자 편의 프로그램 제공사항 집행

출처: 김은희(2000: 31)

3) 주최 측 조직위원회 및 PCO 사무국 구성

주최 측에서 구성하는 조직위원회는 회의의 성격에 따라 그 인력구성이 다를 수 있다. 구성에 필요한 인력을 살펴보면 조직위원장 혹은 사무국장이 있다. 조직위원장 혹은 사무국장은 회의의 목표 및 목적달성 여부, 회의 준비상황 점검, 인력구성 책임 등의 임무를 가지고 있다. 조직위원장 혹은 사무국장 밑에 각 분과별로 책임자가 정해진다.

그러나 외부 국제회의 전문업체와 구성을 할 경우 회의성격이나 주최 측의 방침에 따라 회의관련 준비 및 진행에 있어 모든 업무를 회의 전문가가 맡고 주최 측은 조직위원장과 소수의 담당책임자로 구성하는 경우도 있다. 다음 〈그림 4-6〉은 제 1차 APEC 장관회의 때 주최 측 조직위원회의 구성을 보여주는 한 예이다.

<그림 4-6> 주최 측 조직위원회 구성(예: 제 1차 APEC 관광장관회의)

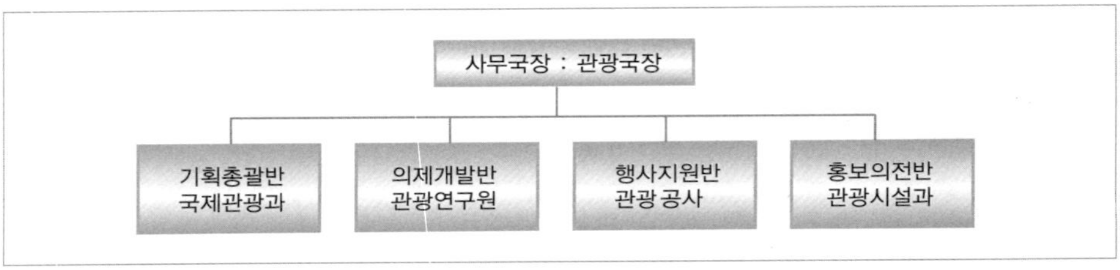

출처: 김은희(2000: 34)

조직위원회와 PCO가 국제회의를 준비하는 실무기관으로 구성되는 사무국은 회의준비의 책임을 맡은 주최 측의 책임자와 이를 대행하게 된 PCO 측 인력으로 조직된다. 이들은 회의 유치단계에서 회의기획 · 진행 및 마무리 평가에 이르기까지 모든 과정을 관장하게 된다. 이미 언급한 바와 같이, 회의의 몇 가지 부분을 효율적으로 진행하기 위해 사무국장 밑에 각 분야별로 반(班) 혹은 분과(分科)등으로 나누어지며, 이를 〈그림 4-7〉과 같이 나타낼 수 있다.

<그림 4-7> 사무국 조직도

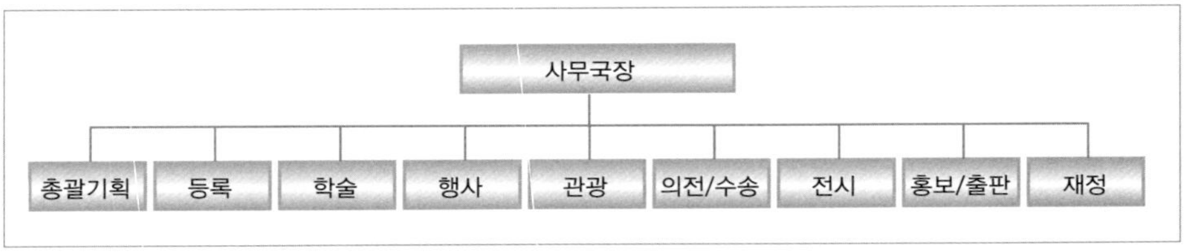

출처: 서승진, 손정미, 김오용(2000: 44)

각 부분 대개 조직위원회 인력과 PCO 인력이 함께 배치가 되며 각 역할 분담에 따라 기획과 실행의 업무를 맡게 된다.

사무국의 업무를 보다 구체적으로 정리하면 회의 전 단계와 회의 진행 단계 그리고 회의 종료 후 단계로 나누어 볼 수 있다. 회의 전 단계에서는 회의 유치를 위한 작업, 회의장 결정, 숙박 및 연회, 관광프로그램 구성, 운송수단 수배, 회의유형 결정, 회의의제 개발, 회의 참석자 선정, 연사초청, 필요인력 수배, 홍보방안 구성, 회의관련 인쇄물 제작, 회의 등록자 관리, 협찬요청 등의 역할을 하게 된다.

또한, 회의진행 중에는 연사 및 회의 참가자에 대한 필요 서비스 제공, 영접 및 영송, 회의관련 인쇄물 및 자료배포, 필요 기자재 제공, 기자 회견 등 홍보 관련 프로그램 제공 등의 업무를 한다. 회의 종료 후에는 회의관련 결과물을 인쇄하여 필요기관 및 요청자에게 공급하고 예산을 결산하며, 차기대회를 위한 준비를 한다. 또, 회의 중에 발생한 문제에 관한 해결 및 이에 대한 결과통보와 필요인사에게 감사편지를 보내고 한시적 사무국의 경우 철수한다.

Chapter **5**

컨벤션 참가자

컨벤션산업에 대한 경제적 파급효과와 관심은 많아지고 있지만, 마케팅전략 차원에서 폭넓은 연구가 이루어지지 못하였으며, 특히 컨벤션 시장을 구성하는 실질적인 소비자인 참가자들에 관한 연구는 이제 시작이라고 할 수 있다.

Vogt, Roehl and Fesenmaier(1994)의 연구에 따르면, 컨벤션 기획사들은 컨벤션 개최지 선정에 있어서 정보탐색 방법으로 경험이 있는 참가자들이나 기획담당자들의 조언을 가장 중요하게 여기며, 참가자들의 욕구와 필요를 알고 만족시키는 것은 구전효과와 개최지 선정, 재 방문에까지 영향을 미친다는 것이다.

컨벤션을 개최함에 있어서 최대한의 참가자들을 유치하는 것은 지역마케팅조직인 컨벤션 전담기구(CVB), 개최도시, 컨벤션 센터의 최대 목적일 것이다. 더욱이 외국인 참가자들의 참여를 도모하는 것은 파급효과를 극대화 할 수 있을 것이다.

IACVB (International Association of Convention and Visitors Bureau)의 조사에 따르면, 미국과 캐나다에서 열린 국제행사의 경우 외국인 참가자들의 지출액이 국내 참가자들에 비하여 7배 이상의 지출을 하는 것으로 나타났다. 다음의 〈표 5-1〉을 살펴보면, 총 지출액, 체류기간, 1인당 지출액에 있어서 국내 참가자들과 외국인 참가자들 사이에 현저한 차이를 보이고 있음을 알 수 있다.

<표 5-1> 참가자 및 업체들의 직접 기여 액 (단위: 달러)

구분			전체행사	이벤트 참여범위		개최도시규모별 규모		
				국제행사	국내행사	광역도시	대도시	일반도시
평균참가자수(명)			1,929	2,663	660	3,774	1,008	747
개별참가자	총지출 액		1,342,005	2,235,668	267,557	3,339,959	630,192	370,512
	평균참가자 지출 액/인		695.70	839.53	405.39	900.89	625.19	496
	평균체제기간		3.01	3.5	2.04	3.37	2.93	2.54
	참가자 거주지 별 소비 액/인	타 지역	739.31	879.02	442.69	959.05	656	531.18
		지역 내	98.35	127.74	66.93	129.82	88.23	46.52

출처: IACVB Convention Income Survey (제주컨벤션센터 마스터 플랜, 1999: 41)

한편, 최근에는 고객만족이 기업의 목적이며 이윤은 그에 따른 보상이라는 기업 경영철학의 변화가 협회나 학회에도 영향을 미쳐서 회원의 만족을 제고시키고자 노력하고 있다. 이는 고객의 욕구에 부응하는 서비스를 시기적절하게 제공함으로써 고객을 더 만족시키고, 그래서 행복해진 고객들의 충성도가 높아지면 협회는 고객을 유지하게 되고, 회원의 추천을 통해 신규회원을 창출함으로써 협회의 장기적인 이익확보가 가능해지기 때문이다. 이러한 고객만족의 핵심은 품질에 근거한다는 점에 연구자들의 견해가 일치하고 있으며, 협회도 가장 중요한 업무 중 하나인 컨벤션 개최에 있어서 서비스품질을 매우 중요하게 여기게 되었다.

컨벤션 참가자들은 과거에 받았던 서비스보다 더 높은 품질의 서비스를 제공 받으려는 기대를 갖게 되고, 컨벤션에 있어서도 협회의 참가자 유치경쟁이 심해지면서 컨벤션도 본격적인 서비스품질 경쟁의 국면에 접어들게 되었다. 따라서 협회는 물론 협회의 컨벤션을 유치하고자 하는 개최지에게도 컨벤션 시장의 최종 고객인 일반 참가자가 어떤 서비스 품질 요인을 중요시하며, 구체적인 컨벤션 서비스에 대해 어떻게 인식하고 있는지, 그리고 향후 컨벤션 참가자의 의도에 미치는 영향 등을 매우 중요하게 다루게 되었다.

그러나 기존 컨벤션에 관한 연구는 주로 컨벤션 기획사 관점에서 호텔 및 회의장의 서비스에 대한 평가 위주로 이루어졌으며[3], 컨벤션 개최지가 제공하는 전반적 컨벤션 서비스 품질에 대한 평가 역시 이제 시작인 것이다. 따라서 본 Chapter에서는 외국인 참가자들의 컨벤션 참여를 극대화하기 위하여, 참가행동을 이해하고 참가결정속성을 밝히며 참가자들의 만족도를 높일 수 있는 마케팅전략을 살펴보고자 한다. 또한 컨벤션 참가자의 서비스 품질평가 차원 및 항목을 설정하고 서비스품질과 고객만족, 향후 재 참가 및 개최지 재방문 의도 간의 관련성을 밝혀 컨벤션 서비스에 대한 참가자의 인식을 조사한 사례를 통해 컨벤션 개최지의 서비스품질관리를 위한 구체적인 방안 및 고객만족 지향적인 전사적 품질 경영에 대한 기본적 이해를 돕고자 한다.

1. 컨벤션 시장의 구성요소로서의 참가자

Var and Mauser(1985)는 컨벤션 에이전시(마케팅 조직), 컨벤션 기획사, 그리고 참가자가 컨벤션을 구성하는 요소라고 하였다. 앞에서 우리는 컨벤션 중 협회회의를 구성하는 요소인 협회, 개최지, 참가자들을 하나의 시스템으로 도식화 한 Opperman(1995)의 연구를 살펴보았다.

협회회의를 구성하고 있는 요소들은 어느 한 편이 일방적으로 혜택을 주거나 받는 입장이 아니라 서로 혜택을 주고받는 상호 작용의 관계, 교환의 관계를 형성하기 때문에 교환이 성립되는 관계에서만 마케팅 활동이 의미가 있다. 이때 지역마케터(Destination Marketer: DM)가 관심을 갖는 관계는 "개최지와 협회" 그리고 "개최지와 참가자"의 관계이다. 협회와 참가자의 욕구를 파악하여 동시에 만족할 만한 상품과 서비스를 제공함으로써 개최지의 이윤을 창출하려는 것이 지역 마케터의 목적이다. 그리고 협회 측에 회의 유치를 위한

3) 호텔 및 회의장의 서비스에 대한 평가 연구로 최문경(2000), 장주영(2001), 전반적인 컨벤션 서비스 품질에 관한 연구로 이혜련(2001)을 참조.

촉진 활동을 벌이는 동시에 잠재적 참가자를 대상으로 개최지에 대한 촉진활동을 수행하여야 한다.

주최자인 협회는 잠재적 참가자에게 회의와 개최지에 대한 촉진 활동을 수행하여 보다 많은 참가자가 회의에 참가하도록 유도하며, 이로써 회의개최지는 협회와 참가자에게 개최지 혹은 개최국가를 홍보할 수 있는 간접적인 파급효과를 얻게 되며, 직접적으로 관광 비수기에 엄청난 경제적 수요를 창출해 낼 수 있는 것이다.

한편, 협회 측은 개최지로부터 회의시설 및 식음료를 제공받는 것 외에도 개최지역의 이미지를 이용하여 회원의 참가율을 높일 수 있는 기회를 가질 수 있다. 그리고 참가자들로부터 등록비를 통한 수입을 올릴 수 있으며, 개최지역에 협회의 이미지와 위상을 제고할 수 있다.

참가자들은 회의 참가를 통해서 전문적지식이나 유용한 정보를 습득, 교환할 수 있으며, 사교 활동과 개최지의 오락시설, 관광 및 여흥을 즐길 수 있다. 따라서 회의개최지는 참가자들의 숙박, 식음료, 교통비 지출 등의 소비행동으로 말미암은 경제적 이득은 물론, 참가자들이 좋은 인상을 받고 돌아갈 경우 재방문을 하거나, 좋은 구전 효과를 얻게 된다(이소영, 1999).

1) 컨벤션 참가자의 특성 및 참가 결정과정

① 참가자의 특성

즐거움(pleasure)을 위한 여행과 비즈니스(business)를 위한 여행 사이에는 목적이나 동기에 확연한 차이가 있으며, 대부분의 컨벤션은 비즈니스여행에 속한다(Polivka, 1996). 따라서 컨벤션 참가자들은 일반 관광객들과 달리 비즈니스여행객이라고 할 수 있다(Quain, Render & Hertmann, 1991).

컨벤션 참가자들은 다양한 특성과 성격을 지닌 소비자들로, 이들의 욕구를 이해하고 만족시킬 수 있는 서비스와 마케팅을 제공하는 것은 무엇보다 중요하다. 컨벤션 참가자들의 특성을 살펴보면, 다음과 같이 세 가지 형태로 나누어 볼 수 있다(Dotson, 1995: 7).

첫째, 비자발적인 참가자들이다.
비자발적 참가자는 회의 참가 자체가 일의 연장선으로 여기는 참가자들로서 이들은 자신이 속해있는 집단의 가치를 높이고 경험으로부터 배울 것을 기대하는 사람들이다.

둘째, 자발적이며, 정보를 얻고자 하는 참가자들이다.
자발적이면서 정보와 새로운 지식을 얻고자 하는 참가자들은 사람들과의 친교나 회의 프로그램을 통하여 많은 것을 얻고 배우고자하는 열의가 높은 사람들이다.

셋째, 자발적이며, 여흥을 즐기기 위한 참가자들이다.
자발적이면서 여흥이나 레크리에이션을 즐기기 위해 참석하는 참가자들은 회의개최지에서 제공하는 사교 프로그램, 관광, 이벤트 등을 통하여 여흥을 즐기려는 사람들로서 회의를 인센티브로 인식하는 경우가 많다.

컨벤션 참가자는 관광객과 마찬가지로 일종의 소비자인 만큼 기본 행동 과정은 같다고 볼 수 있다. 그러나 관광상품이나 컨벤션상품을 구매하는 것은 일반상품과 매우 다른 요소가 개입되기 때문에, 별도로 연구된 관광객 의사결정모형과 컨벤션 참가자의 의사결정모형 등을 검토할 필요가 있다. 우선 관광객의 의사결정모형을 살펴보자.

Mathieson and Wall(1982: 21)은 소비자 행동에 관한 포괄적 모델을 근거로 하여 관광객의 의사결정을 관광욕구, 정보탐색 및 평가, 관광의사결정, 관광준비, 관광경험 및 평가라는 5단계로 나누어 〈그림 5-1〉과 같이 설명하고 있다.

이런 의사결정 과정에 관광객 상황, 관광객 의식, 여행특성 및 관광목적지 특성이 영향을 미치고 있음을 밝히고 있는데, 특히 직접요인으로 여행특성과 관광목적지 자원의 특성

〈그림 5-1〉 관광객 의사결정모형

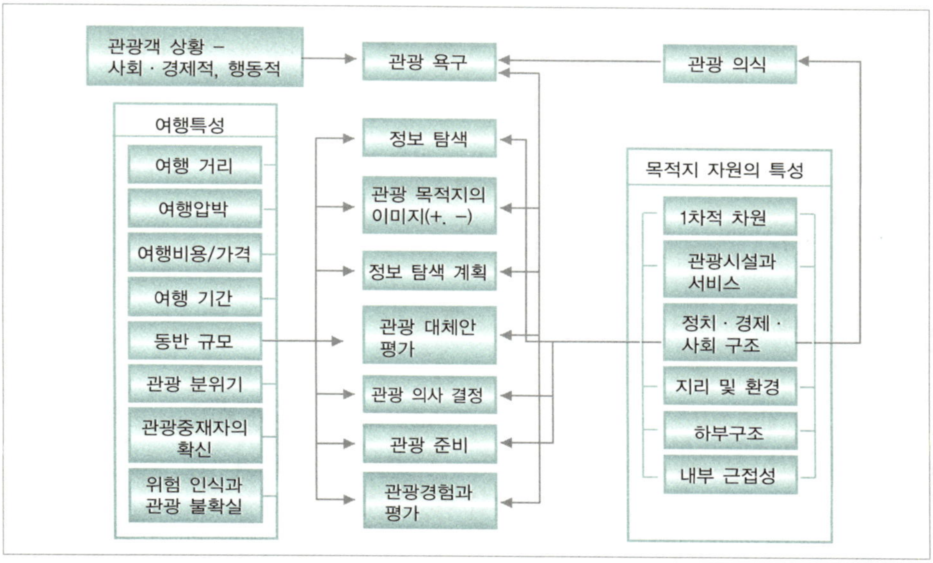

출처: Mathieson and Wall(1982: 21)

을 매우 중시하였다. 여행특성에는 여행거리, 여행경비, 여행기간, 동반규모, 관광 분위기, 위험의 인식 등이 들어 있으며, 관광목적지 자원의 성격에는 관광시설 및 서비스, 지리적 · 환경적 요소, 하부구조 등이 포함되어 있다.

② 참가 결정 과정

마케팅에서 제안되어 온 소비자행동이론에 입각하여 참가자의 컨벤션 참가결정을 살펴보면, 참가자는 어떤 특별한 요인에 의해서 컨벤션 참가를 고려하며, 일정 과정을 거쳐 결정하게 된다. 이러한 컨벤션 참가결정 과정에는 개인적 · 사회적 요소가 영향을 줄 수 있으며, 가정을 구성하고 있는 참가자인 경우 가정의 특성 및 가정의 의사결정이 영향을 미치는 것으로 나타난다(Oh, Uysal and Weaver, 1995).

한편 Oppermann and Chon(1997: 186)은 컨벤션 참가결정과정에 관한 연구에서 개인 참가자의 컨벤션 참가결정과정을 〈그림 5-2〉와 같이 도식화 하였다. 컨벤션 참가결정과정은 밀어내는 요인과 잡아당기는 요인, 장애요소와 간섭기회가 영향을 미치게 되는데, 회의 참가에 대한 필요성을 인식하고 있는 개인의 회의 참가결정과정에 수반되는 변수를 선행 연구 결과에 기초하여 4가지로 분류했다.

첫째, 개인/사업요인은 개인의 건강 및 재정상태, 가족행사, 시간 가용성 등으로 회의 불참의 가장 큰 원인이다. 특히 가족 중심적 경향의 개인에게 가족행사 등은 참가결정의 주요 변수가 될 수 있다. 이외에 일정충돌 및 회의중복도 불참의 원인이 됨으로 개최시기도 참가자 제고를 위한 중요 요인이다.

둘째, 협회/컨벤션요인은 개인의 전문적 목표와 협회 참여도와 관계되는 것으로, 개인이 가입하고 있는 협회의 모든 회의에 참가가 불가능함에 따라, 개인의 경력이나 전문직 수준에 중요한 협회회의나 참가자 구성상 유력 인사와의 접촉이 가능한 회의만을 선별하여 참가하려 할 것이다. 이외에도 다른 전문가, 동료들과의 교류, 지구촌 공동체의식, 평생교육 등의 일반적 회의개최 요인이 있다.

셋째, 장소요인은 교통비 및 여행시간 등의 접근성, 기후 및 개최지 이미지 등이다. 특정 장소와 연관되는 교통비 등 경비는 회의 참가결정에 영향을 미치며, 접근성은 여행기간도 결정하기 때문에 항공교통의 중심도시는 참가자가 선호하는 개최지가 될 것이다. 한편 회의개최지의 명성이나 이미지도 컨벤션 참가결정의 중요한 변수가 된다.

넷째, 간섭기회는 다른 협회의 컨벤션이나 비정기적 이벤트 등이다. 또한 협회나 기업으로부터 컨벤션 참가를 위한 재정적 지원이 되지 않는 경우도 컨벤션 참가결정에 영향을 주게 된다. 즉, 좋은 경험을 갖게 되면 참가자는 다른 회의나 가족행사보다 참가했던 컨벤션을 더 높이 평가하여 많은 가치를 부여하게 되며, 컨벤션과 개최지에 대한 부정적 경험은 개최지 이미지를 변화하게 하며, 협회 자체에 대한 참여도를 저하시킨다고 설명했다.

기존 연구는 의사결정에 영향을 주는 변수를 크게 협회/컨벤션 요인, 개인/사업요인, 장

<그림 5-2> 컨벤션 참가자 의사결정 모형

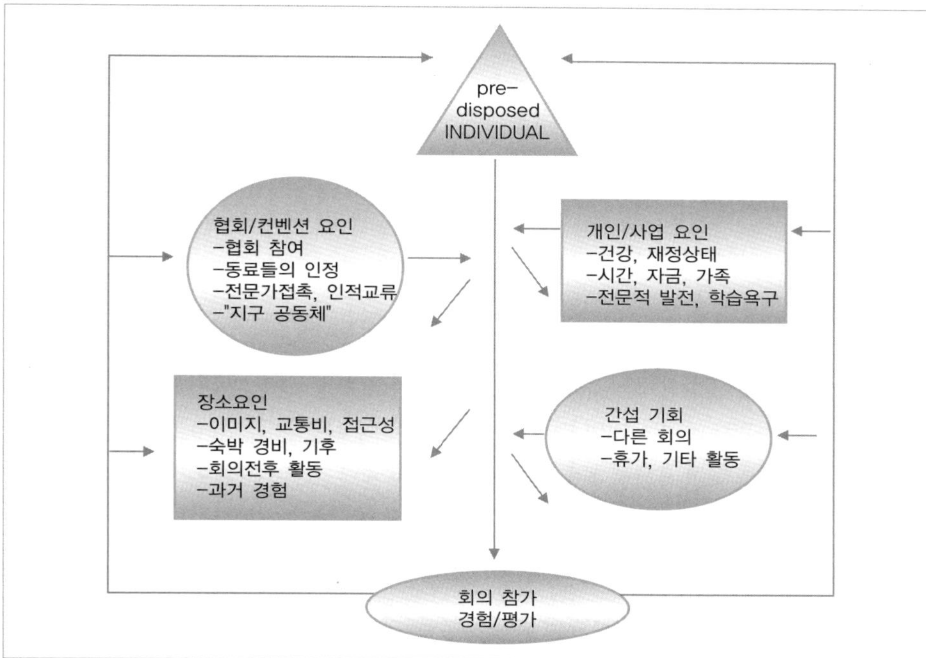

출처: Opperman and Chon (1997: 186)

소요인, 간섭기회의 4가지 카테고리로 구분했는데, 기존의 "장소요인"을 2개의 서브 카테고리인 "매력도(attractiveness)"와 "접근성(accessibility)"로 구분하였다. 이는 Var, Cesario and Mauser(1985)의 연구에 따르면 접근성이 매력도 보다 더 중요하게 작용하기 때문이라고 설명되어 있다.

또한 "간섭요인" 대신에 "총 지출요인"을 사용하였는데, Var, Cesario and Mauser(1985)의 연구에 따르면 참가결정은 활용가능한 자원에 의한 영향을 받으므로 활용가능한 자원을 금전적 지출과 시간적 지출로 구분하여 적용하였다.

이제 다음에서는 컨벤션 참가자에 대한해외 및 국내의 연구들을 정리해보자.

2. 컨벤션 참가자에 관한 연구

참가자들이 컨벤션 참가를 결정하기까지의 과정은 복잡하고, 한가지의 동기에 의해서 결정되기 보다는 여러 동기와 사회적 영향이 복합적으로 작용한다. 따라서 선행연구를 통하여 참가자들의 참가동기와 참가결정에 영향을 미치는 요인들을 유추하고, 참가자들의 특성을 살펴보고자 한다.

1) 해외연구

컨벤션 참가자들이 회의에 참가하는 목적은 교육이라 할 수 있다. 회의에 참가함으로써 지식이나 기술을 습득하고, 전문적인 경험을 얻길 기대하기 때문이다. 그러나 회의 참가자들의 목적을 살피기 전에 회의 목적에 따라 참가자들의 성향이 다르다는 것을 인식해야 한다.

국제회의 참가자들의 참가요인에 관한 최초의 선행연구 중의 하나로서 Fortin, Ritchie and Arsenault(1978)의 연구가 있다. 이들은 회의개최지를 선정하는 과정과 선정기준에 관한 연구를 실시하였는데, 이 연구에 따르면 컨벤션 개최지선정과 참가자들의 참가결정에 영향을 미치는 요인으로 개최지의 속성이라고 할 수 있는 지역적 변수(locational variables)들이 중요하게 작용하는 것으로 나타났다.

개최지 속성이 참가자들의 참가결정에 영향을 미치는 것으로 보인 이후 개최지에 대한 인식이 참가결정에 어떻게 작용하는지에 관한 연구도 있다. 협회 회원들의 인식이 높게 나타난 지역에서 회의가 열릴 경우 회원들의 참가율이 높게 나타났으며, 이것은 회원들이나 참가자들의 지역적 선호도를 지닌 것으로 보인다. Usher(1991)의 컨벤션 참가결정요인에 관한 연구는 잠재적 참가자들이 라스베가스에서 국제회의가 열릴 경우 높은 참가율을 보이며, 이것은 협회 회원들이 개최지역에 대한 선호도가 있음을 나타내는 것이다.

그러나 개최지의 속성이 참가결정에 영향을 미치지 않는 요인으로 밝혀지기도 하였다. Grant and Oppermann(1995)의 연구에서는 참가자들의 컨벤션 참가 선택기준으로 다음의

4가지 요인, 즉 교육, 리더십, 네트워킹, 개최지 속성/여흥/사회적 요인을 밝히고 있으며, "기술/지식을 늘리기 위하여", "정책수립에 영향을 미치기 위하여", "좋은 명성을 얻기 위하여" 등이 중요한 변수로 작용하였으나, 반면에 개최지 속성/여흥/사회적 요인들은 참가 선택에 중요한 영향을 미치지 않는 것으로 나타났다.

Price(1993)는 회의에 실제로 참석한 참가자들이 아닌 잠재 참가자들을 대상으로 컨벤션의 "가치(value)"에 관한 연구를 실시하였다. 잠재 참가자들이 컨벤션을 통하여 기대하는 것은 "자신의 업종에서 덕망 있는 연사들의 연설을 듣기 위하여", "직종의 변화에 도움을 얻기 위하여" 등이 컨벤션을 통하여 얻고자 하는 가장 중요한 가치들로 나타났다.

컨벤션 참가자들의 특징 중 하나는 개인이 참여하기보다는 준거집단의 영향을 받으며, 단체로 참가를 한다는 것이다. 또한 컨벤션 참가자들의 형태는 컨벤션을 주최하는 협회의 회원들과 비회원들로 이루어지는데, Oppermann(1995)의 연구에서 연례 총회에 참석하는 회원은 전체 회원의 50%미만으로 나타났으며, 비슷한 업종의 협회들이 많은 경우 회원들이 여러 곳에 가입되어 있어 회원이면서도 컨벤션에 참가를 못하게 된다고 하였다. 따라서 컨벤션 수익에 의존하는 대부분의 협회들은 참가자와 회원들을 확보하기 위하여 유치경쟁이 더욱 치열해 지는 것이다(Louverseed, 1993: Shure, 1994).

Oppermann(1998)은 협회나 조직에 대한 관여도와 컨벤션 참가에 관한 연구를 실시하였는데, 기존의 연구들이 참가자만을 대상으로 이루어졌다면 이 연구에서는 협회 회원들을 대상으로 이루어졌다. 연구결과 가입한 협회에 높은 관여도를 보이는 사람들은 소속된 협회나 조직에 대한 관심과 중요도가 높게 나타났는데, 이는 관여도가 낮은 회원들보다 총회 및 컨벤션에 참석할 확률이 더 높은 것을 의미한다.

또한 Oppermann(1998)은 회원들의 컨벤션 참가요인과 비참가요인을 함께 연구하였다. 컨벤션에 참가하는 주된 이유에 대해서 대부분의 참가자들은 자신의 분야에서 전문성을 확보하고, 지식을 습득하기 위해서 컨벤션에 참가한다고 하였다. 그리고 동일한 컨벤션에 참가치 못한 회원들의 경우는 대부분 경제적인 이유(비용), 시간적인 문제로 인해 참가를 못하는 것으로 나타났다.

Var, Cesario and Mauser(1985)의 연구는 컨벤션 참가자들의 참가에 대한 수요를 경제적 측면에서 연구한 유일한 논문이라 할 수 있다. 회의 참가자들이 회의 참가결정에 영향을 미치는 요인으로 회의가 개최되는 도시의 매력성, 접근성 요인을 가지고 있는 것으로 회의시설, 기후, 관광활동을 들 수 있으며, 접근성에서는 지리적 접근성과 비용을 의미한다. 그러나 이 연구는 미국에서 열리는 컨벤션에 한정하였으며, 참가자들도 미국에 거주하는 사람들로 국내(domestic) 컨벤션의 참가수요만을 예측한 연구라고 할 수 있다.

이와는 달리 국제(international) 컨벤션 참가수요에 관한 연구를 Witt, Sykes and Dartus(1995)가 실시하였다. 이 연구는 국제(international) 컨벤션의 참가수요를 예측하기 위하여 참가결정요인으로 여행경비, 등록비, 본인의 수입 등의 경제적인 요인들과 개최지의 매력성, 회의 내용을 바탕으로 수행되었다. 그러나 개최지의 매력성 및 회의는 수치상으로 측정할 수 없고, 해마다 혹은 개최할 때마다 지역과 주제가 바뀌기 때문에 경제적 요인들만을 가지고 참가결정에 미치는 영향과 참가수요를 예측하였다. 연구 결과 경제적 요인 중에는 본인의 수입이 참가자들의 참가결정에 가장 많은 영향을 주는 것으로 나타났으며, 그 다음으로 등록비가 참가수요예측에 영향을 미친다고 하였다.

2) 국내연구

① 강혜원(2001)의 연구

강혜원(2001)은 개최지 마케팅(destination marketing)을 위하여 참가자들에 대한 시장조사와 더불어 참가자들의 컨벤션 참가결정속성을 밝혀내고자 하였다. 또한 기존의 연구가 자국 내에서 개최되는 컨벤션 참가에 한하여 연구되었기 때문에 자국이 아니라 외국에서 개최되는 컨벤션의 경우에 참가자들이 고려하는 참가결정속성을 밝혀내고자 하였다. 참가결정속성에 대한 분석을 위하여 앞서 선행연구를 고찰하고 이것을 토대로 실증조사를 실시하였다. 그리고 회수된 자료를 근거로 관여도에 따라 참가자들에 대한 추진(push)요인과 유인(pull)요인을 분석하고, 분석결과가 의미하는 시사점을 제시하였다.

설문지는 추진 변수에 대한 17개의 문항, 유인 변수에 관한 26개의 문항, 관여도에 대한 8개 문항, 일반적 특징변수 6개 문항, 인구 통계적 변수 7개 문항으로 설문지가 이루어졌으며, 외국인 참가자 280명에게 설문을 돌렸는데, 이 중 113명의 유효 표본을 추출하였다. 또한, 관여도에 대해서 요인분석, 추진 및 유인 변수에 대해서 요인분석 및 군집분석을 실시하고, 각 가설의 검증을 위하여 분산분석 및 Duncan의 사후검증, 상관분석, 다중회귀분석을 실시하였다.

실증분석을 통하여 강혜원(2001: 81~82)은 다음과 같은 연구결과를 발견하였다.

첫째, 고관여 참가자들의 참가결정에 영향을 미치는 요인으로 컨벤션에 대한 충성도(loyalty)로 나타났다. 반면에 저관여 참가자들은 자기개발, 사교 관계 개선의 참가동기가 중요한 요인으로 작용한다. 따라서 외국인참가자들의 참여를 높이기 위하여 관여도 유형에 따라 차별화 마케팅 전략이 요구되어진다.

Hirschman and Holbrook(1992)의 연구에 따르면 낮은 관여도를 보이는 소비자들에게는 단순한 반복과정을 통해 친숙함을 유도하는 마케팅 방안이 적절한 것으로 나타났으므로, 저관여, 중관여 집단의 참가자들의 참여를 높이기 위해서는 반복적인 정보제공과 유명연사 초빙, 네트워킹의 기회를 제공하는 것이 중요할 것으로 여겨진다. 고관여 집단은 컨벤션에 대한 충성도를 높이기 위하여 충분한 교육기회를 제공하고, 컨벤션 주제선정 및 프로그램의 진행방식 등 컨벤션에 대한 지각 및 기대를 높일 수 있는 마케팅 전략이 요구되어진다.

둘째, 관여도 유형에 따라 참가결정에 영향을 미치는 추진요인과 유인요인의 중요도가 다르게 나타났음이 검증되었다. 특히 중관여 참가자들이 다른 관여도 유형의 집단보다 여흥요인을 중요하게 여기는 것으로 보인다. 따라서 중관여 참가자들의 참여를 높이기 위해서 개최지의 쇼핑, night life, 야외활동 등의 이벤트가 필요함을 시사하는 바이다.

셋째, 관여도 유형에 따라 만족도에 유의한 차이가 있음이 검증되었다. 고관여 참가자들은 회의 만족도, 개최지 만족도에서 다른 집단보다 높게 나타났으며, 저관여 참가자들의 만족도는 낮게 나타났다. 참가자들의 만족도는 구전효과에 지대한 영향을 미침으로 저관여 참가자들의 만족도를 높일 수 있는 방안이 필요할 것이다.

넷째, 회의 만족도, 개최지 만족도에 영향을 미치는 요인은 참가자들의 관여도 유형과 쾌락적(hedonic)요인, 실용적(utilitarian)요인, 오락적 요인으로 나타났다. 관여도 유형이 만족도에 영향을 미치며, 쾌락적 요인, 실용적 요인이 각각 개최지 마케팅과 회의만족도에 영향을 미친다는 것은 참가자들의 만족도를 높이는데 중요한 마케팅자료가 될 것이다.

다섯째, 참가자들의 재방문 의도에 영향을 미치는 요인은 회의 만족도와 오락요인으로 나타났다. 컨벤션에 참가한 참가자들이 다시 방문하도록 하는 것은 지역 마케터들의 중요한 과제라고 할 수 있다. 따라서 재방문 의도에 영향을 미치는 회의 만족도와 오락적 요인을 증진시킬 수 있는 마케팅 전략이 필요하다. 소비자 만족이 마케팅 분야에서 가장 고려하여야 할 문제로 인식되는 요즘, 컨벤션 참가자들이 컨벤션을 통하여 정보 및 지식의 습득, 좋은 주제와 프로그램 그리고 오락적인 즐거움이 함께 제공되었을 때 만족도가 높아지며, 좋은 이미지와 추억을 가지고 개최지에 다시 방문한다는 것은 컨벤션 참가자들이 무엇을 원하는가에 대한 좋은 자료가 될 것이다.

여섯째, 추진요인과 유인요인으로 군집 분석한 결과 "즐거움 및 오락 추구 형", "비용 및 편의 추구 형", "명예 및 사교 추구 형", "지식 추구 형" 등 4개의 군집집단으로 나타났다. 각 군집별 프로파일을 제시하기 위하여 정보탐색 방법과 일반적 특징을 토대로 특성을 살펴보았으며, 세분 시장별 특징에 맞는 마케팅 방안이 필요함을 재확인하게 되었다.

② **이혜련(2001)의 연구**

이혜련(2001)은 컨벤션의 최종 고객인 일반 참가자의 컨벤션 서비스품질 평가와 서비스품질 및 관리 개념간의 관계를 밝히고, 컨벤션 개최지의 서비스품질 관리 방향을 제시하여 컨벤션 참가자 만족지향적인 회의기획 및 운영전략을 제안하고 있다. 이를 위해 이혜련(2001)은 문헌연구 및 전문가 의견조사를 통해 개념화된 서비스품질의 10개 차원 및 45개 평가 항목을 설정하고, 요인분석을 통해 9개 차원 및 43개 항목을 확정하였다. 이와 같이 개발된 평가차원의 적합성을 회귀분석을 통해 검증하였다.

이혜련(2001)은 이론적인 연구를 바탕으로 컨벤션 서비스 품질평가의 개념적 차원과 항목을 추출한 뒤, 개념적 서비스품질모형과 가설을 설정하여 실증 분석을 실시하였다. 실증조사 대상은 2001년 9월부터 10월까지 서울에서 개최되고 통상적인 국제회의 통계 기준에 부합되는 회의 중 선정된 세계신경중재학회 학술대회, 세계협동조합 서울총회 등 4개 회의에 참가한 외국인 참가자들로, 유효 표본으로 150매가 확정되었다. 조사된 자료는 SPSS를 이용하여 빈도분석, 요인분석, 신뢰도 검증, 회귀분석, 상관분석, t-검정, 중요도-성취도 분석 등이 실시되었다.

분석결과 및 시사점은 다음과 같다(이혜련, 2001: 115~118).

첫째, 컨벤션 서비스품질평가차원 및 항목을 개발함에 있어 컨벤션의 특성상 컨벤션 참가 목적달성 등 성과의 중요성을 감안하여 서비스품질을 과정품질과 성과품질로 구분하였으며, 43개 평가항목에 대한 요인분석 결과에 따른 9개 서비스품질 평가차원이 적합성이 있음을 입증하였다.

둘째, 컨벤션 서비스품질을 측정하는 방법 중에서 성과만을 고려하는 방법이 성과와 중요도를 함께 고려하는 방법보다 우월하다는 것이 입증되었는데, 이는 일반적 서비스품질 평가방법 중에서 지각 만에 의한 평가 방법이 다른 방법보다 우월하다는 선행 연구를 확인한 것이다.

셋째, 컨벤션 서비스품질이 참가자만족에 긍정적인 영향을 미치며, 참가자 만족은 컨벤션 재 참가 의도, 개최지 재방문 의도, 컨벤션 및 개최지에 대한 구전 의도에 긍정적인 영향을 미치는 것으로 밝혀졌다. 따라서 컨벤션 서비스 품질관리가 주최자 및 개최지에 장기적

이익을 창출할 수 있는 수단이라는 것이 입증된 바, 개최지는 치열한 국제회의 유치 경쟁에서의 생존전략으로 컨벤션 서비스에 대한 전사적 품질관리가 필요하다고 하겠다.

이상의 분석결과를 종합하여 컨벤션 참가자 관점에서 컨벤션 참가 이전 및 이후의 의사결정 과정과 9개 차원의 서비스 품질과 관련 개념을 포함하는 통합적인 컨벤션 서비스 품질모형을 개발하였다.

넷째, 컨벤션 참가자의 서비스품질 인식을 파악하기 위해 서비스품질 평가 요인의 중요도를 분석한 결과, 외국인 참가자는 안전을 가장 중요하게 인식했으며, 다음은 시설 청결 및 위생, 회의장 시설 및 기자재, 회의 내용의 적절성, 주민의 환대와 친절 순이었다. 참가자 특성별로는 학술 컨벤션 참가자의 경우는 전문성 제고, 비 학술 컨벤션 참가자의 경우 공식 행사, 그리고 비 아시아 참가자의 경우, 전문가, 동료와의 인적 교류를 더 중요하게 인식했다. 그러나 전반적으로 참가자 특성에 따른 중요도 차이는 있기는 하나, 매우 제한적이라 하겠다.

다섯째, 한국 컨벤션 서비스 인식조사 1단계로 서비스 품질평가 요인별 성취도를 분석한 결과, 시설 청결과 위생에 대한 평가가 가장 높았으며 다음은 안전, 종사원 친절, 주민의 환대 순이었다. 참가자 특성별로는 비 학술 컨벤션 참가자는 공식행사와 식음료 서비스를, 최초 참가자는 전문성 제고 및 지속 교육을, 최초 방문자는 참가등록 용이성을 더 높게 평가했다. 그리고 비 아시아인은 종업원 친절, 주민의 환대, 즉각적인 도움, 확인 등록, 회의장 시설 등 절반 이상의 항목에 대해 좋게 평가했다.

특히 컨벤션 서비스품질에 대한 평가는 참가자의 거주지에 따라 차이가 많은 것으로 나타났는데, 아시아 참가자의 성취도가 모두 낮으며 이는 종사원의 서비스와 언어 불편 등에 일부 기인하는 것으로 해석된다. 따라서 운영요원 교육 강화 및 홍보물 다양화 등 이에 대한 개선 대책이 필요하다.

여섯째, 한국 컨벤션 서비스 인식조사 2단계로 중요도-성취도 분석을 실시한 결과, 주요

강점은 개최지, 시설, 신변의 안전, 시설 청결 및 위생, 회의장 시설, 종업원 친절 등 대부분 안전성과 컨벤션 시설 및 인적 서비스 부문으로 지속적인 투자 및 정책적 지원이 필요하다.

주요 약점은 언어장벽이 없는 커뮤니케이션, 비행시간 및 요금, 인적교류, 국제 항공 · 교통편의, 회의내용의 적절성 등으로 접근성과 회의 프로그램 기획에 관련된 사항인데, 전문인력양성 등 컨벤션산업 차원의 개선 노력과 언어장벽 해소, 접근성 제고 등 범국가적 차원의 개선 대책이 병행되어야 한다.

중요도가 낮으나 성취도가 높은 부문은 공식 행사, 개최지 기후 및 환경, 호텔시설 등으로 개최지의 문화나 기반시설이 양호함으로 추가적인 자원 투자는 불필요하다. 그리고 중요도와 성취도가 모두 낮은 부문은 관광 및 동반자 프로그램, 전시회, 사교 이벤트 등 부대행사들로 이에 대한 투자는 필요하지 않지만, 주요 약점이 보완되었을 경우 개최지 이미지 제고에기여할 수 있다.

일곱째, 한국 컨벤션 서비스 인식조사 3단계로 서비스품질평가항목별 중요도와 성취도 간 차이가 있는지를 분석한 결과, 시설 청결 및 위생, 종업원의 예절 및 정중함, 공식행사 등은 중요도에 비해 성취도가 높은 것으로 나타났으며, 중요도에 비해 성취도가 낮은 항목은 절반에 달한다. 이 중 언어소통과 국제교통 접근성 부문이 가장 낮게 평가되었으며, 이는 일반 방한 외래 관광객도 가장 불편한 사항으로 범 국가적인 대책이 시급한데, 외국인과의 의사소통을 위한 시스템 도입 등 단기적 대책과 외국어 교육 등 장기적 대책이 병행되어 추진되어야 하며, 개최지의 국제공항을 지역의 중추 공항으로 자리매김 하기 위한 정부의 다각적 노력이 필요하다.

이외에도 인적교류, 프로그램의 적절성, 연사 등에 대한 평가가 저조한데, 이는 미국 테러사태에 따른 중요 연사들의 불참 등에 일부 기인하며, 협회가 결정하는 사항이나 전반적인 서비스품질에 영향을 주므로 개최지가 좀 더 관심을 갖고 질적 향상을 도모해야 한다. 또 미국 테러사태로 인해 참가자의 안전에 대한 인식이 매우 높았음에도 평가가 나쁘지 않았다는 점은 특기할 만한 것으로 향후 마케팅에 주요 강점으로 부각할 필요가 있다.

3. 참가결정에 관한 이론적 배경[4]

1) 관광 동기 이론

상품의 개별 고객을 소비자(consumer)라고 부르고 소비자 전체나 일단의 소비자를 시장이라고 부른다. 즉 시장이란 특정 상품이나 일련의 상품을 구매하려는 소비자 집단을 말한다. 시장을 어떻게 정확하게 정의하느냐는 소비자 행동을 이해하는데 매우 중요하다 (한경수, 1997). 왜냐하면 마케팅의 가장 기초적인 개념은 인간 욕구이기 때문이다. This(1979)는 성공적인 회의를 위하여 중요한 것은 우선 참가자의 욕구가 무엇인지 알고, 욕구들을 조화롭게 다루어야 한다고 하였다.

모든 인간 행동의 바탕은 욕구이며, 이 욕구가 내적 또는 외적 자극을 받아 활성화되면 동기로 변한다. 따라서 소비자의 동기를 형성하는 자극 요인이 욕구인 것이다. 동기란 목표를 향해서 행동의 방향을 지시하고 촉진시키고 가속화 시키도록 하는 내적 상태로, 행동을 유발하고 방향과 지속에 영향을 주는 요인이다. 소비자 행동론에서 동기는 사람이 어떤 방식으로 행동하도록 움직이는 과정과 관련된다고 보고 있다.

일반적으로 관광 행동의 발생에 필요한 심리적 원동력을 관광 욕구라 부르며, 관광 행동에 충동을 주는 심리적 원동력을 관광 동기라고 한다. 역사적으로 여행의 동기는 물, 음식, 안전, 건강과 같은 생리적 동기를 충족시키기 위해 여행이 이루어졌으나, 현대에 와서는 권태감, 삶의 문제들로 가득한 일상에서의 탈출 동기 그리고 자아실현, 문화, 휴식과 같은 사회 · 심리적 동기를 충족하기 위한 것이다. 관광 동기란 관광객이 그들의 관광 욕구를 충족시키기 위한 개인적 욕망과 충동이라 할 수 있다. 따라서 관광 동기는 관광객이 관광 행동을 유발하도록 하는 중요한 요인으로 작용한다.

관광 동기는 개인적, 심리적, 내적이며, 대단히 복잡하고 문화적, 시대적 환경에 따라 다르게 나타나므로, 학자들 간에 서로 다른 관점에서 접근하고 있다. 일반적으로 다루어지는

4) 이 부분은 강혜원(2001: 23~29)의 연구내용을 인용한 것임.

관광 동기의 유형으로써 Crompton(1979)는 여행의 기본 동기를 신체적 동기, 문화적 동기, 대인관계 동기, 지위 및 명예 동기 등 4가지로 분류하였다. 신체적 동기는 휴식, 스포츠, 참여, 해변에서의 오락, 건강에 대한 욕구를 나타내고, 문화적 동기는 외국 음악, 예술, 민속, 춤, 그림, 종교 등을 알고자 하는 욕구를 나타낸다. 대인관계 동기는 새로운 사람, 친구, 친척을 만나고 일상, 가정, 이웃에서 벗어나고자 하는 마음을 나타내고, 지위 및 명예 동기는 인지, 관심, 명예에 대한 욕구를 나타낸다. 관광객은 하나의 동기만으로 여행을 하는 것이 아니라 여행을 통하여 여러 가지 동기를 동시에 충족시키려고 한다.

Thomas(1964)는 인간의 여행 동기를 18개로 제시하고 교육 · 문화적 동기, 휴식과 즐거움 동기, 종족 지향성 동기, 기타 동기로 분류하였다. 교육 · 문화적 동기는 타국의 견문 확대, 명소 감상, 새로운 것의 이해, 특별행사 참여 등이 포함되고 휴식과 즐거움 동기는 일상 탈출, 즐거운 시간, 낭만적 경험 추구 등이 포함된다. 종족 지향적 동기는 조상의 생활터 방문, 종족 묘지 방문 등이 포함되고 기타 동기는 기후, 건강, 스포츠, 모험, 우월성, 동조, 역사체험, 세상을 알고자 하는 욕망 등이 포함된다.

2) 관광 속성 이론

관광 속성 이론이란 관광 목적지가 갖고 있는 서비스, 자연경관, 문화자원 등의 관광 상품적인 특성을 지칭하는 것이다. 이에 대한 유형을 살펴보면, Crouch and Ritchie(1998)는 여행 태도에 관한 그의 연구에서 특정 관광지를 선택하는데 관광객들이 가장 높이 평가한 속성들은 경치, 지역주민의 태도, 적당한 숙박시설 등으로 나타났다. 그러나 이 연구는 젊은 층의 관광객이 제외되었기 때문에, 야간 유흥이나 가격 등의 다른 속성에 대한 중요도를 측정할 수 없다.

한편, Var, Cesario and Mauser(1985)는 여행사 직원, 호텔 경영자 및 관광 연구자들로 하여금 관광지가 갖고 있는 5개의 주요특성과 17개의 하위특성에 대해 상대적으로 중요성을 평가하였다. 이 연구에서 자연시설, 부대시설, 음식 및 숙박시설 등의 속성에 매력을 느끼는 것으로 나타났다. 그러나 이와 유사한 방법으로 퀘백시를 대상으로 한 연구에서는 8

개의 일반 속성 중 자연경관, 기후, 그 지역의 사회, 문화적 성격이 중요한 속성으로 평가되었으며, 12개의 사회 · 문화적 요소 중 전통과 음식이 가장 중요한 속성으로 평가되었다 (Rithie and Bins, 1978).

Ferraro(1979)도 유사한 방법을 이용하여 남아프리카 여행을 마치고 출국하는 관광관계 전문인들을 상대로 21개 관광지 속성 항목의 상대적 중요성을 평가하였는데, 자연경관, 야생동물 관람, 열대식물 등의 속성들이 중요한 매력 요인으로 판명되었다. 이 연구는 선호도 측면을 관광지에의 유인 요인으로 정의하여 연구를 수행하였다는 점에서 특이하다고 하겠다.

한편 Kucukkurt(1981)는 터어키와 그리스의 관광객을 대상으로 그들의 지각을 비교함으로써 관광객이 세분 시장마다 어떤 속성에 대해 중요도를 부여하는지를 인구 통계적 변수, 동기, 관광지 속성에 따라 평가하였다.

3) 추진-유인(Push-Pull) 요인 이론

앞에서 언급한 동기 이론과 관광 속성 이론으로는 관광객의 행동과 선택을 설명하는데 제한점이 있음을 발견하고, 관광객의 행동을 이해하는 또 한 가지 방법으로 추진-유인(push-pull)요인을 연구하였다. 이중 Dann(1981)이 제시한 추진-유인이론(push-pull theory)의 연구는 인지 행태에 의한 관광지선택 의사결정을 포괄적으로 설명해 주고 있다(김원인, 1994).

추진요인은 관광객의 내부 심리에서관광 욕구를 자극하여 관광행동을 일으키게 하는 관광 동기 그 자체이고, 유인요인은 관광객을 관광지로 끌어들이는 것으로써 목적지에 존재하는 모든 것을 의미한다. 즉 인간은 건강, 호기심, 일상탈출, 새로움의 추구와 같은 내적인 힘에 의해 추진되고, 관광지의 흥미로운 시설, 자연경관, 이벤트 등의 외적인 힘에 의해 유인되어 여행을 떠난다고 한다.

따라서 추진요인이란 잠재 관광객들로 하여금 그들이 속한 환경에 의해 관광욕구를 유발시키는 관광자의 내적인 사회 · 심리적 요인과 관계된다. 한편 유인요인이란 관광을 하려는 사람에게 어떤 특정 목적지를 선택하도록 유인하는 요인으로 해당 목적지들이 가지고 있는 관광매력 속성들의 구성이 이에 해당된다.

Dann(1981)은 관광 목적지의 매력에서 오는 유인요인에 의해 특정 목적지를 선택하려는 동기가 발생되는 한편, 관광자의 생활환경에서 비롯되는 사회 · 심리적 요인인 추진 요인들에 의해서 관광 동기가 발생된다고 하여 전자를 이성적 동기, 후자를 정서적 동기라 하였다.

잠재 관광객들이 여행을 추진하고, 실제로 여행하는 것은 동기유발 요인에 따른 변수가 개인에게 어떻게 여행 결정을 추진하며, 목적지가 그들을 어떻게 유인하는가를 설명하고 있다. 이에 대해 Cha, McCleary and Uysal(1995)은 사람들은 자신의 내적인 힘에 의해 추진되고, 관광 목적지의 속성이라는 외적인 힘에 의해 유인되어 여행한다고 설명하였다.

Bello and Etzel(1985)은 유인요인을 "목적지에 있어서 유인력의 결과로 나타나는 것이고 목적지를 선택하는데 도움이 되는 것"이라고 하였으며, Smith(1983)는 "목적지의 속성은 유형자원이나 여행자의 지각과 기대가 될 수 있다"라고 하였다. Pyo, Mihalik and Uysal(1989)은 동기와 목적지속성 간 관련성의 특성과 정도를 규명하려는 연구에서 "동기(push)를 지닌 유인요인들을 결합할 수 있다"고 설명하였다. 이 같은 추진-유인 요인의 의미를 정리하면 다음 〈표 5-2〉와 같다.

<표 5-2> 추진-유인(Push-Pull)요인의 정의

추진요인(Push Factor)	유인요인(Pull Factor)
추진요인	유인요인
배출요인	흡인요인
내적인 힘	외적인 힘
사회 · 심리적 동기	문화적 동기
정서적 동기	이성적 동기
관광행동을 일으키게 하는 관광동기	개최지에 존재하는 모든것

출처: 강혜원(2001: 27)

Crompton(1979)이 제시한 9개의 심리적 관광 동기 중 새로운 것과 교육은 관광지로부터 얻을 수 있는 유인요인이며 일상 탈출, 자기 평가, 휴식, 명예, 회귀, 사회적 관계 개선의 7가지는 추진 요인이다. 개념에서 살펴보았듯이 추진요인은 사회 · 심리적 동기로 개인의 심리적 상태와 사회적 환경에 의해서 유발되고, 유인요인은 문화적동기로 목적지에서 제공하는 것으로써 독특한 상품, 서비스, 문화에 의해서 유발되는 동기이다.

실제로 자신의 휴가 여행에 관한 의사결정을 하도록 하는 추진요인들, 즉 일상생활의 지루함, 휴식의 필요와 같은 동기와 유인요인들, 즉 휴가 여행자들이 경험하게 되는 관광구성요소인 경관의 매력성, 서비스의 질적 수준 등이 함께 작용하여, 그것에 대한 평가에 의해 최종 의사결정을 한다는 것이다(Van Raaij and Francken, 1984).

Mathieson and Wall(1982)은 유인요인들로 1차적 자연, 관광시설과 서비스, 정치 · 경제 및 사회적 환경, 심리적 · 지형학적 환경, 하부구조, 내부 접근성 등 관광지의 자연적 및 인위적 공간 환경을 제시하였고, 추진요인들로는 관광객 생활공간의 위락활동 환경, 사회적 압력, 사회 · 경제 · 문화적 환경 그리고 자신의 상대적인 사회적 위치 및 행동 환경을 제시하여, 추진-유인요인의 외적 환경에서 오는 자극의 인지로부터 반응하는 관광의사결정요인들을 포괄적으로 제시하였다고 할 수 있다.

Uysal and Hagan(1991)은 추진요인에는 사회 · 경제적 변수, 인구 · 통계적 변수, AIO (Attitude, Interest, Opinion)를 포함하고, 유인요인은 가시적 자원, 목적지에 대한 지각과 기대를 포함하였다.

Yuan and McDonald(1994)는 추진-유인 이론을 적용하여 영국, 일본, 프랑스, 독일인의 해외 여행자를 대상으로 실증분석을 하여 본 결과, 추진요인들로는 이탈, 신기성, 위상, 우애증진, 휴식과 취미의 동기에 의해 여행을 하였으며, 유인요인들로는 비용, 문화, 식사, 야생, 용이한 이동, 분위기, 인위적 시설, 가능 활동 유형들로서, 이들 양 요인의 상호 작용이 관광객으로 하여금 특정 장소를 찾게 되는 요인이 되고 있음을 발견하였다. 더불어 추진-유인 요인들에 대한 우선순위의 가중치에 있어서 잠재 관광객들이 사회, 문화 환경들로부터 세분화된 인지의 차이를 가지고 있음을 검증하였다.

4. 구매동기와 가격할인 관계에 관한 연구

컨벤션상품은 일반적인 상품과는 달리 가격 지불시기와 실제 상품을 소비하는 시기가 일치하지 않는 상품이다. 현대 사회에는 온라인 쇼핑, 홈쇼핑 등의 발달로 인하여 일반 소비재의 경우에도 가격을 지불하고 몇 일 후에 제품을 배송받아 직접 제품을 소비하기도 하는 경우가 많이 발생하고 있다. 특히 국제회의라는 상품은 가격의 지불시기와 사용시기가 다른 대표적인 상품이라고 할 수 있다. 소비자로 하여금 무형의 서비스제품을 미리 선불을 내게 하는 것은 결코 쉬운 일이 아니므로 국제회의 주최자들은 이들을 유인하기 위하여 사전등록자에 대한 가격할인을 제안하고 있다.

대부분의 국제회의 상품의 경우 사전등록자에게 가격할인 제도를 적용하는 것이 관례적으로 되다보니 이 제도에 대한 전략적인 접근이 부족한 듯 하여 윤은주(2006)는 할인 상품을 어떤 형식으로 제공하는 것이 참가자 유치에 더 성공적인지를 고민하여 연구를 하게 되었다.

윤은주(2006)는 제품의 구매시기와 사용시기 간에 시간적 거리가 구매의도에 영향을 주는 경우 영향을 줄 수 있는 조절변수에 대하여 살펴보았다. 시간적 거리가 소비자의 구매의도에 미치는 영향을 조절하는 변수로 구매 동기와 가격 할인 요소를 고려해볼 수 있다. Kivetz & Simonson(2002)의 연구에 의하면 소비자는 쾌락적인 제품을 구매하는 경우 구매에 대해서 죄책감을 느끼므로 구매의 정당성을 유지하기 위하여 실용적인 제품의 구매를 쾌락적 제품의 구매 보다 선호한다는 것을 보여주었으나, 본 연구는 구매시기와 사용시기 간의 시간적 거리가 존재할 때는 쾌락적인 제품일지라도 구매의도가 상승할 수 있을 것으로 보고 이를 검증하고자 하였다.

1) 시간에 따른 할인 효용 이론

구매상황에서 시간적 거리 개념을 도입한 기존의 실증적 연구를 바탕으로 행동 경제학(behavioral economics) 측면에서는, 경제적인 고려 상황에 의한 정당화 보다 미래 결과는 전형적으로 비율 면에서 감소되는 것이 크다고 본다.

선택(choice)과 소비(consumption) 사이의 기다림(delay)에 대한 기존 연구에 의하면 기다림은 소비를 하는 시점에서의 상품의 즐거움을 감소시킨다는 것이다. 이러한 연구는 기다림으로부터 발생하는 분노(anxiety)와 스트레스가 증가한다는 것에 무게를 둔 연구들이다(Osuna, 1985). 어떻게 이러한 스트레스가 소비자의 소비경험에 대한 평가를 하락시키느냐에 대한 연구가 이 분야에서 이루어지고 있다(Houston, Bettencourt, and Wenger, 1998). 그러나 연구의 다른 축에서는 기다림이 소비의 즐거움을 증가시킨다는 연구도 있다. 이러한 연구는 즐거운 경험을 기대하는 것의 긍정적인 효과에 초점을 두고 있다(Caplin and Leahy, 2001).

2) 구매동기

제품의 구매동기는 실용적 동기와 쾌락적 동기로 구분될 수 있다. 실용적 동기는 더 인지적으로 생각하고, 제품의 기능 자체가 목표지향적이며, 기능적인 것이라고 할 수 있다(Starhilevitz and Myers 1998). 실용적 제품의 구매동기는 기본적인 욕구의 충족을 목적으로 하고 있으며, 기능적인 업무에 얼마나 도움이 될 수 있는 가로 평가된다. 결과적으로, 이성적으로 해야만 하는 것(should)이 실용적 제품이다(Bezerman, Tenbrunsel, and Wade-Benzoni, 1998).

쾌락적 제품의 구매동기는 매력적이며 감각적 기쁨을 추구하고, 재미를 추구하는 것이라고 할 수 있다(Hirschman and Holbrook, 1982). 쾌락적 제품의 구매동기는 감각과 즐거움 환상에 대한 욕구가 되며 제품의 소비를 통해 얻을 수 있는 즐거움을 통해 평가된다. 결과적으로 감성적으로 하고 싶은 것(want)이 쾌락적 동기이다(Bazerman, Tenbrunsel, and

Wade-Benzoni, 1998).

이전의 연구에 따르면 제품의 쾌락적이고 실용적인 측면과 제품의 특성은 소비자 선택에서 중요한 역할을 한다. 쾌락적 제품은 전형적으로 경험적인 소비와 보다 연결되어 있는 반면에, 실용적 제품은 보다 기능적이고 도구적으로 보인다(Hirshman and Holbrook, 1982). 쾌락적 제품(hedonic product)은 제품의 소비를 통해 얻을 수 있는 즐거움에 의해서 평가되며, 감각적 즐거움과 환상에 대한 욕구에서 동기가 발생한다(Hirschman and Holbrook, 1982). 반면, 실용적 제품(utilitarian product)은 기본적인 욕구 충족과 기능적 수행에 얼마나 도움이 되는가에 따라 평가된다(Strahilevitz and Myers, 1998).

선행연구에서는 쾌락적 제품보다 실용적 제품이 더욱 선호된다는 것을 보여준다(Shafir, Simonson, and Tversky, 1993). 그 이유는 다음의 두 가지로 설명할 수 있다. 첫째, 소비자들이 어떤 선택을 할 때 그들의 행동이 정당화되어야 한다고 생각하고 행동하기 때문이다. 여기에서 소비자들에게 그들의 행동을 정당화할 수 있는 이유를 제공하는 것은 소비자들이 원하는 쾌락적 제품보다는 해야만 하는 실용적 제품일 것이다. 둘째, 선택 상황에 놓이게 되면 상대적으로 실용적인 면을 강화시키기 때문에 실용적 제품을 선호하게 되는 것이다. 그러므로 실용적 구매목적을 가지고 제품을 구매한 경우, 쾌제품은 크게 쾌락적 제품과 실용적 제품으로 구분될 수 있다.

윤은주(2006)의 연구 결과에 따르면 소비자들은 시간적인 거리가 있는 경우에는 쾌락적으로 제시되는 상품을 구매하는 경우가 더 높았다. 국제회의 등록 상품을 학술적인 부분으로 세팅을 하고 학술적인 부분에 할인을 제공한다는 것 보다는 쾌락적인 휴양 제품으로 포장을 하는 상품에 대한 구매의도가 더 높게 나타났다.

이러한 연구 결과에서 추가적으로 생각해 볼 수 있는 것은 국제회의개최지로써의 이미지 구축을 장기적으로는 쾌락적 요소가 많이 가미되어 있는 것으로 끌고 가야할 필요가 있음을 알 수 있다. 비즈니스 중심도시, 학술적 발전이 있는 도시 보다는 그 도시에 가면 편안하고, 안락하고 휴식을 취할 수 있는 도시로 이미지를 구축해야 할 것이다.

Chapter 6

컨벤션 개최지 및 개최시설

1. 컨벤션 개최지

컨벤션을 개최함에 있어 개최지의 선정은 매우 중요하다. 개최지를 구매자(정부, 협회, 학회, 기업 등 주최기관)의 입장에서 보면 개최지 선택은 곧 그 행사의 성패를 좌우한다(Kingston, 1995: 72~78)고 할 수 있으며, 공급자(즉, 컨벤션 센터, 호텔, CVB, 지방단체나 정부)의 입장에서 보면 개최지로 선택된다는 것은 환대산업에 수억 달러의 수입이 발생하는 것(Clark and McCleary, 1995: 61~68)이라고 할 수 있다.

이와 같이 컨벤션 개최가 경제적 · 사회적으로 매우 중요하다는 인식이 팽배해짐에 따라, 컨벤션을 유치하기 위한 세계 여러 나라의 국가단위, 도시단위의 경쟁은 점점 치열해지고 있다. 컨벤션 센터를 건립하는 것은 물론, 각 단체의 의사 결정권자, 회의 기획가 등을 초청하여 무료 시찰 투어(fam tour)를 실시하거나 시설 및 서비스 홍보 캠페인을 벌이는 등 컨벤션 유치를 위한 적극적인 마케팅 전략을 펼치고 있다.

Zelinsky(1994: 68~86)에 의하면 1960년대와 1990년대를 비교해 볼 때, 국제회의개최지로 선호되는 장소의 순위 판도가 현저히 달라졌다고 한다. 90년대에 들어서면서 60년대에 국제회의 개최지로 각광받던 도시가 2순위로 물러나고, 그다지 주목받지 못했던 도시가 새로이 각광받기 시작했던 것이다. 이는 관광목적지의 선호도 변화와 같은 현상으로써, 회의 개최지의 선호도와 선호기준은 끊임없이 변화하며 어제의 선정기준이 오늘도 적용된다고 볼 수 없음을 시사한다.

이렇게 치열한 경쟁과 변화하는 추세 속에서 경쟁우위를 확보하기 위해서는 성공의 핵심요인(key success criteria)을 파악하고, 고객의 욕구를 보다 심도 있게 이해하여 효율적이고도 적극적인 마케팅전략을 수행해 나가는 일이 필수적이다.

앞에서 살펴본 바와 같이 컨벤션 구성원인 주최 측, 개최지, 그리고 참가자는 서로 혜택을 주고받는 상호작용의 역학관계에 놓여있으며, 시스템 내에서 마케팅활동을 수행하는 주체는 컨벤션 개최지와 컨벤션 개최를 주관하는 주최자라고 할 수 있다.

컨벤션 개최지의 마케팅 목적은 두 가지로 압축할 수 있다. 첫째는 컨벤션의 유치 즉, 자신의 도시 혹은 국가가 컨벤션 개최지로 선정되도록 하는 것이며, 둘째는 컨벤션 참가자 수를 극대화하는 것이다. 컨벤션 유치를 위한 마케팅은 대(對) 주최 측 마케팅이라 할 수 있다. 즉, 주최 측의 욕구 및 개최지 선정과정을 이해하고 개최지 선정기준을 파악하여, 주최 측의 요구에 가장 적절히 부응할 수 있는 개최시설과 개최지 이미지 그리고 서비스 상품을 제공함으로써 컨벤션 개최지로 선정되려는 일차적 목적을 위한 마케팅이다.

컨벤션 참가자 수 증대를 위한 마케팅 활동은 2차적 마케팅 활동으로서, 주로 주최 측을 지원하는 활동의 형식을 띄게 된다. 즉, 컨벤션의 유치가 결정되고 난 이후의 마케팅 활동이라 볼 수 있다. 이는 개최지에 이바지하는 경제적 효과, 홍보효과 등 제반 이득과 직접적으로 연결되는 사항이므로 개최지로 선정되기 위한 마케팅 활동 못지않게 중요하다고 볼 수 있다(이소영, 1999: 21~22).

여기서는 컨벤션이 주로 개최되는 도시인 컨벤션 시티에 대해 개념정리, 국내외 현황, 국내 국제회의 도시지정 가능 지역 해외 사례 및 현황 그리고 우리의 문제점들을 살펴보고, 개최지에 있는 컨벤션 관련 시설들의 종류와 기능, 국내현황을 정리한 뒤, 컨벤션 개최지 및 개최시설 선정에 관한 이론적 연구를 요약해보고자 한다.

1) 컨벤션 시티 (국제회의 도시)

수많은 국가와 지역들이 컨벤션 시티 혹은 국제회의 도시를 지정 · 운영함으로써 컨벤션산업을 육성시키고자 한다. 이는 컨벤션산업이 개최국가의 세계화를 촉진함과 더불어 지역경제 활성화에 기여하는 등 지역사회에 미치는 파급효과가 클 뿐만 아니라, 관광자원 의존형이 아닌 일종의 이벤트로서 수요를 의도적으로 창출할 수 있는 고부가가치 상품으로 그 중요성을 인정받고 있기 때문이다. 또한 이러한 컨벤션시티의 운영은 메가 이벤트와 같은 일과성 행사의 운영과는 달리, 장기간에 걸쳐서 이러한 컨벤션산업의 육성을 통한 다양한 효과를 기대할 수 있다.

그러한 컨벤션 시티란 무엇인가? 국제회의 도시라고도 불리는 이 도시는 컨벤션의 개최에 의한 지역경제 활성화를 목표로 하는 곳이다. 즉, 국제적 컨벤션의 연속적인 개최에 무리가 없도록 충분한 회의장, 숙박시설 등이 마련되어 있는 곳으로서 매력적인 관광자원이 주변에 존재하는 등 제반 환경조건이 정비되어 있으며, 국가의 관련기관에 의하여 적절한 컨벤션산업 진흥계획이 마련되어 있는 도시 혹은 지역으로 정의할 수 있다.

국제회의의 경우 회의 개최를 위해 갖추어야 할 각종의 조건(회의실 수, 규모 및 호텔 객실수)들이 유치 · 추진단계에서 이미 국제기구본부에 의해 제시되며, 이러한 조건을 수용할 수 있는 도시만이 개최 후보지가 될 수 있다. 다만 중소규모 회의의 경우 개최 국가만 정하고 개최도시 및 개최장소(호텔, 컨벤션센터 등)를 추후에 협의하여 결정하는 경우가 많다.

일반적으로 국제공항, 컨벤션센터, 10,000실 이상의 호텔 객실, 풍부한 관광자원, 골프 등 위락시설 및 인적자원을 갖추고 있는 도시가 일급 국제회의 도시(first-tier destination)로 인정되고 있는 것이 현실이다. 이제 국내 현황을 살펴보자[5]

5) 컨벤션 시티 지정에 관한 국내외 현황은 우경아(2001: 90~110) 내용을 인용 · 요약한 것임.

① 국제회의 도시 지정에 관한 국내 현황

우리나라의 경우 컨벤션 개최를 위한 제반 조건을 갖춘 도시는 한정되어 있으며 서울이 한국에서 개최되는 컨벤션의 50% 이상을 점하고 있었다. 그러나 최근 부산, 제주 등 지방도시의 국제회의 개최 여건이 개선되고 있으며 개최 건수도 점차 증가하는 등 〈표 6-1〉에서 알 수 있듯이 국제회의가 점차 지방으로 분산 개최되는 추세를 보이고 있다.

〈표 6-1〉 국내 시 · 도별 국제회의 개최현황

구분	개최건수	구성비(%)	전체 참가자수	외국인 참가자수
서울특별시	155	50.65	250,819	41,052
부산광역시	49	16.01	35,572	11,942
제주도	42	13.73	22,862	8,470
경기도	20	6.54	14,696	2,250
대구광역시	11	3.59	12,979	2,068
경상북도	9	2.94	2,826	1,127
대전광역시	7	2.29	1,117	359
강원도	5	1.63	5,393	1,199
광주광역시	2	0.65	517	70
충청북도	2	0.65	1,850	135
인천광역시	1	0.33	150	35
울산광역시	1	0.33	10,000	800
경상남도	1	0.33	650	270
충청남도	1	0.33	261	164
계	306	100.00	134,356	33,562

출처: 한국관광공사(2006)

특히 대구, 부산, 제주, 일산, 광주, 창원 등에 대규모 컨벤션센터가 이미 완공되어 가동에 들어갔고, 대전, 송도 등에 대규모 컨벤션센터가 건축 중에 있어 지방도시의 컨벤션 개최 여건이 개선되고 있다. 지방도시에서 컨벤션을 개최할 경우에는 각종시설 사용료가 비교적 저렴하고, 교통이 원활하며, 지자체 및 관련 기관의 전폭적인 지원을 기대할 수 있는 장점 뿐만 아니라 무엇보다도 숙박료가 저렴하기 때문에 지방도시에서의 컨벤션 개최가 유망할 것으로 예상된다.

국제회의 도시지정 등에 관한 구체적인 방법은 국제회의산업육성에관한법률에도 나타나있다.

제14조 (국제회의도시의 지정 등)

① 문화관광부장관은 대통령령이 정하는 국제회의도시 지정기준에 적합한 특별시 · 광역시 및 시를 육성위원회의 심의를 거쳐 국제회의도시로 지정할 수 있다.

② 문화관광부장관은 제1항의 규정에 의한 국제회의도시를 지정할 경우에는 지역간의 균형적 발전을 고려하여야 한다.

③ 문화관광부장관은 국제회의도시가 제1항의 규정에 의한 지정기준에 적합하지 아니하게 된 경우에는 육성위원회의 심의를 거쳐 그 지정을 취소할 수 있다.

④ 문화관광부장관은 제1항 및 제3항의 규정에 의한 국제회의도시의 지정 또는 지정취소를 한 때에는 이를 고시하여야 한다.

⑤ 제1항 및 제3항의 규정에 의한 국제회의도시의 지정 및 지정취소 등에 관하여 필요한 사항은 대통령령으로 정한다.

[본조신설 2003.8.6]

제15조 (국제회의 도시의 지원)

문화관광부장관은 제14조제1항의 규정에 의하여 지정된 국제회의도시에 대하여는 다음 각 호의 사업에 우선 지원할 수 있다.

1. 국제회의도시에서의 관광진흥개발기금법 제5조의 용도에 해당하는 사업
2. 제16조제2항 각호의 1에 해당하는 사업

[본조신설 2003.8.6]

② 국내 국제회의 도시 지정 지역

현재까지 국내에서는 서울, 대구, 제주, 부산이 국제회의도시로 지정되었다. 국제회의도시로 지정되기 위해서는 국제회의 시설이 있고, 국제회의산업육성에관한계획이 수립된 지역이어야만 한다. 국제회의도시의 지정기준은 국제회의산업육성에관한법률시행령에 자세히 나와 있다.

ⓐ 제주도

2002년 1월에 제주도는 국제회의, 컨벤션, 관광 등의 원활한 발전을 위해 국제자유도시로 선정되었고, 2006년에는 특별자치도로 지정되었다. 제주도는 1986년 11월 하와이 주와의 자매결연, 1989년 인도네시아의 발리, 1992년 러시아의 사할린 주, 1995년 10월 중국의 해남성과의 자매결연을 체결하여, 현재까지 교육, 관광, 문화 등 여러 분야에 걸쳐 활발한 교류관계를 유지해 오고 있다. 또한 1997년 7월 제주도, 인도네시아 발리, 중국 해남성, 일본 오키나와 등 4개 지역이 제주에 모여 섬 관광 정책포럼 창설을 시작으로, 세계 유명 도서 지방정부 및 도시국이 참가하는 '98년 제주 세계 섬 문화 축제' 를 개최하였다(제주시, 2000).

ⓑ 서울특별시

한국의 수도로서 외국인들에게 한국을 대표하는 얼굴로 알려 있는 서울은 컨벤션시티의 표본이라 할 만큼 많은 컨벤션 시설 및 부대시설을 갖추고 있으며, 전국에서 개최되는 국제행사의 대부분이 서울에 집중되어 있는 현실이다. 명실 공히 서울은 이미 국제회의 도시로서의 위상을 갖추고 있으며, 이제는 세계무대에서 다른 나라들의 그것들과 어깨를 나란히 하며 경쟁력을 강화할 방안을 강구해야 할 것이다.

ⓒ 부산광역시

2001년 5월 개관한 부산컨벤션센터(BEXCO)를 가지고 있는 부산광역시는 '21세기 세계화를 지향하는 초일류 전시 · 컨벤션 도시' 를 비젼으로 하고, 수도권에 집중되고 있는 전시회 및 국제회의를 적극적으로 개최하여 부산, 경남 지역의 국제화, 산업화, 정보화를 이루려는 포부를 안고 있다. 또한 부산컨벤션센터가 2002년 한 · 일 월드컵 본선 조 추첨행사 및 2002년 부산 아시안게임의 메인 프레스센터 장소로 확정되어, 21세기 한국의 위상을 전 세계에 알렸다.

다양한 국제교류를 위한 노력의 일환으로 부산은 미국의 마이애미, 일본의 시모노세키, 중국의 상해 등에 해외 무역사무소를 설치하여 문화 및 관광 홍보, 외국인 투자유치 등을 유도하고, 지역 중 · 소 수출업체의 수출 길잡이로서의 역할 수행 뿐 아니라, 도시의 세계 경쟁력을 키워가고 있다.

ⓓ 대구광역시

2001년 4월 19일 개관한 전문 국제회의 시설인 대구컨벤션센터를 보유하고 있는 대구광역시는 섬유산업을 중심으로 국가 경쟁력이 있는 도시건설을 위해 세계 주요도시와 교류협력을 강화해 가고 있다. 특히 세계적인 패션, 디자인의 도시인 이태리의 밀라노 시와 자매결연을 맺고, 1987년 섬유 심포지엄 개최, 1988년과 1989년 양 도시 시장 교환방문 등 우호친선 증진과 협력관계를 발전시켜오고 있다.

이 밖에도 미국 아틀랜틱 시, 카자흐스탄공화국 알마타, 중국 청도, 브라질 미나스제라이스 주, 일본 히로시마, 러시아 상트 페테스부르그 등의 도시들과 자매결연을 맺고 있다. 또한 이 도시들을 거점으로 통상, 문화예술, 스포츠 등 각 분야에 걸친 실질적인 교류협력을 통해 대구의 국제적 연대와 교섭 능력을 확충해 나갈 계획이다.

ⓔ 대전광역시

대전은 1970년대의 대덕 연구단지 조성을 시작으로, 1980년대 말 전 국토 기술지개발계획(과학기술처주관)과 지역 거점도시의 첨단산업단지 개발계획(상공부 주관), 그리고 1990년대 초반부터의 서울, 부산 대도시를 중심으로 한 텔레포트 개발전략 수립 등을 통한 과학 · 기술 및 정보화를 활용한 지역개발정책들이 추진되어 왔다.

대전은 이와 같은 기반시설을 바탕으로 세계과학도시연합(WTA) 결성을 주도하여 1998

년 9월 대전 엑스포 국제회의장에서 WTA 창립총회를 개최하였으며, 총 10개국 25개 도시에서 200여명의 공무원, 학자, 기업인 등이 참석했다.

1993년에 개최된 대전 엑스포 이후 최대 규모의 국제행사를 성공적으로 개최함으로써 대전의 위상제고와 대전이 국제회의 도시로서의 발전 가능성을 확인하였으며, 세계 최초로 지방에서 과학도시간 국제협력기구를 출범시킨 성과를 낳았다. 이러한 국제적 과학도시로의 발전 전기의 마련과, 세계인의 과학축제인 EXPO의 개최도시로서 EXPO 과학공원, 국립 중앙과학관, 연구단지를 벨트화하여 국민 과학교육의 장소로 활용할 수 있는 지역적 특성을 가지고 있다.

현재 대전컨벤션센터를 건립중에 있으며 2008년 개관예정이다. 또한 2006년에 컨벤션 전담조직인 대전CVB가 설립되어 현재 다양한 국제화사업을 벌이고 있다.

ⓕ 인천광역시

인천광역시는 도시개발 전략으로서 트라이포트(Tri-Port) 계획을 추진하고 있으며, 이는 공항, 항만, 정보화 신도시를 연계하는 동북아 물류 중심지로서의 역할을 이상적으로 수행하는 기능으로 구성되어 있다.

인천은 인천경제자유구역을 설정하여 송도, 영종, 청라지구로 개발하고 있다. 이중 송도지경에는 현재 2008년 개관 예정인 "송도컨벤시아"가 건설중이다. 송도경제자유구역은 첨단지식 국제도시를 지향하고 있고, 국제비즈니스, 국제교역의 중심지이며, 지식과 정보와 문화 생태도시를 계획하는 세계적인 도시를 목표로 하고 있다.

ⓖ 광주광역시

2005년 김대중컨벤션센터의 개관과 더불어 국제회의 도시로 발돋움 하고자 다양한 국제화 활동을 계획하고 시행중이다. 그동안 부족했던 숙박시설을 유치하기 위한 노력이 더해지고 있으므로 호남지역의 대표적인 국제회의 도시로 발전할 가능성이 있다.

③ 해외 사례 및 현황

ⓐ 일본

관광의 진흥을 위하여 관광교류 확대 및 1990년대 관광 진흥 행동계획을 수립하고, 이에 따라 정부 지정도시, 국제관광 모델지구의 정비, 국제관광 테마지구 외국인 관광객 유치 추진사업, 민간 활력의 활용에 의한 국제교류를 위한 시설정비 및 국제회의·관광도시의 지정 등의 시책을 펼치고 있다.

또한 일본은 국제회의 유치가 국제적 상호이해의 증진, 지역경제의 활성화, 지역의 국제화에 지대한 역할을 수행한다는 인식 하에, 1980년대에 들어서서 일본을 국제회의 개최국으로서 적극 홍보하기 시작하는 한편, 하드웨어적인 측면에서의 국제회의 시설의 건설 및 소프트웨어적인 측면에서의 컨벤션법 등 연계 법률의 제정 및 시행, 국제회의·관광도시의 지정 그리고 국제회의 전담조직의 설립 등 국제회의 유치를 위한 수용태세정비에 적극적인 노력을 기울이고 있다.

이에 운수성은 장기적인 국제회의 진흥책으로서 1986년 "국제 컨벤션 시티" 구상을 책정하고, 1987년부터 "국제 컨벤션 시티"를 지정하여 금융, 행정상의 각종 지원책을 마련하는 등 국가적 차원에서 컨벤션 수용체제 구축을 위한 지원을 아끼지 않고 있다. 이의 결과로 당해 연도에 전국 19개 도시가 국제 컨벤션 시티로 지정되었으며, 2000년에 이르러서는 전국 49개 도시가 컨벤션법에 기초하여 국제회의·관광도시로 지정되었다. 이들 국제회의·관광도시는 컨벤션 수용의 기본조건이 구비되어있는 도시로, 해당 도시의 해외홍보, 국제 컨벤션 유치, 국제 상호이해 증진 및 지방도시의 국제화를 적극 추진하고 있다.

지정도시에 대해 국제관광진흥회는 유치단계 및 개최단계로 나누어 지원을 해준다. 즉, 유치단계에 있어서는 국제회의 등의 유치에 관한 정보제공, 컨벤션, 전시회 참가 등에 의한 해당 도시의 해외선전, 해당 도시의 유치 활동 시 해외에 있는 관련기관의 연락조치 및 기타 지원조치 등의 지원이 제공되며, 개최 단계에서는 해당 도시에서 개최되는 국제회의 등을 위해 기부금 모금 및 주최자에게 회의개최 지원금교부, 주최자에 대한 통역사 및 여행업자 알선 등 기타 지원 조치, 국제회의 참가자에 대한 관광행사와 관련하여 주최자에게 정보 제공 등의 지원 조치가 있다.

일본의 경우 관계 법률의 제정 및 시행 이전에 국제 컨벤션 시티 구상 이후부터 이미 전체의 67.34%에 이르는 절반 이상의 도시를 지정하였음을 의미하는 바, 우리나라의 경우와 비교하여 볼 때 시사하는 바가 크다.

ⓑ 싱가포르

싱가포르는 아시아 최대의 컨벤션 시티 중의 하나로서 UIA의 통계에서도 세계 20위권에 올라있다. 싱가포르가 이런 성과를 거둘 수 있게 한 주된 기구는 싱가포르 컨벤션 사무국이다. 이 사무국은 1974년 정부 관광국의 하나의 부서로 탄생하였다. 부장 이하 11명의 직원이 관광국의 12개의 해외사무소를 거점으로 활발한 활동을 전개하고 있다. 사무국은 정부기관이지만 회원 제도를 채택하고 있으며, 비회원은 약 300여 개의 관광, 컨벤션 관련 기업으로 구성되어 있다.

싱가포르의 대부분의 산업이 그런 것처럼 컨벤션 진흥사업도 정부의 강력한 리더십을 바탕으로 민간이 참여하는 형태를 이루고 있다. 해외선전도 사무국이 중심이 되어 추진하고 있으며 민간은 사무비를 분담하고 있다.

컨벤션센터의 첨단정보 기지화의 기치를 내걸고, 소프트웨어 산업의 발전과 싱가포르 국제컨벤션센터, 마리나 스퀘어, 창이 국제컨벤션 · 전시센터, 세계무역센터, 국제상품시장, 싱가포르 회의홀 등 국제회의 전용시설에 의해 도시가 구성되고 있을 정도로, 다양한 국제회의 시설을 갖추고 있는 전형적인 국제회의 도시라 할 수 있다. 현재에도 이처럼 싱가포르를 MICE산업(Meetings, Incentives, Conference, Exhibitions)의 중심역할을 하는 도시로 이끌겠다는 의도와 함께, 아시아 최고의 컨벤션 시티로 부각하기 위한 전략적 마케팅 활동을 펼치고 있다.

ⓒ 홍콩

홍콩의 경우 컨벤션시티 혹은 국제회의 도시라 공식적으로 칭하고 있는 것은 아니나, 1957년 지역관광 개발을 목적으로 정부법인체 형태의 정부산하 홍콩 관광청을 설립하고, 1997년 홍콩 관광청 소속 컨벤션 전담기구로 Hong Kong Convention & Incentive Travel Bureau(HKCITB)를 설립하여 현재 운영 중이다.

HKCITB의 구성은 본사와 시카고, 런던, 시드니의 해외 선전사무소로 이루어져 있으며, 홍콩 본사의 인력은 17명이다. HKCITB의 주요 업무로는 컨벤션 유치 및 홍보업무, 국내개최 컨벤션 운영지원 업무, 컨벤션 홍보물제작 및 배포업무 등을 비롯하여, 컨벤션 및 인센티브 투어 프로그램 기획자에게 객관적인 조언과 실질적인 지도를 제공하는 업무를 수행하고 있다. HKCITB의 재원은 정부의 재정지원과 회원사의 회비, 공공기금, 주 또는 시의 지원금으로 조달되고 있으며, 최근에는 광고, 출판물 판매 등을 통하여 재원의 다각화를 추진하고 있다.

홍콩의 경우에는 컨벤션 전담기구를 위한 지원 법률이나 관련제도는 없는 것으로 나타난다. 그러나 시에서 건설, 운영하는 컨벤션 시설에 대해서는 주 정부 차원에서의 재정지원 및 세제 혜택을 주고 있다.

ⓓ 미국

컨벤션산업의 발전동기로 국제회의 도시 형성을 그 원인으로 꼽을 수 있다. 1970년대 중반 이후부터 새로운 국제회의 도시 형성을 적극적으로 추진하기 시작하여, 오늘날에 이르러서는 400여 개에 이르는 컨벤션시티가 생겨났다. 그 이후로도 무역전시회 중심의 설비를 갖춘 컨벤션시티가 속출하여, 1970년대에 15개뿐이었던 컨벤션센터가 지난 1980년도에 이르러서는 200여 개에 이르렀으며 현재도 계속 증가 추세에 있다.

2. 컨벤션 개최시설

국제회의산업육성에관한법률시행령 제3조에 의하면 전문 회의시설, 준 회의시설, 전문 전시시설 및 부대시설로 구분할 수 있는데, 전문 회의시설에는 컨벤션센터와 컨퍼런스 센터가 있고, 준 회의시설로는 호텔, 대학, 연구소 등의 회의시설, 전문 전시시설로는 전문 전시장이 이에 속한다. 이 각각의 시설에 요구되는 조건은 다음 〈표 6-2〉와 같다.

〈표 6-2〉 국제회의 시설별 요구조건

시설의 종류	시설의 규모
전문회의 시설	- 대회의실(2000인 이상 수용) 1실 - 중소회의실(30인 이상 수용) 10실 이상 - 옥내 전시면적(2500m이상)
준 회의시설	- 호텔 연회장, 공연장, 체육관등 - 대회의실(600인 이상 수용) 1실 - 중소회의실(30인 이상 수용) 3실 이상
전문 전시시설	- 옥내전시면적(2500m이상) - 중소회의실(30인 이상 수용) 5실 이상
부대시설	전문회의시설 및 전문시설에 부속된 숙박, 주차, 식음료, 휴식, 쇼핑 시설 등

출처: 국제회의 산업 육성에 관한 법률 시행령 제3조

여기서는 각 시설들의 일반적인 특성을 살펴보고 국내 현황을 정리하고자 한다.

1) 컨벤션센터

컨벤션센터는 객실이 없이 한 지붕 아래 회의와 전시를 개최하도록 설계된 대중들의 집회 시설이며, 식음료 및 여러 특별 서비스를 제공한다(Rutherford, 1990: 78~79). 대부분의 컨벤션센터는 중앙정부, 지방정부, 혹은 해당 시가 소유하며 임명된 이사회나 책임자가 운영한다. 대부분 공공시설이지만 개인 회사가 운영을 위탁 받기도 한다.

컨벤션센터는 전문 교육전시, 소규모 회의, 행사 등을 개최할 수 있는 다목적 공간을 갖고 있으며, 공간 영업활동은 CVB의 도움을 통해서 그리고 자체 영업 인력에 의해 이루어진다. 컨벤션센터의 주 수입원은 공간 임대료이며, 이외에도 식음료, 특별 서비스제공(전기, 수도, 가스, 사용료, 조명, 배관, 음향 서비스 등) 등이 포함된다(Rutherford, 1990: 93).

일반적으로 지방정부의 자금지원을 받으면서 시와 지역의 호텔업자 및 관련 산업의 상공인들의 자체 교육·훈련을 위하여 활용되는 컨벤션센터는 회의, 컨벤션, 박람회 개최를 위한 특별한 목적으로 설계되었기 때문에, 동일한 날에 컨벤션시설을 사용하는 여러 단체들이 등록 업무를 용이하게 할 수 있도록 시설 전반에 걸쳐서 등록장소를 갖추고 있고, 행사가 개최되는 동안 휴식과 담소를 위한 공동의 장소도 마련되어 있다. 특히 자체 숙박시설이 없으므로 일반적으로 호텔이 매우 근접한 곳에 위치하고 있어 참가자들의 편의를 도모하고 있다(Montgomery and Strick, 1995: 128~129).

이제 컨벤션센터의 시설 구성형태, 주요시설, 그리고 유형을 다음과 같이 정리해보자.

① 컨벤션센터의 시설 구성형태 (최승담, 한정헌, 김상태, 1994)

• 단일 건물 형

- 전시기능이 위주면서 회의기능이 부가된 단일건물의 복합 컨벤션센터로, 일반적으로 전시기능이 저층부에 배치되고, 회의장은 상층부에 배치 됨.
- 회의장과 전시장이 지원시설을 공유함으로써 시설 가동률을 제고할 수 있으나, 각각의 용도별 일관성 있는 서비스 제공에는 한계가 있음.

• 다용 형

- 전시장과 회의장이 평면적으로 분리되어 별개의 동으로 건립되며, 저층부나 overbridge를 통하여 연결되는 형태
- 전시장과 회의장 각각의 차별적인 외부 건축형태를 부각시켜 상징성을 제고할 수 있으며, 각각의 용도별 전문적 서비스 제공이 가능

- 전시장, 회의장 등 각각의 용도별로 지원시설이 중복 설치되어야 하므로 공간이용의 효율성이 저하

② 컨벤션센터의 주요시설

- 주 시설
  - 회의장: 총회의장, 대회의장, 중소회의장, 연회장, 기타 대표단사무국 등의 지원 공간
  - 전시장: 상설 전시장, 기획전시장, 야외전시장, 전시 준비작업 공간, 기타 지원시설
  - 이벤트 홀: 다목적 이벤트 행사장, 복합영화관, 수공예 및 기타 기념품 판매센터 등 지원 시설
  - 관리유지시설, 식음료 서비스시설, 공공서비스시설 관련 시설
  - 숙박시설, 쇼핑 · 위락시설, 업무시설 등

③ 컨벤션센터의 유형

컨벤션센터의 건립은 지역개발 차원에서 다른 개발계획과 상호 보완되거나 결합 상승효과를 유발할 수 있기 때문에, 지역의 특정 개발사업과 연계하여 컨벤션센터의 유형을 결정하는 것이 바람직하다(한국관광연구원, 1999(a)).

유형은 〈표 6-3〉에서와 같이 국제 업무 지역 형, 텔레포트 형, 테크노파크 형 그리고 리조트 형 등 4가지로 크게 나눌 수 있으며, 서울의 COEX는 국제업무지역 형으로, 제주 컨벤션센터는 리조트 형으로 볼 수 있다.

<표 6-3> 컨벤션센터의 유형

	입지조건	기간시설	유발시설
국제업무지역형	- 국제업무 지역은 세계화, 정보화 시대에 대응하여 국제간 인적 · 물적교류 증진을 목적으로 하는 업무중심지역으로, 24시간 업무가 가능한 지역 - 업무 이외에도 거주, 문화, 상업기능이 복합적으로 존재하여 지역자체만으로도 자립이 가능한 지역으로 신도시 또는 부도심 형태로 개발됨	- 국제업무센터 - 국제금융단지 -오피스파크 -국제정보교류센터	-컨벤션센터 -물류유통단지 -이벤트 돔 -복합영화관 -월드쇼 케이스 -관광위락시설
텔레포트형	- 위성통신용 지국시설 이외에 정보를 수집하고 가공, 발신하는 정보창출 기능의 도모를 위한 정보산업관련 기관이 집합해 있는 지역에 적합 - 대규모 토지확보가 용이하고 도심과 근접한 곳으로 첨단 정보산업을 지향하는 기업의 오피스 공간 수요가 있는 곳	- 텔레센터 빌딩 - 통신위성 지국국 - 광섬유 통신망 - 인텔리전트 오피스 파크	- 컨벤션센터 - 영상정보센터 - 디자인 센터 - 패션센터 - 벤처기업단지 - 케이블 TV 방송국
테크노파크형	- 첨단산업, 연구개발, 주거 및 관광위락기능이 갖추어진 고도의 기술 집적 도시에 적합 - 기존 산업기능 위주의 공업단지를 정비하는 방식과 기존의 연구단지에 첨단산업기능을 보완하거나 신규계획에 의거 조성하는 방식으로 이루어진 테크노파크에 적합	- 과학연구센터 - 정부출연 연구소 - 대학연구소 - 민간 연구소 - 창업보육센터	- 컨벤션센터 - 제품전시단지 - 정보교류센터 - 연수교육센터 - 오피스 파크
리조트형	- 매력 있는 관광자원과 시설을 가지고 있는 관광 목적지로서 컨벤션 유치 및 개최와 관련된 총체적인 지원서비스 기능을 보유하고 있는 관광지 향적인 도시나 관광 휴양단지에 적합 - 기 조성된 관광 단지내외에 컨벤션 전용호텔을 건립하여 기존시설과 연계시키거나, 현재 계획 추진 중인 관광 단지 내에 사업초기부터 계획적으로 컨벤션센터와 관련된 일체시설을 단지화할 수 있는 지역에 적합	- 컨벤션센터 - 컨벤션 전용호텔 - 카지노 콤플렉스 - 실내스포츠 콤플렉스	- 실내/외 주제 공연장 - 골프장 - 실내외 워터파크 - 경마장 및 경륜장 - 자동차 경주장 - (실내)스키장

출처: 한국관광연구원(1999)

2) 국내 주요 컨벤션센터

① COEX(www.coex.co.kr)

• 시설 개관

구분		위치	면적	비고	연혁
전시장	태평양홀	전시실1층	10,368㎡		- 한국종합무역센터(KWTC)완공 - 한국종합무역센터, 2000년 제3차 ASEM 및 COEX 확충사업 추진 - 사명 개칭 - COEX를 포함한 무역센터 완공 - 제3차ASEM(아시아 · 유럽정상회의)개최
	대서양홀	전시실3층	10,368㎡		
	인도양홀	컨벤션1층	7,290㎡		
컨퍼런스룸	그랜드볼룸	컨벤션1층	1,817㎡	5개실 분할	
	아셈홀	전시장3,4층	1,238㎡		
	컨벤션홀	컨벤션2층	7,281㎡	2개실 분할	
	오디토리움	컨벤션3층	2,104㎡		
	컨퍼런스센터		3,096㎡	총50개실 분할가능	

ⓐ 전시시설

- 총 1만평이상의 규모의 전시공간과 첨단 지원시설을 완비하고, 전시회에 필요한 모든 서비스를 제공
- 총 11,000평 규모의 전시공간에서 연평균 150여 회의 전문전시회와 특별 행사를 개최
- 전시장은 태평양홀, 대서양홀, 인도양홀, 컨벤션홀 등 4개의 전시장으로 구성
- 전시회의 용도와 규모에 맞춰 크기를 조절해서 사용할 수 있도록 이동식 칸막이가 갖추어져 있으며 첨단 A/V설비와 조명시설을 구비

ⓑ 컨벤션시설

- 대규모 국제회의는 물론, 연회, 리셉션, 패션쇼 등에 이르기까지 자유로운 공간연출
- 최첨단 국제회의 시설을 갖추고 있는데, 이는 아시아 최고 규모이며, 각 홀들은 동시통역 및 A/V시스템을 비롯한 각종 정보통신 인프라를 구축
- 특히, 컨벤션홀과 Grand Ballroom은 회의장 크기, 좌석 배치, 조명설비 등을 자동으로 조절할 수 있도록 설계되어 행사의 규모와 성격에 따라 자유로운 공간 연출이 가능

ⓒ 부대시설

- COEX는 국제회의를 비롯한 각종 행사 참가자의 비즈니스를 신속하게 처리할 수 있도록 컨벤션센터 3층에 비즈니스 센터 및 프레스 센터를 운영하고 있음.
- 또한 2, 3층에 총 800여평 규모의 주방시설을 갖추고 대형 연회는 물론, 회의를 겸한 Catering 서비스를 제공할 예정
- 이외에도 40피트 컨테이너가 1, 3층 전시장 및 컨벤션홀로 직접 반입될 수 있는 loading dock과 화물램프를 완비

② 부산전시컨벤션센터(www.bexco.or.kr)

• 시설 개관

<table>
<tr><th colspan="2">구분</th><th>위치</th><th>면적</th><th>연혁</th></tr>
<tr><td rowspan="4">전시홀</td><td>전시장</td><td>1층</td><td>26,446㎡</td><td rowspan="10">95. 12: ㈜부산국제종합전시장 법인 설립
96. 9: 건립공사 입찰 공모
98. 6: 건축허가
98. 10: ㈜부산국제종합전시장 공사착공
99. 2: 상호변경
(㈜부산국제종합전시장 -> ㈜부산전시컨벤션센터
2001. 3: 완공
2001. 5. 2: 준공</td></tr>
<tr><td>중소전시실</td><td>2,3층</td><td>26,446㎡</td></tr>
<tr><td>야외전시장</td><td>야외</td><td>1,879㎡</td></tr>
<tr><td>상설전시장</td><td>지하</td><td>2,082㎡</td></tr>
<tr><td rowspan="3">컨벤션홀</td><td>중소회의실</td><td>1층</td><td>13,223㎡</td></tr>
<tr><td>(22실)</td><td>2층</td><td>1,440㎡</td></tr>
<tr><td>대회의실</td><td>3층</td><td>1,440㎡</td></tr>
<tr><td rowspan="3">부대시설</td><td>식당가</td><td>지하</td><td>1,276㎡</td></tr>
<tr><td>쇼핑몰</td><td>지하</td><td>1,402㎡</td></tr>
<tr><td>주차장</td><td>지하</td><td>6,402㎡</td></tr>
</table>

※ 누리마루 APEC 하우스

- 위 치 : 해운대구 우동 714-1번지 일원(동백섬 내)
- 건물: 지상3층, 연면적 2,994,52㎡(약 905평)
- 사업비 : 194억원(공사 175, 보상 등 19)
- 공사기간 : 2004. 9. 15~2005. 9. 14

□ 건축물 개요

- 건물 전체 조형은 한국전통 건축인 "정자"를 현대적으로 표현
- 지붕의 현태는 동백섬의 능선을 형상화
- 외부의 사선 기둥(12개)은 Dynamic Busan의 역동성을 표현
- 내부의 장식은 한국의 창조적 전통문화를 시각적으로 표현

□ 면적개요

구 분	면 적(㎡/평)	주요실
지상 1층	425,55㎡ (128.73평)	기계실, 전기실, 발전기실 등
지상 2층	943,51㎡ (285,41평)	오찬장, 행사요원실 등
지상 3층	1,390,64㎡ (420.67평)	정상회의장, 정상대기실 등
지상 중3층	234,82㎡ (71.03평)	동시통역관실, 회의통제실(MDF실)
합계	2,994,52㎡ (905.84평)	

ⓐ 전시시설

- 축구장 3배 크기, 국내 유일의 단층 무주 전시장 (약 1,800여 부스 설치가능)
- 바닥하중 최대 5톤, 천장고 최고 22.5m, 사방 9m 간격으로 첨단설비가 갖추어진 트렌치 박스 설치
- 고객중심의 설계 및 운영 : 고객의 요구에 따라 다양한 규모의 전시공간 제공
- 최첨단 인텔리전트 빌딩 시스템 도입으로 열원, 공조, 위생, 소화, 실내조도 등을 자동 제어

ⓑ 컨벤션 시설

- 매머드급 시설의 최첨단 가변 공간의 컨벤션 시설
- 다기능적 공간구성 3층 대회의실 최대 2,800명 수용
- 8개국 동시통역시스템 및 화상회의 시스템을 비롯한 각종 첨단 프레젠테이션 장비구비

ⓒ 부대 시설

- 글래스홀 (1층4,843㎡/1,465평) :전면을 탁 트인 강화 유리창으로 설계한 글래스홀은 채광조명을 100% 활용해야 하는 독특한 전시물과 비즈니스에 그 진가를 발휘함. 특유의 개방감과 다이나믹한 동적 긴장감이 자연채광 도입 및 개방된 로비공간을 제공
- 지하: 비지니스 센터, 상설전시장, 식당가, 컴퓨터몰, 은행, 미아보호소, 의무실, 카페테리아, 레스토랑 등 각종 편의시설, 휴게시설 및 주차장

③ 대구전시컨벤션센터 (www.excodaegu.co.kr)

• 시설 개관

<table>
<tr><th>구분</th><th>위치</th><th>면적</th><th>연혁</th></tr>
<tr><td rowspan="2">전문
전시장</td><td>지상1층</td><td>3,872.3 ㎡</td><td rowspan="15">96. 9: 대구전시컨벤션센터 건축허가
97.5: 대구전시컨벤션센터 신축공사 착공
2000. 12: 준공
2001. 4: 개관</td></tr>
<tr><td>지상3층</td><td>3,872.3 ㎡</td></tr>
<tr><td>컨벤션홀</td><td>지상5층</td><td>3,872.3 ㎡</td></tr>
<tr><td rowspan="12">회의실
(11개)</td><td rowspan="2">지상2층</td><td>85.6 ㎡</td></tr>
<tr><td>40.4 ㎡</td></tr>
<tr><td rowspan="3">지상3층</td><td>153.2 ㎡</td></tr>
<tr><td>238.4 ㎡</td></tr>
<tr><td>391.6 ㎡</td></tr>
<tr><td rowspan="3">지상4층</td><td>575.8 ㎡</td></tr>
<tr><td>59.8 ㎡</td></tr>
<tr><td>87.8 ㎡</td></tr>
<tr><td rowspan="3">지상5층</td><td>102.2 ㎡</td></tr>
<tr><td>153.2 ㎡</td></tr>
<tr><td>170.3 ㎡</td></tr>
</table>

ⓐ 전시 시설

- 1, 3층의 전시장과 5층의 컨벤션홀은 총 11,617㎡(3,514평), 각층 3,872㎡ (1,171평) 규모로 층별로 2개 홀로 분할 사용 가능

- 초고속 인터넷 광통신망, 전력, 급배수, 압축공기 등 가능한 Floor Box가 9m 간격으로 설치되어 있을 뿐만 아니라 프레스룸, VIP룸이 완비되어 있으며, 1평방미터 당 1.5톤의 제품까지 전시할 수 있어 대형 기계전시회도 가능
- 또한 전시 컨벤션센터 전면에 위치한 총 3,857㎡(1,167평)의 야외전시장에서는 중량이나 높이로 인해 실내 전시에 제약이 있는 전시물을 전시하며 각종 이벤트를 위한 열린 공간으로 사용

ⓑ 컨벤션 시설

- 4,200명까지 수용이 가능한 3,872㎡(1,171평) 규모의 5층 컨벤션홀은 기둥이 없으며 6개 국어 동시통역시설, 첨단 조명 음향시스템, 대형 스크린(4 x 6m) 등을 갖추고 있어 국제회의는 물론 콘서트, 패션쇼, 연회, 리셉션, 전문전시회까지 어떤 행사도 연출 가능
- 2 5층에 있는 다양한 규모의 11개 회의실은 각각 15명에서 540명까지 총 1,700여명을 수용할 수 있으며 3개 국어 동시통역시설, 빔프로젝터, 화상회의 시설 등을 완비

ⓒ 부대 시설

- 중소기업지원센터: 지역소재의 중소기업 지원기관(중소기업진흥공단, 대한무역투자진흥공사, 대구신용보증재단, 한국과학기술정보연구원, 소상공인 지원센터)이 함께 모여 종합적인 중소기업지원서비스를 제공
- 국내 최대의 초대형 엘리베이터: 5층 컨벤션홀 및 3층 전문전시장에 전시품과 행사장치물을 직접 반입할 수 있도록 국내 최대 규모의 트레일러용 엘리베이터가 설치. 이 엘리베이터는 27톤까지 인양할 수 있으며, 68kg 성인남자 400명이 한꺼번에 탈 수 있어 전시장치 및 철거에 소요되는 시간을 획기적으로 줄일 수 있음.
- 쇼핑몰
- 식음료 서비스 시설

④ 제주 국제컨벤션센터(www.iccjeju.co.kr)

• 시설개관

<table>
<tr><th colspan="2">년도</th><th colspan="2">추진방식</th><th>추진현황</th></tr>
<tr><td>부지</td><td>- 16,600평</td><td>추진체제</td><td>제주도</td><td rowspan="4">99. 5: 기본설계
99.7:교통환경 영향평가
99. 9: 건축허가
99. 11: 시공업체 선정
2002. 12: 준공</td></tr>
<tr><td>건축규모</td><td>- 지상4층
- 지하2층</td><td>건립주체</td><td>㈜제주국제컨벤션센터</td></tr>
<tr><td>주요시설</td><td>- 컨벤션 홀: 4,300석
- 대회의실: 1,084석
- 소회의실: 6실
- 전시실: 818평</td><td>건립방식</td><td>민관합동방식</td></tr>
<tr><td>부대시설</td><td>- 상업시설: 2,223평
- 주차장: 3,824평
- 선큰가든: 1,484평</td><td>부지확보</td><td>한국관광공사 현물투자</td></tr>
</table>

ⓐ 전시 시설

- 선큰가든인 이어도 프라자와 직접 연결되는 지하 1, 2층은 전시 공간으로 약 2,600㎡의 규모에 3분할이 가능하며, 화물의 출입이 자유로워 소규모의 전시에서 박람회, 대형 이벤트까지 화려한 조명과 소음, 공기정화시설을 갖추고 있어 쾌적하고 편리한 행사가 가능

ⓑ 컨벤션 시설

- 컨벤션 공간은 탐라홀과 포이어로 구성. 3, 4, 5층에 걸쳐있는 최대 3,500 명(교실식)을 수용할 수 있는 탐라홀은 1,500석의 고정석과 2,000석의 평탄석으로 분리가 가능하여, 효율적인 회의와 컨퍼런스, 공연, 스포츠행사 등 효과적인 이벤트를 열기에도 알맞도록 꾸며져 있음
- 또한, 태권도, 탁구, 배드민턴 대회 등 실내스포츠 행사뿐만 아니라, 다양한 이벤트의 규모와 유형에 맞는 가변성과 무대시설, 특수음향장치, 최대 8개 국어 동시통역 등 다목적 행사장으로의 활용이 용이
- 미팅공간은 한라홀, 삼다홀, 소회의실로 구성
- 1,100명 규모의 대규모 회의와 집회, 연회, 강연, 영화상영 등 분리가 가능한 다목적 공

간으로 활용되는 한라홀과 함께 500명 규모의 중, 소규모 회의를 위한 2개실로 분리가 가능한 삼다홀, 75~200명 규모의 공간으로 회의 성격과 규모에 맞게 최대 11실까지 분할 가능한 소회의실, 국제 정상급 회담이 가능하도록 원격 화상 회의시스템 등 최고의 설비가 마련된 품격있는 회의 공간인 VIP룸 등

ⓓ 부대 시설

- 비즈니스센터: 컴퓨터와 팩스, 전화, 기타사무기기를 마련하여 비즈니스 센터와 프레스 센터, 인터넷 룸 등으로 활용 가능
- 포이어: 태평양과 아름다운 정원을 향해 개방된 열린 공간으로 탐라홀 행사와 연계하여 전시회, 커피브레이크 등 개최 가능
- 1F로비: 서비스, 안내카운터가 있으며 회의 개최 시 등록데스크, 의료, 체신, 환전, 안내, 여행사 등의 지원시설 설치 가능
- 2F로비: 전시실, 이어도 프라자와 연결되는 통로로 이어도 프라자의 옥외 행사와 연계하여 활용 가능
- 레스토랑, 커피숍, 카페테리아

⑤ 한국국제전시장(www.gokintex.com)

• 시설개관

규모		추진방식		추진현황
부지	- 100,000평	건립주체	경기도	99. 4: 전시장 입지확정
건축규모	건축면적: 83,000평 전시장면적:54,000평 부대시설: 29,000평	운영주체	KOTRA	99.9: 전시장 건립협약 체결 2000. 2: 건립단 출범 2004. 12: 완공

ⓐ 전시 시설

- 국내 최대규모의 전시장으로 총 면적이 53,541㎡(축구장 6배)로 총 5개 홀로 구성되어 있고, 8,000㎡의 야외전시장이 갖추어져 있음.

- 중후장대 전시 기능하므로 하중을 5톤/㎡까지 견딜 수 있어 중장비 전시 가능
- 단층 무주 구조로 건설되었고, 전장고가 15m로 복층 부스 설치가 가능한 전시장
- 총 5개홀이 이동식 칸막이로 분할/통합 가능
- 첨단기기와 선진 전시기법을 갖춘 유비쿼터스 전시장
- 최첨단 하역장을 갖추고 있고 전용도로로 진출입이 가능.
- 옥외 전시장은 3개 구역으로 설계가 되어 다양한 야외 행사 및 이벤트 가능

ⓑ 컨벤션 시설

- 2,000명을 극장식으로 수용할 수 있는 대회의실과 33개의 중소규모 회의실지 갖추어져 있어서 다양한 규모의 회의를 진행할 수 있음.
- 쾌적한 회의환경으로 설계되어 눈에 피로감을 덜어주는 아늑한 인테리어 및 최첨단 AV장비를 통한 쾌적한 회의환경이 제공됨.
- 조선호텔 케이터링 서비스를 통해 최고급 연회서비스 가능

그랜드볼룸	최대 2,000명 수용 가능한 국제회의장(분할 사용 가능) 10m의 높은 천장고와 고품격 인테리어 8개국어 동시통역 시설, 400인치 초대형 스크린, 프로젝터 등 최첨단 AV시설 완비
연회실(204)	연회, 예식 등 각종 이벤트행사 진행에 최적의 장소 수준 높은 인테리어와 각종 이벤트를 위한 조명, AV시설 완비
중회의실	2개실로 분할 사용 가능(2층) 다양한 성격, 규모의 회의
VIP 회의실	'ㄷ', 'ㅁ' 자로 세팅된 VIP 전용 회의실 각 좌석마다 IR-Receiver 기능이 있는 델리게이션마이크 지원

ⓒ 부대 시설

- 초대형 주차장으로 2,000대 규모 수용 가능하고 무인자동화 시스템으로 운영
- 다양한 식음료 업체가 입주해있고, 출입국관리사무소와 비즈니스 센터가 위치해있음.

⑥ 김대중컨벤션센터(www.kdjcenter.or.kr)

• 시설개관

규모		추진방식		추진현황
부지	- 12,144평	건립주체	광주광역시	04.11: 지방공사광주컨벤션센터설립 05.5: 김대중컨벤션센터로 명칭변경 05.9: 개관
건축규모	전시장면적: 2,744평 컨벤션시설: 696평 임대수익시설: 1,700평	운영주체	지방공사	

ⓐ 전시 시설

위치	1층		
주요용도	전문전시회, 박람회, 이벤트행사 등(3개실로 분할가능)		
시설면적	9,072㎡	전시부스	500부스 (3m 3m부스)
기둥	무주공간	바닥하중	5 t /㎡

ⓑ 전시 시설

위치	4층
주요용도	대규모 국제회의, 연회, 이벤트 등(3개실로 분할가능)
수용능력	1,200명(배치 가구 및 위치에 따라 변동 가능)
시설면적	1,518㎡
기 둥	무주공간
동시통역시스템	적외선무선방식 8개국어 동시통역시스템

ⓒ 전시 시설

- 시설명 : 김대중홀
- 세계적 브랜드 가치가 높은 김대중前대통령을 기릴 공간으로, 광주광역시의 랜드마크적 기념관
- 전시내용 : 김대중 前 대통령 흉상, 동영상, 인쇄물, 소장품, 기념물, 체험공간 등

⑦ 창원컨벤션센터(www.ceco.co.kr)

• 시설개관

규모		추진방식		추진현황
부지	- 41,232㎡	건립주체	광주광역시	
건축규모	전시장면적: 7,827㎡ 컨벤션시설: 1,131㎡ 상설전시장: 1,432㎡ 중소기업지원센터: 4,535㎡	운영주체	지방공사	04.11: 지방공사광주컨벤션센터설립 05.5: 김대중컨벤션센터로 명칭변경 05.9: 개관

ⓐ 전시 시설

- 위치: 지상3층
- 단층의 전시홀로 무주공간이고 천정고는 11~18m
- 전시부스는 500부스 수용가능하고, 극장식 배치로는 7,000명 수용 가능함.
- 3,306㎡의 옥외전시장이 있음.

ⓑ 회의 시설

- 컨벤션센터 3층에 위치한 대회의실은 145평에 500석 규모로 6개국 동시통역시스템과 최첨단 방식의 프레젠테이션 시스템을 비롯하여 최고의 A/V 설비 등 완벽한 회의전문 선비를 갖추고 있음.
- 행사의 규모와 성격에 따라 전체를 사용하거나 250석 규모로 분할 2개 회의실로 사용가능
- 지상6층에는 651㎡의 회의실이 7개 실로 분할이 가능함.

지금까지 우리는 국내의 컨벤션센터의 현황에 대해 살펴보았다. 사실 1980년대 이후 컨벤션센터 건립 붐은 미국과 캐나다, 유럽을 거쳐 아시아에까지 이어져 왔다. 우리나라에서도 전시회를 활용하여 마케팅을 하는 기업들의 숫자가 늘어나고, 각 지역이 차츰 컨벤션을 통한 경제적 이익을 인식하기 시작하면서 전국적으로 컨벤션센터의 건축과 확장이 이

루어지고 있는 추세이다.

컨벤션산업의 기반이 되는 전문 컨벤션 시설의 확충은 바람직한 일이기는 하지만, 과잉공급으로 인한 부작용 또한 생각해보지 않을 수 없다. 60여 개에 달하는 일본의 지방 컨벤션센터가 실패한 이유는 컨벤션센터의 지방 분산에 따른 국제공항, 숙박 등의 관련 하드웨어 및 운영전문 인력과 통역사 등 소프트웨어의 부족으로 인한 결과였다.

이미 건립되어 있거나 건립될 컨벤션센터들은 지역성격과 센터 자체의 시설 특성을 최대한 활용하여 각각을 특성화 할 수 있는 방안을 마련함으로써 불필요한 경쟁을 막아야 할 것이다. 특성화를 바탕으로 한 자리 매김을 통해 각 지역의 컨벤션센터들이 서로간의 부족한 점을 보완하여야 우리나라 전체적인 컨벤션산업의 발전을 가능하게 할 수 있을 것으로 보인다.

3) 컨퍼런스센터

컨퍼런스센터는 사람들이 최대로 안락하고 편안한 환경에서 서로의 생각을 나눌 수 있는 환경을 제공해줄 수 있도록 설계된 시설이다(Anthony, 1987). 컨퍼런스센터는 전문 hospitality 운영시설로 소규모(20~50명) 회의를 신속히 운영할 수 있도록 전문적으로 지원하는 시설로서, 숙박을 제공한다는 면에서 컨벤션센터와 다르다(Haigh and Hudson, 1989: 5). 회의 참가자는 회의 기간 동안 컨퍼런스센터를 떠날 필요가 없다. 식사에서 숙박, 여가 활동까지 모든 서비스가 이곳에서 제공되기 때문이다.

컨퍼런스센터의 경우 주 수입원이 회의운영에서 발생되므로 안락한 의자, 조명 등 참가자가 회의에 집중할 수 있는 환경의 조성에 힘써야 하며, 객실 내에서도 책상, 조명 등의 가구나, 컴퓨터, 전화, 팩스 등 통신시설을 갖추어 회의 참석자의 욕구를 자체적으로 충족시켜 주어야 한다(Crystal, 1989).

따라서 현대적인 컨퍼런스센터의 경우에는 다음과 같은 시설을 갖추고 있다.

- 회의 전용 회의실
- 10명에서 60명 정도의 소규모 회의를 수용할 수 있는 시설
- 영구 방음장치의 벽
- 우수한 성능의 음향 및 조명 장치
- 우수한 시청각기자재 디자인
- 사용자 중심의 설치 (예: 연사가 임의로 조명시설이나 환풍장치 조절이 가능)
- 우수한 진행요원
- 회의시간 이후 회의 참석자들의 친목도모가 가능한 기능적 디자인

이외에도 끊임없이 회의 기간 동안 refreshment를 제공하는 것도 컨퍼런스센터의 독특한 특징이다. 따라서 참석자들은 원하는 시간에 휴식시간을 가질 수 있고, 컨벤션 기획사도 휴식시간 마다 필요한 메뉴에 신경 쓸 필요가 없다.

시청각 기자재도 필요시 자체적으로 즉시 조달되며, 한 사람 당 지불해야 되는 요금 속에 식사, 객실료, 시청각 기자재 사용료, 커피 브레이크, 회의에 필요한 사무용품 비용 등이 모두 합쳐지는 one-stop-shopping 개념으로 운영된다. 따라서 예상 밖의 갑작스런 요금 지불 사태가 없어서 컨벤션 기획사로서는 매우 편리한 가격체제(pricing system)를 갖고 있다고 할 수 있다(Montgomery and Strick, 1995: 48).

4) 컨벤션호텔

① 정의 및 발전 배경

호텔은 우선 숫자상 많고 숙박, 식음료, 회의 · 전시공간, 기타 편의 서비스를 제공할 수 있기 때문에 대부분의 회의, 컨벤션, 전시가 호텔에서 개최되어 왔다. 컨벤션 · 전시산업이 정착할 초기에 호텔의 기여도는 매우 컸다. 오늘날 많은 대규모 호텔들은 회의실, 소규모 전시실 등 컨벤션 관련 시설을 갖추게 되었고, 컨벤션 · 전시가 호텔의 주 수입원으로 되었다. 즉, 컨벤션 · 전시 참석자들의 객실 및 행사장 임대료, 식음료 행사 비용 등이 차지하는

비율이 커진 것이다.

이렇게 컨벤션호텔도 그 구성은 컨벤션센터의 경우처럼 기본적인 주 시설, 지원 시설, 부대 시설이 있으며 조직상으로 컨벤션 전담부서가 있다. 또한 호텔의 기능이 단순한 객실 제공에서 컨벤션 · 전시 개최지로 확대됨에 따라 호텔 내의 컨벤션 서비스 전담 책임자(convention service manager)의 역할이 중요해졌다. 호텔 영업부가 주최 측과 계약을 맺는 뒤에는 convention service manager가 호텔 측과 주최 측(기획사측)간의 중간 역할을 하게 되기 때문이다(Pearson, 1990: 159).

그러면 왜 호텔이 컨벤션을 유치하고자 하는가? 호텔의 컨벤션상품은 크게 두 가지로서 객실판매와 연회행사이다. 이 상품들은 컨벤션의 내용과 일치되며 참가자의 투숙과 컨벤션 개최기간 중 열리는 각종 연회가 호텔의 커다란 수입원이 된다. 따라서 호텔 측은 컨벤션 기능을 부각시켜 이로 인한 파급효과를 기대하는 것이다.[6]

② 국내 컨벤션호텔의 현황

우리나라의 컨벤션호텔은 1914년 9월 30일에 설립한 조선호텔(당시 반도호텔)이 국제회의장으로서의 역할을 하여 호텔경영의 다각화를 이루었으며 사교행사장으로 제공된 한국 최초의 호텔이다. 2000년도에 서울과 부산 등에 컨벤션센터가 들어서기 전까지 각종 컨벤션이 개최되는 장소는 〈표 6-4〉에서처럼 호텔이었다.

〈표 6-4〉 국내 장소 유형별 국제회의 개최현황

장소별	건수	구성비	전체참가자수	외국인 참가자수
호텔	159	55.4	64,294	22,487
대학교/연구기관	64	22.3	9,991	2,369
기타	64	22.3	54,774	9,182
계	287	100	129,059	34,038

출처: 한국관광공사(1999)

6) 호텔연회에 관한 사항은 변희정(2001: 431~436) 내용을 참조..

예를 들어, 1999년 우리나라에서 개최된 287건의 국제회의 중 159건의 회의가 호텔에서 개최되어 대부분의 국제회의가 호텔에서 개최되는 것으로 나타났다. 그만큼 호텔에서의 컨벤션산업의 중요성은 크다 할 수 있다.

호텔에서 장소별 국제회의 개최건수를 〈표 6-5〉에서 살펴보면 ①롯데호텔 (17건) ②신라호텔 (13건) ③쉐라톤 워커힐 호텔 (11건) 순이며 외국인 참가자수를 기준으로 하면 ①롯데호텔 (3234명) ②힐튼호텔 (2515명) ③ 신라호텔(2352명) 순이다.

<표 6-5> **국내 호텔별 국제회의 개최현황**

장 소	개최건수	외국인 참가자수	총참가자수
롯데호텔	17	3,234	6,834
신라호텔	13	2,352	4,840
쉐라톤 워커힐호텔	11	1,216	5,412
힐튼호텔	9	2,515	6,005
스위스 그랜드 호텔	9	788	3,144
하얏트호텔	7	440	1,240
경주현대호텔	7	2,304	3,188
르네상스서울호텔	6	525	4,793
그랜드 인터컨티넨탈 호텔	6	2,183	5,368
제주 신라 호텔	6	611	1,036
롯데 월드 호텔	6	2,057	5,473

출처: 한국관광공사(1999)

2000년도 COEX 컨벤션센터의 개장과 함께 바로 인근에 있는 COEX 인터컨티넨탈 호텔도 문을 열게 되었는데 이 호텔은 국내 최초로 컨벤션 전담부서를 두어 기존의 호텔 내 연회 판촉부의 업무를 보다 세분화 하였다.

③ 국내 컨벤션호텔 산업의 문제점과 개선방안

지금까지 컨벤션호텔의 정의와 국내 컨벤션호텔의 시설현황을 살펴보았다. 이제 국내 컨벤션호텔 산업의 문제점과 개선방안을 정리하고자 한다.

ⓐ 컨벤션호텔 산업의 문제점

• 호텔 시설상의 문제점

- 회의장 시설과 객실확보 문제

80년대 들어 우리나라는 외국인 참가자 수가 수천 명에 이르는 국제행사를 여러 차례 유치했음에도 불구하고, 일부 특급호텔을 제외한 대부분의 호텔이 2000명 이상을 수용할 수 있는 대회의장을 갖추고 있지 못한 실정이며, 또한 호텔이 갖고 있는 컨벤션센터의 수용능력에 비해 호텔의 사용가능 객실 수의 절대 부족으로 참가자들을 인근 호텔로 분산 수용 내지는 분산 · 배치가 불가피하여 참가자들의 편의를 도모할 수 없고, 컨벤션 참가자들의 분산 · 배치에 따른 컨벤션 개최 및 진행상의 문제와 보안상의 문제점 등 불편의 요인이 되고 있다.

- 지역 편중의 문제점

컨벤션 참가자들의 주목적은 회합에 있지만 최근에는 또 다른 목적의 여흥프로그램, 즉 컨벤션 관광에 많은 관심을 두어 개최지 결정에 있어서도 주요 고려사항이 되고 있다. 또한 회의 참가자들은 입국 후 회의 전반에 걸친 진행에 있어서 아무런 부담 없이 원만한 활동이 이루어질 수 있도록 주변 환경여건이 충분하게 갖추어져 있어야 한다. 그러나 우리나라의 대형 컨벤션 시설을 갖춘 대다수의 호텔들이 서울에 편중되어 있어 공해문제의 심각성과 교통체증의 심화로 인적 또는 물적 과밀화 등 적지 않은 불편을 야기하고 있다.

• 호텔 운영상의 문제점

- 컨벤션 유치 및 운영에 관한 문제점

호텔 컨벤션 담당부서의 활동 면에서 자체의 마케팅체제가 좀 더 강화될 필요가 있다. 컨벤션 유치는 정부 또는 컨벤션 주최기관에서 주도하지만, 컨벤션 개최 장소를 결정하는데 호텔 자체의 마케팅 활동 체제도 매우 중요하므로 호텔이 컨벤션 유치단계에서부터 적극적으로 개입되었으면 하는 아쉬움이 있다. 또한 많은 결혼식이 특급호텔 등에서 개최되면서 호텔의 입장에서는 수익성이 높은 결혼식이 서비스가 많이 요구되는 컨벤션 보다는 매력적인 시장으로 위치하고 있다. 서울시내 특급호텔의 판촉부문 고위 실무자에 따르면 더 이상 컨벤션은 호텔에게는 매력적인 시장이 못되고 있다고 한다. 수익성이 결혼식에 비해 현저히 떨어지고, 제공해야 하는 서비스는 너무 많고, 많은 서비스가 제공됨에 불구하고 돌아오는 건 불만과 불평이므로 되도록 컨벤션 시장에 공격적으로 판매하지 않고 있다고 한다.

- 인적 관리 및 교육훈련의 강화 필요

컨벤션은 규모의 대소에 관계없이 회의 기획가, 동시통역사, 속기사, 통역안내원, 조명기술자, 연회연출가 등 많은 전문 인력이 필요하며, 특히 컨벤션상품을 기획, 연출, 지휘하는 컨벤션 기획사의 전문성 수준이 컨벤션상품의 성패를 좌우한다. 따라서 대부분의 호텔은 컨벤션 업무를 수행하는 전문 컨벤션 기획사와 동시 통역사, 속기사, 조명기술자 등 컨벤션 관련 전문 인력의 확보에 노력을 경주해야 할 것이다.

국내에 2007년도에 서울에 소재한 해성컨벤션고등학교가 개교하여 전문인력의 저변확대의 기회는 제공되었다. 또한 많은 전문대학과 대학교에 컨벤션 운영과 관련된 학과 및 전공이 개설되었고, 추가적으로 개설되고 있으므로 이 분야 전문인력 부족에 대한 갈등은 조만간 해결될 것으로 보인다.

현재는 중견관리자 급의 인력 부족이 많이 토론되고 있고, 기존 종사자의 재교육에 대한 문제가 제기되고 있다. 산업이 성장하면서 기존 업체에 일정 수준의 경력을 쌓은 직원들이 신규 창업을 함에 따라 업체의 중견급 직원이 많이 부족하므로 이들을 육성하기 위한 다양한 프로그램이 개설되어야 할 필요가 있다.

ⓑ 개선 방안

• 정책적 지원

대규모 컨벤션호텔을 개발하는 것도 수익성이 적은 사업이다. 따라서 민간기업의 참여가 어렵고 우리나라 중소도시의 예산으로는 도저히 건립할 수 없는 막대한 예산이 소요되기 때문에 전문 컨벤션호텔의 건립은 어려운 현실이다. 우리나라 컨벤션산업이 민간부문에서 자체적으로 유치할 수 있는 수용체제가 확립될 때까지 국가적인 차원에서 전략적으로 컨벤션호텔을 지정하고, 컨벤션센터를 건설하기 위한 예산이 지원되거나 민간자본의 유치를 촉진할 수 있는 조세감면 혹은 카지노의 경우와 같은 사업시설의 허가 등 촉진정책이 강구되어야 한다.

• 호텔 자체의 적극적이고 효율적인 홍보활동을 통한 각종 컨벤션의 유치활동

국제행사는 호텔이 직접 유치하는 것이 아니라 이를 유치할 수 있는 능력이 구비된 정부산하기관이나 협회, 학회 등 주최기관의 마케팅 활동을 통해 이루어지고 있는 실정이다. 물론 국가차원에서 실시되는 규모 있는 홍보활동이 보다 넓은 범위의 효과를 얻을 수 있겠지만, 호텔이 간접 매개체를 경유하지 않고 직접 국내의 외국인 상사, 지사에 대한 마케팅 활동을 전개한다든지, opinion leader의 발굴을 통해 DM 발송을 목표시장 접근측면에서 실시하는 등 호텔 자사의 자체적인 능력 구비가 고려되어질 필요가 있다.

• 시설 규모에 알맞은 컨벤션의 유치와 질적인 면에서의 컨벤션 장비 확충

우리나라 특급호텔의 수용능력과 중소형 규모의 컨벤션 개최상황을 감안해 볼 때, 무턱대고 대규모 행사만을 유치한다고 좋은 것은 아니다. 따라서 현재의 상황에서 다양한 규모의 컨벤션을 수용하기 위해서는 수용능력에 알맞은 나름대로의 표적시장을 정해놓고 유치하는 것이 필요하다. 또한 다양한 기능을 지닌 첨단 컨벤션 장비의 현대화도 필요하다.

• 컨벤션호텔 내에 전문 컨벤션 기획사의 양성 및 인적 관리

오늘날 대형 컨벤션 및 연회행사를 전문적으로 조정할 수 있는 컨벤션 기획사의 중요성이 점차 부각됨에 따라, 호텔 차원에서 컨벤션 담당 부서의 적극적인 지원으로 컨벤션 담당 코디네이터를 전문가로 육성해야 한다.

• 컨벤션 전·후 관광상품 개발

국제회의와 관련되어 회의진행 시기를 기준으로 pre/inter/post 컨벤션 관광으로 구분되는 컨벤션 관광은 컨벤션 참가자들이 관광을 통하여 새로운 것을 보고 즐기고자 하는 성향에 따라 개최장소의 결정 요인으로도 작용할 수 있는 요소가 되고 있다. 따라서 오늘날 컨벤션 관광의 개발은 국제적으로 각 국가의 이익 목표를 달성하기 위한 주요한 방법이 되고 있으며, 호텔업체에 있어서도 체제기간을 늘리고 고객 점유율을 높일 수 있는 등 비수기 타개책의 방법으로 제시할 수 있을 만큼 큰 의미가 있다고 본다.

• 컨벤션 관련업체와 호텔과의 적극적인 관계 모색

PCO, 호텔, 여행업체, 항공사 등의 민간단체를 대표할 수 있는 국제회의 유치지원 협의회와 민간분야에서 수행할 수 없는 비영리 공식적 사업을 수행하게 되는 정부산하 공공 기관인 국제협력부가 상호 긴밀한 업무체제를 유지함으로써 전반적인 업무의 효율성을 높일 수 있을 것이다.

5) 비전통적 회의 개최시설[7]

특정한 목적을 위한 회의를 개최하기로 결정하여, 예산을 편성하고 프로그램 개요를 확정하고 나면, 컨벤션 기획사는 각 회의의 특성에 맞는 개최지를 선정하게 되고, 그 중 적합

7) 이 부분은 하미영 외(2001: 496~535)의 "한국의 비전통적 회의시설 현황과 전망에 관한 연구"의 내용을 요약, 정리한 것임.

한 개최시설을 찾게 된다. 회의의 성격이나 주최자의 여건에 따라 개최시설 선정은 다양성을 띠게 된다. 회의산업이 무르익은 미국이나 유럽의 경우, 회의개최지와 관련하여 회의 시장의 요구에 있어서 과거 십년 간 상당한 변화가 있었다(Astroff and Abbey, 1998: 26).

이는 더욱더 복잡해져 가는 사회 속에서 같은 이해를 지닌 사람들이 모여 자신들의 목소리를 내기 위한 모임의 증가, 비영리 단체의 성장, 과학 기술의 급속한 발전으로 인한 중소 규모의 회의가 자주 열리게 되는 사회적 변화와 더불어, 빈번한 회의개최의 필요를 느끼는 협회나 기업회의의 회의장 임대가격을 의식하게 되는 현상들과 연관을 맺고 있으며, 이러한 회의 수요자들의 각기 다른 요구를 충족시키기 위한 다양한 회의 시설들이 등장하게 된다.

호텔이나 컨벤션센터와 같은 기존의 전통적 개념의 컨벤션 시설 외에 "비전통적인 개최시설(nontraditional host facilities)은 현재 컨벤션산업에서 그 비중을 키워가고 있다. 오늘날 여러 회의 주최자들은 회의를 배나 기차, B&B(bed and breakfast), 대학 등의 다양한 장소에서 열고 있다(Montgomery and Strick, 1995: 132).

점차 컨벤션산업이 전문화되고, 세분화됨에 따라, 회의개최지로 등장하게 되는 회의 개최시설들은 각층의 고객들의 다양한 욕구를 만족시키기 위해 양질의 서비스를 제공하는 적극적인 역할을 수행하면서 급변하는 회의시장에 대응해 나가야만 한다. 앞에서 말한 바 있는 컨벤션 개최지 마케터와 컨벤션 기획사는 그 각자의 역할 면에서 차이가 있지만, 개최지 선정과 관련되어 개최시설에 대한 정확한 이해가 필요하다는 점에서는 동일하다.

개최지 선정과 관련하여, 구체적으로 회의장소를 검토하고, 어느 곳이 특정 회의에 가장 적합한가에 대한 질문을 던지기 전에, 정확히 어떤 유형의 시설들이 있는 지와, 그 각각의 시설 현황이 어떠한지를 파악하여, 회의 목적과 의도에 따른 다양한 상황에 대처할 수 있는 역량을 키워야 하겠다.

지금까지 그리고 앞으로의 컨벤션산업의 성장을 고려해 볼 때 현재와 미래의 관점에서 컨벤션 개최 기반시설의 적절성을 살펴보는 것이 필요하다. 물론 주요한 컨벤션 개최시설로는 컨벤션센터나 호텔 등을 들 수 있겠으나, 여기에서는 최근 중소 규모의 회의를 위해 대두되고 있으며, 향후 발전 잠재력을 지니고 있다고 보는 비전통적 회의 개최시설에 관한 국내현황을 살펴보고자 한다.

특히 국내의 컨벤션산업 현황에서 볼 때 대학이나 연구소등의 비전통적 회의 개최시설의 활용도가 높음에도 불구하고, 그 시설에 관련한 체계적인 연구나 시설 현황조사가 없었고, 또 이로 인해 많은 활용 가능한 시설들이 방치되고 있다는 것은 국가적으로도 큰 손실이라 볼 수 있다. 따라서 이제 한국에 있는 회의를 위한 비전통적 회의 시설의 수용능력과 현 시설들의 적합성을 살펴보고자 한다.

① 비전통적 회의 시설의 정의 및 구체적 사례

다양한 회의 개최시설들이 있고, 이러한 시설들의 유형을 구분하는 데는 대체로 전통적 회의시설과 비전통적 회의시설이라는 구분이 적용되곤 한다. 전통적 회의시설은 물론 지금까지 회의 개최시설로서 당연하게 여겨져 왔다는 점에서, 그리고 회의를 위한 목적으로 설립되었다는 점에서 전통적 회의 개최시설이라고 불릴 수 있다.

반면에 비전통적 회의 개최시설은 원래 각 시설들의 목적이 회의 개최는 아니지만, 각 시설의 고유한 역할이외에도 동시에 회의를 개최할 수 있는 여건을 갖추고 있으며, 현재 다양한 형식의 회의를 유치하기 위해 새로 회의나 컨벤션 분야에 등장한 시설들이라 할 수 있다(Montgomery and Strick, 1995: 132~133).

- 전통적 회의 개최 시설(traditional properties): 호텔, 컨벤션센터, 컨퍼런스센터, 리조트
- 비전통적 회의 개최 시설(non-traditional properties): 기차, 크루즈, 대학, B&B(bed and breakfast inns)

위에서도 언급된 비전통적 시설을 대표하는 몇몇 시설들의 미국적 상황을 살펴보면, 우선 크루즈 배를 이용한 회의는 그 화려함으로 인해 컨벤션산업의 특성을 잘 반영하고 있다.

배라는 한정된 공간에 사람들이 모이게 된다는 점은 일단 배를 탄 참석자들의 회의 참석률을 높이는데 일조를 하며, 회의와 관광을 동시에 할 수 있으며 배의 모든 시설을 한 번에 사용할 수 있다는 장점이 있지만, 높은 가격으로 인해 사용 비율이 다소 낮은 실정이다.

또 다른 회의 개최시설로 각광을 받고 있는 기차의 경우, 일례로 미국-유럽 간 고속철도 회사(American-European Express Railway Company)는 시카고, 필라델피아, 뉴욕, 워싱턴 간 최대 100명까지 수용 가능한 소그룹 회의시설을 갖추고 있다. 목적지에서 있을 회의에 앞선 사전회의를 위해 아주 유용하게 쓰이고 있다.

숙식을 제공하는 민박인 B&B(Bed and Breakfast)는 기존의 관광객 지향의 위락 시설에서 벗어나, 주위의 문화 유적이나 아름다운 경관의 장점을 이용하여 조용한 회의 분위기를 조성하는 등 회의 개최 시설로서 거듭나기 위한 노력을 보이고 있고, 가격 경쟁력의 우위를 그 전략으로 내세우고 있다.

대학은 여름방학이나 겨울방학과 같은 대학이 조용한 시간을 골라 기숙사나 식당을 활용한 회의를 구성하고 있다. 오늘날 많은 대학이 대학 자체의 회의를 열고, 또한 여타의 학술회의를 비롯한 다양한 회의를 유치하고 있으며, 더욱 많은 대학들이 대학 재정확보를 위해 회의를 위한 시설설비에 투자하고 있는 실정이다. 어떤 대학은 호텔식 음식, 회의 시 필요한 모든 장비를 갖추고 있는 컨퍼런스센터의 이미지를 구축하고 있는 경우도 있다.

앞서 언급한 이론적 근거에서의 전통적 회의 개최시설과 비전통적 회의 개최시설의 구분을 한국의 법령에서는 회의장의 수용 규모에 따라 전문 회의시설과 준 회의시설로 구분을 하고 있다. 그리고 한국관광공사에서는 준 회의장 시설을 구분하고 있다. 그러나 실제 관광공사 국제회의 개최 캘린더를 살펴보면, 준 회의장으로 지정된 곳 이외에도 많은 다양한 회의장이 존재함을 알 수 있다.

또한 그 각각의 회의장에 관련된 정보는 한국관광공사 홈페이지를 통해서는 구할 수 없으며, 개인적으로 각 회의장을 찾아가거나 전화로 문의하는 방법을 취해야 한다. 이렇듯 전문 회의시설 이외의 회의시설과 관련한 체계적인 자료를 정비하고, 개발하고자 하는 노력이 부족한 실정이다.

② 한국의 비전통적 회의시설 활용

〈표 6-5〉에서 살펴본 대로, 1999년 우리나라에서 개최된 287건의 국제회의 중 159건의 회의가 호텔에서 개최되어, 대부분의 국제회의가 호텔에서 개최되는 것으로 나타났다. 그러나 호텔 이외의 개최 장소로는 대학교 및 연구기관으로 64건의 국제회의가 개최되었으며, 이는 전체 22.3%에 달하고 있다. 주로 소규모 기술 회의가 개최되어 개최건수에 비해 참가자 수가 적은 것으로 나타났다. 이는 중소규모의 연구, 기술회의의 경우, 대학이나 연구소 같은 비전통적 회의 개최 시설들에서 자주 열린다는 것을 알 수 있다(한국관광공사, 1999(a)).

〈표 6-6〉에서처럼1999년 개최된 국제회의를 전체 참가자 규모별로 살펴보면, 100~299명(92)건, 20명 미만(48건), 300~499명(45건), 50~99명(40건)순으로 나타났다. 300명 미만인 소규모 회의가 총 180건으로 전체의 62.71%를 차지하고 있다.

외국인 참가자수를 살펴보면, 외국인 참가자가 50명 미만인 회의가 여전히 반수가 넘는 146건에 이르고 있으며 100명 미만인 소규모 회의가 전체 287건 중 199건으로 69.34%를 차지함으로써 국내에서 개최되는 국제회의의 대부분이 소규모 형태인 것으로 나타났다(한국관광공사, 1999(a)).

<표 6-6> 참가자 규모별 국제회의 개최현황

구분	2000년		1999년		1998년	
	건수	구성비	건수	구성비	건수	구성비
50명 미만	64	21.92	48	16.72	63	23.59
50-99명	31	10.62	40	13.94	34	12.73
100-299명	89	30.48	92	33.06	98	36.7
300-499명	45	15.4	45	15.68	31	11.62
500-999명	33	11.31	30	10.45	21	7.87
1000명이상	30	10.27	32	11.15	20	7.49
계	292	100	287	100	267	100

출처: 한국관광공사(2001)

참가자 규모별, 장소 유형별 개최현황을 〈표 6-6〉에서 알 수 있듯이, 한국에서 개최되는 국제회의 중 소규모 회의가 50% 이상을 차지하고 있으며, 〈표6-4〉에서 처럼 호텔 이외의 기타 개최시설에서의 회의 개최률 또한 상당 부분 차지하고 있음을 알 수 있다.

표로 제시하진 않았지만, 시도별 국제회의 개최현황을 보면, 서울이 190건의 국제회의 개최로 66.2%를 차지하여 여전히 서울 집중현상을 보이고 있다. 그 다음으로 대전광역시(20건), 경기도(17건), 제주도(15건), 경상북도(11건) 등이 국제회의 개최 건수 상위 5개 지역으로 집계된다(한국관광공사, 1999(a)). 이는 지방별로 흩어져 있는 비전통적 회의 시설들의 체계적 연구를 통해 중소규모 회의시장을 유인하고, 동시에 지방의 균형적인 발전을 도모할 수 있도록 해야 한다는 과제를 제시해 주고 있다.

우리나라의 비전통적인 회의시설로는 서울에 소재 한 올림픽공원, 세종문화회관, 예술의 전당, 63빌딩, 리틀 앤젤스 예술회관, 프레스센터 등이 있고, 지방에는 부산의 부산문화회관, 경주의 경북관광개발공사, 대전의 엑스포 과학공원을 들 수 있다.

Chapter 7

컨벤션 전담기구(CVB)

21세기 컨벤션 및 관광산업은 그것이 컨벤션 개최지나 관광 목적지에 미치는 막대한 경제 · 사회적 그리고 문화 · 정치적 영향으로 인해 그 중요성이 더해가고 있으며, 따라서 각 국가나 지역들은 컨벤션 및 관광 목적지의 효과적인 마케팅을 위해 치열한 경쟁을 벌이고 있다. 이 같은 효과적인 관광마케팅을 위해 범세계적, 지역적, 국가적 혹은 지방차원의 다양한 마케팅전담조직이 존재한다. 그 예로, 세계관광기구(World Tourism Organization: WTO), 지역관광기구(Regional Tourism Organization: RTO), 정부관광기구(National Tourism Organization: NTO) 그리고 컨벤션 및 관광객 전담기구(Convention and Visitors Bureau: CVB)를 들 수 있다(Gartrell, 1992).

국가적 차원에서 NTO의 주요기능과 역할은 조정, 입법, 진흥, 조사, 컨벤션 및 관광 정보 제공 등이나 전 세계적으로 컨벤션 개최 및 관광 목적지에 대한 마케팅 경쟁이 치열해지는 상황에서 NTO가 수행하지 못하는 발전적인 역할을 도시중심으로 하는 목적지(destination) 마케팅 전담조직인 컨벤션뷰로(CVB)의 역할이 더욱 중대해진다.

우리나라는 지난 과거 동안 한국관광공사가 관광마케팅에 있어 주도적 역할을 수행해 온 것은 사실이나 관광산업 및 컨벤션산업 관련 정부부처와 업체의 다원화로 인하여 통합된 마케팅전략의 개발에 어려움이 있어왔다. 따라서 그 효율성 제고를 위해 목적지마케팅 전담조직인 컨벤션뷰로(CVB)의 역할에 큰 기대를 하게 되었다.

이같이 중요한 컨벤션산업의 구성요소인 컨벤션 전담기구를 논하기에 앞서서 여기서는 우선 정부관광기구와 관광공기업인 관광공사 그리고 한국관광공사의 발전역사, 정의, 기능 등을 정리해 보고, 그 다음 컨벤션 전담기구(CVB)의 정의, 기능 등 전반적인 역할을 살펴본 뒤 미국, 일본 그리고 우리나라 CVB의 업무, 조직, 재정구조 등을 알아보고, 앞으로의 발전방향을 정리해 본다.

1. 정부 관광기구(NTA)

1) 역할

관광수요가 한정되어 있고 관광투자에 동원할 수 있는 민간재원이 충분했던 시기에는 기존 기반시설의 이용으로도 수요를 충족시킬 수 있었다. 이렇게 관광개발은 초기에 민간부문에서 시작되었으나 관광수요의 증가와 더불어 국제 및 국내 관광의 경제적 이점이 인식되면서 각 국은 관광개발에 상당한 관심을 갖게 되었고 정부가 개입되게 되었다. 그리하여 각 국에는 정부관광행정기관이나 관광공사와 같은 정부기관이 발족하여 관광정책의 집행, 관광 진흥과 관계 법령의 입안 및 시행 등의 업무를 관장하게 되었다(한국관광공사, 1986). 이제 이 같은 관광관련 정부기관의 기능을 정리해보자(한상희, 2000: 12~23).[8)]

① 조정기능

관광은 그 내용이나 범위가 명확하게 규정되는 단위개념이 아니라 다양한 소비재와 서비스 그리고 국민생활의 모든 분야를 포함하는 여러 활동부문으로 구성된 복합 개념이다. 따라서 관광주무관청과 여행사, 호텔, 외식사업, 지역사회 등 직 · 간접적으로 관광에 관련된

---

8) 정부관광기구가 취해야 할 다양한 기능에 대해서 한상희(2000: 12~23)의 연구 참조.

모든 단체, 협회 간의 긴밀한 협력관계가 다른 어떤 경제 · 사회활동의 경우보다도 더 크게 요청되는 분야이다. 따라서 관광에 대한 조정기능은 그 성질상 국가에 부여되고 있다.

② 입법기능

국가마다 관광의 중요성을 인식하면서 관광개발 관련 특별법의 제정을 필요로 하게 되었는데, 이는 관광개발이 비교적 낮은 수준에 머물렀던 시기에 제정된 일반법이 사회여건의 변화에 따른 새로운 법률적 수요를 충족시킬 수 없게 되었기 때문이다. 예를 들어, 생태관광의 추세, 다양한 외국어 구사력의 필요성, 새로운 여흥, 오락관련 시설이나 업소 등 예외적인 특수현상이 발생, 확대될 경우 기존 법규만으로는 문제 해결이 어렵게 된다.

관광의 사회적 역할의 향상을 뒷받침하는 법규의 존재는 모든 사회 · 경제적 생활영역에 있어서 관광부문의 지위를 향상시키며, 따라서 관광이라는 특수한 산업분야에서 젊고 유능한 인재의 등용을 가능케 한다. 또한 서비스의 질을 국제표준에 일치시키는 것과 같이, 협정, 협약, 계약 등을 통해 성립된 모든 형태의 약정을 규율하는 관광법규는 오늘날 관광지의 국제적인 명성을 유지하고 그에 대한 좋은 이미지를 보호하는데 가장 효과적인 수단의 하나가 되었다.

③ 계획기능

오늘날 각국은 관광이 전체적인 국민경제 발전에 기여한다는 점에서 관광을 국가발전에 유익한 국민경제의 일부분으로서 경제개발계획에 포함시키고 있다. 관광개발계획은 기존 관광시설의 현대화 뿐 아니라 종사자 훈련, 선진국으로부터의 기술이전 등 국가 간의 협력도 가능케 한다.

관광개발계획은 전국단위의 개발과 지역단위의 개발로 나눌 수 있으며, 중앙정부가 수립하는 전국단위의 관광개발계획은 장기 종합관광개발의 지침이 되고, 지역단위의 관광개발계획은 전국단위의 관광개발계획에 포함된 추정계수, 지역여건, 관광자원, 지역주민의 동기와 욕구 등을 고려해서 수립된다. 이 같은 관광개발계획이 필요하게 된 것은 환경보호, 자원낭비 방지, 관광업계 및 해당지역의 수익증대 등의 문제 때문이었다.

④ 재정기능

관광개발은 대규모의 투자와 정부의 지속적 지원을 필요로 한다. 정부는 세제 · 금융상의 특혜를 통해 민간부문의 투자를 유도 · 촉진해야 하고 재원확보를 지원해야 한다. 또한 관광전담부서의 설치를 통해 관광물가를 합리적인 경쟁가격 수준으로 유지하도록 하며, 국민들이 투자시설을 이용하도록 유도해야 한다.

지금까지 우리는 전국단위의 관광개발을 담당하는 중앙정부의 관광 주무관청으로서의 정부관광기구(NTO)의 기능을 4가지로 정리하였는데, 그 궁극적 목표는 관광진흥이다. 실제로 과거에는 많은 정부관광기구들의 역할이 관광진흥사업에 한정되어 있었던 것은 사실이다(한국관광공사, 1987).

그러나 오늘날 대다수 국가의 정부관광기구가 관광진흥 위주의 NTO 체제를 탈피하고 관광진흥 이외에 다수의 기능도 동시에 수행하는 포괄적인 관광행정체제로 전환하여 정부관광기구를 National Tourism Administration(NTA)라는 용어로 표현하고, 기존의 NTO는 행정권은 없지만 정부관광기구의 사업 집행기관으로서의 역할을 수행하는 정부 산하기관이라는 제한적 의미를 갖는다. 이제 다음에는 공기업으로서의 관광공사에 대해 살펴보고자 한다.

2) 관광 공기업: 관광공사(NTO)

어느 국가에 있어서나 관광개발의 초기단계에 있어서는 관광지 지정, 주요 관광기반시설 확충, 관광시설물 건설에 적합한 환경조성 등의 사업을 일차적으로 공공부문이 수행한다. 특히 개발도상국의 경우에는 관광개발의 기초가 되는 관광공급 요소를 확대하기 위해 공기업인 관광공사(NTO)를 설립하여 국가가 직접 관광부문 개발에 관여하여 이끌어나간다.

NTO의 형태로는 공사가 많고, 국, 처, 위원회, 협회 등 다양하다. NTO의 예산은 대다수의 국가에서 정부재원으로 충당되며, 자체수입, 관광세수입, 업계 기부금으로 충당되는 경우도 있다. 관광공기업의 국가제도 내에서의 위치, 법적지위, 활동영역 및 소관업무는 각국의 정치제도, 경제체제, 전체적인 사회발전 및 관광발전의 수준, 그리고 관광개발정책이나 목표에 따라 다르다. 다시 말해, 관광공기업으로서의 관광공사 업무범위는 관광개발의 공급측면 만을 다룰 수도 있고, 관광진흥, 홍보 등 수요측면 만을 전담할 수도 있으며, 여행상품의 유통과 같은 여행업체의 기능을 일부 수행할 수도 있다.

앞에서 정부가 관광목적으로 설립한 공기업인 관광공사의 성격은 그 나라의 정치, 경제체제에 따라 다르다고 했다. 그러나 공기업의 공통된 특성은 그것이 완전한 법인격과 재정 및 경영의 자율성을 갖는 독립된 법인이며 그 소유 형태가 전액 또는 일부정부출자로 되어 있다는 점이다. 공기업의 하나인 공사의 경영평가는 일반적으로 영리추구를 목적으로 하는 민간기업의 경우와 동일한 방법으로 이루어지며, 일정한 수준의 이윤발생은 공사 경영의 최소한의 요건이다. 그러나 공사 사업목표의 우선순위는 정부시책에 따라 결정될 수 있고, 영리추구 보다는 정부가 전체적인 국익 차원에서 중시하는 기능을 수행해야 하는 경우도 있다.

공기업으로 운영되는 관광공사의 종류는 다양하며, 일반적으로 법률제정을 통해 특수법인으로 설립되고, 설립근거법에는 공사의 기능, 업무범위, 재원조달 방법, 감독권, 국가의 통제절차에 관한 규정이 명시된다(산업연구원, 1994). 관광공사는 그 업무기능에 따라 숙박, 운수, 유흥업, 요식업, 여행업 등과 같은 관광부문의 여러 분야를 포괄하는 정책집행기관으로서의 일반적 형태의 관광공사와, 관광개발을 위한 재원확보의 어려움을 극복하기 위해 설립된 특수 형태의 관광공사로 나눌 수 있다. 그 업무를 요약하면 다음 〈표 7-1〉, 〈표 7-2〉와 같다(한국관광공사, 1986).

〈표 7-1〉 일반적 형태의 관광공사 업무기능

구분	주요업무분야
업무기능	- 관광 진흥 및 개발 - 관광개발에 필요한 기반시설 조사 - 관광개발계획의 수립 - 관광종사원양성 및 교육 - 관광자원 개발 및 보호 - 관광기반시설 조성을 위한 자금조달 - 관광시설물의 건설 및 관리 - 관광사업체의 분류, 인허가 및 행정지도

출처: 한국관광공사 (1986)

〈표 7-2〉 특수한 형태의 관광공사 업무기능

구분	주요업무분야
업무기능	- 정부, 외국금융기관, 국내외의 민간부문으로부터의 자본조달 - 관광투자를 목적으로 하는 민간 부문의 융자신청에 대한 심사 - 일정한 관광 사업에 대한 직접투자 또는 특정 관광사업체의 공동소유 - 외래객 유치를 위한 국제관광진흥 및 관광산업에 대한 내외국인 투자촉진 - 관광산업개발 융자금에 대한 지급보증 - 외국정부 및 국제기구에서 제공하는 무상지원자금의 국내 분배

출처: 한국관광공사 (1986)

지금까지 우리는 국가관광기구(NTA)의 역할과 공기업으로서의 관광공사(NTO)의 업무를 살펴보았다. 이제 〈표 7-3〉에서 주요국가의 NTA와 NTO를 비교해보자.

〈표 7-3〉 주요국가의 NTA 및 NTO 비교

국가	NTA	NTO
일본	운수성	국제관광진흥회
중국	국무원/ 중국국가여유국	
태국	태국관광청	
홍콩	경제부	홍콩관광협회
싱가포르	상공부	싱가포르 관광진흥청
말레이시아	문화예술관광부	말레이시아 관광청
호주	관광성	호주관광청
뉴질랜드	상무성	뉴질랜드 관광청
미국	상무부	미국관광청
캐나다	산업부	캐나다 관광청
아르헨티나	대통령 직속기관	아르헨티나 국가 관광국
독일	경제부	독일관광공사
프랑스	공공시설 · 주택 · 교통 · 관광부	프랑스 관광청
영국	문화부	영국관광청
스위스	연방산업 · 공예 · 고용부	스위스 정부관광국
오스트리아		오스트리아 관광청
네덜란드	경제부	네덜란드 관광공사
스페인	상공자원관광부	스페인 관광공사

출처: 한국관광공사(1995)

앞에서도 언급되었지만 국가차원의 관광정책을 수립하고 관광행정업무를 관장하는 국가기관 또는 전국단위의 구조를 갖는 중앙정부 관광개발담당 주무관청을 정부관광행정기관(National Tourism Administration: NTA)이라 하고, 일반적으로 행정권이 없이 관광진흥사업, 관광개발사업 등을 통해 NTA의 정책집행기관으로서 대개는 특별법에 의해 설립되어 자체의 정관과 이사회를 가진 NTA 산하 독립법인의 성격을 띠는 것이 정부관광기구(NTO)이다.

그러나 사실상, NTA나 NTO의 엄밀한 분류기준은 없으며, 넓은 의미의 NTA 개념은 NTO

를 포함하는바, 각국의 관광진흥업무는 NTO가 별도로 없는 경우 NTA가 전담하지만, NTO가 설치되어 있는 경우에는 NTO가 주축이 되어 업무를 수행하는 경우가 많고, 그러한 NTO의 기능은 관광정책의 집행과 관련한 권한의 크기에 따라 다양하다(한국관광공사, 1995: 101; 한국관광공사, 1987: 11; 권경중, 1997: 13~20; Brewton and Withiam, 1982(2): 50).

3) 국내 관광관련 조직과 한국관광공사

우리나라의 관광행정은 1954년 2월 17일 교통부 육운국에 관광과를 설치함으로써 국가 차원에서 관광업무가 시작되었고, 그 후 관광국으로 확대되었다가, 1994년 12월 23일자로 정부조직 개편에 따라 문화체육부로 이관되었다. 그 후 1998년 2월 28일자 정부조직개편으로 문화체육부가 문화관광부로 개칭되어, 관광이 정부부처 명칭에 처음으로 들어가게 되었다(한국관광연구원, 1999(a): 278~279).

우리나라의 관광관련 기구로는 관광정책에 대한 관계부처 간의 협의조정을 담당하는 관광정책심의위원회, 문화관광부, 지방자치단체, 한국관광공사, 한국문화관광정책연구원 등이 있고, 정부기관인 문화관광부는 NTA로서 관광에 관한 일반적인 행정업무를 수행하고, 정부 산하기관인 한국관광공사(Korea National Tourism Organization: KNTO)가 집행기관으로서 관광진흥에 주도적인 역할을 하고 있다. 이제 이 KNTO에 대해 좀더 자세히 살펴보고자 한다.[9]

① 한국관광공사(KNTO)의 기능과 역할

한국관광공사는 1962년 설립된 정부투자기관으로서 우리나라의 관광사업을 처음 도입하고 정착시켜 관광산업 발전의 중추적인 역할을 수행하고 있다. 전략사업으로서 관광산업의 육성을 위해 1975년부터 시장개척, 외국관광객 유치, 외화수입증대를 위한 관광진흥, 관광지 조성, 편의시설 개발을 담당하는 관광자원 개발, 관광업계 종사자 양성, 공급, 교육,

9) 한국관광공사에 대한 자세한 내용은 김향미(1999: 64~70) 참조.

훈련 등을 위한 관광인력 양성 등의 기본업무를 확장시켜 오늘에 이르고 있다.

관광의 태동기인 1960년대에는 관광사업체를 운영하여 외국인을 맞이하였고 동시에 최초의 관광전문인력을 양성하여 한국 관광산업의 토양을 일구었으며, 1970년대에는 공사의 기능을 해외홍보와 관광지 개발체제로 전환하여 PATA 총회를 유치함으로써, 한국 관광산업이 성장할 수 있는 계기를 마련하였다.

또한 1980년대에는 ASTA 총회 유치와 서울 올림픽을 계기로 대량 관광객 유치기반을 조성하고, 대규모 관광단지개발의 본격화로 한국 관광산업이 도약할 수 있는 기반을 튼튼히 다졌으며, 1990년대에는 '한국방문의 해' 를 계기로 다양한 관광코스를 개발하여 상품경쟁력을 강화하는 등 각종 수용태세를 정비하고 해외시장 다변화를 통하여 우리나라 관광산업의 국제경쟁력을 더욱 제고 시켰다(이경문, 1999: 135~136).

〈표 7-4〉 KNTO의 시대적 사명의 변천 및 발전

구분	내역
60년대	- 관광사업의 도입, 정착(business) - 영리사업 - 민간부문의 관심촉구
70년대	- 관광사업의 정착, 여건조성(industry) - 3대 기본사업 확정(진흥, 개발, 교육) - 관광시장개척, 시장다변화 - 수용태세 개선 - 민간부문 참여유도(개발, 투자)
80년대	- 관광한국의 이미지 확립(image) - 세계 속의 관광국으로 진출 - 국제회의시장 개척, 유치기반 조성 - 문화 관광시장 개척 - 장거리시장 개척 - 아시안게임, 서울올림픽 행사지원
90년대	- 성숙사회의 관광문화발전 여건조성(culture) - 대량관광시대의 관광수요 충족 - 관광정보센터 기능역할 수행 - 건전여가문화의 발전여건 조성 - 전문분야 지원, 교류, 협력체제 구축 - 복지사회 구현 참여

출처: 한국관광공사(1988)

〈표 7-4〉에서 보듯이, 현재 한국관광공사는 "국가 경제발전과 국민복지 증진을 도모함"을 설립목적으로 하여 국가관광기구(NTO)의 중요한 역할을 수행하고 있다(한국관광연구원, 1999(a): 89). 한국관광공사는 조직 목표인 관광산업의 진흥을 위해 국제회의산업을 관광산업의 일부로 인식하여 국제회의산업을 진흥하기 위해 국제회의 시장조사, 국제회의 관련기관 및 업계에 대한 정보제공, 국제회의 홍보, 국제회의 유치 및 운영, 국제회의 산업 육성을 위한 노력, 국제회의 유치지원 협의회 구성 및 활성화 등 다각적으로 지원하고 있다.

한편 한국관광공사 해외지사를 통해 국제회의 참가, 유치활동, 전시/박람회 참가 등으로 한국 관광의 국제적 위상을 제고하고, 민간외교로서 국가홍보, 정보교류 및 국가 간 이해증진 등의 활동을 전개하고 있다(최승이, 한광종: 1995: 59~60).

② KNTO의 조직과 인원구성

〈그림 7-1〉에서 보듯이, KNTO는 1999년 현재 경영본부, 해외진흥본부, 국내진흥본부, 등 3개 본부에 9실 · 처, 2개 국내지사, 18개 해외지사로 구성되어 있으며 그리고 총 699명의 인력으로 이루어져 있다.

〈그림 7-1〉 한국관광공사 조직도

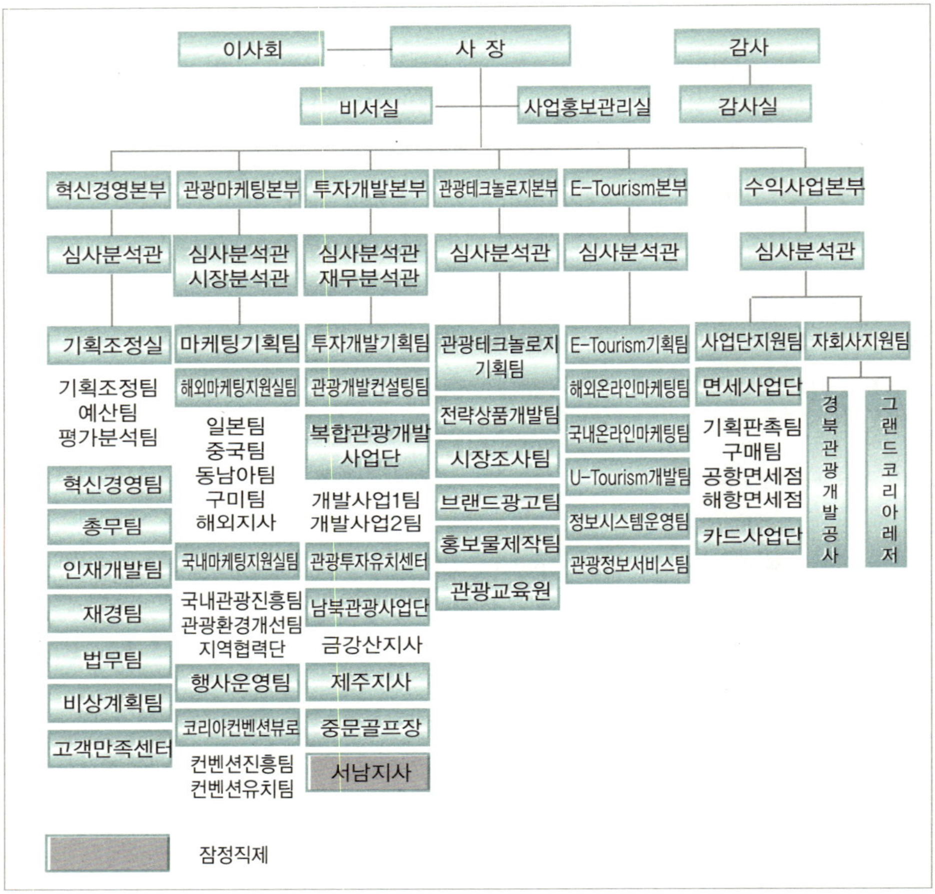

출처: 한국관광공사웹사이트(www.knto.or.kr)

③ KNTO의 재원구성

정부산하의 관광공사의 사업수행에 필요한 재원 조달방식은 나라마다 차이를 보인다. 선진국과 개도국, 사업의 성격, 관광산업의 발전단계와 수준에 따라서 소요재원 확보방식이 다르다. 선진국의 공사의 재원 조달방식은 정부예산의 배정, 국고 보조형태가 지배적이

〈표 7-5〉 한국관광공사 예산 총괄 현황(2002년도)

(단위: 억원)

세입		세출	
구분	2002 예산	구분	2002 예산
계	1,191	계	1,191
□ 영업활동수입	735	□ 영업활동지출	669
• 국고보조금	330	• 관광진흥비	446
• 자체수입	405	• 중문단지관리비	24
- 면세점	209	• 관광종사원교육비	4
- 토지분양	77	• 일반관리비 등	185
- 기타	29		
□ 투자활동수입	116	□ 투자활동지출	259
• 인력개발원매각	-	• 관광단지개발	197
• 중문위락센타매각	18	• 인천공항보증금	12
• 중문호텔부지매각	15	• 면세점 시설	20
• 가족호텔매각	83	• OA 기기등	30
□ 재무활동수입	340	□ 재무활동지출	263
• 이월된 자금	179	• 법인세	247
• 충담금 등	61	• 주주배당금 2%	6
• 채권만기	-	• 퇴직금	-
• 퇴직보험금 등	-	• 인천항만보증금	10
• 장기차입금	100		
		□ 차기이월금	-

출처: 한국관광공사, 경영공시자료(www.knto.or.kr)

며, 공사에 대한 정부지원 액수는 공사 예산액 규모의 80% 이상을 차지한다. 나머지 20%에 해당하는 재원은 산업체 분담금, 지방 공공단체 기여금(donation), 수수료, 수탁사업(contracts) 수입, 선전간행물 판매수입, 이자수입, 잡수입으로 이루어진다. 개도국의 경우에는 전액 국고보조를 하거나 공사가 사업체를 운영하여 획득한 수입을 재원으로 한다(한국관광공사, 1986: 217~218).

〈표 7-5〉에서 알 수 있듯이 KNTO는 공항면세점과 같은 독자적으로 영리사업체를 운영하여 그 수익금으로 재원을 조달한다. 또한, 정부는 관광사업을 효율적으로 발전시키고 외화수입의 증대에 기여하기 위해 1972년에 관광진흥개발기금법을 제정하여 기금을 설치하고, 1973년도에 처음으로 정부가 국고 2억 원을 출연한 이후 1982년까지 401억 5,000만원이 출연되었다.

관광진흥개발기금은 관광기반시설 건설과 관광숙박업, 휴양업 등의 관광객 이용시설의 건설, 관광사업체 운영, 관광연구사업 등에 지원되고 있다. 또한 취약한 관광기반시설을 확충하여 국민들에게 건전한 휴식공간을 제공하고 여가선용을 할 수 있도록 관광여건을 조성하는데 필요한 자금을 확보하기 위한 재원으로, 우리나라의 관광산업 진흥 및 관광사업의 균형발전은 물론 관광 외화수입 증대에 크게 기여하고 있다.

2. 컨벤션 전담기구(CVB)

1) CVB의 정의

관광산업 중에서 컨벤션산업의 중요성이 부각되면서 구미 선진국은 물론 아시아 각국의 관광관련 기관들이 컨벤션 전담기구(Convention and Visitors Bureau: CVB)를 설치하는 등 컨벤션의 유치를 위한 홍보를 활발하게 진행하고 있다. 특히 관광산업을 구성하고 있는 여러 분야 중에서도 종합적인 서비스산업의 성격을 띠고 있는 컨벤션산업이 관광산업 전반에 걸쳐 발전을 주도해 나갈 것으로 예상하고 이 부분에 노력을 집중시키고 있다.

이미 오래 전부터 관광 선진국은 컨벤션산업의 중요성을 간파하여 이를 국가전략 사업으로 지정하고(권경중, 1997: 56-57), 정부관광기구, 지자체, 컨벤션센터 등 민관이 합동으로 컨벤션 전담기구(CVB)를 설치하여 상호협력과 이해증진의 도모 하에 컨벤션 유치증대를 위해 노력하고 있다(고화옥, 1994: 23; 남윤정, 1999: 35~39).

비영리 총괄조직으로서의 컨벤션 전담기구(CVB)는 해당도시나 지역을 대표하여 사업상의 혹은 기타 즐거움 추구의 목적을 가진 방문객의 유치 및 고객서비스를 제공하는 조직이라 정의할 수 있다(Montgomery and Strick, 1995: 306; Goldblatt and McKibben, 1996: 41). 즉, 해당 지역의 광범위한 홍보를 통하여 국제회의 및 관광객을 그 지역으로 유치함을 주목적으로 적극적인 컨벤션 및 관광 목적지의 마케팅을 포함한 이의 개발 및 운영업무를 수행하는 조직을 말한다(Masberg, 1998: 67~70).

다시 말해, 이는 방문객과 해당 도시 내의 컨벤션산업 관련업체 간의 가교역할을 하면서 공동협력을 유도함으로써 국제회의, 전시, 인센티브 여행, 이벤트 등의 유치 및 개최지원, 홍보, 마케팅 등을 효과적으로 수행하는 조직으로서(Jesitus, 1998: 15; Geist, 1998(5): 47~50; Ball, 1999(8): 63), 잠재방문객과 한 도시 내에 관련업계 간의 중재자 역할을 하는 것이다(Montgomery and Strick, 1995: 19).

2) CVB 출현의 역사적 배경

컨벤션 전담기구를 통한 회의개최지 및 관광목적지의 마케팅이라는 개념은 컨벤션산업 내부에서 조차 상대적으로 덜 주지되고 있는 개념이지만, 컨벤션 전담조직 자체는 지난 1세기 동안 존재해왔던 것이다(Snyder, 1996(5): 50).

역사적으로 도시는 사람들이 생활수단의 터전으로 그리고 서로의 정보교환 등 여러 가지 이유로 모이는 장소로서 재정, 기술 및 지적자원을 갖추고 인류의 발전과 더불어 존재해오고 있다. 인적 · 물적 수송을 위한 교통 · 통신 등 문명의 발달로 도시는 단순한 인간행동의 근원적인 장소로써 뿐 아니라 정보 및 의견 교환을 위한 군중의 회합장소, 혹은 물자의 교역 장소로써 중심지가 되었고, 국제회의나 전시 등은 이러한 역동적인 교류에 있어서 촉진제가 되었다(Gartrell, 1992: 15~16).

한편, 산업의 발달과 함께 각종 산업협회, 전문가협회가 생겨나고, 확장 일로에 있는 협회들이 주최하는 컨벤션을 유치하기 위해 위원회가 탄생하기에 이르렀고, 컨벤션산업이 가지는 경제적 · 사회적 파급효과를 인식하는 도시가 많아지면서, 컨벤션유치를 전담하는 전문적인 세일즈맨이 등장하게 되었다. 미국의 미시간주 디트로이트 시의 사업가들이 이런 전문인들을 고용하며 1896년에 컨벤션 전담조직을 최초로 설립하게 되었다(Gartrell, 1992: 157~165).

이후 디트로이트 컨벤션뷰로의 성공적 사례에 뒤이어 신시네티(1896), 클리브랜드(1904), 애틀란틱시티(1908), 세인트루이스(1909), 덴버(1909), 루이스빌(1913), 볼티모어(1915) 등에서 컨벤션뷰로를 설립하게 되었고 오늘날 미국 내 주요도시 대부분에는 컨벤션뷰로가 활발한 마케팅을 전개하고 있다(Snyder, 1996(5): 50).

초기 컨벤션뷰로는 의사결정의 주체가 개개인인 관광시장의 특성상 추적이 어렵다는 이유로 개별관광객을 주력시장에서 제외하였지만, 1974년 개별관광객의 지역경제 기여도에 주목하면서 관광방문객(visitor)을 마케팅 대상에 추가하여, 현재에는 비즈니스를 목적으로 한 컨벤션 참가자와 관광방문객 모두를 대상으로 목적지마케팅(destination marketing)을 담당하는 Convention and Visitors Bureau(CVB)가 되었다(Morrison, et. al., 1998: 1).

유럽에 있어서는 스위스의 일부지역을 제외하고 두 차례에 걸친 세계대전 기간 동안 정치적 불안정 등의 이유로 1960년대에 이르러서야 전담조직이 설립 · 운영되기 시작했다(Pechlaner and Mariotti, 2000: 1). 아시아 지역에서는 70년대 중반이후 싱가포르와 홍콩을 중심으로 설립되었으며, 전 세계적으로 대다수의 주요도시와 중소도시에는 이러한 전담조직이 존재하며, 회의나 전시, 그리고 관광객들을 그들의 배후도시인 지역사회로 유치함으로써 해당도시를 활발한 목적지로 만드는 데 중요한 역할을 한다(Morrison, et al., 1998: 1~19).

3) CVB의 기능

한편, 일본의 경우 컨벤션 법에서 정의하고 있는 컨벤션이란 통상적으로 국제회의, 기업회의 및 견본시 그리고 전시회 등을 총칭하는 내용이 되며, 지자체별 컨벤션뷰로에서 제공하고 있는 서비스의 내용은 다소의 차이가 있으나 다음과 같다. 즉, 시장이나 지사의 유치 초청장 송부, 유치활동의 공동실시, 개최지의 정보 및 자료제공, 회의장소 수배 및 숙박예약의 협력, 역사적인 건물 등 특수시설물의 이용에 대한 협력 및 향토예능의 알선, 컨벤션 관련 회사의 소개, 개최준비를 위한 요원확보에 대한 협력, 회의 전 · 후 관광의 기획에 대한 지원, 관광자료, 관광시설의 우대권 등 제공, 경품제공, 환영분위기 조성에 협력 등의 서비스 제공을 비롯하여 제도로서 개최준비 자금의 대부제도 및 컨벤션개최를 위한 조성금 제도를 운영하고 있다.

앞에서 CVB는 비영리조직으로서 컨벤션 참석자 및 관광을 목적으로 한 방문객에게 매력적인 장소로서 이들을 유인할 수 있는 이미지의 개발을 통해 도시를 판매하는 것이 그 목적이라고 하였다. 이제 도시마케팅을 담당하는 CVB의 기능을 다음 6가지로 정리해보고자 한다.

① **관광목적지 및 컨벤션 개최지로서의 마케팅**

역사적으로 CVB는 컨벤션 세일즈에 주력해 왔는데 중소규모의 CVB가 등장함에 따라 여행, 관광활동이 지니는 영향력의 중요성과 목적지 관광자원 개발의 필요성을 인식하면서 1974년에는 컨벤션뷰로에 관광방문객(visitor)을 첨가하여 목적지마케팅에 좀 더 균형잡힌 접근이 시도되었다.

CVB 임무 성격상 컨벤션 세일즈를 담당하는 마케팅부서가 조직 내에서 가장 크며, 각종 회의, 전시 등 컨벤션의 유치를 도모한다. 특히 도시 마케팅을 목적으로 관광관련 교역전에 참가하여 잠재고객을 발굴하고 추후 이들을 직접 방문하거나 사전답사여행(Familiarization Trip: FAM Trip)을 조직하여 고객이 직접 현장답사를 하면서 시설이나 서비스에 대한 경험 및 평가를 할 수 있는 기회를 제공한다.

또한 관광객유치를 위해 전문인력과 자금지원을 받고(Gartrell, 1988: 39), 관광방문객이

지역 내 역사적 · 문화적, 여가시설 등을 이용하도록 한다. 행사, 항공사 등과 함께 홍보물 발송, 잠재고객의 마케팅을 통해 관광객이 관광명승지만이 아니라 각종 축제나 행사에 참가하도록 유도하며, 관광객이 도시 방문에 관해 문의하는 모든 사항에 대해 정보를 제공한다(김향미, 1999: 36).

② 회의 개최를 위한 서비스 제공

확정된 행사에 대하여 사전준비단계에서부터 실제 행사기간까지 각종 서비스를 제공한다. 행사 전 단계에서는 주최자나 컨벤션기획사에게 다양한 정보와 컨벤션 참가촉진활동, 숙박시설에 관한 정보제공 및 숙박업무지원 등의 편의를 제공하며 참가자들과 주최 측 모두에게 one-stop 서비스 센터로서의 역할을 수행한다(Polivka, 1996; Morrow, 1997: 452~455, Voso, 1990: 26~31).

③ 도시이미지 창출

CVB는 도시의 이미지를 개발하여 관광 및 컨벤션 개최목적지로서 경쟁력이 있도록 하는 임무를 갖는다. 이미지는 마케팅에서 성공을 좌우하는 가장 중요한 요소이다. 컨벤션도시로서 또는 관광도시로서의 명성은 도시가 구비하고 있는 시설과 제공하는 서비스만큼이나 중요하다. 따라서 CVB는 해당 도시의 이미지를 개발하고 미디어를 활용하여 널리 홍보함으로써 잠재고객에게 우호적인 이미지를 심어주려 한다(김향미, 2000: 36).

또한 지역 관광산업에 관련된 다양한 조직들의 이해관계를 조정하여 통일된 이미지를 창출하여야 하며, 지역사회 내 조화를 이루면서 효율적으로 조직을 운영하기 위해서는 상당한 리더십이 요구된다. CVB는 지역사회 내에서 중요한 일원이 되어 그들의 활동에 지역사회가 귀를 기울이게 하고 컨벤션 및 관광산업의 중요성은 인식시켜야 한다(한상희, 2000: 43).

④ 국제회의 유치개최 정보수집

워싱턴에 위치한 국제컨벤션뷰로협회(International Association of Convention and Visitors Bureau: IACVB)는 1914년 설립되었으며, 1974년 그 명칭을 IACB에서 개별 · 단체 · 방문객을 해당 지역에 유치해야 한다는 점을 강조하여 오늘날의 것으로 변경되었다(Lord, 1998(5): 57~58; Hollander, 1999(8): 39; Nielsen, 1999(8): 71). 1998년 현재 30개국 400여 개의 CVB를 회원으로 두고 있는 IACVB는 지속적 교육을 통한 컨벤션 업계의 전문성 제고, 컨벤션산업 관련 정보교환의 매체역할, 국제적으로 컨벤션산업의 집단적 영향력 과시, 지역 내 컨벤션산업의 경제적 가치 부각 등을 목적으로 한다(한국관광공사, 1992: 13).

IACVB는 회원들에게 Convention Industry Network(CINET)를 통해 컨벤션개최조직에 대한 정보를 제공하며 CINET를 이용하여 각 CVB들은 전 세계적으로 회의나 컨벤션을 개최한 조직들에 대한 역사적 자료를 취하게 된다(http://www.iacvb.org). Dramberger(2000: 6~15)는 컨벤션기획사들의 회의장소 선정을 위한 정보탐색과정에서 다차원적 조직으로서 CVB의 역할이 중요하다고 밝히고 있다.

⑤ 이벤트 기획 및 관리

오늘날 이벤트는 방문객을 유치하려는 지역사회의 역동적인 활동 중의 하나이다. 전 세계적으로 개최되는 수많은 이벤트는 해당 개최지에 대한 관심을 증대시킬 뿐 아니라 이벤트 기간 호텔객실이나 음식점, 쇼핑 등 경제적 영향도 크다. 따라서 CVB는 지역 이벤트를 전체 마케팅계획에 포함시키고 이미지창출을 도모하며 기술적 재정적 지원을 제공하여 지역경제 활성화에 총력을 기울인다.

⑥ 방문객 및 컨벤션 시설 관리

각 CVB 마다 조직체계상 차이는 있어도 방문객 정보센터(Tourism Information Center:

TIC)를 운영하고 있다. CVB측은 텔레비전 같은 홍보매체를 시 전체에 설치하여 방문객들에게 도시의 명소, 숙박시설, 이벤트, 식당, 쇼핑센터 등에 대한 정보를 제공해주며(Marks, 1987) 컨벤션센터의 관리에도 참여한다(Gartrell, 1992). 방문객 및 컨벤션 참가자를 통해 목적지(개최지)의 경제활성화를 책임 맡은 CVB는 컨벤션센터의 개발, 마케팅, 관리 등에 관한 지침과 방향을 제공할 수 있다.

또한 CVB는 총괄적인 컨벤션센터의 마케팅 프로그램을 시설 측과 함께 개발하여 컨벤션기획사와 컨벤션 주최 측에게 시설에 대한 그들의 인지도를 향상시키게 된다. 즉 목적지(개최지)에 대한 통일된 마케팅이미지를 개발함에 있어 CVB와 컨벤션센터는 긴밀한 협력관계를 유지해야 한다.

CVB와 컨벤션센터와의 체계적 협력관계는 대규모 컨벤션과 교역전을 유치하는 데에 돋보인다. 이는 호텔객실판매, 체제일수 등 대규모 행사가 해당 개최지역에 커다란 긍정적 효과를 가져다주기 때문이다.

4) CVB의 협력 체제 구축

앞에서 CVB는 지역 컨벤션 및 관광 마케팅 활동에 관련된 여러 단체들의 이해관계를 적

〈그림 7-2〉 목적지 팀 구성

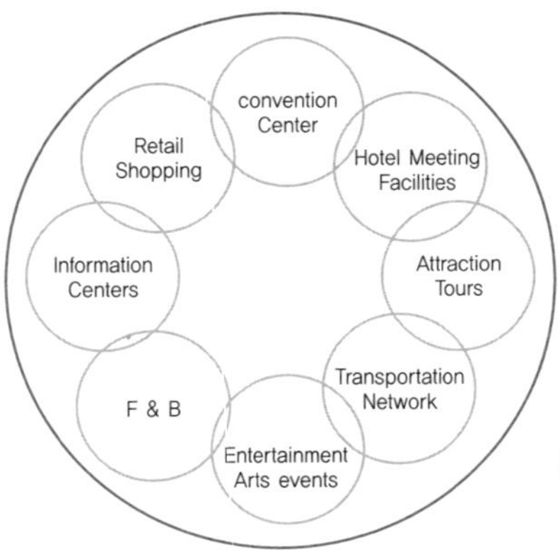

출처: Richard B. Gartrell(1992: 17)

절히 조절하여 효율적인 마케팅 협력체제를 구축하는 핵심적인 역할을 수행하는 조직이라고 하였다. 한편 컨벤션산업과 관광산업에는 수많은 이해관계자들이 관여한다. Gartrell(1992)은 지역 컨벤션 및 관광산업 관련 단체들을 하나의 팀 개념으로 간주하고 이를 〈그림 7-2〉에서 묘사하고 있다.

지역관광 및 컨벤션산업에 관련된 주요 이해 관계자들 사이에 공동 협력체제가 존재하지 않는 상황에서 관광목적지 마케팅에 자유시장 원리를 적용하면 다음과 같은 문제가 발생한다(Palmer and Bejou, 1995: 616~629).

첫째, 이해 관계자들 각자가 관광마케팅에 노력을 쏟게 되는데 이는 자원을 공동으로 하여 공동 마케팅을 할 때보다 관광객에게 미치는 영향력이 크지 못하다. 반면에, 이해관계자들이 노력을 함께하면 모든 조직이 규모의 경제를 달성할 수 있는 것이다.

둘째, 시장 메커니즘 때문에 이해관계자들은 한 지역의 공동 마케팅을 할 때 얻을 수 있는 장점을 활용하지 못한다.

셋째, 마케팅계획 수립과정에서 이해관계자들 특히 공공부문과 민간부분의 협력부재로 효율적인 목표달성이 어렵다. 전략적 마케팅 계획 수립은 공공부문의 재정적 투입 없이는 힘들어 질 수 있기 때문이다.

Timothy and Doorley(1991)는 공동 협력체제 구축에 필수적인 요소로 상호의존성(joint dependency), 공동협력(collaboration), 경쟁적 위치에 미치는 영향(impact on competitive position), 그리고 협력관계의 지속성(longevity of the relationship)을 지적한다.

한 예로 미국의 목적지 공동 마케팅 협력 체제 모델을 살펴보자(Palmer and Bejou: 1995). 〈그림 7-3〉에서 같이 CVB를 중심으로 주정부, 시정부, 상공회의소, 도시개발담당부서, 관광업체 등이 상호협력을 하며, 세금, 일반소비자, 그리고 관광업체들을 통해 재정적 지원이 이루어짐을 알 수 있다.

이제 컨벤션 전담기구의 관계형성을 관광협회, 상공회의소, 전문 컨벤션 · 전시시설 측면에서 정리하고, 정부와의 관계는 컨벤션 전담기구의 유형에서 다루고자 한다.

① 관광협회

앞에서도 언급한 대로, 미국의 경우 〈그림 7-3〉에서처럼 초기의 컨벤션 전담기구(Convention Bureau: CB)는 개별관광객을 제외했으나 1974년 관광목적 방문객을 마케팅 대상에 추가하면서 컨벤션 전담기구(Convention and Visitors Bureau: CVB)로 불리게 되었다(Morrison et al., 1998).

〈그림 7-3〉 미국의 목적지 마케팅 협력체제

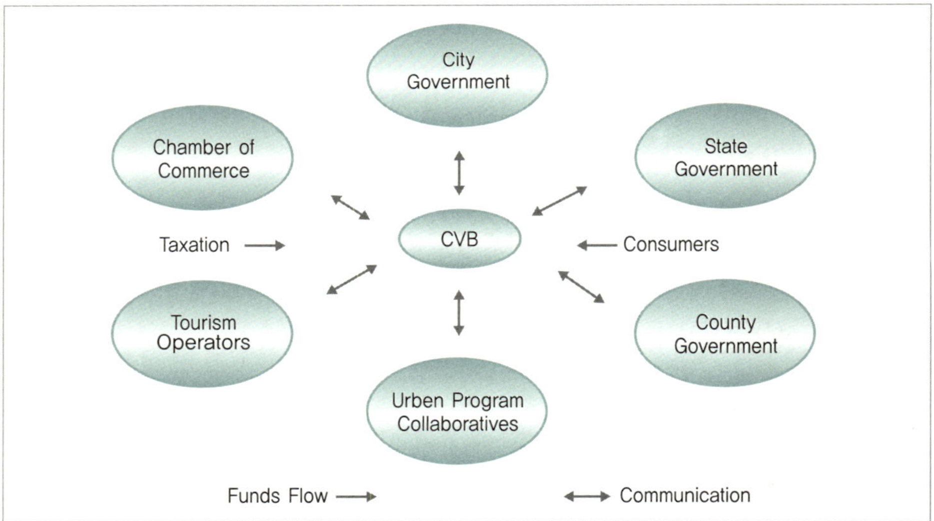

출처: Palmer and Bejou(1995)

컨벤션산업과 관광산업은 유 · 무형의 서비스와 제품의 혼합체로 구성되어 있고, 컨벤션 개최는 참가자들의 관광행위를 통해 지역경제에 공헌한다(Getz, 1990(5): 126; Grado, et al., 1998(1): 19~33). 우리나라도 관광진흥법에서 국제회의업을 관광사업으로 분류하고 있는데, 이는 국제회의 개최도시의 매력은 관광에 의해 증폭되고 관광도시가 국제회의 개최에 유리함을 인식하고 있음을 보여주는 것이다(안종윤, 1987: 13). 또한 이는 관광산업과 컨벤션산업이 한 경제체제 안에서 상호 보완적인 관계에 있음을 말해주는 것이다(임재일, 1996: 13~15).

일본의 경우도 국제회의 관광도시 내에 국제회의 전담조직, 특히 대규모의 전담조직을 설립 · 운영하고 있는데, 이는 일본의 관광협회와 국제회의 관련기관 간의 합병을 통해 이루어진 것이며 계속 통합이 추진되고 있다. 예를 들어 1994년 4월 국제적인 리조트단지 형성의 실현을 목표로 추진체제를 확립하기 위해 (재단법인)오끼나와 현 관광개발공사와 (사단법인)오끼나와 관광연맹이 통합하여 (재단법인)오끼나와 관광비지터스뷰로가 발족한 예와 (재단법인)고베 국제관광컨벤션협회의 경우에서와 같이 (재단법인)고베 국제교류협회 컨벤션 사업부 · 견본시 사업부가 (재단법인)고베 국제관광협회와 합병하여 1999년 4월 이와 같은 명칭으로 변경되었다(정세환, 2000: 32).

② 상공회의소

한편, 시정부 혹은, 상공회의소로부터 재원을 조달하는 전담조직의 경우 정치적 영향을 무시할 수 없게 되거나 산업 전반적인 효과보다는 경제적인 파급효과를 보다 중시할 수밖에 없다. 따라서 북미 내의 대규모 국제회의 전담조직은 대부분 독립된 조직으로, 이것이 지니는 이점을 살펴보면 다음과 같다(정세환, 2000: 32~33).

첫째, 국제회의 전담조직이 정체성을 확보하고 있을 경우 도시마케팅에 있어 더 큰 효과를 가지게 된다. 특히 컨벤션기획사를 포함한 고객과 결연관계를 형성할 때 국제회의 전담조직은 독자적으로 인식될 뿐만 아니라 고객의 요구에 적합한 자원(이에는 관련 업계 등을 들 수 있다)을 취합할 수 있으므로 지역사회 경제에 크게 공헌하게 되며, 이에 따라 국제회의 전담조직에 대한 지역사회의 인식은 더욱 고양될 것이다.

둘째, 도시에 대한 이미지 개발을 통해 국제회의, 단체관광 및 개별방문객을 유치함으로써 지역경제에 기여한다.

셋째, 재원사용에 있어 그 권한을 보장 받게 되는바, 상급기관에 소속된 경우에는 회원 유치 프로그램의 도입 등에서 제약을 받는다.

넷째, 도시 혹은 지역의 마케팅을 주 업무로 하며 정치적 이해관계에 따라 활동하지 않는다. 상급기관에 따라 정치성을 가지게 되면 자연적으로 조직의 활동영역은 제한될 수밖에 없다.

다섯째, 정부기관에 소속된 경우 상급기관의 인사정책에 따라야 하고 구매결정도 입찰 절차를 거치는 등 재량권에서 제한을 받는다. 이로 인해 회원을 포함한 지역사회로부터 객관성을 완전히 인정받기 어렵게 되며, 이러한 제약은 국제회의 전담조직의 업무 및 활동 부문에서도 나타난다.

반면에 상공회의소 등 정부비관의 하위조직에 해당하는 국제회의 전담조직은 설립초기 혹은 소규모 지역사회를 대변하는 경우 안정된 재원을 바탕으로 한다는 점에서 소비자에게 신뢰를 줄 수 있고, 관광요금 등에서 할인요금을 적용받는 등 특별혜택을 제공할 수 있다.

③ 전문 컨벤션 · 전시시설

유능한 국제회의 전담조직과 최신식 설비를 갖춘 컨벤션센터는 국제회의 및 전시회에 있어 매우 중요하다(Hoyle, et al., 1995: 327). 컨벤션센터는 식음료 문제에 있어서 해당 도시 내의 호텔 및 레스토랑 등과 긴밀한 협조를 하게되며, 이러한 일련의 행사들은 적어도 그 초기단계에 있어서는 국제회의 전담조직을 통하여 이루어지게 된다(Lewis, et al., 1995: 271~273).

또한 일반적으로 전문 컨벤션 · 전시시설의 운영과 관련하여 컨벤션 전담조직은 12, 18 혹은 24개월 이후행사에 대한 예약 및 마케팅을, 시설의 경우는 조만간에 있을 행사에 이러한 역량을 집중시키는 방법을 취하여 오고 있다. 이렇게 이 두 조직은 마케팅 비용 극대화 및 중첩 업무를 줄여나가는 등 보다 효율적인 시설 운영을 위하여 협력한다. 즉, 일부에서는 전담조직이 시설의 운영을 대신하기도 하며, 또 다른 경우에 있어서는 컨벤션센터에서 전담조직의 마케팅업무 혹은 기타의 기능을 시설 자체 내에서 수행하기도 한다(Guier, 1998(10): 19).

5) CVB의 조직 유형

컨벤션 전담기구의 조직적 성격과 형태는 〈표 7-6〉에서처럼 국가별로 조금씩 다르다. 그러나 그 공통된 역할은 국제회의, 전시 및 관광객들을 자국으로 유치하는 것이며, 유치된 각종 행사 참가자와 관광객에게 제반 서비스를 제공하는 것이다(김성혁, 1995: 147).

〈표 7-6〉에서 비교되고 있듯이 구미국가 및 일본은 도시단위로 공공부문과 민간부문 협

〈표 7-6〉 세계주요국가의 컨벤션 전담조직

지역	국가	전담기구	비고
미주	미국	전국 300개 도시에 CVB 설치, 운영	상무성 산하 US CVB 설립 타당성 검토
구주	프랑스	Paris Convention Bureau, Nice Convention Bureau 등	지자체 및 민간공동설립 지역별 컨벤션뷰로가 독자적으로 운영 NTO 내 전담부서는 주로 해외 홍보활동 전개
	독일	Berlin Convention Bureau 등	
	영국	London Convention Bureau 등	
아주	일본	Japan Convention Bureau(JNTO) 및 지역별 컨벤션뷰로	지자체별 컨벤션 운영
	홍콩	Hong Kong Convention & Incentive Travel Bureau	HKTA(Hong Kong Tourist Association) 내 독립단위로 운영
	싱가포르	Singapore Convention Bureau	STPB(Singapore Tourism Promotion Board) 내 독립 컨벤션 전담부서로 운영
	필리핀	Philippine Convention & Visitors Corporation	관광성 산하의 독립기구로 운영
	태국	International Convention Division	TAT(Tourist Authority of Thailand) 내 컨벤션 전담부서로 운영
	말레이시아	Convention and Incentive Division	MTPT(Malaysia Promotion Board) 내 컨벤션전담부서로 운영
	중국	Department of International Convention	국가 유국 산하에 컨벤션 전담 부서 운영

출처: 최승담, 박기홍(1996: 26~27)

력체인 컨벤션뷰로를 설치, 운영하고 있으며, 동남아 국가들도 정부관광기구 내에 전담부서를 설치 · 운영함으로써 정부와 업계가 함께 자국의 이미지홍보와 여건조성 등 적극적이고 협력적인 유치활동을 전개하고 있다.

이와 같이 컨벤션 전담기구의 설립운영 방식에 대한 유형은 해당 도시의 성격, 특성, 재원 규모에 따라 다양하다. 이를 사업추진 주체의 특성, 즉 전담조직 설립운영의 직 · 간접적인 주체로서 어떤 관련성을 갖는가에 따라 다음 3가지로 나눌 수 있다.

국가, 도, 시, 군의 지방 자치단체 등 행정주체인 관 주도의 전담기구, 지역상공회의소, 관광협회, 특별조합 등 전문단체 혹은 이익단체 등으로 이루어진 민간주도의 전담기구, 그리고 민간의 효율성과 행정의 공공성을 연결하여 양자, 즉 정부나 지자체(제1섹터)와 민간(제2섹터)이 공동 출자하여 이룬 제 3섹터(sector)로써 반관반민의 전담기구가 그것이며, 각각의 내용과 장 · 단점을 살펴보면 다음과 같다(정세환, 2000: 27~29).

① 관 주도형

홍콩, 싱가포르, 필리핀과 같은 동남아시아 지역에서 주로 나타나며 정부기관의 소속이다. 재원은 정부에서 전액 지원되며 주정부 차원의 재정지원 및 세제상의 혜택 등의 지원제도가 있다. 직원 수는 10~12명 내외이며, 주요 활동으로 국제회의 유치 · 홍보, 국제회의 운영지원 및 프로모션, 홍보물의 제작 및 배포 등이 있다. 재정적 지원의 확보, 조직 관리 · 통제 및 인력관리가 용이하다는 장점이외에도 해당 시설을 지역사회시설로 활용 가능한 반면, 환경변화 대응력의 미약, 창의적 책임경영 마인드의 부족, 인센티브 도입의 제약 등의 단점이 있다.

② 반관반민 형

일본의 지방 자치단체에서 주로 나타나고 있으며, 흔히 재단법인의 형태로 존재하게 된다. 일본의 국제회의 전담조직으로는 정부관광기구인 운수성 산하의 일본 국제관광진흥회와 지방 자치단체의 지자체, 지역상공회의소, 지역 기업 등이 출자한 제 3섹터 조직인 컨벤션뷰로를 지자체별로 구성하여 운영하고 있으며, 기타로는 운수성, JNTO, 컨벤션 관련 사업자가 회원으로 가입한 JCCB(Japan Congress Convention Bureau)가 있다.

이는 전국적인 차원에서 컨벤션 진흥체제를 정비한다는 목적으로 1988년 6월 지방자치단체를 포함한 여행업, 숙박업, PCO, 광고대리업 등 컨벤션 관련 사업자 등이 참가하여 일본 컨벤션진흥협회(Japan Convention Promotion Association: JPCA)를 설립하였던 바, 동 조직의 해산(1995.5.31)과 더불어 1995년 6월 22일 발족하여 오늘에 이르고 있다.

직원 수는 보통 30명에서 40명 내외로 현 또는 시, JNTO, 상공회의소, 항공사, 5대 여행사 등에서 3년 정도의 기간 동안 파견근무를 하는 파견직원이 전체의 70% 정도에 달하며, 나머지는 현지채용직원 및 전문인력으로 구성되어 있다. 주요 활동으로는 국제회의의 기획 및 유치활동, 개최지의 홍보 및 마케팅, 국제회의 관광도시 및 리조트지역 조성자문 등을 들 수 있다. 정부의 정책적 지원으로 확보할 수 있으며 민관협력의 기회를 제공할 수 있다는 장점이 있는 반면, 사업의 연속성과 운영독립성의 한계 및 민관의 조직 내 갈등 소지의 상존 그리고 직원의 순환보직으로 말미암은 전문성의 미약 등을 단점으로 들 수 있다.

③ **민관 주도형**

주로 북미지역의 지방자치단체에서 발견되는데, IACVB가 1995년 북미지역의 172개 전담기구를 대상으로 조직의 설립형태를 조사한 바에 의하면, 미국의 경우 〈그림 7-4〉에서 같이 독립적인 비영리 조직이 68%, 주정부, 시정부 소속이 각각 2%, 11% 이며, 지자체 소속이 11%, 그리고 상공회의소 내의 한 부서 혹은 그 자체가 8%인 것으로 나타났다(Snyder, 1996(5): 50).

〈그림 7-4〉 미국 CVB의 조직적 특성

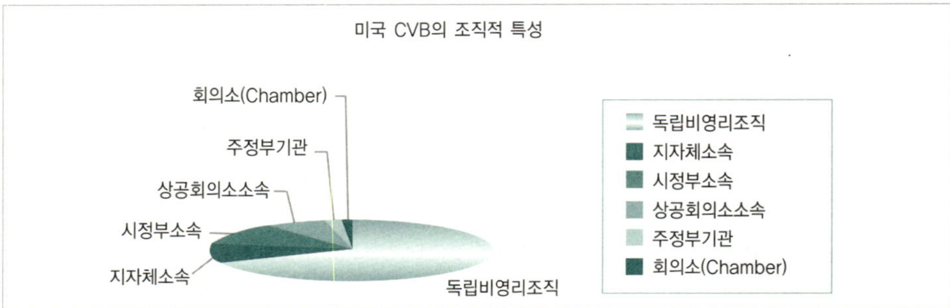

출처: Snyder (1996)에 근거하여 재구성

한편, 캐나다의 경우는 68%가 시에서 재정보조를 받는 비영리단체인 반면, 주정부 소속의 전담기구는 32%인 것으로 나타났다(Getz et. al., 1988: 331~340).

일반적으로 민간주도형 조직형태의 경우 자치단체 또는 상공회의소의 하부기관으로 상급기관의 조직구성 및 내규를 준수해야 하는 CVB가 있지만, 대규모의 CVB는 대부분 독립된 조직이다.

6) CVB의 재원

컨벤션 전담기구는 재원조달 방법에 있어서도 국가별, 도시별로 다양하다. 재원의 구성은 숙박세, 각종 지방세, 매칭펀드(matching fund), 국가 보조금, 회비, 공공 투자금, 판매물 수익, 전시회 및 컨벤션 관련 용역제공 수수료, 행사 후원금, 상표권 판매에 따른 수익금 등이 포함된다(김향미, 1999: 45). 미국의 경우, 재원 구성에서 공공자금은 77%, 민간자금은 23%를 차지하여 공공자금의 구성비가 높음을 알 수 있다. 이러한 CVB의 주요 재원 중 숙박세와 회비를 살펴보고자 한다.

50년대 후반(Schweitzer, 1997(2): 67) 또는 60년대 초반(Snyder, 1996(5): 50)에 도입한 숙박세 또는 객실세(Occupancy Tax, Bed Tax, Lodger Tax 등으로 불림)는 관광부문 진흥

을 위한 주요 재원으로 주민들에게 부담을 주지 않으면서 방문객유치 및 도시마케팅을 위한 재원을 확보하기 위해 만들어 졌다(Montgomery and Strick, 1995: 28~29).

지역별로 숙박세 세율은 다르며, Suggs(1997(10): 1)는 콜럼버스 시가 가장 높은 15.75%를 숙박세로 부가하고 있으며 기타 도시는 시애틀(15.20%), 샌안토니오, 휴스턴, 애너하임(15.00%), 시카고(14.9%), LA, 디트로이트(14%), 뉴욕(13.25%), 멤피스, 녹스빌,(13.25%) 그리고 댈러스, 워싱턴, 필라델피아(13%)순으로 나타났다.

CVB 전체예산에서 이 숙박세는 가장 큰 부분을 차지한다. 1999년 북미 지역 내 컨벤션 전담기구의 예산이 10.4%로 증가했는데 이는 이러한 숙박율의 상승에서 그 원인을 찾을 수 있다(Shure, 1999(5): 53; Shure, 2000(5), 46~47). 이와 관련하여 호텔을 비롯한 숙박업계에서는 컨벤션 및 관광업계의 시장 경쟁력을 해치는 것으로 우려하여 반대의 움직임을 보이고 있다(Greco, 1998(2)).

숙박세에 뒤이어 주요한 CVB의 재원으로서 호텔, 모텔, 식당, 명승지, 방문객 관련 업계의 회원들의 회비를 들 수 있다. CVB는 회비로 멀티미디어를 이용한 프로모션을 개발하기도 하고, 사전답사여행을 조직, 운영하며, 출판물 발행, 방문객 안내센터의 운영등에 지원하기도 한다. 따라서 회비는 CVB의 프로그램을 지원한다는 의미를 넘어서 회원들의 참여유도를 통한 지역 공동체 의식의 고취를 실현하기 위한 도구이기도 하다.

이외에도 시, 카운티, 주별로 CVB에 지원금을 보조하며, 주정부에서 컨벤션 관련 사업 또는 방문객 관련 서비스에 대해 지원금(grants) 또는 매칭펀드(matching fund)를 제공하기도 한다(Montgomery and Strick, 1995: 30~31). CVB는 회원들에게 출판물에 광고를 판매하고, 이벤트 및 교육프로그램 운영을 통한 수익금, 등록, 숙박, 컨벤션 기획 등의 서비스 제공에 따른 수익금 재원의 다양화를 위해 노력하고 있다.[10)]

한편 유럽 내 컨벤션 전담조직의 재원은 호텔객실세(53%), 정부보조금 또는 일반세

10) 미국 각 주, 도시의 주요 CVB의 재원 구조는 김향미(1999: 48~52) 참조.

(24%), 회비(5%) 그리고 식당세 및 기타 수입 등 자체 재원조달에 의한 것으로 나타났다(Morrison, et al., 1998: 1~19; Pechlaner and Mariotti, 2000: 1).

또한 일본의 경우 현과 시에서 각각 23.38%와 48.70% 그리고 상공회의소 등의 민간 기업에서 나머지를 충당, 최소 5억 엔에서 최대 12억 엔 수준의 기본자산을 가지고 보조·기부금, 관광진흥기금, 사업수입을 비롯한 최소 150여 단체에서 최대 700여의 정회원, 특별회원, 찬조회원 등으로부터의 회비로 운영하고 있다(정세환, 2000: 30).

3. 국내 컨벤션 전담기구

1) 한국관광공사(KNTO)내의 컨벤션뷰로[11)]

우리나라의 컨벤션 전담기구에 대해 조직, 예산, 역할, 주요활동 등을 살펴보고자 한다.

① 조직

한국관광공사의 컨벤션뷰로는 국가의 관광산업정책을 실무적으로 집행하는 기관인 한국관광공사의 소속기구로서 국가적 차원의 컨벤션산업 정책을 실무적으로 집행하는 국가기구로 관주도 형태를 띠고 있다.

한국관광공사는 1979년 국제회의부를 설립하여 국제적 상호이해 증진, 국제친선 도모를 통해 관광교류를 촉진하는 국제협력활동으로서 국제회의 유치 및 참가 그리고 국제기구와의 협력강화를 위해 노력해왔다. 그 후 1999년 10월 조직개편에 따라 국제회의 유치업무를 담당하던 국제회의부를 포함한 국제행사처를 해외진흥전략팀과 함께 해외진흥본부 산하의 컨벤션뷰로로 하였다.

11) 본 내용은 김향미(1999: 70~82)와 KNTO의 컨벤션뷰로팀이 2002년 2월 5일 개최된 컨벤션 협의회(2001년 창설)의 총회에서 발표한 내용들을 저자가 정리한 것임.

이 컨벤션뷰로는 국제회의 유치증대, 국제회의 개최지원, 국제회의 관련 조사 · 연구 등의 활동을 위해 3과에 10명을 두고 있다. 이러한 컨벤션뷰로가 별도의 해외진흥본부 직속기관으로 승격된 것은 컨벤션산업이 고부가가치 산업으로서 관광산업 중에서도 그 비중이 더욱 커지고 있음을 반영하는 것이다.

② **예산**

우리는 앞서 제 2절에서 한국관광공사(KNTO)의 1999년도 예산 총괄현황을 살펴보았다. 1999년 현재, 면세점 수익금과 관광진흥기금 등으로 이루어진 KNTO의 전체 예산에서 컨벤션뷰로에 대해서는 국제회의 유치 및 홍보활동, 컨벤션산업육성기반조성, 국제기구 및 단체와의 협력활동, 국제회의산업육성지원금으로 예산이 편성되어 있다. 여기에 인건비, 운영비 등의 항목은 포함되어 있지 않다.

〈표 7-7〉에서와 같이 1999년, 2000년 모두 국제회의 유치 및 홍보활동보다 국제회의육성

<표 7-7> 컨벤션뷰로 예산현황 (단위: 백만 원, %)

구분	2000 예산(A)	구성비	'99 예산(B)	구성비	증감 (A-B)	대비 (A/B)
국제회의유치 및 홍보활동	321	28.6%	203	24.3%	118	158.1
컨벤션산업 육성기반조성	203	18.1%	63	7.56%	140	322.2
국제기구단체와의 협력활동	182	16.2%	213	25.5%	△31	85.4
계	706		479		227	147.4
국제회의 육성지원금	390	34.79%	330	39.57%	60	118.2
PATA 지부 예산	25	2.23%	25	2.99%	0	100.0
계	415		335		60	218.2
합계	1,121		834		287	365.6

출처: 한국관광공사 내부 자료에 근거하여 김향미(1999: 75)가 재구성

지원금에 더 많은 예산이 편성되어 있다. 이는 컨벤션뷰로가 마케팅조직으로서 역할보다는 공공기관으로서 관리 · 지원 역할에 더 역점을 두고 있음을 보여준다(김향미, 1999: 74).

앞에서 컨벤션 전담기구의 재원을 언급할 때 북미의 경우 숙박세가 가장 큰 부분을 차지한다고 하였다. 숙박세와 같은 목적세의 도입과 관련하여 국내에서는 제주도 관광진흥법(전문개정 2001. 1. 28 법률 제6249호, 시행령 제정 1992. 11. 6 대통령령 제 13755호, 전문개정 2000. 8. 17 대통령령 제 16955호)을 통해 골프장, 관광 숙박업 등에 일정액의 관광진흥부과금을 부과하고 있는 제주도를 비롯하여 강원도, 충북 등 일부 지방자치단체들은 관광시설 이용자들로부터 일정액을 지방세로 하고자 수익자 부담원칙의 관광세 신설을 검토하고 있다.

또한 서울시, 대전시, 충남 등 광역자치단체들은 1942-1946년에 운영되었으나 폐지된 광고세 부활을 추진하고 있으며, 제주도, 홍도, 독도 등 유명 관광지를 관할하는 자치단체들은 섬에 들어오는 관광객들을 대상으로 입도세를 징수하는 방안을 검토중에 있다(양덕순, 1999; 조계근, 2000: 6~19의 내용을 정세환, 2000: 31에서 재인용).

③ 역할 및 업무활동

조사, 홍보, 선전, 출판, 자문 등 CVB 고유의 기능을 수행하는 한국의 CVB인 컨벤션뷰로팀은 컨벤션 시장조사, 대업계 정보제공, 국제회의 국내유치활동, 국내개최 컨벤션 운영지원, 컨벤션 관련 홍보물 제작, 대국민 수용태세 개선을 위하여 행사지원 확대, 지방 컨벤션산업의 활성화를 위한 지방행정기관과의 협조, 국제회의 전문 기획업체 등에 전문인력 양성 및 지원 등 컨벤션산업 육성을 위해 〈표 7-8〉에서처럼 다각적으로 노력하고 있다(한국관광연구원, 1996: 168~169).

이밖에도 지방 국제회의 유치촉진 설명회 실시, 국제회의 캘린더, 국제회의 산업현황, 컨벤션뉴스 등을 제작 · 배포했으며, 컨벤션 DM 목록 구축, DB 구축 등 국제회의유치촉진을 위한 수용태세를 개선해 나가고 있다. 또한 국제회의 참가자 소비액 조사, 국제회의 개최계획 · 실적 조사, 컨벤션 관련 국제기구 교육프로그램 참가 등 다양한 연구사업을 통해 변화하는 컨벤션시장 환경에 능동적으로 대처해 나가려고 애쓰고 있다(김향미, 1999: 79).

한국관광공사내의 컨벤션뷰로팀은 고부가가치의 컨벤션산업을 국가전략사업으로 육성하기 위해서는 지속적인 정부차원에서의 지원이 필요하다고 판단하여 2002년도 사업목표를 "국제회의 유치증대 도모 및 국제협력활동 강화"로 하면서 국제회의 유치목표를 UIA 기준[12] 150건, KNTO 기준 400건으로 하고 있다(컨벤션뷰로, 2002: 4).

또한 추진방향으로는 ① 국제회의 원스톱 서비스 지원체제 구축, ② 국제회의산업육성을 위한 민 · 관 협력체계 구축, ③ 국제관광기구와의 협력활동 강화로 하여, 우리나라를 21세기 아시아 최고 국제회의 유치국으로 부상케 하며 컨벤션뷰로의 국제회의산업 선도 기관으로서의 역할과 기능을 강화하려고 한다.

이를 위해 KNTO의 컨벤션뷰로가 신규 중점사업으로 추진하려는 것은 2007 ASTA 총회 유치 및 WYSTC(세계청소년 · 학생관광총회) 유치 활동전개, PATA 총회 및 국제회의 관련 전시박람회 참가, 그리고 "한국 컨벤션 협의회" 운영, 컨벤션산업 DB 개발 및 운영 등이다(컨벤션뷰로, 2002: 5~7).

기존사업으로는 국제회의 전문지대상 광고, 국제회의 유관인사 초청지원, 전문 국제회의 참가, 국제회의 관련 교육실시, 국제회의 유치 세일즈콜 실시, 유치안내 매뉴얼 및 컨벤션센터 가이드 제작, 국제회의 관련 정보수집 및 제공, 한 · 싱가포르 공동 관광마케팅 전략 연수프로그램 운영 등이다(컨벤션뷰로, 2002: 8~9).

2) 우리나라 대도시의 컨벤션뷰로

Go and Govers(1999: 44)가 아시아의 회의전문기획사들을 대상으로 아시아 주요 11개

12) UIA 통계기준은 국제기구가 주최하거나, 후원하는 회의, 혹은 국제기구에 소속된 국내 지부가 주최하는 국내회의 중 ① 전체 참가자수가 300명 이상, ② 참가자중 외국인이 40% 이상, ③ 참가국수 5개국 이상, ④ 회의기간이 3일이상인 회의이다.

도시의 컨벤션산업 경쟁력에 대해 조사한 결과에 따르면, 서울은 경쟁력 면에서 9위이다. 이 조사에서 국제회의 개최지 선정기준으로 시설, 접근성, 서비스, 가격, 이미지, 매력, 기후 및 환경 등 7가지가 제시되었는데, 우리나라는 7개 부문에서 전반적으로 낮게 평가되었으며, 특히 이미지 부문에서는 10위로 거의 최저수준 이었다.

<표 7-8> 컨벤션뷰로의 주요 사업현황

<table>
<tr><th colspan="2">사업부문</th><th>업무부문</th></tr>
<tr><td rowspan="14">유치
활동
부문</td><td rowspan="6">조사 · 연구</td><td>컨벤션 관련 데이터베이스 구축</td></tr>
<tr><td>국제회의유치의향조사</td></tr>
<tr><td>인센티브 유치의향조사</td></tr>
<tr><td>국제기구가입 국내단체현황조사</td></tr>
<tr><td>국제회의 참가자 소비액조사</td></tr>
<tr><td>국제회의 개최의 경제파급효과 분석 등</td></tr>
<tr><td rowspan="5">홍보 · 선전</td><td>컨벤션 부문 국제회의 참가</td></tr>
<tr><td>컨벤션 부문 전시박람회 참가</td></tr>
<tr><td>유관인사 방한초청지원</td></tr>
<tr><td>광고 게재</td></tr>
<tr><td>홍보간행물 제작 · 배포</td></tr>
<tr><td rowspan="3">유치활동</td><td>국내단체 및 업계의 관심제고</td></tr>
<tr><td>유치지원강화</td></tr>
<tr><td>해외지사를 통한 유치활동 강화</td></tr>
<tr><td rowspan="9">수용
태세
개선
부문</td><td rowspan="3">조사 · 연구</td><td>컨벤션 시설 건립타당성 조사</td></tr>
<tr><td>국제회의 개최 실적 및 계획조사</td></tr>
<tr><td>인센티브 상품 개발 답사</td></tr>
<tr><td rowspan="2">행사지원확대</td><td>국제회의 개최지원</td></tr>
<tr><td>인센티브 그룹 방한행사지원</td></tr>
<tr><td rowspan="2">전문인력 양성</td><td>해외전문교육참가</td></tr>
<tr><td>컨벤션 전문인력 양성교육 실시</td></tr>
<tr><td>지방 컨벤션산업 활성화 도모</td><td>지방국제회의 유치촉진 설명회 개최</td></tr>
<tr><td>국제회의 유치지원협의회활성화도모</td><td>국제회의 산업전 개최지원 및 세미나 개최</td></tr>
</table>

출처: 제주시(2000: 168)

특히 유럽과 북미의 국제회의도시에 버금가는 국제회의 유치실적을 보이고 있는 싱가포르(6위)와 홍콩(10위)과 함께(Go and Govers, 1999: 39) 아시아시장에서 경쟁을 해야 하는 우리의 입장에서 볼 때 컨벤션산업의 국제경쟁력 강화가 시급한 과제이며, 따라서 컨벤션산업의 전략적 육성을 계획하고 있는 우리나라도 지방자치단체별로 컨벤션센터의 활용방안을 모색하고 마케팅활동을 전담할 수 있는 조직을 서둘러 설립해야 할 실정이다(황두연, 1998: 40~46)라는 주장이 있었다. 그후 우리나라의 대도시(대구, 서울, 대전 등)에서는 지자체 별로 CVB 활동을 전개해오고 있다.

우리나라에서는 최초로 부산 지역 관광산업 진흥을 위한 기획 · 조정기능과 국제회의 유치 · 개최 정보수집 기능을 담당할 부산관광컨벤션뷰로(Busan Convention & Visitors Bureau: BCVB)가 설치되었다. 부산 시는 2000년 2월 24일 부산 시와 부산지역 상공 · 연구 · 관광 · 교육 단체들이 공동 출자하는 제 3섹터 재단법인 형태의 가칭 부산 관광 컨벤션뷰로를 2000년 6월에 설치 · 운영키로했다고 밝혔다(한국관광공사, 컨벤션 뉴스 2000. 2).

3) 국내 컨벤션뷰로의 발전 방향

컨벤션 전담기구들은 지역사회(목적지) 마케팅을 목적으로 한다. 따라서 국제회의 · 전시회의 참가자와 관광객을 그들의 배후도시인 지역사회로 유치함으로써 해당 도시를 활발한 만남의 장소로 만드는데 중요한 역할을 지닌다. 또한 컨벤션산업의 시장규모와 가치는 점점 증가 추세에 있으며, 이러한 컨벤션 전담조직의 중요성은 도시경제 활성화 측면에서도 여실히 증명되고 있다. 최근에는 이 같은 경제적 효용성 이외에 지역 주민의 삶의 질 향상 등 사회 · 문화적으로도 그 가치의 범주를 확대해 나가는 추세이다(정세환, 2000: 109).

재원구성에 있어서는 설립 · 운영 주체에 따라 정부에서 전액 지원해주며 지방 · 주정부 차원의 재정지원, 세제혜택 등의 지원제도가 있는 경우, 시 · 지방정부의 보조금, 회비, 사업수익 등으로 조달하는 경우, 그리고 호텔숙박세, 정부보조금, 일반세, 식당세, 회비 등 기타의 재원을 조달하는 경우 등을 앞에서 살펴보았다.

국제회의 · 전시회의 참가자와 관광객의 유치, 유치한 각종 행사관련 업무수행, 그리고 참가자 및 관광객에 대한 전면적인 서비스업무를 수행하는 컨벤션 전담기구에 대한 우리나라 사람들의 의견조사는 다음과 같은 결과를 보이고 있다. 바람직한 기능적 범주로 국제회의 및 관광진흥사업을 74.29%로, 국제회의 진흥사업만을 25.71%로 봤다. 또한 시 · 도별 관광협회 조직 및 국제회의 전담 조직 간의 업무관할 영역에 대해서는 두 조직의 확대통합의 71.43%, 개별조직으로의 운영이 28.57%로 나타났다(정세환, 2000: 112).

한국관광공사의 컨벤션뷰로는 현재 우리나라 유일의 CVB로서 한국의 컨벤션산업과 함께 조직과 기능면에서 성장해왔다. 그후 여러 대도시에 컨벤션뷰로가 설립, 운영되고 있으나, 보완되어야 할 사항으로는 재원의 확충, 전문 인력을 통한 마케팅 활동의 강화 그리고 지자체별 전담조직과의 협력관계 구축으로 요약된다(김향미, 1999: 80~82). 이를 보다 상세히 기술하면 다음과 같다.

첫째, 재원 확충을 위해 중앙정부 차원에서 관련 예산확대, 기금지원 확대, 관련 세금일정액을 컨벤션 전담기구의 예산에 반영하기 위한 관련법의 개정 및 제정이 있어야 한다.

둘째, 개최 · 유치지원 위주의 활동에서 벗어나 해외 전시회 참가 등 홍보수단의 다양화, 마케팅 인력의 전문화를 통해 우리의 컨벤션시설과 관광자원의 적극적 마케팅을 위한 전략개발이 필요하다. 지자체별로 관련 마케팅을 담당할 조직이 더욱 강화될 필요가 있는 현 시점에서는 지자체별 컨벤션센터의 운영을 지원할 지방컨벤션전담조직 구성과 역할분담 체계 및 협력관계를 구축하는데 선도적 역할이 요구된다. 외국의 컨벤션 전담기구에 대한 폭 넓고 깊이 있는 연구를 통해 한국관광공사 내 컨벤션뷰로를 중심으로 지방단위별 전담 조직을 더욱 활성화하여 컨벤션산업의 육성과 진흥을 담당할 수 있도록 해야 한다.

앞으로 컨벤션뷰로의 책임이 증가함에 따라 마케팅을 위한 전략관계 수립 이외에도 CVB의 기업화 즉 사업적 접근이 요구되고, 인터넷(Jesitus, 1998(4): 15; Geist, 1998(5): 47~50; Ball, 1999(8): 63), 홈페이지 등 통신기술이 CVB와 관광객과의 관계 변화도 요구되므로 신기술의 최대한 활동 등 효율적 · 능동적 대처 역량이 강화되어야 한다(Levin, 1999: 38~45).

Chapter 8

컨벤션 기획사(PCO)

유치 · 기획단계에서부터 개최 및 운영단계에 이르기까지 컨벤션 업무는 그 성격에 따라 매우 다양하며 복잡하여 많은 시간이 요구된다(김성혁, 1995: 67; 손정미, 2000: 17~18). 따라서 컨벤션의 성공적인 개최를 위해서는 고도의 전문성과 컨벤션에 관한 종합적인 지식을 가진 전문 인력이 절대적으로 필요하다.

1998년 문화관광부가 발표한 '국제회의산업육성 기본계획' 에 따르면 2005년 까지 세계 15위권의 국제회의 개최국 진입이라는 목표 하에 '전문인력양성' 을 시급한 과제로 인식하고 있으며(문화관광부, 1998), 현재 발표되고 있는 컨벤션분야의 논문과 연구도 국내 컨벤션산업 육성을 위하여 컨벤션산업 전문인력양성을 문제점으로 지적하고 있다(최승담, 2000; 남윤정, 1999: 80~81; 최정은, 1999: 89).

또한 한국관광공사 컨벤션뷰로에서도 "컨벤션산업을 실질적으로 움직이는 인력의 전문화가 시급히 요청되고 있다. 현재 몇몇 대학에서 국제회의 관련학과가 개설 · 운영되고 있으나 체계적인 국제회의 전문인력양성 프로그램이 개발되어 있지 못한 실정에 있다. 따라서 체계적인 전문교육을 받아 외국에서와 같이 컨벤션전문자격증을 갖고 관련 산업에서 종사하고 있는 인력이 전혀 없는 실정이다" 라고 말하며, "우리나라 컨벤션산업의 국제 경쟁력을 제고시키기 위해서도 전문인력양성문제는 매우 중요한 과제가 아닐 수 없다" 고 지적하고 있다(한국관광공사, 2000: 89).

컨벤션 시장은 관광시장의 한 부분으로 이해되고 있지만 일반 관광시장과는 구별되는 다음과 같은 특징이 있다(서승진, 손정미, 김오용, 2000: 5).

- 컨벤션 기획은 더욱 세밀하고 전문화된 기획력을 필요로 하며 따라서 행사 개최일보다 수 년 앞서 기획되는 것이 보통이다.
- 이러한 복잡한 회의 기획과정으로 인해 전문적인 컨벤션 기획가를 필요로 한다.
- 회의 및 전시공간, 시청각 장비, 부스장치 등 전문화된 시설과 서비스를 크게 필요로 한다.

이러한 산업 특성상 컨벤션 유치 · 기획 · 준비 · 개최 · 운영 등의 업무는 고도의 전문적 지식과 능력을 요구하며, 신규회의 개발 · 유치 · 기획 능력을 갖춘 전문가를 비롯하여 외국어 구사력과 컴퓨터 운용능력이 있는 컨벤션매니저가 크게 필요한 것이 현실이다.

따라서 본 Chapter에서는 용어정리와 함께 컨벤션 기획사의 개념과 분류를 살펴보고, "자질"에 대한 이론적 고찰과 더불어 컨벤션 기획사의 자질분석과 업무내용을 파악하고자 한다. 해외 자격증 사례 및 국내외 컨벤션전문인력 교육현황, 그리고 컨벤션 기획사 자격증 제도 시행의 주요내용은 부록에 첨부하였다. 또한 컨벤션 기획사가 하여야 할 일을 요약 · 정리 하였다.

1. 컨벤션 기획사의 개념 정의 및 분류

앞서서 우리는 컨벤션을 "단체 또는 협회의 대표자 및 회원들이 공동의 목적을 이루기 위해 의견이나 정보를 교환하는 모임으로, 국제회의가 중심이 되고 부수적으로 전시와 이벤트가 동반되는 행사" (Jedrziewski, 1991: 5)로 정의하였다.

미국 직업명 분류집(The National Directory of Occupational Titles and Codes, USA)에 따르면 컨벤션 기획사의 의미로서 미팅매니저(meeting manager)를 "교육, 동기부여, 인센티브 등 모든 목적의 회의를 망라하여 공동의 회의목표 달성을 위해 회의를 조직 · 기획 · 실행하는 자"로 정의하고 있다. 또한 Hildreth(1990: 2)는 "회의란 두 명 이상의 사람들 간에 공동의 목표달성을 위해 발생되는 계획적인 커뮤니케이션의 한 형태"라고 보고 따라서 컨벤션 기획사를 회의전문가(meeting professional)란 개념으로 하여 커뮤니케이션전문가로 정의하고, "커뮤니케이션 상황을 분석하고 목적을 이루려는 참석자들에게 영향을 끼칠 수 있는 커뮤니케이션 기법을 지출한도에 맞게 선정 · 기획하는 전문가"라고 말했다.

이 같은 컨벤션 기획사는 기획가(planner), 회의기획가(meeting planner), 회의디자이너(meeting designer), 컨설턴트(consultant), 회의총괄진행자(conference director), 주선가(arranger)등의 이름으로 다양하게 불린다(Nadler, et. al., 1987: 4). 이러한 다양한 직함에 대해 Hildreth(1990: 4)는 자격증 시행과 더불어 자격증 소지자들이 교육 프로그램에 접할 기회가 많아지면서 점차로 전문가의 입장에 가까워지게 되어 "professional"이라는 칭호를 많이 사용하게 된다고 한다. 이 책에서는 '컨벤션 기획사'로 용어를 통일하여 사용하고자 한다.

컨벤션 기획사는 업무수준, 역할, 그리고 소속의 특성에 따라 여러 가지로 분류되며 이를 기준별로 정리하면 다음과 같다.

1) 업무수준에 따른 분류

Hildreth(1990: 4~5)는 컨벤션 기획사를 업무의 수준에 따라 다음 3단계로 분류하였다. 첫째, 전체 컨벤션 기획사 가운데 50-60%를 차지하는 회의진행요원(facilitator)은 컨벤션 기획사를 도와 회의진행 및 회의장 및 행사 운영에 관한 보다 단순한 제반 업무를 관장하며 그 업무내용이 한정적이다. 둘째, 회의 기획사(meeting planner)는 전체 컨벤션 기획사의 25-35%를 차지하며 회의목적 수립, 예산 기획 및 집행, 회의의제 개발, 컨벤션 개최장소 답사 · 선정, 계약협상, 회의 현장운영, 회의평가 등이 이들의 업무이다. 마지막은 회의 경영자(meeting administrator)로 전체 종사자의 5~10%를 차지하며 전체적인 운영과 경영을 담당한다. 이들은 커뮤니케이션 이론 및 기법, 문제 해결방법, 조직적 사고력 등을 갖고 있는 컨벤션 최고 전문가 그룹이다.

Price(1999: 3~4)도 컨벤션 기획사를 여러 그룹으로 나누고 있다. 계약협상에서부터 예산작성, 회의 기획일정 수립 그리고 현장운영요원 관리에 이르는 업무를 담당하는 회의중간관리자(meeting coordinator), 회의 개최조직 내의 CEO, 임원, 위원장 또는 이사회와 함께 회의 주제를 정하고 자문을 해주며 각종 계약의 결정, 법적문제 그리고 재원조달을 맡는 정책결정자(decision maker), 각종 기술적인 분야의 전문가로서 마케팅, 디자인, 회계, 홍보, 미디어, 데이터 처리, 인사 및 행정관리 업무를 맡는 전문 기술요원(technical staff), 그리고 컨벤션 관련업무 보조를 맡는 지원보조요원(support personnel)이 그것이다.

2) 역할에 따른 분류

컨벤션 기획사는 그 역할에 따라서도 구분할 수 있는데, Hildreth(1990: 5~7)는 이를 4가지로 나누고 있다. 첫째, 컨벤션 기획사는 커뮤니케이션 전문가(communication specialist)로서 성인교육의 원리 · 방법론 등을 파악하여 회의의 목적을 이룰 수 있는 가장 효과적인 발표기법을 추구하려는 사람이다. 둘째, 컨벤션 기획사는 회의운영자이며 기획가(manager, planner)이다. 즉 회의 전체를 운영할 수 있는 능력의 소유자로서 회의운영에 소요되는 인력관리, 회의개최 목적을 최대로 반영하는 회의 프로그램 기획, 커뮤니케이션 체제 구축, 회의 재정업무 등을 수행한다. 셋째로, 컨벤션 기획사는 정보전문가(information specialist)로서, 회의관련 정보를 파악하고 분석하여 이를 현실에 맞게 적용하는 업무를 수행하며, 회의운영에 관련된 모든 지적 인력들 사이의 커뮤니케이션 창구로써 남의 이야기를 경청할 줄 알고, 회의업무 담당자들 사이에 신뢰를 형성하면서 그들에게 임무를 부여하는 역할을 한다. 마지막으로 컨벤션 기획사는 경영자문가(management consultant)로서 문제 해결능력과 자문능력을 소유하고 있으며, 전체 회의의 운영, 관리에 있어 조직운영, 목표설정, 계획수립 및 추진 등의 업무를 돕는다.

3) 소속에 따른 분류

컨벤션 기획사는 그가 속해있는 소속에 따라 다음과 같이 구분할 수 있다(Nadler, et. al., 1987: 4). 우선 회의를 주최하는 기업이나 협회, 정부 등에 속해있는 직원은 내부 중간관리자(internal coordinator)로서 회의나 컨벤션이 없는 평상시에는 다른 직책을 수행하다가 행사가 계획되면 회의 코디네이터 기능을 한다. 또한 협회나 정부, 기업의 직원으로 컨벤션 업무를 전담(full-time)하는 전문 기획사도 있다.

이와는 달리 회의 주최기관에 속한 직원이 아니라 회의 개최로 인해 회의 준비사무국에서 자유 계약직으로 업무를 맡거나 국제회의 전문 기획업체(PCO)의 컨벤션 기획사로 외주계약에 의해 업무를 수행하게 되는 경우 외부 중간관리자(external coordinator)라고 한다.

한편 호텔이나 컨벤션센터 등 컨벤션 관련 시설에 소속된 컨벤션업무전담자를 컨벤션 서비스 매니저(Convention Service Manager: CSM)로 칭하며, 회의개최시설 측을 대표하여 회의주최 측 그리고 회의주최 측을 돕는 전문 컨벤션 기획사와 협력을 통해 컨벤션 기획 및 개최에 관련된 모든 업무를 조정한다(Montgomery and Strick, 1995: 98~103). 최근에는 많은 여행사들이 여행일정을 관리 · 예약해주는 서비스 이외에 여행사와 이미 관계를 맺고 있는 호텔, 운송업체, 식음료 업체등과 협력하여 컨벤션기획 서비스를 제공하고 있다(Montgomery and Strick, 1995: 164~171).

이제 전문 컨벤션 기획사로서 협회나 기업체에 소속된 경우와 독립적으로 회의기획서비스를 제공하는 개인이나 국제회의 기획업체에 대해 조금 자세히 살펴보고자 한다.

① 협회 컨벤션 기획사

미국의 경우 협회 컨벤션기획사는 여러 협회에서 정식으로 고용된 전문 간부직원으로, 대개 정기적으로 1회의 회원 총회와 1회 이상의 이사회를 기획한다. 또한 협회에서 개최하는 월례회, 세미나, 전문 기술회의, 지역모임을 기획 · 운영한다(Rutherford, 1990). 협회회의 참가자들은 자발적인 의사로 회의에 참가하므로 참가자 수를 최대화 하는 것이 협회회의 기획사의 주요한 역할이다. 따라서 참신하고 매력 있는 주제, 연사, 회의장소, 회의프로그램 등으로 회의 참가를 유도하는 홍보업무가 그의 비중 있는 업무이다.

미국 협회의 기획사의 연간 평균 업무량을 보면 컨벤션기획은 연간 2회, 경영진회의기획은 연간 8회, 그리고 훈련 · 교육회의기획은 연간 15회이다(Successful Meeting Magazine, www.successmtgs.com). 또한 협회회의 기획사가 결정해야 할 책임 있는 업무가 무엇인지에 대한 조사 연구에 따르면(Berkman, et. al., 1985를 김오용, 2000: 46재인용), 〈표 8-1〉에서 보듯이 회의 기획사가 직접적인 책임이 있다고 답한 11개의 업무분야 가운데 회의장소 선정과 회의의제 기획업무가 각각 68%의 책임 비율로 가장 높았으며, 회의예산 책정, 회의목적 설정, 회의 프로그램 구성의 업무에 협회회의 기획사가 비중 있는 책임을 맡고 있음을 알 수 있다.

〈표 8-1〉 협회회의 기획사 의사결정 책임영역

책임 업무 분야	책임비율
회의용 호텔선정	68%
회의의제 기획	68%
회의예산 책정	67%
회의목적 설정	65%
회의장소선정	64%
사교행사, 스포츠, 연예행사 기획	59%
별정회의 개최 결정	585
시청각기자재 임차/구매	56%
지상교통기획	41%
항공편 수배	36%
전시기획	31%

출처: 김오용(2000: 46)

② 기업 컨벤션 기획사

기업 컨벤션 기획사는 일련의 서비스 또는 상품을 판매하는 기업에서 이루어지는 회의로 최초 결정에서부터 예산수립, 회의기획, 프로그램 조정, 회의장소 선정, 호텔 및 공급업체와의 계약 교섭, 회의 현장 감독 등 회의의 모든 세부사항과 전 사항을 책임지는 사람이다(최태광, 1997: 32~36).

기업 컨벤션 기획사는 비교적 새롭고 빠르게 성장하는 직업으로써 과거에는 회의 기획 업무를 마케팅 또는 판매부서 책임자가 맡아 왔으나 최근에는 기업 측에서 모든 회의를 전담할 정식 직원으로 컨벤션 기획사를 채용하는 추세이다(김성혁, 1995: 41). 기업 컨벤션 기획사는 철저한 전문성, 창의력, 직감력, 기업의 구조, 목적과 목표에 대한 이해력이 요구되며, 회의가 하나의 투자대상으로써 기업에 결과적으로는 이익이 된다는 점을 경영자에게 입증해야 한다(Weirich(김용관 역), 1999: 103~105).

미국 기업회의 기획사의 연간 평균 업무량을 보면(Successful Meeting Magazine, www.successmtgs.com), 경영진회의기획이 연간 8회, 교육 · 훈련회의기획이 연간 10회, 판매관련회의기획이 연간 7회, 그리고 인센티브여행기획이 연간 4회이다. 또한 기업 컨벤션 기획사 회의기획 및 운영업무별 책임 영역도 협회 컨벤션 기획사의 경우와 유사하다(Berkman, et.al., 1985를 김오용, 2000: 47 재인용). 즉, 〈표 8-2〉에서처럼 회의목표 설정(75%), 회의장소 선정 및 회의 프로그램 기획(73%)은 책임 비율이 높은 기업회의 기획사의 업무이다.

〈표 8-2〉 기업회의 기획사 의사결정 책임영역

책임 업무 분야	책임비율
회의목표 설정	75%
회의용 호텔 선정	73%
회의의제 기획	73%
장외 회의 개최결정	70%
회의 개최지 선정	68%
회의 예산 책정	68%
사교행사, 스포츠, 연예행사 기획	56%
시청각 기자재 임차/구매	55%
지상수송 기획	45%
항공편 수배	43%
전시기획	42%

출처: 김오용(2000: 47)

기업회의 컨벤션 기획사는 앞에서 논의한 것처럼 그 업무수준에 따라 회의운영자(meeting manager), 회의기획사(meeting planner), 회의중간관리자(meeting coordinator) 그리고 진행요원(staff)으로 나눌 수 있다(Weirich,(김용관 역), 1999: 78~88, 162~164). 회의 운영자는 회사 내 모든 회의에 관한 전반적인 책임을 지는 사람으로서 경영진과 협력하여 회의에 대한 일반적 개요, 목적, 목표 및 예산을 수립하는 기업회의 기획사이다.

컨벤션 기획사는 회의개발, 예산수립, 회의장소 선정, 계약교섭, 프로그램 일정수립, 회의계획 작성, 진행요원과 사무 보조원들의 직무관리, 회의현장 감독, 회의평가, 종합 보고서 작성 및 보고의 업무를 담당한다. 회의 중간관리자는 컨벤션 기획사가 작성한 예비 회의계획안을 가지고 모든 시설 및 서비스 공급업체와 접촉하여, 회의 프로그램의 구체적인 사항과 비용을 결정하고, 컨벤션 기획사의 세부사항 일정을 수립한다. 마지막으로 진행요원은 컨벤션 기획사의 지시에 따라 일하면서, 회의 계획서에 의거하여 회의 현장의 모든 세부사항의 관리를 담당한다.

③ 독립적 컨벤션 기획사

독립적 컨벤션 기획사는 회의기획 및 개최와 관련한 다양한 업무를 부분적 또는 전체적으로 대행하여 회의기획 서비스를 상품으로 기업이나 협회 등 행사 주최 측에게 제공함으로써 이윤을 추구하는 사람 또는 업체를 뜻한다(최태광, 1998: 74~75; 한국관광공사, 1994: 17~18; Montgomery and Strick, 1995: 98~103).

컨벤션기획의 한 부분인 행정업무, 공급업체와의 협상, 창조적인 특별 이벤트기획 등을 담당하기도 하며, 컨벤션기획에 관련한 사항을 자문해 주는 컨설턴트의 역할도 한다. 기업이나 협회소속 컨벤션 기획사와는 달리 고객인 기업과 협회를 상대로 하여 컨벤션기획이라는 서비스상품을 개발하고 제공해야 하므로, 마케팅지향적 · 시장 지향적이고 고객들과의 신뢰감을 형성하며 고객의 요구와 기대감등을 파악해야 한다(김오용, 2000: 48~49).

내부적으로 회의 부서를 따로 두고 있지 못하는 협회나 기업은 흔히 자유계약제에 의해 독립적인 컨벤션서비스를 제공하는 개인이나 업체를 고용하게 되는데, 미국의 독립적 컨벤션기획사의 연간 평균 업무량은 경영회의기획이 연간 6회, 컨벤션기획이 연간 4회, 훈련 · 교육기획이 연간 8회, 영업관련회의가 연간 8회 그리고 인센티브 여행기획이 연간 7회이다(Successful Meeting Magazine, www.successmtgs.com).

현재 우리나라 컨벤션산업에서는 회의기획가라는 용어보다는 국제회의 전문 기획업체(PCO)라는 칭호를 보편적으로 사용하고 있다. 국제회의 기획업은 대규모 관광수요를 유발하는 국제회의 기획, 준비, 진행 등 필요한 업무를 행사 주최자로부터 위탁받아 대행하는 업으로, 1986년에 관광진흥법 제 3조 4항에 따르면 관광산업의 하나로 추가되었다(서승진 손정미, 김오용, 2000: 39).

국제회의 기획업은 각종 회의 및 전시회의 기획 및 홍보 등 국제회의 개최관련 업무를 행사주최 측으로부터 위임받아 부분적 또는 전체적으로 행사와 관련된 전문 용역을 제공하는 개인 또는 조직체로, 회의 조직에 관한 전문가와 조언자들이 그 역할을 수행한다.

또한 국제회의 기획업체는 국제기구에 대한 조언자 역할을 한다. 국제회의의 주체인 국제기구가 그 역할을 원활히 수행하기 위해서는 개최지 국제회의 기획업의 자문과 지원이 필요하다. 우리나라의 경우 국제기구 본부가 외국에 위치하고 국내 기구에서 국제회의를 개최하고자 할 경우 누구보다도 국제회의기획과 개최지로써 국내 상황에 대한 실정을 잘 알고 있는 국제회의 기획업체에서 국제기구의 기능을 지원한다(남윤정, 1999: 24). 이제 다음에서 독립적 컨벤션 기획업체인 PCO에 대해 살펴보자.

2. 국내 국제회의 기획업(PCO)

1) 등록 절차

국제회의 기획업은 관광사업의 하부 조항으로 분류되어 '관광진흥법' 에 따라서 그 사업의 승인 및 등록이 이루어지고 있다. 관광진흥법 제 4조에 의하면 대통령령이 정하는 여행업을 제외한 제 4호의 규정에 의한 국제회의업을 경영하고자 하는 자는 특별시장, 광역시장 또는 도지사에게 등록하여야 한다. 각 시도 관광과에 사업계획서와 각종 구비서류를 준비해서 등록을 신청을 하면 각 시도에 지정된 등록권자에 의해 등록되며, 민원처리에는 5일 정도 소요된다. 등록절차 완료 후, 한국관광공사 컨벤션뷰로에 신청서를 제출하면 관광공사 홈페이지의 국제회의업체란에 올려준다.

① 등록 기준

현재에는 자본금 5천만 원 이상이고, 사무실의 경우 소유권 또는 사용권이 있으면 가능하다. 하지만, 이 기준은 과거에 비해 완화된 것으로 98년에 기준에서는 관광진흥법 제 5조 1항에 따라 자본금 1억 원 이상, 사무실 면적은 100㎡ 이상이어야 했고, 위치도 '사업장은 국제회의 용역업을 수행하는 데 적절하다고 인정되는 곳에 설치' 되어야 한다는 기준이 있었다.

② 구비 서류

관광진흥법 시행규칙 제 2조에 따라 관광사업등록신청서에 다음의 5가지 서류를 첨부하여 제출하여야 한다.

- 사업 계획서
- 신청인(법인의 경우에는 대표자)의 성명, 주민등록번호 및 본적을 기재한 서류(외국인의 경우에는 외국인 등록표 등본)
- 법인 등기부 등본(법인의 경우에 한함)
- 부동산의 소유권 또는 사용권을 증명하는 서류
- 외국인 투자 촉진법에 의한 외국인 투자를 증명하는 서류 (외국인 투자기업의 경우에 한 함)

이 외에도 국제회의 기획업의 등록을 하고자 하는 경우에는 관할 세무서장 또는 공인회계사가 확인한 등록신청 당시의 대차대조표(개인의 경우에는 영업용 자산명세서 및 그 증빙서류)를 첨부하여야 한다.

③ 한국 관광 공사 홈페이지에 등록

각 시도 관광과에 등록 절차 완료 후, 한국관광공사 컨벤션뷰로팀에 사업자 등록증과 요청 공문, 그리고 통역 장비 소개나 장비 임차료 기준 등 자신의 회사를 홍보할 기타 참고 자료를 동봉하여 제출하면 홈페이지에 등록할 수 있다.

이밖에도 한국관광공사에서는 국제회의 전문 용역업체를 지원, 육성하기 위해서 세제지원을 확대하고 국내외 전문 교육 훈련을 지원하고 있으며 우수 PCO 업체 지정제도를 도입하고 있다.

2) 국내 국제회의 전문 기획업체(PCO) 현황

국내에서 국제회의 개최 시, 우리나라에서는 주최 측이 전문가의 지원을 필요로 할 때

독립된 회의컨설팅회사(independent meeting consultants)에 속하는 국제회의 전문 기획업체(PCO)를 찾게 된다. 이들은1970년대 순수 용역업무로 시작하여 최근에는 국제회의 유치업무에 이르기까지 그 활동영역과 용역제공 수준 및 범위가 괄목할 만큼 성장하여 2006년 현재 관광공사에 약 140여 개 업체가 등록되어 있다.

이 외에도 관광공사에는 등록되지 않았지만 현재 국제회의 용역업무를 하고 있는 업체들도 있어 이들의 수까지 합치면 숫자는 더 늘어날 것이다. 이러한 국내 PCO의 경우, 대부분 10인 이하의 규모의 소규모 업체가 대부분을 차지하고 있고 전문성을 검증 받은 인력들이 많지 않은 실정이다.

국내의 경우, 국제회의 용역업체의 분류를 그 성격에 따라 크게 전문 PCO, 여행사, PCO 겸 PEO(전문 전시용역업체: Professional Exhibition Organizer), 광고 대행사, 인력 파견업체, 기타 이렇게 6부문으로 나눌 수 있었다. 전문 PCO업체나 PEO를 겸하고 있는 PCO 업체 등을 제외한 나머지 업체들(여행사, 광고대행사, 인력파견 업체 등)의 상당수는 각각의 고유한 업무에 부가적으로 국제회의 용역을 수행하는 정도에 그치고 있다.

<표 8-3> 국내 국제회의 용역업체 지역별 분포현황

구 분	업체 수	비 율(%)
서 울	115	82%
부 산	11	8.5%
대구	4	3%
제 주	4	3%
대 전	2	1%
인천	1	0.5%
광주	1	0.5%
강원도	1	0.5%
경남	1	0.5%
전북	1	0.5%
계	141	100

출처: 한국관광공사(2006)

〈표 8-3〉로 알 수 있듯이 국내 PCO업체는 거의 절대 다수가 서울에 몰려 있어 수도권으로의 편중이 극심한 실정이며, 국내 각지에 컨벤션센터가 건립되고 있는 시점에서 문제점으로 지적될 수 있는 사항이다. 물론 현재 국제회의의 대부분이 수도권에서 열리고 있는 실정을 감안한다면 이해가 가지만, 전반적인 컨벤션 산업의 발전을 위해서는 장기적으로 시정해야 할 문제점으로 분석된다.

<표 8-4> 국내 국제회의 용역업체 대표자 성비현황

구분	업체 수	비 율(%)
남	46	78
여	13	22
계	59	100

출처: 변지우(2001: 148)

<표 8-5> 국내 전문 PCO업체 대표자 성비현황

구분	업체 수	비 율(%)
남	11	58
여	8	42
계	19	100

출처: 변지우(2001: 148)

〈표 8-4〉에서처럼 전체적인 PCO 업계에서 대표자의 여성 성비는 22%에 지나지 않는 반면, 〈표 8-5〉에서 보듯 전문 PCO 업체만을 따로 떼어서 성비를 분석해 봤을 때 대표자의 여성 성비가 42%로 거의 절반을 차지하는 것을 알 수 있다.

3. 컨벤션 기획사의 자질

1) "자질" 의 개념정의[13)]

사전적인 의미로서의 "자질"이란 "타고난 성품과 소질", 그리고 "맡아하는 일에 관한 실력의 정도"를 말한다(김민수 외, 1991: 2515). 일반 학문적으로 접근해볼 때 자질은 교육학이나 군사학 등 다양한 시각으로 해석된다(박경묵, 1991: 8; 송이도, 1999: 20; 문영모, 1999: 23).

특히 산업심리학 및 조직심리학에서는 직무수행에 요구되는 지식, 능력, 기술, 경험, 책임 등을 '직무분석' 을 통해 과학적이고 합리적으로 알아낸다(김원형 외, 1999; 정수진, 고종석, 1998). 직무분석은 과제중심적(task-oriented) 직무분석과 작업자중심적(work-oriented) 직무분석으로 양분되는데, 과제중심적 직무분석은 직무에 수행되는 과제나 활동을 파악하는 데에 초점을 두어 과제중심으로 직무를 분석하는 것이다.

이에 반하여, 작업자중심적 직무분석은 직무를 수행하는 데에 요구되는 인간의 재능과 소질에 초점을 두어 지식, 기술, 능력, 경험 등과 같은 작업자 개인의 자질요건을 분석한다. 이 같은 직무분석을 토대로 직무의 내용, 직무수행에 필요한 재료, 설비, 작업도구, 직무수행 방법 및 절차, 작업조건 등 직무내용을 중심으로 '직무기술서' 를 작성하고, 해당 직무를 수행하는 작업자가 갖추어야 할 자격요건 즉 인적 특성에 관한 정보를 중심으로 '직무명세서' 를 작성하게 된다.

'직무명세서' 는 작업자의 적성, 기술, 지식, 능력, 개성, 흥미, 가치, 태도, 자격요건, 경험들을 자세히 서술하는데 이 같은 인적 특성요소를 다음과 같이 정의할 수 있다(유태용, 2000; 김오용, 2000: 11~12).

적성(aptitude)은 어떤 일을 하거나 배울 수 있는 잠재력이고, 지식(knowledge)은 능력

13) 이 부분은 김오용(2000: 9~12)의 내용을 요약, 재인용한 것임.

과 기술이 발현되는 기초로 직무수행을 위하여 개인이 갖고 있는 사실적 혹은 절차적 정보이다. 기술(skill)은 쉽고도 정확하게 직무에서 요구되는 동작을 할 수 있는 신체적 운동능력이며, 능력(ability)이란 직무수행에 요구되는 인지적 잠재력으로 교육이나 경험을 통해 당장이라도 어떤 일을 할 수 있는 준비상태를 의미한다.

개성(personality)은 사람이나 상황에 대해 독특한 방식으로 반응하는 상대적으로 일관되고 안정적인 개인의 성향이며, 흥미(interest)는 특정 활동에 대한 선호나 취미이다. 그리고 가치(value)는 특정 활동에 대한 선호나 취미이다. 그리고 가치(value)란 인생의 목표나 생활방식에 대해 중요시여기는 것을 말하며, 태도(attitude)는 물리적 대상이나 사람, 기관, 정당 등 사회적 대상에 대한 감정이나 신념을 말한다.

2) 컨벤션 기획사의 자질, 지식 및 기술[14)]

① 컨벤션 기획사의 자질분석

컨벤션 기획사는 회의 세부사항까지 기획하는 임무를 맡고 있어 성공적인 회의진행을 위해 매우 중요한 위치를 차지한다. Montgomery and Strick(1995: 164)는 컨벤션 기획사가 갖추어야 할 인적 특성으로 다음 10가지를 제시했다: 조직력, 효율적, 수용력, 세밀함, 지적, 신속함, 예의바름, 근면, 친절, 그리고 우호적 성격이다.

Rutherford(1990)는 전차 대회 분석능력과 개최지 평가능력, 협상력을 갖추고 있어야 하며, 협상에 필요한 외교능력 이외에 다양한 문화권의 참가자들과 접촉의 기회가 많으므로 외국문화를 이해하고 있어야 한다. 또한 회의기획에 있어 참가자들의 욕구를 충족시켜줄 수 있는 창의력도 요구된다고 한다. 회의산업은 첨단기술의 발달로 큰 변화를 격게 되므로 가상 현실회의, 화상회의, 새롭게 개발되는 소프트웨어, 인터넷, e-mail 등의 사용으로 컨벤션 기획사는 새롭고 진보된 회의기획 방식을 모색해야 한다.

14) 본 내용은 서승진, 손정미, 김오용(2000: 61~66)과 김오용(2000: 54~61)의 내용을 요약 인용한 것임.

남윤정(1999: 64~65)은 컨벤션 기획사가 갖추어야 할 자질을 9개 요소로 구분하여 PCO 종사원 81명을 대상으로 컨벤션 기획사 자질 현황을 조사하였다. 그 결과로 〈그림 8-1〉와 같이 친절함(3.36)과 행사진행능력(3.07), 참가자 요구에 대한 대응능력(2.84)이 '보통' 수준의 자질로 조사되었고, 경험 및 경력(2.07)과 전문지식(2.12), 국제회의 관련전공(2.15)은 '부족' 한 자질로 지적되었다.

〈그림 8-1〉 컨벤션 기획사가 갖추고 있는 자질의 평균점수

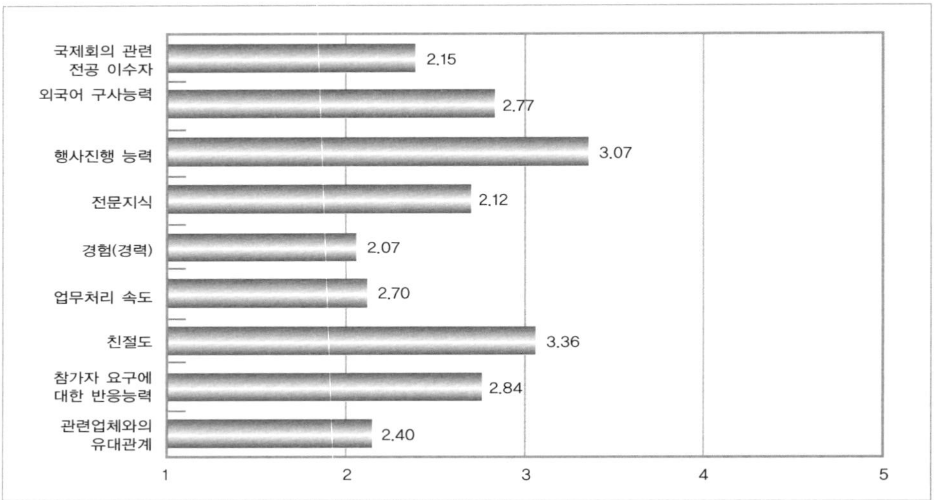

1점: 매우 부족 5점: 매우충분
출처: 남윤정(1999: 64-65)

김은정(2000: 62)은 PCO의 자질평가요소를 외국어 구사 능력, 빠른 업무진행능력, 원활한 의사소통, 관련업계 동원능력, 회의관련 분야의 전문지식 등 8가지 요소로 구분하여 PCO에게 회의운영을 맡긴 회의사무국 인력 23명을 대상으로 조사하였다. 그 결과는 다음의 〈그림 8-2〉와 같이 빠른 업무진행능력(4.85), 외국어 구사능력(4.72)과 원활한 의사소통 능력(4.68)이 중요한 컨벤션 기획사의 자질로 분석되었다.

<그림 8-2> PCO 자질평가요소의 평균점수

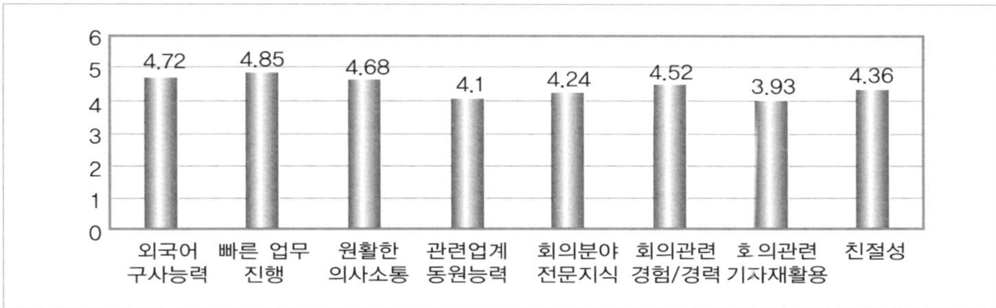

출처: 김은정(2000: 62)

한편, 최정은(1999)도 PCO에게 요구되는 서비스를 6가지 요소로 세분화 하였다. 예를 들면, 통역자의 언어능력, 행사기획과 진행능력, 행사관련 전문지식, 친절도, 업무처리의 능숙도, 관련 업체와의 유대관계가 그것이다.

자격 인증서를 소지한 미국의 컨벤션 기획사(Certified Meeting Planner: CMP)를 대상으로 이루어진 컨벤션 기획사에게 요구되는 자질 연구를 살펴보면 특출한 구어 · 문어적 커뮤니케이션 기술, 리더십, 업무압박 관리능력, 변하는 상황에 빨리 대응할 수 있는 유연성과 동시에 일어나는 많은 활동을 조직하고 스케쥴화 할 수 있는 능력으로 드러났다(Johnson and Erickson, 1994(12): 20~23). 또한 성공적인 컨벤션 기획사에게 필요한 인적 요소로는 조직력, 효율성, 수용력, 주의력, 전문지식, 신속함, 매너 근면성, 친절성 등이 꼽혔다(Montgomery and Strick, 1995: 164~65).

Bryant와 Gaiko(1999: 9~29)는 협회, 기업 또는 독립적 컨벤션 기획사에게 필요한 자질 및 기술을 분석한 연구에서 컨벤션 기획사에게 요구되는 자질을 <표 8-6>과 같이 크게 4가지로 구분하였다.

첫째는 조직력과 리더십으로 위기관리, 재정운영, 마케팅전략 기획력, 시간운영 등이 포함된다. 둘째는, 과학기술력으로 최근 들어 가장 중요하게 여겨지고 있는 부분이다. 회의

〈표 8-6〉 컨벤션 기획사에게 요구되는 기술 및 자질

구분	세부 기술 및 자질
조직력 & 리더십 (Organizational/Leadership Skills)	- 창의력 - 위기관리 - 재정운영 - 인적 네트워킹 - 마케팅 - 조직 경영력 - 프로세스 관리 - 프로그램 평가 - 전략 기획 - 시간 경영 - 교육 및 훈련
과학 기술력 (Technology Skills)	- 데이터베이스 관리 - 이메일 - 인터넷 사용 - 회의기획 소프트웨어 - 멀티미디어 기기 사용 - 스프레드 시트 - 시간경영 소프트웨어 - 화상회의
커뮤니케이션 능력 (Communication Skills)	- 경청 - 협상 - 발표 - 구어력 - 작문력
전문가적 역량 (Professional Competency)	- 산업 전반에 관한 지식 - 정치 및 법에 관한 지식 - 연구력

출처: Bryant and Gaiko(1999: 9~29)를 김오용(2000: 58)에서 재인용

기자재 등의 첨단화와 국제화 시대 흐름에 따른 컴퓨터 사용과 화상회의의 보편화를 그 이유로 들었다. 인터넷 사용능력, 멀티미디어 기자재, 화상회의, e-mail 사용 등을 포함하였다. 셋째는, 커뮤니케이션 능력으로 세부적인 요소로는 협상, 발표력, 화술, 문서작성 능력 등을 지적하였다. 넷째, 전문가적인 역량으로 컨벤션 기획사는 한 분야의 전문가로서 산업 전반에 관한 지식과 정치적 · 법적 요소를 파악하고 있어야 하며, 때로는 연구자가 되어야 함을 밝혔다.

<그림 8-3> 컨벤션 기획사에게 요구되는 기술 및 자질의 평균점수

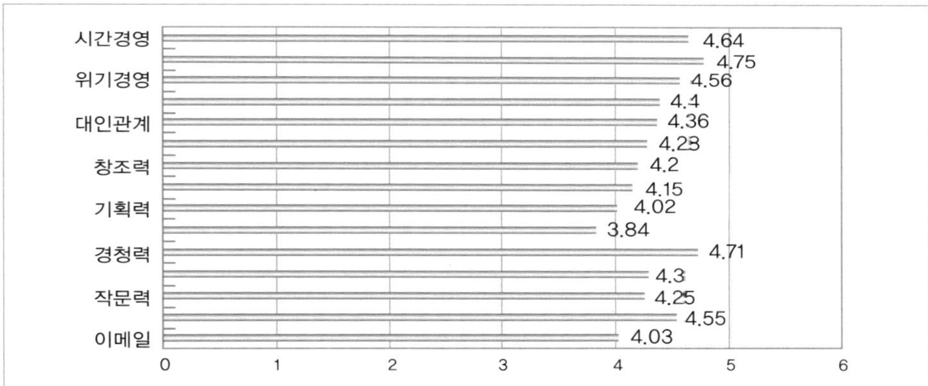

출처: Bryant and Gaiko(1999: 9~29)

위에 언급한 자질평가요소의 중요도를 조사한 결과 〈그림 8-3〉과 같이 협상력(4.79)이 컨벤션 기획사에게 가장 중요한 기술로 나타났으며, 경청력(4.71), 시간경영 능력(4.64), 위기관리 능력(4.56)과 산업에 관련한 지식(4.55)이 매우 중요한 자질로 밝혀졌다. 반면 상대적으로 덜 중요한 자질은 화상회의 능력(2.63), 소프트웨어 관리능력(2.78)으로 분석되었다.

또한, 환대산업의 시각에서 Tas(1996: 90~96)등은 업무능력이란 특정 위치에 요구되는 임무를 수행하기 위해 필수적이라고 판단되는 활동과 기술로 규정했다. 그리고 특정 업무 수행에 요구되는 활동 및 기술 등의 자질을 독창력, 리더십, 대인관계, 행정력과 기술력으로 크게 구분하였다.

Enz, Renaghan과 Geller(1993: 90~95)는 미국 내 환대산업 전문 종사자, 코넬 대학교 석사과정 졸업생, 입학 예정자와 교직원을 대상으로 환대산업 관련 석사과정 학생들에게 요구되는 기술과 능력의 중요도를 조사하였다. 그 결과 리더십, 문제인지 능력, 운영능력과 작문능력이 가장 중요한 능력으로 드러났다.

이상에서 컨벤션 기획사의 자질에 관한 선행 연구에서 보듯이 '자질분석' 만을 중점으로 다루어 조사한 연구는 국내의 경우 거의 없었다. 또한, '자질분석' 을 전체 연구의 한 부분으로 다룬 경우에도 자질평가항목 요소들을 포괄적이고 심층적으로 다루지 못한 채 피상적인 조사에 그쳤다.

서승진, 손정미, 김오용(2000: 63~64)은 컨벤션 업계 전문가를 대상으로 컨벤션 기획사가 갖추어야 할 자질 항목 40가지에 대해 필요도와 빈도를 조사하여 그 중 평균값 이상의 항목을 다음 〈그림 8-4〉과 같이 추출하였다.

그 연구 결과에 따르면, 40개 항목의 필요도와 빈도 평균값이 각각 4.19와 3.95(5.0만점)

〈그림 8-4〉 컨벤션 기획사에게 요구되는 자질

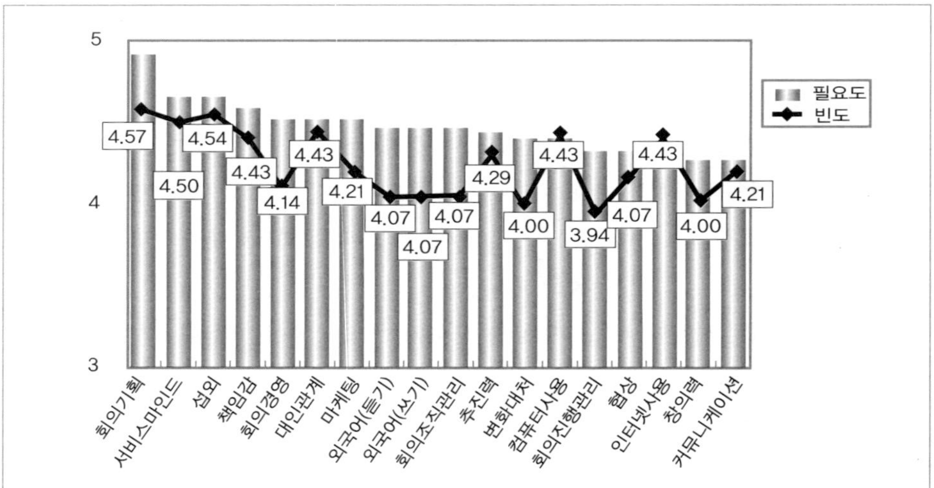

출처: 서승진, 손정미, 김오용(2000: 64)

로 대부분의 항목이 높은 점수를 나타내었다. 그 중 회의 기획능력(4.93/4.57), 서비스 마인드(4.67/4.50), 섭외능력(4.67/4.54), 책임감(4.60/4.43), 대인관계(4.53/4.43)는 각각 필요도와 빈도에서 모두 상위 5위 항목에 포함됨으로써 회의능력과 함께 대외적인 인간관계 형성에 높은 비중을 차지한 것으로 나타났다.

이제 컨벤션 기획사에게 요구되는 지식과 기술을 살펴보자.

② 컨벤션 기획사 지식 · 기술 분석

Chon and Feiertag(1990: 95~97)는 회의기획에 요구되는 지식 및 기술 중요도 분석을 5점 척도(1점: 가장 낮음, 5점: 가장 높음)로 실시하여 다음 〈표 8-7〉과 같은 결과를 얻었다. 이 연구결과에 따르면 예산작성(4.78), 협상(4.76), 목표설정(4.67), 호텔 측과의 기획(4.62), 개최지선정(4.60)이 상위 5위 항목에 포함되어 높은 중요도를 나타냈다.

〈표 8-7〉 회의 기획에 요구되는 지식 및 기술 중요도

항목	중요도
예산작성	4.78
협상	4.76
목표 설정	4.67
호텔 측과의 회의 기획	4.62
개최지 선정	4.60
식음료 관리	4.54
회의장 셋업 기획	4.52
사후평가	4.48
프fp젠테이션	4.45
가이드북 기획	4.36
등록 절차 수립	4.30
시청각 기자재 파악	4.20
홍보일정	4.14
연사 선정	4.13

출처: Chon and Feiertag(1990: 95~97); 서승진 외(2000: 65)가 재정리

서승진, 손정미, 김오용(2000) 여러 연구원들은 컨벤션 기획사가 업무를 성공적으로 수행하기 위해 요구되는 지식 및 기술 항목으로 상기 자질분석 연구결과를 기초로 하여 컨벤션 기획사 자격증 시험과목을 다음 〈그림 8-5〉와 같이 선정하였다. 연구 결과에 따르면 회의기획(24%), 재무회계(8%), MS Office (7%), 서비스마케팅(7%), 영어구두/서신작성(6%), 호텔/관광 경영학(6%), 광고/홍보론(6%)이 높은 비중을 차지한다.

〈그림 8-5〉 필요 지식 및 기술 항목

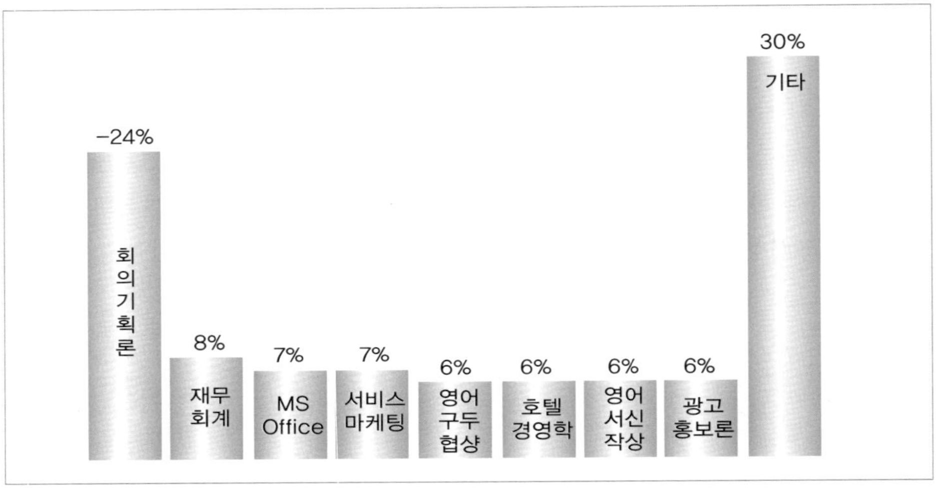

출처: 서승진, 손정미, 김오용(2000: 66)

상기 연구결과를 기초로 볼 때, 컨벤션 기획사 교육에 있어서 회의기획 및 마케팅, 재무, 인사관리, 커뮤니케이션에 관한 교육이 이루어져야 할 것으로 사료되며, 관련 교과목을 정리하면 다음 〈표 8-8〉과 같다.

〈표 8-8〉 컨벤션 기획사 관련 주요 교과목

구분	교과목
전공과목	• 국제회의 실무론 • 전시 실무론 • 협상 및 프레젠테이션 기법 • 시청각 장비론 • 관계 법률의 이해
배경과목	• 교육학 • 심리학 • 광고/홍보론 • 재무 회계학 • 인력 관리론 • 서비스 마케팅 • 경영학개론 • 호텔 경영론 • 관광 경영론 • 통계, 연구 방법론 • 외국문화의 이해
도구과목	• 외국어 비즈니스 서신 작성 • 통번역 연습 • 컴퓨터 MS Office 실무 • 인터넷 활용

출처: 서승진, 손정미, 김오용(2000: 67)

※ 2002년도 4월 국가기술자격법 시행령 개정안 의결사항(시험과목)

	1급	2급
필기시험	컨벤션 기획 실무론 컨벤션 마케팅 컨벤션 재무회계	컨벤션 산업론 호텔 · 관광실무론 컨벤션 영어
실기시험	영문발표	제안서 및 영문서식 작성

이제 다음 절에서 컨벤션 기획사의 업무에 대해 보다 자세히 살펴보고자 한다.

4. 컨벤션 기획사의 업무

1) 이론적 고찰

컨벤션 기획사는 국제회의 유치, 기획, 준비, 진행 등 제반 업무를 조정 · 운영하면서 회의 목표설정, 예산관리, 등록기획, 계약협상, 현장관리, 그리고 회의평가 업무를 담당한다(서승진, 손정미, 김오용, 2000: 93). 물론 컨벤션 기획사의 업무는 회의의 성격, 규모, 컨벤션 기획사의 소속에 따라 그 범위와 종류가 다양하다. 그러나 일반적인 컨벤션 기획사의 업무는 지칭하는 이름은 학자마다 조금씩 달라도 시기별로 3단계로 나누어 구분할 수 있다.

Montgomery and Strick(1995: 171~188)은 컨벤션 기획사의 업무를 '회의 전, 회의기간, 회의 후' 로 나누었다. '회의 전' 에 이루어지는 업무는 회의의제 기획, 회의 목표설정, 예산책정, 회의장소 선정 등이며, '회의기간' 내에는 회의기획안 실행, 위기관리, 예산안 실행 등이다. '회의 후' 업무는 회의결과 보고, 회의평가, 물품수송 그리고 차기회의 기획 등이다.

최태광(1998: 81)은 컨벤션 기획사의 업무를 '국제회의 기획단계, 국제회의 실시단계, 국제회의 통제단계' 로 규정하였고, 김성혁(1995: 192)도 이와 유사하게 컨벤션 기획사의 업무를 회의개최에 따른 시기별로 규정하였다.

이처럼 컨벤션 기획사는 국제회의 전체 진행과정의 흐름에 따라 포괄적이며 복합적인 모든 업무를 책임지고 추진하는 사람이다. 그러나 국내의 경우 최초로 새로운 회의를 우리나라에서 기획하는 경우를 제외하고는 거의 모든 회의가 전차회의나 앞서 개최 되었던 회의에서 한국 개최가 결정되어 이 상태에서 구체적인 준비를 시작하는 것이 대부분이다(최태영, 2002: 36). 다시 말해서, 몇 년 전 까지만 해도 국내에서 개최된 국제회의의 대부분은 우리가 직접 유치해온 회의이기보다는 관례에 따라 한국개최가 결정된 사례이고 국내 PCO는 조직위원회의 요청에 따라 그 회의를 준비 · 진행하는 수준에 머물렀다고 보아야 할 것이다. 따라서 지금까지의 우리나라 PCO의 책임영역은 상당히 한정적이고 수동적이었으리라 여겨진다(서승진, 손정미, 김오용, 2000: 43).

그러나 컨벤션시장의 경쟁이 치열한 현 시점에서 볼 때 앞으로 국내 국제회의산업이 국제 경쟁력을 갖추고 지속적인 성장을 이루기 위해서는 지금까지의 제한적인 국내 PCO의 책임영역을 확대, 보완함으로써 향후 '컨벤션 기획사' 로 대변되는 국내 전문가집단이 국제회의 유치에서부터 기획, 진행, 사후평가에 이르기까지 회의 전반에 걸친 제반 업무를 포괄적으로 처리할 수 있는 능력을 배양해야 한다(서승진, 손정미, 김오용, 2000: 44).

국내 컨벤션 전문가 집단을 대상으로 한 연구조사에 따라 컨벤션 기획사의 업무를 〈그림 8-6〉과 같이 총괄기획, 등록, 학술, 행사, 관광, 의전/수송, 전시, 홍보/출판, 재정으로 분류하였다(서승진, 손정미, 김오용, 2000: 44).

〈그림 8-6〉 컨벤션기획사 업무 분류

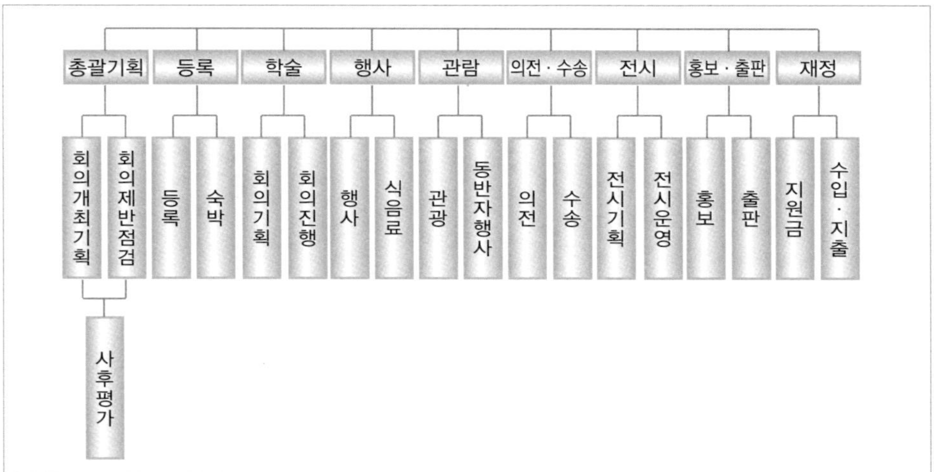

출처: 서승진, 손정미, 김오용(2000: 44)

앞에서 우리는 컨벤션 기획사의 업무영역이 행사의 성격이나 규모에 따라 다를 수 있다고 하였고 회의의 종류도 주최 측에 따라 크게 정부회의, 기업회의(친목회의)협회 · 학회회의로 나누었다. 이 같은 분류에 따라 각 업무의 중요도를 1점(가장 낮음)에서 5점(가장 높음)까지 하여 중요도를 측정한 결과, 각 회의의 성격에 따라 〈그림 8-7〉, 〈그림 8-8〉, 〈그림 8-9〉, 〈그림 8-10〉에서처럼 컨벤션 기획사의 주요 업무 영역이 차별화된 것을 발견할 수 있었다(서승진, 손정미, 김오용, 2000: 54~56).

즉, 정부회의의 경우에는 국빈이 참석하는 경우가 많으므로 초청계획 수립, 개회식계획 수립, 의전계획 수립, 수송계획 수립에 대한 비중이 높은 것으로 나타났으며, 협회회의의 경우에는 회의 제반 운영 점검, 회의진행 관리, 등록계획, 초청계획 수립, 회의기획, 행사장 운영계획, 예산편성 등 회의진행 전반에 관련된 항목이 높은 비중을 차지했다. 한편 기업/친목회의의 경우에는 친목을 목적으로 한 회의가 많으므로 공연 프로그램, 연회행사 항목에 대한 중요도가 높은 것으로 나타났다.

〈그림 8-7〉 총괄기획 부서의 회의 성격별 업무 중요도

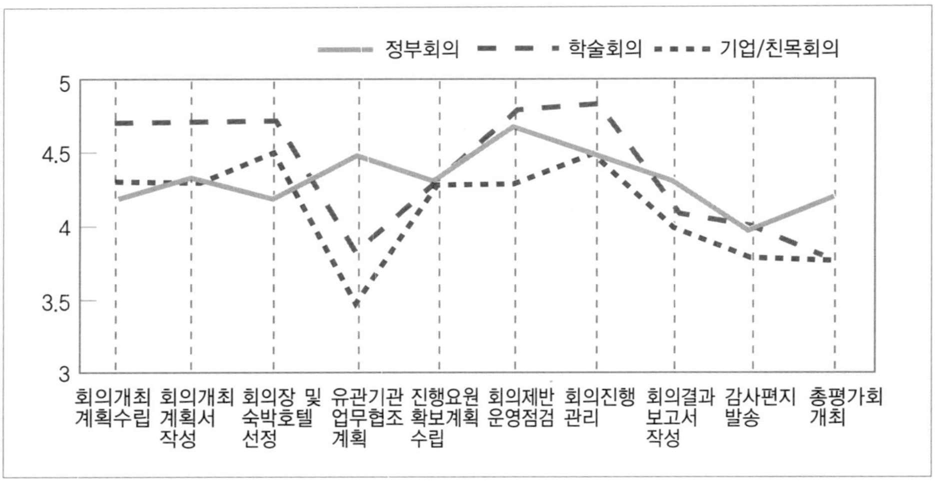

출처: 서승진, 손정미, 김오용(2000: 54)

〈그림 8-8〉 등록/학술 부서의 회의 성격별 업무 중요도

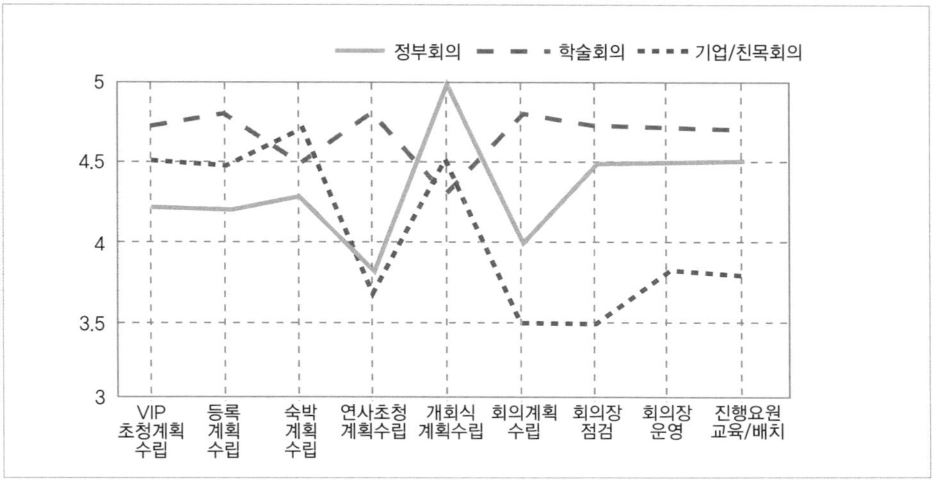

출처: 서승진, 손정미, 김오용(2000: 55)

〈그림 8-9〉 행사/식음료/의전/수송/관광 부서의 회의 성격별 업무 중요도

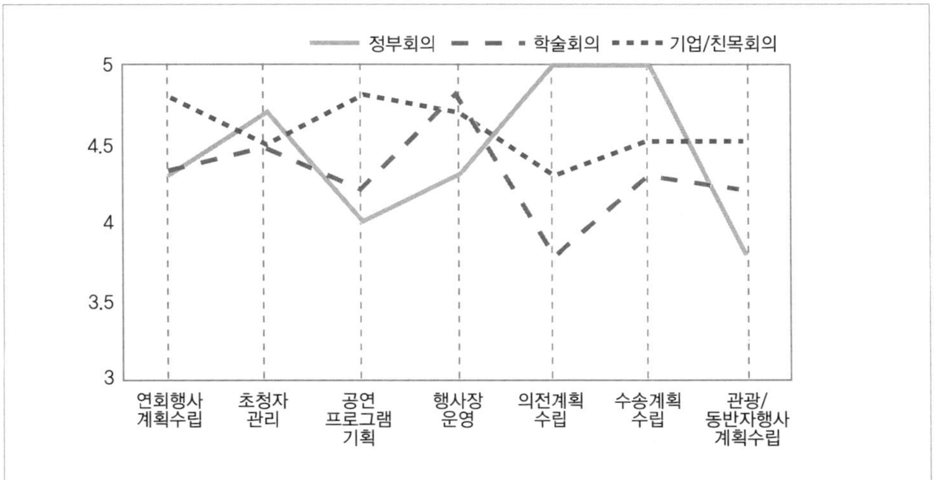

출처: 서승진, 손정미, 김오용(2000: 55)

〈그림 8-10〉 전시/홍보/출판/재정 부서의 회의 성격별 업무 중요도

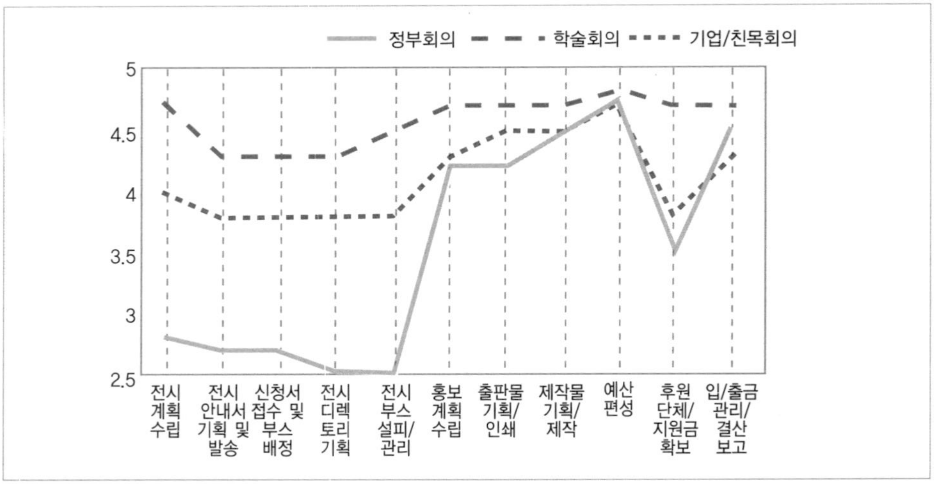

출처: 서승진, 손정미, 김오용(2000: 56)

2) 컨벤션 기획 운영 업무의 요약

이제 컨벤션이 유치된   주최 을 도와서 컨벤션 기획사가 해야 할 업무를 다음과 같이 요약해 보자(최태영, 2002: 12~14).

① 제 회의 유치

우리나라에 국제회의를 유치하고자 하는 단체나 조직을 위해 국제회의 유치성공을 위한 전략을 수립하여 실행한다. 입찰서류(bidding paper) 작성, 홍보 브로슈어 제작, 홍보 부스 기획, 통 · 번역사 및 현지 홍보 전문 인력 파견 등 국제회의를 유치하는 데에 필요한 일체의 활동을 치밀하게 계획하여 전개함으로써 더 많은 국제회의가 우리나라에서 열릴 수 있도록 최선의 노력을 경주한다.

② 국제회의 컨설팅

어떤 단체나 조직이 국제회의를 유치하고, 진행하는 데에 필요한 제반 사항 즉, 계획의 수립, 프로그램 구성, 행사의 홍보, 회의 참가자 배가 방안, 예산 계획, 준비 사무국 운영, 회의 진행 등을 종합적으로 컨설팅한다.

③ 회의준비 사무국 운영

국제회의를 계획하고 준비 하려면 적당한 사무공간과 인력이 필요한데, PCO는 주최자와 협의하여 사무공간을 준비하고 인원을 조직하여 회의개최를 준비하는 사무국(secretariat office)을 운영한다.

④ 예산 기획

국제회의 개최에 드는 비용을 정확히 예측하여 재원의 조달 방법, 수입과 지출, 후원 및 협찬유치계획을 수립하여 효율적인 예산운영을 함으로써 경제적 부가가치를 창출한다.

⑤ 행사장소 섭외

국내 소재 컨벤션센터, 호텔, 전시장의 시설, 규모, 특성, 위치에 대한 데이터베이스가 구축되어 있는데, 이를 활용하여 주최자가 보다 좋은 조건으로 개최 시설을 이용할 수 있도록 섭외하고 협상, 계약한다.

⑥ 예상 참가자 데이터베이스 구축

잔칫집에는 많은 사람이 모여야 홍이 나는 것처럼, 컨벤션 기획사는 회의 참가자를 배가 시키기 위해 대상 참가자 정보를 검색, 수집, 데이터베이스화하여 효과적으로 홍보함으로써 많은 사람들이 모이는 국제회의를 만들어 낸다.

⑦ 등록/논문접수 및 참가자 관리 프로그램 구축 및 운영

참가자들로부터 등록신청서를 접수하여 데이터화 하는 업무는 가장 기본이 되는 PCO 업무이다. PCO는 오랜 국제회의 개최경험을 통해 자체 개발한 국제회의 등록프로그램을 이용하여 회의 참가자 데이터를 관리한다. 특히, WEB기반 하에 참가자 등록, 논문제출, 등록비 납입 등의 모든 등록업무 처리가 가능한 인터넷 등록 프로그램을 개발 운영해야 한다.

⑧ 참가자 숙박 업무

컨벤션 기획사는 국제회의에 참가한 내, 외국인들이 보다 경제적인 가격으로 체재할 수 있도록 호텔 등의 숙박시설과 유기적인 협력관계를 구축하는 한편 호텔과의 가격협상(negotiation), 계약(contract), 객실확보(room blocking) 등의 업무뿐만 아니라, 참가자들로부터 숙박신청을 접수하고 확인서를 발송하고 숙소를 배정하는 업무를 수행한다.

⑨ 출판물 기획/디자인/인쇄

국제회의를 치루기 위해서는 초청장, 안내서와 같은 많은 종류의 홍보물과 출판물이 필요한데 컨벤션 기획사는 회의 특성에 맞는 창의적 아이디어를 내어 한층 세련되고 매력적인 디자인을 추구해야 한다. 이 같은 아이디어가 필요로 하는 것들은 다음과 같이 로고와 엠불렘 디자인, 입찰서류, 포스터, 초청장, 논문게제 신청서(call for paper), 홍보 브로셔, 논문초록집, 최종 프로그램, 논문집, 최종 행사 보고서, 이름표찰 등이다.

⑩ 홍보 및 촉진(publicity and promotion)

컨벤션 기획사는 회의 준비단계별로 과학적인 홍보전략을 수립하여 효과적으로 개최되는 국제회의를 홍보하는데, 오랫동안 방송, 신문, 멀티미디어 등 다양한 매체 네트워크를 최소의 비용으로 최대의 홍보효과를 이끌어 낼 수 있어야 한다.

⑪ 웹 디자인(web design)

이제 인터넷은 우리 생활에서 결코 떼어 낼 수 없는 중요한 매체가 되었고, 국제회의 분야에서도 인터넷은 예외 없이 그 중요성이 높아지고 있다. 인터넷을 통해 참가등록을 하고 논문을 투고하며, 등록비를 결제하며, 심지어 인터넷만으로 컨퍼런스를 개최하기도 한다. 컨벤션 기획사는 국제회의 참가자들이 인터넷을 통해 손쉽게 회의에 대한 정보를 얻을 수 있도록 편리하고 아름다운 홈페이지를 디자인해야 한다.

⑫ 행사 기획 및 진행

국제회의는 본래의 목적인 회의뿐만 아니라 연회, 공연, 전시 등의 다양한 행사 프로그램으로 구성되는 복합적인 이벤트라 할 수 있다. 컨벤션 기획사는 회의참가자들에게 흥미롭고 유쾌한 프로그램을 기획하여 제공함으로써 오랫동안 기억에 남는 성공적인 국제회의를 개최해야한다.

⑬ 관광프로그램 기획 및 진행

컨벤션 기획사는 외국인 회의참가자들의 관광수요를 충족시키기 위해 국제회의 전문 여행사와의 전략적 제휴를 통해 참신하고 깔끔한 관광 프로그램을 운영하여 한국의 전통과 문화를 널리 알릴뿐 아니라 관광수입의 증대에도 일익을 담당하고 있다.

⑭ 회의 시청각 기자재 및 물품 수급 및 제작

국제회의를 진행하기 위해서는 갖가지 시청각 기자재를 필요로 한다. 대규모 국제회의에서는 참가자들의 회의 집중도와 이해도를 높이기 위해서 고해상도 프로젝터, 방송, 중계, 조명, 음향, 위성시스템과 같은 첨단의 장비가 동원되고 있다. PCO는 최상의 품질을 보장하는 전문 시스템 공급업체와 유기적인 협력관계를 구축하고 있어 국제회의 주최자의 다양한 욕구를 충족시켜 주어야 한다.

⑮ **회의운영 전문 인력 수급**

국제회의를 운영하기 위해서는 주최자나 기획사 뿐 아니라 적지 않은 수의 전문인력을 필요로 한다. 따라서 PCO는 동시 통역사, 번역사, 행사도우미, 전문사회자, 이벤트 PD, 임시운영요원 등 국제회의 전 분야에 걸친 인재풀(pool)을 운용하고 있다.

⑯ **동시통역**

여러 언어로 진행되는 회의에는 동시통역이 필수인데 PCO들은 국내 최고의 동시통역사 에이전시 회사와 업무제휴를 통해 최고의 동시통역 품질을 보증해야 한다.

⑰ **행사 시설물 제작**

행사장 무대, 홍보탑, 현판, 배너 등의 장치, 홍보시설물을 참신하고 감각적인 창의력으로 디자인하고 시공해야 되는데 대부분 컨벤션 기획사들은 이를 위해 관련 업체에게 외주를 준다.

⑱ **전시회 기획**

전시회(exhibition, trade show, fair) 부문에서도 컨벤션 기획사는

- 정확한 시장상황 분석
- 정밀한 수요조사
- 최적의 개최지 및 개최시기 선정
- 효율적인 예산 기획
- 유관 부처 및 기관 연계 전략
- 효과적인 참가업체 유치 전략
- 방문객 및 참가자 극대화 전략
- 화려한 전시관 조성 전략
- 최정예 운영조직 전략

을 구사함으로써 회의와 병행되는 전시회를 생동감 넘치는 마케팅 현장으로 만들어야 한다.

⑲ 이벤트 기획

컨벤션 기획사는 다음과 같은 영역에서도 활동하고 있다.

- 기업 문화행사
- 기업IR (investment relation) 행사
- 해외투자유치 행사
- 마케팅 행사
- 기타 이벤트

이같이 다양한 업무를 수행할 능력을 갖춘 컨벤션 기획사들이 진출할 수 있는 영역을 〈그림 8-11〉과 같다.

〈그림 8-11〉 컨벤션 기획사의 활동영역

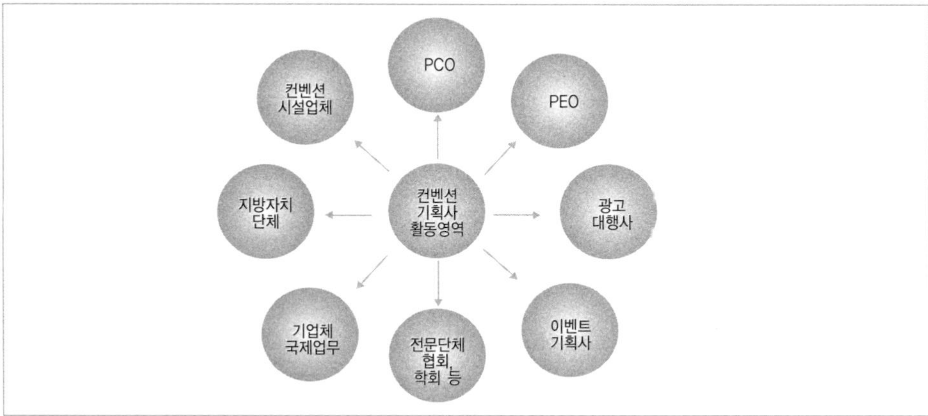

출처: 최태영(2002: 15)

참고문헌

A 국내문헌

1. 도서

김민수, 고영근, 임홍빈, 이승재, 1991. 국어대사전, 금성출판사

김성혁, 1995. 국제회의 산업론, 대왕사

김원형, 남승규, 이재창, 1999. 산업심리학, 학지사

문화관광부, 1998. 국제회의산업 육성 기본계획. 문화관광부

산업연구원, 영화회계법인, 1994, 관광공사의 역할 재조명을 위한 경영분석

서승진, 손정미, 김오용, 2000. 컨벤션 기획사 1, 2급 국가기술자격종목 개발연구 보고서, 한국산업인력공단

유태용, 2000. 2000년 직무분석 강의록, 광운대학교

이경문, 1999, NTO 활성화 전략, 주장건(편저), 한국관광산업 육성 전략, 문지사

정수진, 고종석, 1998. 산업 및 조직 심리학, 삼우사

제주국제컨벤션센터, 1999. 제주컨벤션센터 마스터플랜, 제주국제컨벤션센터

제주시, 2000. 제주도 국제자유도시 개발타당성조사 및 기본계획, 제주시

최승담, 박기홍,1996. 컨벤션 산업 진흥 지원사례 연구, 교통개발연구원

최승담, 한정헌, 김상태, 1994. 컨벤션센터 건립방안, 교통개발연구원

최승이, 한광종, 1995, 국제회이 산업론, 백산출판사

최태광, 1997. 국제회의 경영론, 기문사

컨벤션뷰로, 2002, 컨벤션 협의회 창설 총회에서 발표한 내용(2월 5일) 한국관광공사

한경수, 1997. 관광마케팅이론, 학문사

한국관광공사, 1986. 정부 관광기구의 역할과 기능 한국관광공사

한국관광공사, 1987, 외국관광진흥정책과 사업 한국관광공사

한국관광공사, 1988, 2000년대 관광환경분석과 전망 한국관광공사.

한국관광공사, 1992, 국제회의보상관련 국제기구 및 전시 박람회현황 한국관광공사

한국관광공사, 1994. 국제회의 산업 설명회. 한국관광공사

한국관광공사, 1995, 외국 NTO 관광진흥전략 한국관광공사

한국관광공사, 1999. 국제회의개최현황, 한국관광공사

한국관광공사, 2000. 컨벤션 산업의 추진 전략 및 향후과제, 한국관광공사

한국관광공사, 2001. 미국관광시장분석, 한국관광공사

한국관광공사, 2006, 2005 국제회의 개최현황, 한국관광공사

한국관광연구원, 1996. 제주 컨벤션센터 건립 타당성 조사, 한국관광연구원

한국관광연구원, 1999(a). 대전 컨벤션센터 건립 타당성 조사, 대전광역시

한국관광연구원, 1999(b), 1999년도 관광동향에 관한 연차 보고서, 한국관광연구원

2. 논문

강혜원, 2001. "컨벤션의 참가결정 속성에 관한 연구: 외국인 참가자의 관여도와 Push-Pull 요인을 중심으로," 한림대학교 국제학대학원 석사학위논문

고화옥, 1994. "한국 국제회의 산업의 활성화 방안에 관한 연구: 호텔 컨벤션 산업을 중심으로", 경기대학교 석사학위 논문

권경중, 1997, "국제회의 유치에 따른 지역 관광 활성화에 따른 연구: 청주시 유치를 중심으로," 경희대 대학원 석사학위 논문

김오용, 2000. "컨벤션 기획사의 자질분석", 한림대 국제학대학원 석사학위 논문

김원인, 1994. "관광지의 공간환경에 대한 의사 결정자의 관광매력 속성평가에 관한 연구," 한국관광경영학회

김은정, 2000. "국제회의 개최에 있어서 사무국 구성에 관한 연구," 한림대 국제학대학원 석사학위 논문

김은희, 2000. "국제회의 개최에 있어서 사무국 구성에 관한 연구", 한림대학교 국제학대학원 석사학위 논문

김향미, 1999. "컨벤션 전담조직에 관한 연구: 미국 CVB,와 KNTO내 컨벤션뷰로를 중심으

로," 한림대학교 석사학위 논문.
남궁의용, 1994. "회의개최지 속성 중요도에 관한 연구", 세종대학교 석사학위논문
남윤정, 1999. "한국 국제회의 발전을 위한 국제회의 전담기관 및 PCO 개발 전략," 경희대 대학원 석사학위 논문
문영모, 1999. "군 지휘통솔자의 자질요소에 대한 초급장교들의 인식에 관한 연구," 호남대 대학원 석사학위 논문.
박경묵, 1991. "초등교사의 자질모형 정립에 관한 연구," 한국 교원대 대학원 석사학위 논문
변지우, 2001. "우리나라 국제회의 용역업체에 대한 이론적 고찰," 컨벤션 · 전시연구 연습 제 1집, 한림대학교 국제학대학원 석사학위논문
변희정, 2001. "호텔 컨벤션 산업에 관한 고찰", 한림대학교 논문연습집
서승진, 2002. "컨벤션 Destination / Site 마케팅," 전환기 한국 컨벤션 산업의 마케팅 전략, 한국컨벤션전시산업연구원
손정미, 2000. "컨벤션 서비스 평가속성에 관한 연구," 한림대 국제학대학원 석사학위 논문
송이도, 1999. "초등학교 교사, 학부모가 인식하는 초등학교 교사 자질분석," 홍익대 대학원 석사학위 논문
안종윤, 1987. "국제회의 유치 활성화 방안: 첫째는 시설 그리고 운영의 선진화," 관광공사, Vol. 1(8), 한국관광공사
양덕순, 1999, "조세 법률주의와 관광세 신설 방안," 세미나 자료
오현숙, 2001. "기업회의의 특성에 관한 연구", 한림대학교 국제학대학원 석사학위논문
우경아, 2001. "국제회의 도시지정에 관한 해외도시 사례와 국내현황 비교", 한림대학교 논문 연습집
윤은주, 2006. "구매시기와 사용시기 간의 시간적 거리가 구매의도에 미치는 영향", 서강대학교 대학원 경영학과 박사학위 논문
이소영, 1999. "협회회의 개최지 선정과정 모델구축을 통한 마케팅 방안 연구", 한림대학교 국제학대학원 석사학위논문
이혜련, 2001. "컨벤션 참가자의 서비스 품질 인식", 한림대학교 국제학대학원 석사학위논문
임재일, 1996. "우리나라 호텔 컨벤션 산업 육성에 관한 연구", 단국대학교 경영대학원 석사학위 논문

장주영, 2001. "호텔컨벤션 종사원의 질적수준 향상을 위한 교육, 훈련에 관한 연구", 한림대학교 국제학대학원 석사학위논문

정세환, 2000, "국제회의 전담조직 설립 운영방안," 한림대학교 국제학대학원 석사논문

조계근, 2000, "지방의 경쟁력 향상과 신세원 발굴: 강원도 관광세 도입과 지역개발세 조정을 중심으로," 강원광장

최문경, 2000. "참가자의 학습만족도에 영향을 미치는 회의실의 물리적 · 심리적 회의환경요소", 한림대학교 국제학대학원 석사학위논문

최승담, 2000. "컨벤션 유치 추세 및 향후 발전과제," 관광논단

최정은, 1999, "우리나라 국제회의 시설 및 PCO 이용의 만족도 조사," 경희대 대학원 석사학위 논문

최태영, 2002. "국제회의 기획사의 현황과 나아갈 길" 2002 국제회의 기획전문가 준비생을 위한 세미나

하미영 외, 2001. "한국의 비전통적 회의시설 현황과 전망에 관한 연구", 한림대학교 논문연습집

한상희, 2000, "부산컨벤션 및 관광객 전담기구 설립에 따른 관련 단체들의 인식에 관한 연구: 부산지역을 중심으로," 한림대 국제학대학원 석사학위논문

황두연, 1998, "국제회의 산업의 전망과 과제" '98 추계 컨벤션 전문가 인증교육과정, 한림대학교/UNLV

B 외국문헌

1. 도서

Astroff M. T. and J. R. Abbey, 1998. Convention Sales and Services (5th ed.), Waterbury Press, N.Y.

Berkman, Frank W. et. al., 1985. Convention Management and Services, AHMA.

Dotson, Penny C., 1995. Introduction to Meeting Management (2nd Ed.), PCMA Education Foundation.

Gartrell, Richard B., 1988. Destination Marketing for Convention and Visitors Bureau, Dubugue, Lowe: Kendall Hunt.

Gartrell, Richard B., 1992. Destination Marketing for CVBs,(2nd ed.), Kendall/Hunt Publishing Co.

Goldblatt, Joe J. and Carol F. McKibben, 1996. The Dictionary of Event Management, N.Y.:The International Special Events Society, Van Nostrand Reinhold.

Hildreth, Richard A. 1990. The Essentials of Meeting Management, Prentice-Hall.

Jedrziewski, David R., 1991. The Complete Guide for the Meeting Planner, South-Western Publishing Co.

Kucukkurt, Mehmet, 1981. Factors affecting travel destination choice: An expectancy theory framework for studying travel behavior, Rebsslaer Polutechinc Institute.

Lewis, Robert C, R. E. Chambers and H. E. Chacko, 1995, Marketing Leadership in Hospitality, Foundations and Practices, New York : Van Nostrand Reinhold (2nd ed.).

Mathieson, A. and G. Wall, 1982. Tourism: Economic, Physical and Social Impacts, Longman.

Meetings and Conventions Magazine, 2000(Aug.). Meetings & Conventions

Magazine's 2000 Meetings Market Study, Plog Research Inc.

Montgomery and Strick, 1995. Meetings, Conventions and Expositions: An Introduction to the Industry, Van Nostrand Reinhold.

Morrow, Sandra L. 1997, The Art of the show : An Introduction to the Study of Exposition Management,Dallas : IAEM Education Fecundation.

Nadler, L. and Z. Nadler, 1987. The Comprehensive Guide to Successful Conferences and Meetings: Detailed Instructions and Step-by-Step Checklist, Jossey-Bass Publishers.

Pearson, J. A., 1990. "How to serve conventions", Convention Sales, M. Shaw, pp.159~163. East Lansing, Mich.:L Educational Institute of the American Hotel & Motel Association.

Price, Catherine H., 1999. The Complete Guide to Professional Meeting and Event Coordination, C.H.I.P.S.

Polivka, Edward G., (ed.), 1996. Professional Convention Management Association(3rd ed.), PCMA Education Foundation.

Rutherford, D., 1990. Introduction to the Convention, Expositions and Meetings Industry, N.Y.: Van Nostrand Reinhold.

Smith, H. C., 1995. Psychology of Industrial Behavior, McGaraw-Hill.

Smith, L. J. S., 1983. Recreational Geography, Longman Inc.

This, L., 1979. The Small Meeting Planner, Gulf Publishing Co.

Timothy, Collins and Thomas Doorley, 1991, Teaming up for the 1990s: A Guide to International Joint Ventures and Strategic Alliances, Homewood : Irwin.

Voso, Michele. 1990, The Convention and Meeting Planner's Handbook : A Step-by-Step Guide to Making Yarn Event A Success, Mass : Toronto : Lexing tor Books.

Weirich, M. L(김용관 번역), 1999. 컨벤션 경영론, 일신사

2. 논문

Abbey, J. R. 1987. "The Convention and Meeting's Sector: Its Operation and Research Needs," Travel and Tourism Hospitality Research.

Anthony, C. 1987. Conference Centers fast changing concept. Hotel and Resort Industry, (Nov.), pp. 67~70.

Ball Corbin, 1999(8), "Surfing the CVB Sites'" Corporate Meeting's and Incentives, Vol.18.

Baloglu, Seyhmus and M. Uysal, 1996. "Market segments of push and pull motivations: A canonical correlation approach", International Journal of Contemporary Hospitality Management, 8(3):32~38.

Bezerman, Max H., Ann E. Tenbrunsel and Kimberly Wade-Benzoni, 1998, "Negotiating Yourself and Losing: Understanding and Managing Conflicting Internal Preferences", Academy of Management Review, 23:225-241.

Bello, D. C. and M. J. Etzel, 1985. "The role of novelty in the pleasure vacation", Annals of Tourism Research, 6(4):408~424.

Brewton, Charles and Glenn Withiam, 1998(2), "United States Tourism Policy: Alive but not Well," Cornell Hotel and Restaurant Administration Quarterly, Vol. 39, No. 1.

Byrant, Sarah and Sylvia S. Gaiko, 1999. "Determining Skills necessary for meeting planners," Proceedings of Convention/Expo Summit, Vol. VII.

Caplin, Andrew and John Leahy, 2001, "Focusing on the Forgone: Why Value Can Appear So Different to Buyers and Sellers", Journal of Consumer Research, 27: 360-370.

Cha, S., K. W. McCleary and M. Lee Uysal, 1995. "Travel motivations of Japanese of overseas travelers: A factor-cluster segmentation approach", Journal of Travel Research, 34(1):33~39.

Chon, K. S. and H. Feiertag, 1990(8). "The Essence of the Meetings Management,"

The Cornell H.R.A. Quarterly.

Clark, J. D. and K. W. McCleary, 1995. "Influencing Association's Site Selection Process," Cornell Hotel & Restaurant Administration Quarterly, Vol. 36(2).

Crompton, J. L., 1979. "Motivations for pleasure vacation", Annals of Tourism Research 6(4):408~424.

Crouch, Geoffery I. and J. R. Brent Ritchie, 1998. "Convention Site Selection Research: A Review Conceptual Model, and Propositional Framework", Journal of Convention & Exhibition Management, Vol. 1(1).

Crystal, S., 1989. "Conference Centers Reach Out." Meetings and Conventions, (Feb).

Dann, G., 1981. "Tourist motivation: An appraisal", Annals of Tourism Research 8(2).

Dramberger, Edward P., 2000, "Conceptual Study of the Influence of CVB's Role within the Convention Industry's Site Selection Process," Meeting/Expo Summit 2000, UNLV.

Enz, Cathy A., 1993(8). "Graduate-Level Education: A Survey of Stakeholders," The Cornell H.R.A. Quarterly.

Ferraro, F.F., 1979. "The evaluation of tourist resources: an applied methodology", Journal of Travel Research, 17:18~22.

Fortin P.A., J. R. B. Ritchie, and J. Arsenault, 1978. "A Study of the decision process of North American associations concerning the choice of a convention site," Vol. I and II. Final Report. Quebec City: Larel University.

Gartrell, Richard B., 1991. "Strategic partnerships for convention planning: the role of convention and visitor bureaus in convention management,"International Journal of Hospitality Management Vol. 10(2).

Gartrell, Richard B., 1992, "Convention and Visitors Bureau: Current Issues in Management and Marketing," Journal of Travel and Tourism Marketing, Vol. 1.

Geist, Bill, 1998(5), "Bureau Websites: 'Net'Clear Advantages in Marketing and

Selling Destinations," Convene.

Getz, Donald, et.al., 1988, "Roles Issues and Strategies for CVB in Destination Planning and Product Development: A Survey of Canadian Bureau," Tourism Management, 19(4).

Getz, Donald, 1990(5), "Special Events: Defining the Product," Tourism Management.

Go, Frank M. and Robert Govers, 1999, "The Asian Perspective: Which International Conference Destination in Asia are the Most Competitive?," Journal of Convention and Exhibition Management, Vol. 1(4).

Grado, Stephen C., C.H. Strauss, and B. E. Lord, 1998, "Economic Impacts of Conference and Conventions," Journal of Convention and Exhibition, Vol. 1(1).

Grant, Yvette N. and M. Oppermann, 1995. "Conference attendees: Factors in the participation decision making process." In Meadow, H. L., M. J. Sirgy, D. Rahtz. (eds.): Developmentof Quality of Life Studies in Marketing Proceedings of Fifth Quality of Life/Marketing Conference Coral Gables, Academy of Marketing Science:152~157.

Greco, Joann, 1998(12). "Courting Minority Meetings: A New Focus for CVBs," The Meeting Professional.

Guier, Cindy S. 1998(10), "Centers and CVBs Joining Forces in Greater Numbers," Amusement Business.

Haigh, S. and R. W. Hudson, 1989. Understanding Conference Centers. Fenton, Mo:IACC.

Hirschman, Elizabeth C. and Morris B. Holbrook, 1992. Hedonic consumption: emerging concepts, methods and propositions, Journal of Marketing, 46:92~101.

Hollander, Michael, 1999(8), Where your Competitor Is Your Patriot," LI Business News, Vol. 46.

Houston, Mark B., Lance A. Bettencourt, and Sutha Wegner, 1998, "The Relationship between Waiting in a Service Queue and Evaluation of Service Quality: A Field Theory Perspective", Psychology and Marketing, 15: 735-753.

Hoyle, Leonard H, D. C. Dorf and T. J. A. Jones, 1995, "Managing Conventions and Group Busine," Michigan :Educational Institute of the AH & MA.

Johnson, D. and D. Erickson, 1994(12). "Profile of a Professional Meeting Planner," Corporate Meetings and Incentives, The Laux Co.

Jesitus, John. 1998(4), " On-Line CVBs Lure Delegates, Book Burdener Hotel and Motel Management, Vol. 213 No. 6.

Kawashima, Hisao, 2001. "Types of Meetings and Defining Objectives of an International Meeting", 2ndIAPCO/AACVB Joint Seminar on Professional Congress Organization, Thailand.

Kivetz, Ran and Itammar Simonson. 2002, Earning the Right to Indulge: Efforts as a Determinant of Customer Preferences toward Frequency Program Rewards", Journal of Marketing Research, 39: 155-170

Levin, Jay, 1999. "CVB Strategies for the 21st Century," The Meeting Professional (June).

Lord, David, 1998(5), "IACVB Reaffirmation Its Commitment to Education," Convene.

Louverseed, H., 1993. "The U.S. business and conference travel market", Travel and Tourism Analyse, 5.

Marks, John, 1987, "Convention Center Marketing," Speech before Members of the Travel Industry, Sydney Australia, April 22, 1987.

Masberg, Barbara A., 1998, "Defining the Tourist : is it Possible? A View for CVB," Journal of Travel Research 37(1).

Montgomery, Rhonda J. and Sandra K. Strick, 1995, Meetings, Conventions and Expositions : An Introduction to the Industry, Var Nostrand Reinhold.

Morrison, Alastair. M., et. al., 1998, " Convention and visitors Bureaus in the USA : A Profile of Bureaus, Bureau Executives and Budgets, Journal of Travel and Tourism Marketing, Vol. 7(1).

Nielsen, Edward L., 1999(8). "Get Help from IACVB," Corporate Meetings and Incentives, Vol. 18.

Oh, Heung-Chul, Muzaffer Uysal and Pamela A. Weaver, 1995. "Product bundles and market segments based on travel motivations: A canonical correlation approach. International Journal of Hospitality Management, 14(2).

Oppermann, M., 1995. "Professional conference attendees' and non-attendee participation decision factors", Proceedings Society of Travel & Tourism Educators Conference, 7:25~37.

Oppermann, M., 1998. "Association Involvement and convention participation", Journal of Hospitality and Tourism Research, 10:320~324.

Opperamnn M. and K. S. Chon, 1997, "Convention Participation Decision-Making Process," Annlas of Tourism Research, vol. 24(1).

Osuna, Edgar E., 1985, "The Psychological Cost of Waiting", Journal of Mathematical Psychology, 29: 82-105.

Palmer, Adrian and David Bejou, 1995, "Tourism Destination Marketing Alliances," Annals of Tourism Research, Vol. 22 No. 3.

Pechlaner, Herald and Pier Paolo Mariotti, 2000. "Management of Mediterranean Convention Bureaus and the case of Italy: Vertical Cooperation Systems as a competitive factor," Proceedings of the Convention/Expo Summit. Vol. VIII.

Price, C. H., 1993. "An Empirical study of professional association meetings from the perspective of the attendee", Unpublished Doctoral Dissertation, Virginia Polytechnic.

Pyo, S., B. Mihalik and M. Lee Uysal, 1989. "Attraction attributes and motivations: a canonical correlation analysis", Annals of Tourism Research, 16(2):277~282.

Quain, William J., B. Render and Peter W. Hermann, 1991. "A multi-variate approach toward making decision in the convention segment", International Journal of Hospitality Management, 10(2):147~155.

Rithie, J. R. B, and M. Bins, 1978. "Culture as determination of attractiveness of a tourism region", Annals of Tourism Research, 5:252~268.

Schweitzer, Carole, 1997(2). "One hundred years of CVB experience," Association Management. Vol. 49.

Shafir, Edar, Itamar Simonson and Amos Tversky, 1993, "Reason Based Chocie", Cognition, 49: 11-36.

Shure, P. l., 1994. "PCMA's third annual meetings market survey," Convene, 9(2):32-64.

Shure, Peter 1999(5), "Occupancy Gains Boost Bureau Funding: Study Reports," Convene.

Shure, Peter, 2000(5), "Record Room Tax Collections Boost Bureau Funding," Convene.

Snyder, Bill. 1996(5), "Economic Impact Raises the stakes in Destination Marketing," Convene.

Strahilevits, Michal and John G. Myers, 1998, "Donation to Charity as Purchase Incentives: How Well Thy Work May Depend on What You Are Trying to Sell", Journal of Consumer Research, 24:434-446

Suggs, Welch, 1997(10). "Mixed blessing for conventions: arena plan puts Dallas hotel taxes among nations highest," Dallas Business Journal, Vol. 2.

Tas, Richard F., Suzanne V. LaBrecque and Howard R. Clayton, 1996(8). "Property-Management Competencies for Management Trainees," The Cornell H.R.A. Quarterly.

Thomas, J. A., 1964. "What makes people travel", SATA Travel News, Aug. 65.

Usher, C. M., 1991. "Lasvegas: The key to increased convention attendance", Las Vegas : professional paper, Department of Business and Economics.

Uysal, M. Lee and Anne R. and Hagan, 1991. "Motivation of pleasure travel and tourism", VNR's Encyclopedia of Hospitality and Tourism.

Van Raaijj. W. F. and D. A. Francken, 1984. "Vacation decision activities and satisfaction", Annals of Tourism Research, 11.

Var T., F. J. Cesario and G. Mauser, 1985. "Convention tourism modeling", Tourism Management, 6:194~204.

Vogt, Christine A., Wesley, S. Roehl, and Daniel R., Fesenmaier, 1994. "Understanding planners' use of meeting facility information", Hospitality Research Journal, 7(3):119~130.

Witt, S. F., A. M. Sykes, and M. Dartus, 1995. "Forecasting International Conference Attendance", Tourism Management, 16:559~570.

Yuan, S. and Carn Mcdonald, 1994. "Motivational determinants of international pleasure time", Journal of Travel Research, 42~44.

Zelinsky W., 1994. "Convention and USA: The Geography of A Latter Day Phenomenon", Annals of the Association of American Geographers, Vol. 94.

C 참고사이트

www.bexco.co.kr

www.coex.co.kr

www.excodaegu.co.kr

www.iacvb.org

www.jnto.gov.jp

www.knto.or.kr

www.metro.taejon.kr

www.successmtgs.com

www.suwon.ne.kr

Part III 컨벤션 마케팅

CONVENTION

Chapter **9**

컨벤션 서비스

컨벤션마케팅을 학습하기 위하여 우선 컨벤션상품에 대한 특성을 살펴볼 필요가 있다. 컨벤션상품은 핸드폰, 컴퓨터와 같이 일정한 틀을 갖고 있는 유형의 제품이 아닌 주최자 및 주관사에서 제공하는 다양한 서비스로 상품을 이루고 있는 서비스상품이다. 컨벤션이 개최되는 기간 동안에 제공되는 학술 서비스, 연회 서비스, 의전 서비스 등의 다양한 서비스를 통하여 참가자들은 컨벤션상품을 체험하고 이에 대한 만족도를 표현한다. 따라서 성공적인 컨벤션마케팅을 위해서는 컨벤션 서비스에 대하여 먼저 살펴보도록 하겠다.

1. 서비스 상품의 특성[1)]

서비스는 "사용자에게 성과에 대한 어느 정도의 만족을 제공하지만, 소유되거나 저장 · 수송될 수 없는 무형적 활동(intangible activity)" 으로 정의될 수 있다. 서비스에는 회계, 금융, 의료, 숙박, 수송, 커뮤니케이션 등과 같은 활동이 포함된다.

유형제품과 달리 서비스상품은 다음 4가지 특성을 갖는다. 서비스상품은 유형제품과

1) 이 부분은 안광호, 하영원, 박흥수(2006)의 내용을 인용한 것임.

비교하여 비유형적이고(intangible), 표준화가 어려우며(more variable), 즉시 소멸되며(perishable), 생산과 소비가 동시에 이루어지는 차별적 특성을 갖는다.

1) 비유형성(intangibility)

서비스상품의 경우 소비자는 구매 전까지 그 서비스상품을 보거나 만져볼 수 없다(즉 성능을 평가할 수 없다). 그리고 서비스상품을 구매했음을 보여줄 구체적 대상도 없기에 소비자는 감촉을 느낄 수 없는 어떤 것의 구매에 대해 불안하게 생각할 수 있다. 이같이 서비스상품이 무형적인 특성을 갖는다는 것은 서비스상품 제공기업이 극복해야 할 주요한 과제이다. 서비스제공기업은 다음과 같은 방법을 통해 서비스를 보다 유형적으로 보이게 하여 무형성을 극복할 수 있다.

첫째, 서비스제공자는 소비자들로 하여금 가치있는 무엇인가를 제공받고 있다는 느낌을 갖도록 노력한다. 예를 들어, 보험회사는 불입된 보험료로 자녀의 대학 교육비나 은퇴 후 생활비 지급의 혜택을 누릴 수 있음을 강조하는 촉진전략을 흔히 사용한다.

둘째, 유명인사를 광고모델로 활용하여 제공되는 서비스를 유형화한다. 예를 들어, 삼성증권은 광고모델로 등장한 영화배우 김지미의 이미지를 이용하여 서비스의 신뢰성을 창출함으로써 서비스를 보다 유형화하였다.

셋째, 무형적인 서비스를 유형화하는 또 다른 방법은 서비스제품을 드라마화(dramatization)하는 것이다. 이는 광고를 통해 서비스를 사용하여 얻어지는 혜택을 직접 보여주는 것이다. 예를 들어, 용인 에버랜드는 TV 광고에서 롤러코스트를 탄 소비자가 짜릿함을 느끼는 장면을 보여줄 수 있다.

넷째, 유형적인 심볼(symbol)을 서비스와 연계시킨다. 예를 들어, 미국의 대표적인 증권회사인 Merill Lynch사는 재무적인 성공을 상지하는 황소(bull)를 기업의 심볼로 이용하여 소비자편익을 전달하고자 한다.

2) 비표준화(variability)

페리오치약과 같은 유형제품을 구매하는 소비자는 매번 같은 품질의 제품을 구매할 것으로 기대한다. 그러나 서비스는 사람에 주로 의존하므로 일관되고 표준화된 서비스가 제공되기 어렵다. 의사에 따라 의술에 차이가 있을 수 있으며 미용사의 머리손질이 방문할 때마다 달라질 수 있다. 형편없는 서비스를 경험한 소비자는 그 서비스를 반복구매하지 않을 것이며 주위사람들에게 부정적 구전을 퍼뜨릴 것이다. 따라서 서비스마케터는 서비스상품을 표준화하기 위해 다음과 같은 노력을 기울여야 한다.

첫째, 보다 신뢰성이 있는 서비스를 제공하기 위해, 서비스제공자의 선발과 교육에 많은 투자를 한다.

둘째, 서비스제공자를 사람에서 기계로 대체함으로써 일관성이 없는 서비스가 제공될 가능성을 낮춘다.

3) 소멸성(perishability)

서비스는 판매될 때 까지 저장될 수 없다. 소비자가 서비스가 제공되는 시점에 이를 소비하지 않으면, 그 서비스는 사라져 버린다. 비행기 좌석은 저장될 수 없으며, 채워지지 않은 좌석은 그대로 사라져 버리고 만다.

수요가 지속적으로 안정적이라면 서비스의 소멸성은 크게 문제가 되지 않는다. 그러나 수요의 변동이 심할 경우 서비스제공자는 효율적인 자원 활용을 위한 의사결정을 내리기 어렵게 된다. 그러므로 서비스마케터는 다음 사항을 고려하여 최적의 자원배분을 위해 수요·공급의 특성을 분석해야 한다.

① 서비스가격의 차별화:
전화회사나 극장은 수요가 별로 없는 시간에 서비스를 이용하는 고객들에게 보다 낮은

요금을 적용함으로써 피크타임의 초과수요를 비 피크타임으로 이전시키고자 한다.

② **비성수기 수요의 개발**:

스키리조트는 눈이 없는 기간 동안에 인공잔디 슬라이드를 설치하거나 리프트를 이용하여 아름다운 경관을 볼 수 있게 함으로써 수요를 창출한다.

③ **보완적 서비스의 제공**:

많은 은행들이 보통예금이나 저축예금과 같은 기본적인 서비스를 보완하기 위해 다양한 투자성이 있는 서비스를 제공한다.

④ **예약시스템의 도입**:

예약판매는 수요의 사전확보에 유용한 방법으로 항공사, 철도, 호텔, 식당 등에서 이용되고 있다.

4) 생산과 소비의 동시성(simultaneous production and consumption)

서비스는 흔히 생산과 소비가 동시에 이루어진다. 가령, 내과의사는 환자의 이야기를 듣고, 증상의 원인을 파악한 다음 처방을 내리며(생산), 환자는 증상을 설명하고 의사의 치료를 받는다(소비). 그러므로 유형제품과는 달리 서비스상품의 경우에는 소비가 발생될 때 서비스제공자가 그 자리에 존재해야 한다. 이러한 서비스특성은 유통과 관련된 시사점을 제공한다.

유형제품의 경우에는 소비자가 원하는 시간과 장소에 상품을 공급하기 위해서 수송 · 저장과 같은 유통기능이 중요하다. 그러나 무형적 특성을 갖는 서비스상품은 재고로 유지될 수 없으므로, 시간 및 장소효용을 창출하는 수단인 수송과 저장은 별로 중요하지 않다. 서비스의 유통에서 중요한 것은 고객의 면전에서 서비스제공자가 직접 제공하는 서비스의 질이며, 이는 고객의 반복구매에 큰 영향을 미친다.

2. 컨벤션 상품으로서의 컨벤션 서비스[2)]

1) 컨벤션 서비스의 개념

서비스에 대한 정확한 개념정의는 서비스라는 용어 자체의 포괄성과 서비스산업의 급속한 발전으로 인해 매우 어려운 일이다. 또한 컨벤션에 대한 개념조차 정확하게 설정되지 못한 채 국제회의와 혼용되고 있어, 컨벤션 서비스의 개념은 아직 충분히 확립되지 못하고 있는 실정이다.

국내 선행연구에서 정의된 컨벤션 서비스의 개념을 살펴보면, 박지연(1997)은 '컨벤션 참가자가 개최지에 도착, 컨벤션의 전 과정을 참여하고 행사를 종료한 후 본국으로 출국하기 직전까지 제공받게 되는 컨벤션의 만족도를 결정짓는 유형(물리적 시설), 무형(인적서비스)의 서비스 전반' 이라고 정의하고 있으며, 손정미(2000)는 '컨벤션 참석자가 행사장에 도착하여 행사 후 귀가하기까지 참석자의 편익과 만족을 위해 제공되는 인적, 물적 자원으로서 컨벤션의 만족도를 결정짓는 일체의 유형, 무형의 가치 및 용역' 이라고 정의했다.

이상의 연구에서는 컨벤션 서비스의 시간적 범위를 개최지 또는 행사장 도착부터 행사 후 출국 직전까지로 정하고 있으나, 이혜련(2001)은 컨벤션 개최 이전에 제공되는 각종 정보, 참가등록, 호텔예약 등 서비스의 중요성을 감안하여, 시간적 범위를 회의 참가의사 결정을 위한 검토시점부터 회의에 참가하여 제반 경험 및 평가를 하게 되는 시점까지로 한다. 또한 서비스의 내용적 범위는 최종 고객인 일반참가자의 컨벤션 참가욕구 충족을 위해 회의 개최지, 호텔, 회의장과 회의 주최자와 종사원 등이 제공하는 총체적인 서비스를 포함한다.

다시 말해, 이혜련(2001)은 컨벤션 서비스를 컨벤션 참가자의 참가의사결정을 위한 검토시점부터 회의에 참가, 경험 및 평가를 하는 시점까지 컨벤션 참가욕구 충족을 위해 컨벤션 개최지, 호텔, 회의장, 종사원 및 회의주최자 등이 제공하는 총체적 서비스라고 정의한다.

2) 이 부분은 이혜련(2001: 56~65)의 연구내용을 인용함.

2) 컨벤션 서비스의 분류

컨벤션 서비스는 객체, 시간적 흐름, 서비스 제공주체 등의 관점에서 분류될 수 있다. 서비스객체를 중심으로 하면 인적 서비스, 상품과 관련된 서비스, 정보와 관련된 서비스 등으로 분류할 수 있는데, 인적 서비스는 컨벤션 기획사 및 운영요원의 전문적 지식에 의존하는 회의 기획 및 운영 서비스, 예약 서비스, 안내 서비스 등으로 세분될 수 있고, 상품관련 서비스는 숙박시설, 회의시설, 교통시설 등이 포함되며, 정보관련 서비스는 회의 정보의 제공과 관광정보 소개 등으로 분류될 수 있다.

Normann(1984: 23~25)이 분류한 것과 같이, 컨벤션 서비스는 핵심 서비스(core service)와 부가적 서비스(peripheral service)로 분류될 수 있는데, 핵심 서비스는 모든 컨벤션 참가자에게 공통적으로 제공되는 서비스를 말하고, 부가적 서비스는 컨벤션 참가자의 개별적인 요구나 필요에 의해 제공되는 서비스를 말한다. 따라서 핵심 서비스는 차별화가 어려운 반면, 부가적 서비스는 차별화가 가능하여 경쟁력을 제고시킬 수 있는 부문이기도 하다.

서비스를 제공받는 시간적 흐름에 따라 생각해 볼 때, 컨벤션 서비스는 컨벤션 개최 이전 서비스, 컨벤션 기간 중 서비스, 컨벤션 이후 서비스로 분류가 가능하다. 컨벤션 개최 이전 서비스는 정보 및 참가등록, 호텔예약 서비스 등이고, 컨벤션 기간 중 서비스는 참가자와 운영요원이 상호 접촉과정을 통하여 제공되는 컨벤션 운용 서비스, 안내 및 정보 서비스 등이며, 컨벤션 이후 서비스는 컨벤션 종료 후 고객관리 관점에서 이루어지는 정산, 불평처리 및 기타 고객관리 서비스 등이 있다.

또한 컨벤션 서비스는 서비스를 제공하는 주체에 따라서 컨벤션 주최자 서비스와 컨벤션 개최지 서비스로 대분될 수 있다. 컨벤션 주최자 서비스는 협회 등 컨벤션 주최자 및 컨벤션 기획사가 제공하는 서비스로, 컨벤션 개최 이전 서비스, 개최 기간 중 서비스, 개최 이후 서비스로 구분할 수 있다(Montgomery and Strick, 1995: 163~190).

컨벤션 주최자 및 컨벤션 기획사가 제공하는 컨벤션 개최 이전 서비스는 컨벤션 개최 필요성 분석, 검토를 통한 의제개발, 회의목표 결정 및 실행계획 수립, 컨벤션 운영예산 수립, 참가자 증대를 위한 마케팅 계획수립 및 실행, 개최지, 회의장, 호텔선정 및 협상과 계약, 세부 회의 프로그램 기획, 전시회 기획 및 전시 참가업체 유치 그리고 홍보물 제작 및 배포 등이 포함된다.

컨벤션 주최자가 컨벤션 개최 기간 중에 제공하는 서비스에는 회의 프로그램 등 세부 계획 실행 및 전반적 운영, 컨벤션관련 인력 및 물품에 대한 총괄적 관리, 회의장과 호텔의 컨벤션 서비스 매니저, 서비스 공급업체 및 현장 운영요원 등과의 지속적인 커뮤니케이션을 통한 현안문제 해결, 시설측이 제시한 모든 비용청구서 점검 및 승인 등이 포함된다.

또한 개최 이후 서비스에는 컨벤션 관계자들의 평가 및 공개토론을 통한 개선점 도출, 참가자 평가서의 분석 및 처리, 관계부처에 대한 감사표명, 참가자 불만사항 등 현안문제 해결 및 차기회의 개최계획수립 등이 있다.

컨벤션 개최지 서비스는 항공사 등의 교통 서비스, 컨벤션뷰로 등의 개최지조정 서비스, 현지 운영회사, 장치업체, 운송회사 등의 개최지 공급업체 서비스와 호텔, 회의장 등의 행사장 서비스로 분류될 수 있다(Hildreth, 1990: 115~122).

컨벤션뷰로의 컨벤션 서비스는 가장 대표적인 개최지 서비스로, 시간적 흐름에 따라 컨벤션 개최 이전, 개최기간 중, 개최 이후 서비스로 구분될 수 있다(Gartrell, 1991). 컨벤션뷰로는 컨벤션이 개최되기 이전에 개최지 조사, 사전홍보, 컨벤션 전 · 후 관광, 장애인 시설, 동반자 프로그램, 현지의 저명한 연사소개, 중앙 숙박 예약 센터 등에 대한 지원 서비스를 제공한다.

한편 컨벤션 개최기간 중에는 컨벤션 프로그램의 원활한 진행을 위해 참가자 등록지원, 개회식 환영연사 주선, 안내데스크 운용, 행사장 셔틀버스, 전문적 응급서비스, 관련 상품 및 서비스업체 소개, 스폰서유치, 개최지 홍보를 위한 전시, 환영 현수막 등의 다양한 지원을 한다. 컨벤션 개최 이후에도 컨벤션 기획 및 개최 관계자들에 감사서한 제공, 컨벤션에 대한 평가 및 컨벤션 기획사와 개최지 시설, 서비스 업체 간의 분쟁해결 도모 등의 지원 서비스를 제공한다.

호텔에 있어서 컨벤션은 객실뿐만 아니라 회의실 사용 및 각종 연회 개최 등으로 인해 호텔의 주요 수입원이기 때문에, 대부분의 호텔은 컨벤션에 깊은 관심을 가지고 판촉활동을 전개하며, 컨벤션 기획사 또는 컨벤션 주최자인 협회와의 효율적인 커뮤니케이션을 통한 성공적인 컨벤션 개최를 위해 컨벤션 서비스 매니저를 도입하는 등 컨벤션 서비스를 강화하고 있다.

3) 컨벤션 서비스 품질평가 과정

컨벤션 서비스 품질평가 과정은 평가 주체에 따라서 달라질 수 있는데, 일반적으로 컨벤션의 평가주체는 컨벤션 주최자인 협회, 컨벤션 기획사, 참가자 등이 된다. 협회 관점에서의 평가는 컨벤션 개최목적인 협회 회원의 충성도 제고, 차기 컨벤션 재 참가와 긍정적인 구전을 통한 신규 회원 및 신규 컨벤션 참가자 창출 등 협회의 경쟁력을 제고시키는 것이 평가의 기준이 될 수 있다.

컨벤션 기획사 관점에서의 평가는 컨벤션 관련업체 및 운영요원 등 컨벤션 개최지가 제공하는 서비스가 품질 평가의 기준이 될 것이다. 한편 컨벤션 참가자는 컨벤션 시장의 궁극적 고객이며 컨벤션을 개최하는 이유이기 때문에 컨벤션에 대한 피드백을 제공하는 가장 중요한 평가자인데, 컨벤션 참가자 관점에서의 평가는 서비스가 수행되고 전달되는 것과 서비스 품질 자체가 기준이 된다.

사용자의 관점에서 서비스품질을 평가할 경우, 많이 이용되고 있는 형태가 사용자의 만족/불만족의 관점에서 평가하는 방법이다. 그러나 일반 참가자의 컨벤션 서비스 품질평가는 컨벤션 참가 전이나 컨벤션 참가 중, 컨벤션 참가 후에 발생함으로써 일반 제조 기업의 만족/불만족에 의한 평가와는 차이가 있다. 그러므로 컨벤션 서비스 품질평가 과정은 일반 제조 기업의 상품과 차이가 있음을 감안하여, 컨벤션 참가 이전, 컨벤션 참가 중, 컨벤션 참가 이후 등 세 단계를 모두 고려해야 한다.

Johnson, Tsiros and Lanchioni(1995: 6~19)는 서비스를 투입단계, 경험단계, 결과단계로 구분하여 서비스품질을 측정하는 시스템적 접근방식을 제안했는데, 서비스를 핵심 서비스와 부가적 서비스로 구분하여, 서비스 제공단계에 따른 서비스품질 측정에 대해서 설명하고 있다.

첫째, 투입단계는 핵심 서비스가 제공되기 전 단계로, 고객은 먼저 부가적 서비스를 접촉하여 경험을 하게 되며, 핵심 서비스에 대한 수동적인 기대를 갖게 된다. 이 단계에는 종사원의 개성, 서비스 대기시간, 서비스의 물리적 환경 등 부가적 서비스가 전체 서비스를 구성하는 중요한 요인이며, 서비스 품질평가 차원을 제시한다는 점에서 중요하다. 컨벤션 참가자가 실제로 컨벤션에 참가하기 전 준비단계에서 제공받는 각종 정보나 종사원과의 상담 및 회의참가등록, 숙박예약 등이 이 단계에 해당되고, 컨벤션 서비스품질에 대한 기대가 형성되는 단계이다.

둘째, 경험단계는 고객이 핵심 서비스를 제공받으며 능동적인 기대를 형성하여 핵심 서비스의 평가가 이루어지는 단계이다. 따라서 이 단계에서 제공되는 핵심 서비스가 컨벤션 참가자의 기대와 일치되어야 한다는 점이 매우 중요한데, 아주 미미한 결점이나 실수만이 극복이 가능하다는 점에 서비스 제공의 어려움이 있다. 또한 이 단계의 평가에서는 종사원과 컨벤션 참가자의 상호 작용을 중시하게 되므로 핵심 서비스에 대한 평가가 불만족으로 나타나는 경우 종사원에 일부책임이 있게 된다.

셋째, 결과단계는 전체 서비스품질에 대한 기대와 지각된 서비스에 대한 비교가 가능해지는 단계로 전 단계까지 두 번의 평가가 전체 서비스품질과 연결되며, 투입단계에서의 부가적 서비스에 대한 평가가 세분화되는데, 이 결과단계의 평가가 이루어지는 시점이 분명하지는 않다.

4) 컨벤션 서비스 품질평가 방법과 항목

① 컨벤션의 일반적 평가

컨벤션의 일반적 평가는 컨벤션의 목표와 목적이 충족되었는지를 결정하게 하는 것으로, 평가의 기획단계는 먼저 평가의 목적을 결정하고 어느 특정 요소를 검토할 것인지를 결정해야 한다. 컨벤션 평가내용은 대체로 3가지로 구분할 수 있는데 첫째, 주제와 부제, 연사 및 분과회의 의장 등 향후 활용을 목적으로 한 프로그램의 평가, 둘째, 연예, 오락 및 사교행사 등 부대행사의 평가, 셋째, 개최지, 시설 및 서비스에 대한 평가 등이다(Polivka, 1996).

ⓐ 컨벤션 프로그램 등의 평가

프로그램은 성공적 컨벤션을 위한 가장 중요한 요소이기 때문에 컨벤션 프로그램의 평가가 무엇보다 중요하다. 따라서 컨벤션 참가자를 대상으로 컨벤션 참가목적 수행의 성공 또는 실패 여부, 개별 프레젠테이션 및 연사에 대한 평가, 참가자의 학습욕구 충족 여부, 회의의제 또는 전반적 회의형태에 대한 평가 등을 해야 한다.

이와 같은 컨벤션 프로그램 평가를 통해서 컨벤션 프로그램이 참가자의 교육욕구를 충족시켰는지, 회의주제를 반복해야 하는지, 또는 변경해야 하는가 여부, 연사나 분과회의 진행자 등을 다시 초청해야 하는지, 이번 회의 프로그램 요소가 회의 성공적 개최에 기여했는지 등에 관한 정보를 얻을 수 있다.

이 밖에 리셉션 등 사교 이벤트, 오찬 · 만찬 행사, 전시회, 레크리에이션 활동 등도 평가를 필요로 하는데, 컨벤션 프로그램 내용에 대한 평가가 가장 중요하기는 하나, 이러한 부대행사도 컨벤션 참가자가 다음 컨벤션에 다시 참가하게 하는 동기가 되기도 한다.

ⓑ 컨벤션 개최지에 대한 평가

컨벤션 개최지 평가는 컨벤션 시설, 호텔과 개최지역에 대한 평가로 구성된다. 컨벤션 주최자는 개최지의 서비스 제공 측면에서 평가를 하지만, 일반참가자는 다른 관점에서 볼 수도 있기 때문에 참가자의 인식 및 평가는 추후 컨벤션기획에 많은 도움이 된다. 또한 컨벤션 개최지, 회의장 및 호텔들도 컨벤션 참가자의 평가결과에 관심을 갖고 관련 서비스 및 시설 개선에 활용하고 있다.

컨벤션 참가자의 개최지 평가에 현지 주민이 친절한지, 개최지의 택시기사, 소매점 점원, 경찰 등이 컨벤션 참가자를 환영하고 있는지 여부 이외에, 레크리에이션, 여흥 및 문화행사와 시설, 날씨 등을 포함시켜야 한다.

회의장 또는 호텔과 관련해서는 공항으로부터의 교통편과 접근성, 주변지역, 회의장 또는 호텔 밖에서 편안함과 안전을 느낄 수 있는지가 평가되어야 한다. 또한 레크리에이션 및 오락 시설이 적절하며, 청결하고, 접근이 용이하며 효율적인지를 평가하게 되며, 이외에도 객실, 음식, 이동시설, 체크인 · 절차, 서비스인력, 상점 등 부대시설, 회의실 등에 대해서 평가가 필요하다.

컨벤션 참가자의 교육환경 요소는 연사나 회의 주제 못지않게 전반적인 교육 경험에 중요한 영향을 미칠 수 있다. 따라서 컨벤션의 목적달성에 도움이 되는 효율적 교육환경을 만들기 위해서는 교육환경의 물리적 요소 및 심리적 요소가 잘 조화되어야 하는데, 물리적 요소에는 회의실 테이블, 의자, 온도, 개별공간 등이 포함되며, 심리적 요소에는 컨벤션 참가자와 연사의 태도와 기대 등이 포함된다.

더욱이 급변하는 기술 및 세계 시장의 변화에 신속하게 적응할 수 있도록 컨벤션의 교육기능과 연사와 참가자, 그리고 동료들 간 상호작용의 필요성이 점점 증가하고 있어 커뮤니케이션 환경의 조성이매우 중요해지고 있다.

따라서 회의실이 찾기 쉬운지, 시설이 완비되고, 안락하며 회의장 형태가 적당한지, 여부와 조명이 알맞고 적절한 음향시설을 갖추었는지를 평가해야 한다. 이 밖에 의자는 편안한지, 소음, 열, 창문으로부터의 빛, 거울, 그림 및 과밀한 청중 등 집중력을 저하시키는 산만한 요인은 없었는지 확인해야 한다(Hildreth,1990: 115~122).

② 컨벤션 서비스의 평가

관광산업 부문의 서비스 품질연구는 매우 다양하게 이루어졌는데, 국내연구에서도 호텔, 여행 서비스 품질에 관한 논의가 비교적 활발하였다(윤미희, 엄서호, 1993). 그러나 컨벤션부문의 서비스 품질연구는 최근에 와서야 국내 · 외에서 시도되고 있는데, 그 주요한 연구내용은 다음과 같다.

ⓐ Renaghan and Kay(1987)의 평가 모형

컨벤션 기획사의 회의시설 선정요인을 파악하기 위한 연구에서 전문가 집단과의 면담 및 탐색적 조사를 통하여 효율적 회의에 꼭 필요한 시설 특성으로 회의장 규모, 휴게실의 위치, 시청각 기자재의 질, 조명 및 온도 조절 기능, 가격 등 5가지를 선정하였다.

그리고 이상의 5개 요인으로 16가지 조합을 개발, 회의 기획사에게 각기 특성을 제공하는 회의장 예약희망 정도를 0에서 100까지 등급을 매기도록 했는데, 점수가 높을수록 회의장을 예약할 가능성이 많다고 할 수 있다. 결합분석의 결과, 회의장 규모와 휴게실 위치가 회의장 선정에 가장 중요한 것으로 나타났으며, 다음은 가격, 시청각 기자재, 조명과 온도 등이다.

ⓑ Oberoi and Hales(1990)의 평가 모형

컨벤션호텔의 고객만족 요인에 대한 연구에서 30명의 컨벤션 기획사와 인터뷰에 의해 고객만족에 영향을 주는 요인 54개를 파악하고, 시설(16개), 케이터링(6개), 가격(7개), 활동(25개)으로 구분했다.

그리고 컨벤션 기획사로 하여금 54개 요인의 중요도를 평가토록 했는데, 가장 중요한 10개의 평가요인을 살펴보면, 6개가 직원의 유능함과 반응성에 관련된 것이며, 다른 2개도 음식의 질과 시설 청결도로 직원의 활동에 의해 크게 영향을 받는 것이고, 나머지는 편안한 좌석과 호텔의 안락함으로 나타났다. 또한 회의 참가자를 대상으로 같은 설문으로 회의경험에 대한 만족도를 평가하게 했는데, 기능적 서비스 요인은서비스품질 지각에 밀접한 관계가 있는 반면, 기술적인 물리적 요인은 서비스품질 지각에 관계가 없는 것으로 나타났다.

ⓒ Hinkin and Tracey(1998)의 평가 모형

회의의 효율성에 영향을 미치는 호텔 등 회의시설의 물리적 요인과 서비스 요인을 파악하기 위한 연구에서 〈그림 9-1〉와 같은 서비스 품질 연속체(service-quality priority continuum)로 서비스 품질의 개념을 설명했다. 모든 구매는 양극단이 서비스와 제품인 연속체 상에서 이루어지는데, 고객은 서비스 요인과 비 서비스 요인의 상대적 중요성에 기초하여 특정 구매의 위치를 결정하게 된다.

〈그림 9-1〉서비스 품질 연속체

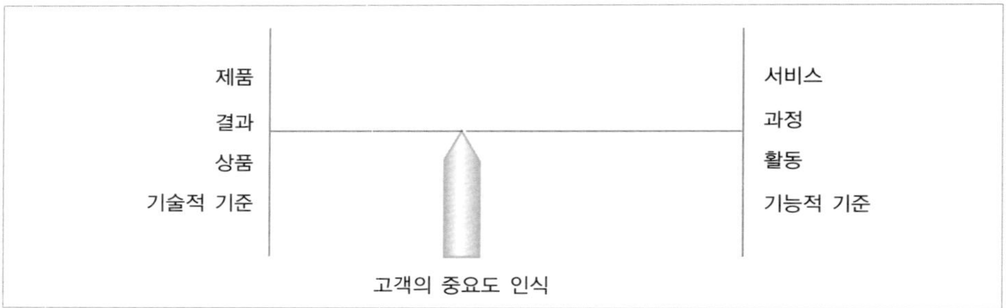

SQ = [(EM)(I)]1 + [(EM)(I)]2 + [(EM)(I)]3 + ⋯ + [(EM)(I)]

SQ = 지각된 서비스 품질

EM = 기대 충족 가능성

I = 각 거래의 중요성

(첫 거래와 마지막 거래가 서비스 품질 인식에 많은 영향을 준다.)

출처: Hinkin and Tracey(1998: 59~67)

구매는 제 각기 중요도가 다른 개별 거래를 수반하게 되며, 각 거래에 대한 만족도가 합쳐져서 전반적 서비스품질을 인식하게 된다. 거래 또한 제품요인과 서비스요인으로 구성되며, 이에 가중치를 반영하여 서비스품질을 평가하는데, 특히 첫 거래와 최종 거래는 고객의 전반적 서비스품질 인식에 더 많은 영향을 미친다.

실증연구는 3단계로 이루어 졌는데, 1단계에서 컨벤션 기획사와 교육담당자 등 2개의 포

커스 그룹을 대상으로 회의와 교육 프로그램의 효율성 요인을 파악한 후 200개 항목을 도출하여, 객실, 공공시설, 안전, 식음료, 직원, 회의장, 편의성, 레크리에이션 시설, 가격 및 청구 등 9개 카테고리, 50개 요인으로 압축하였다. 2단계에서는 76명의 컨벤션 기획사 및 인사담당자들을 대상으로 설문을 실시한 결과, 안전이 가장 중요하며, 다음이 시설 청결도, 직원의 유능함, 회의장의 온도 등 감각속성, 청구절차의 정확성과 효율성인 것으로 나타났다.

3단계에서는 대형 운송회사의 경영개발 프로그램 참가자 80여명을 대상으로 프로그램 시작 3주전에 상기 50개 항목 중 가격 및 청구항목을 제외한 43개 문항을 7개 척도를 이용하여 측정하였다. 그 결과, 컨벤션 기획사가 중요하게 평가하는 요인들을 컨벤션 참가자도 대부분 중요시하고 있었으나, 컨벤션 참가자는 컨벤션 기획사와는 달리 식음료를 매우 중요한 요인으로 인식했다.

마지막으로 컨벤션 기획사와 참가자의 인식차이를 비교하기 위해 카테고리별 중간 값을 계산했는데 차이가 없었으며, 이 결과를 서비스품질 연속체 모형에 적용하면, 회의 구매는 제품- 서비스 연속체상 중심에서 오른쪽 서비스측면에 치우쳐 있다고 결론지을 수 있다.

결론적으로 이 연구는 인적요소가 회의시설의 물리적 요인보다 더 중요하며, 시설의 기능적인 면이 외관보다 더 중요하다는 주장을 뒷받침하고 있다. 또한 서비스품질은 고객에 따라 중요도에 차이가 있는 인적거래 및 비 인적거래의 매우 복잡한 배합에 의해 지각되므로, 고객이 중요하다고 여기는 서비스요인을 파악하여 이에 대한 고객의 기대에 부합하도록 노력하는 것이 꼭 필요하며, 이것이 바로 성공적 회의 및 프로그램의 필요조건이라고 주장했다.

Chapter **10**

컨벤션 유치 마케팅

컨벤션을 기획하기 위해서는 우선 컨벤션 유치가 선행되어야만 한다. 대부분의 컨벤션은 대륙 혹은 국가를 순회하면서 개최되고 있다. 우리나라의 컨벤션 유치 실적은 지속적인 성장세에 있지만, 특히 2000년도에 들어서면서 각 지역에 컨벤션 센터가 개관되고, 국내 IT 산업 등이 선진화 되면서 컨벤션 유치 성공률이 계속 상승하고 있는 추세이다. 컨벤션 유치 방식, 제안서 제출 방법 등 컨벤션 유치를 위해 알고 있어야 하는 내용을 본 chapter에서 아카데미 측면의 연구논문 등과 함께 상세히 다루었다.

1. 컨벤션의 국내 유치

1) 개최지 결정 방식

컨벤션 개최지 결정방식은 4가지 정도로 구분될 수 있다. 첫째, 사전에 내정된 국가 또는 단체만을 초청해서 개최여부를 결정하는 것으로 초청에 의한 방식(by invitation)이 있다. 초청에 의한 방식으로 개최지를 선정하는 컨벤션은 정부주관회의 혹은 소규모회의 등을 예로 들 수 있다.

둘째, 대륙별로 순서를 정하여 한 대륙에서 다음 대륙으로 순환하면서 순번에 의해 정해진 대륙 내의 국가들로 제한하여 개최지를 선정하는 방식(by closed bidding)이다. 대부분의 국제기구에서는 이 방식을 채택하고 있다. 예를 들면, 국제전기전자공학회(Institute of Electrical and Electronics Engineers: IEEE), 국제음성언어학술대회(International Conference on Spoken Language Processing: ICSLP)가 이러한 방식에 의해 국내에서 개최되었다.

셋째, 회원 단체 및 국가 누구든 개최지 선정과정에 참여할 수는 있지만 그 중 복수의 개최후보를 선정해서 우선협상대상자로 지정하는 방식(by limited open bidding)이다. 우선 협상 대상자를 선정한 후 개최지를 선정하는 경우로, 부산에서 개최되었던 세계회의컨벤션협회회의(International Conference and Convention Association: ICCA)를 예로 들 수 있다.

넷째, 모든 회원단체 및 국가에 개방되어 있는 방식으로, 개최후보지 간에 완전한 경쟁방식 혹은 경매방식(by complete open bidding)이 그것이다.

이상이 개최지 결정방식의 주요 구분이였고, 이제 이러한 개최지가 선정되는 과정을 살펴보도록 하자. 개최지(destination)란 "한 지역의 기후, 인프라, 서비스, 자연 · 문화적 속성들로 구성된 독특하고 복잡한 상품" 이며, 하나의 상품으로서 컨벤션은 "숙박, 식음료, 운송, 쇼핑, 여흥, 관광을 포함한 다양한 내용의 프로그램, 활동, 서비스를 특정 시설에서 적절한 가격으로 컨벤션 주최 측(참가자)이 구매할 수 있는 유형 · 무형의 서비스 속성들의 총합" 이다(서승진, 2002: 3).

따라서 컨벤션 개최지 마케팅이란 "컨벤션 주제의 특성, 세계정세, 환경, 개최국 · 개최도시의 고유성, 그리고 주최 측(국제기구나 본부, 국내 학회 · 협회, 조직위원회)의 가치관을 고려하며, 후보도시가 최대 적합성 및 행사를 치러 낼 수 있음을 주최 측에게 설득 · 홍보하면서 주최 측이 요구하는 유치절차를 수행하는 전략적 판매행위" 인 것이다(서승진, 2002: 3).

한편, 컨벤션 개최시설 마케팅이란 "컨벤션 상품의 내용을 적절한 가격에서 최대 참가자 모집을 유도하면서 최상의 서비스를 제공할 능력과 시설을 갖추고 있는 개최국, 개치도시 내에서는 최적의 장소임을 주최 측(국제기구, 본부, 국내 조직위, PCO)에게 홍보 · 설득하는 전략적 판매행위" 로 정의할 수 있다(서승진, 2002: 3).

2) 조직체의 구매행위 이론

컨벤션 개최지로 선정되기 위한 마케팅전략을 펼치기 위해서는 회의개최지 선정과정과 그 과정에 참여하는 개인이나 그룹 그리고 개최지선정기준에 대한 이해가 선행되어야 한다. 그간 컨벤션 개최지 선정에 관한 연구는 부족하나마 몇몇 학자들에 의해 이루어 왔는데 주로 컨벤션 개최지 선정과정과 컨벤션 개최지 선정기준에 초점이 모아져 왔다. 즉, 컨벤션 개최지를 선정하는 의사결정자가 누구인가? 이 과정에 영향을 미치는 요소는 무엇인가? 의사결정은 어떠한 과정을 밟아 이루어지는 가? 등에 관한 논의가 주를 이루어 왔다.

우선 컨벤션 개최지 선정은 어떤 절차를 거치게 되며 그 과정에 참여하는 주체는 누구인지 그리고 선정 과정에서 판단의 기준이 되는 요인은 어떠한 것들인지에 대한 기존의 연구결과를 살펴보겠다.

컨벤션 개최지 결정과정은 개최담당 조직체의 구매행위(organizational behavior)이다(Clark and Knutson, 1995: 22). 따라서 컨벤션 개최지 구매과정 즉, 개최지 선정과정은 특정한 욕구를 충족시키기 위해 구매의사 결정을 내리고 제품을 구매하는 과정을 거치는 구매자들을 포함하고 있다는 점에서 일반 개인 소비자의 구매과정과 유사하다. 그러나 조직체의 구매 의사 결정은 시장구조와 수요, 구매 단위 그리고 구매의사 결정을 포함한 의사결정과정에 있어 개인 소비자와는 큰 차이를 보인다. 따라서 컨벤션 개최지 마케터는 이 차이점을 명백히 파악하고 있어야 효과적인 마케팅 활동을 수행할 수 있다. Kotler와 Amstrong(1997: 211)은 조직체의 구매행위와 개인 소비자의 구매행위의 차이점을 다음과 같이 설명하며 마케팅 측면에서의 시사점을 제시하고 있다.

첫째, 시장의 구조와 수요가 다르다. 즉 조직체 시장은 소수의 대규모 구매자로 구성되어있다. 아무리 거대한 조직체 시장일지라도 대부분의 구매는 대개 몇몇 소수의 구매자에 의해서 이루어진다. 또한 조직체의 수요는 최종 소비자의 수요로부터 파생되는 파생수요(derived demand)이다. 즉, 소비자가 자동차를 구입하기 때문에 제너럴 모터(General Motors)사가 강철을 구입하듯이 참가자들이 회의에 참가하기 때문에 주최 측은 회의 개최지를 구입하는 등이 이에 해당한다.

둘째, 구매단위의 본질이 다르다. 소비자 구매와 비교해 볼 때, 조직체 구매는 많은 구매자들이 관여되고 보다 많은 구매노력이 행해진다. 조직체 구매는 그들의 직무와 관련된 전문적인 훈련을 받은 구매 대리인에 의해서 행해지는 경우가 많다. 따라서 기술전문가와 최고경영층으로 이루어진 구매센터가 주요 제품의 구매에 개입하는 것이 보통이다. 따라서 조직체 대상 마케팅 담당자는 전문교육을 받은 구매자를 상대할 수 있는 전문적 기술과 지식을 습득하고 있어야 한다.

셋째, 의사결정 유형과 의사결정 과정이 다르다. 조직체 구매자들은 개인 소비자들보다 복잡한 구매의사 결정과정을 거친다. 즉, 조직체 구매는 조직 내의 여러 수준과 부서에 있는 사람들의 복잡한 상호작용과 고려사항이 복합적으로 작용된다. 따라서 조직체의 구매과정은 보다 공식적인 절차로 이루어지는 경우가 많다.

넷째, 조직체 구매자와 판매자는 상호 의존적이다. 소비재의 마케팅 관리자들은 통상 고객으로부터 멀리 떨어져 있을 수 있으나 이와는 대조적으로 조직체 마케팅 관리자는 고객의 문제를 정의하는데 도움을 주는 것에 이르기까지 구매 과정의 모든 단계에서 면밀하고도 적극적인 협력을 하도록 해야 한다. 즉, 조직체 마케팅 관리자들은 현재의 고객의 욕구를 충족시키고 또한 고객들이 그들의 소유 고객들과 함께 성장할 수 있도록 협력함으로써 상호간의 이익을 꾀하여야 한다.

Clark and Knutson(1995: 39)은 이와 같은 조직체 구매행동에 관한 제반 이론을 기초로 하여 협회회의 개최지 선정 과정의 모델을 제시한다. 이 모델에 따르면 조직체구매 행동은 4 단계의 행동(4 levels of actives)으로 구성되어 있다.

첫 번째 단계는 조직체의 구매의사 결정과정을 설명해 주는 8개의 일련의 연속적 과정을 포함한다. 두 번째 단계는 조직체 내의 의사결정 과정에 참가하는 집단인 구매센터(buying center)의 참여와 제반 결정행위를 포함하며, 세 번째 단계는 구매센터의 의사결정에 영향을 미치는 변인을 설명하고 있다. 마지막 네 번째 단계는 조직체가 구매 시 참고로 하거나 이용하는 정보원이라는 것이다.

첫 번째 단계에서 말하는 조직체의 구매행위 결정의 8 단계는 문제인식, 전반적인 필요에 대한 기술(description), 제품 특성의 상세화, 공급업자의 탐색, 제안서 제출요청, 공급자 선택, 주문서 작성 그리고 성과검토 이다.

Clark and McLeary(1995: 61~68)는 그들의 논문에서 실제로 국제회의 개최지를 선정하는 과정도 이와 같은 절차를 거치게 된다는 것을 밝혀내었다. 국제회의를 개최하기로 결정하게 되면, 구체적인 조건(a set of specification)이 마련되고, 몇몇의 후보자가 고려의 대상으로 상정이 된다. 이 개최 희망 도시들로부터 입찰을 받아 심사를 하여 개최지가 결정된다는 것이다.

두 번째 단계에서 말하는 구매센터는 구매의사 결정과정에 적극적으로 참여하여 중요한 역할을 하는 한 조직체의 구성원 모두를 포괄하는 개념을 말하며(Mattson, 1988: 210), 이는 구매자, 의사 결정자, 게이트 키퍼(gate keeper), 영향력 행사자 그리고 사용자로 구성되어 있다(Webster and Wind, 1972: 177).

컨벤션 개최지 선정과정도 이와 같이 주최 측의 여러 사람들이 참여하는 것이며, Clark, Price and Murrman(1996: 73)의 연구에 의해 실제로 협회회의 개최지 의사결정 과정에 참여하는 구매센터도 이와 같은 역할분담을 하고 있다는 것이 밝혀졌다. 또한 미국 워싱턴 소재의 회의 기획가를 대상으로 조사를 실시한 Clark and Knutson(1995: 28)의 연구에서도 어느 한 개인이 의사결정을 내리는 경우는 한 건도 없었으며, 특히, 개최지 결정과 관련해 최종적인 영향력을 행사하는 사람들로는, 회의 기획가, 협회 임원들, 협회회장, 영향력 있는 회원, 그리고 개최지 선정위원회, 이사회 등 인 것으로 밝혀졌다.

구매센터가 의사결정을 내리게 되는 각 단계에서 그들에게 영향을 주는 제반 요인들이 제 3 계층을 구성하게 된다. Webster and Wind(1972: 12~19)는 구매센터에 영향을 미치는 요인을 환경적 영향 요인, 조직체 영향 요인, 그리고 구매센터의 상호간의 대인적 영향 요인, 개인적 영향 요인의 네 가지로 요약하여 제시하고 있다.

앞서 조직체 내에서 구매활동은 두 가지 주요 부분, 즉, 구매결정에 참여하는 모든 사람들로 구성되는 구매센터, 그리고 구매의사 결정과정으로 구성된다는 것은 앞서 밝힌 바 있다. 이때 구매센터와 구매의사 결정과정은 내부 조직체, 구매센터의 대인관계 그리고 개인적 요인에 의해서도 영향을 받게 되는데, 이러한 내부적, 외부적 요인이 제 2 계층에 영향을 미치면서 제 3 계층을 구성하게 된다는 것이다(Clark and Knutson, 1995: 30).

마지막으로 네 번째 단계를 구성하고 있는 요소는 판매자가 구매 조직체와의 커뮤니케이션을 위해 사용하는 모든 커뮤니케이션 매체이다. 여기에는 세일즈맨, 홍보자료, 전시 및 트레이드 쇼, 직접 우편 발송(Direct Mailing), 언론 보도자료, 구전, 광고, 각종 연구자료 등이 모두 포함된다.

마케팅 관리자는 이 제 4 단계의 정보 매체들을 이용해 제 3 단계의 제반 영향요소들을 통해 구매조직체와 대화를 할 수 있다. 워싱턴 소재의 협회들을 대상으로 진행한Clark and Knutson(1995: 31)의 연구를 참조하면 협회가 개최지를 선정할 때에도 여러 가지 정보원을 사용하게 된다고 한다. 예를 들면, 잡지의 광고, sales call, 무료 시찰 관광(fam trip), 개최지 마케터와의 관계, 전시회 등을 통한 정보 획득 등이 이에 해당한다.

이상의 조직체 구매행위 4 단계 이론을 다시 한 번 정리하면 다음과 같다. 개인이 아닌 협회 등과 같은 조직체의 구매행동은 4 계층 구조의 의사결정 과정을 형성한다. 가장 위 단계에 정보원이 있고, 그 다음 의사 결정에 영향을 미치는 제반 요인이 있으며, 그 아래 구매집단인 구매센터(buying center)가 존재하고, 가장 기저에는 8 단계로 진행되는 구매행동 과정이 존재한다. 이를 보다 알기 쉽게 예를 들어 설명하자면 다음과 같다. 한 컨벤션 센터가 컨벤션 관련 잡지에 광고를 실었다(제 4계층). 이 광고는 구매센터(제 2계층)의 의사결정에(제 1계층) 영향을 미친다(제 3계층).

(2) **개최지 선정과정**

이상에서 살펴본 일반적인 조직체의 구매의사 결정 모델을 토대로 컨벤션 개최지 선정 과정은 주최 측의 특성이나 회의의 특성에 따라 다양하게 이루어질 수 있다. 이러한 다양성은 주최 측의 예산이나 규모에 크게 의존하는 경향이 많다. 예를 들어 예산이 많고 준비기간(lead time)이 긴 협회 회의의 경우, 전문적 회의 기획조직을 고용하여 회의의 조직이나 운영의 책임을 전담시킬 것이다. 이때 전문 컨벤션 기획사들이 회의 전체를 기획하게 되며 개최장소를 결정하는 역할을 담당하게 될 것이다.

Clark, Price and Murrmann(1996: 74)에 의하면 회의 개최지의 선정은 개최지선정위원회, 일반 협회의 총회, 회장, 협회 임원들, 회의 기획가 혹은 이 중 둘 이상의 협의를 통해 이루어진다고 한다. 이때 회의 기획가가 구매자의 역할을 하는 경우가 거의 대부분 이라고 밝혔다. 따라서 컨벤션 시장을 수요자와 공급자로 나누어 생각할 때, 통상 수요자 즉, 고객은 컨벤션 기획사로 대표되는 것이 일반적이다.

Crouch and Ritchie(1998: 61)는 방대한 문헌연구와 컨벤션 기획사를 대상으로 한 인터뷰를 통해 〈그림 10-1〉과 같은 회의 개최지선정모델을 제시하였다. 〈그림 10-1〉의 모델에서 살펴보면 협회의 회의 개최지 구매센터는 개최지를 선정하기에 앞서 회의 초기 기획을 시작한다. 예를 들어 회의 날짜라든가 잠정적 예산 등을 세우는 것이 이 단계의 활동이다.

이 단계에 영향을 주는 요인이 협회의 특성, 회원의 특성, 임원진의 특성, 과거의 경험, 협회의 정책, 환경적 요인, 회의 목적 등 회의장소 선정을 위한 선행조건(antecedent condition)이라 할 수 있다. 예를 들어, 전차 대회의 경험 이라든가 또한 개최지를 각 대륙마다 돌아가면서 선정하는 협회의 정책 등은 초기 기획단계에 큰 영향을 미친다. 또한 앞서 살펴본 회의 개최지 선정요인도 이 단계에서 고려하게 된다.

다음 단계는 개최지분석 및 추천단계(site analysis & recommendation step)로 개최지에 대한 상세한 정보수집의 단계라 할 수 있다. 즉, 선정기준과 선행요건을 함께 고려하며 최적의 조건을 가진 개최지를 추천하게 된다. 보통 컨벤션 기획사들이 현장을 방문하는 경우가 대부분 이지만, 유명한 회의인 경우, 공급자 쪽에서 조정을 하거나 입찰을 통해 들어오는 경우가 있다. 컨벤션 기획사는 이러한 모든 정보를 분석하고 종합하여 주최 측에게 최적 개최지를 추천하게 된다.

세 번째 단계는 개최지 선정단계(site selection step)로, 컨벤션 기획사의 추천을 근거로 협회 측은 협회 임원이나 이사들의 구두합의 혹은 총회의 안건에 붙여 최종 결정을 내리게 된다. 이때, 개최지 선정과 관련하여 이사들이나 임원들 개개인이 중요시하는 요인이 서로 다를 수도 있다. 또한 앞서 언급한 선행 요건이 이 단계에서 다시 한 번 영향을 미치게 된다. 예를 들어 참가자를 많이 유치하여 최대의 수익을 올려야 한다든가 협회의 이미지를 제

〈그림 10-1〉 일반적 개최지 선정 과정 모델

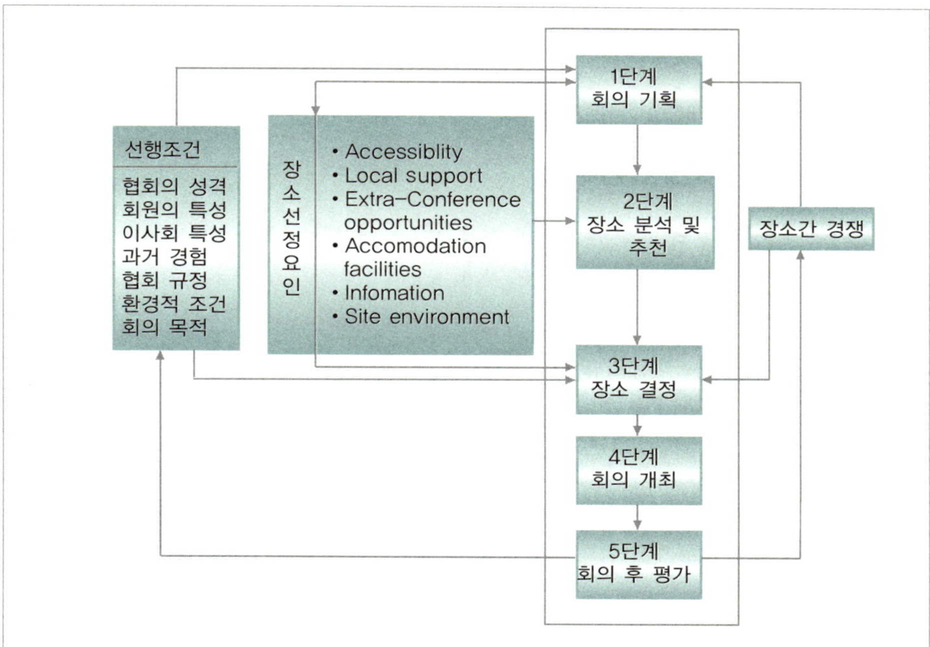

고한다든가, 인지도를 높이려는 등의 특별한 목적이 고려되어야 하는 경우가 그러하다.

마지막으로, 컨벤션이 개최되며, 회의에 대한 평가가 수행되고, 이 평가 결과는 피드백 되어 차기 회의의 선행 조건 항목으로 편입된다.

이 Crouch and Ritchie(1998)의 개최지 선정모델은 컨벤션 기획사로 대표되는 구매자들이 어떤 기준을 가지고 평가를 수행하는 가에 관심의 초점을 두고 있다. 즉 협회에서 회의 개최지를 선정할 때 어떤 요소를 중요시 하여 결정을 내리는가 하는 점이 마케팅활동의 지침을 제공해 주는 관심사안이라 보고 있는 것이다. 이 모델은 컨벤션 기획사들을 대상으로 수행한 심층인터뷰를 토대로 만들어 낸 것이므로 당연히 그들의 업무수행절차(work flow)를 골자로 하고 있다. 따라서 다른 구매결정자의 참여나 그들의 역할이 간과되어 있고, 회의개최지 선정은 하나의 과정(process)임에도 불구하고 회의개최지 선정기준만이 부각된 경향이 있다. 그러나 회의개최지 선정기준 항목은 협회회의 개최지 선정모델에 있어 매우 중요한 부분이므로, 이에 대해 집중적인 검토가 필요함은 말할 나위도 없다.

2. 유치성공의 핵심요소

컨벤션의 유치를 성공하기 위한 핵심요소는 5가지로 구분될 수 있다. 소속 국제기구의 특성을 파악하고, 경쟁 국가를 분석하며, 적극적인 국제기구 활동을 실시하여, 국제기구의 설립목적에 부합하는 프로그램을 구성하는 일이다.

첫째, 유치하고자 하는 컨벤션이 있는 경우에는 소속 국제기구의 특성을 파악해야 한다. 즉, 전략을 세우기 전에 상대방에 대한 특성을 파악해야 하는 것이다. 과거 해당 국제회의 주최자들이 개최지선정 시에 주안점으로 삼은 항목이 무엇인지를 살펴본다. 가령 참가회원의 등록비를 절감해 줄 수 있는 기회제공이 있는지를 중시하는지, 참가자들이 대부분 자비로 참가하여 숙박비에 대한 부담을 최소화 시켜주어야 하는 상황은 아닌지 등이다. 또한 참가자 혹은 행사의 특성이 흥미나 재미 위주라면 관광지 중심으로 개최지를 포지셔닝

(positioning)하여야 하고, 진지하고 학구적인 분위기라면 학습분위기 쪽으로 개최지 포지셔닝 전략을 세워야 한다.

또한 참가자의 경제적 수준을 고려하여야 한다. 참가자들이 대부분 전문직 종사자라면 그들의 성향에 부합하는 개최지를 선호하는 반면에, 비정부단체(NGO: Non-Government Organization)나 종교관련행사의 경우에는 저렴한 행사장 임대비 등의 저가전략에 매혹될 수 있다.

국제기구의 경제적인 형황을 살펴볼 필요도 있다. 현재 이사회의 경제적 여건이 원활한지, 혹은 행사의 개최 목적이 수익창출인지 등을 살펴보고, 해당 개최지의 이미지와 제공할 수 있는 지원책과 부합하는지를 꼼꼼하게 따져보도록 한다.

간과해서 안 될 항목 중 하나는 국제기구 주도권자의 소재지로 개최지 결정방식이 완전경쟁방식(by completed open bidding)의 형태라면 주도권자의 소재지가 개최장소가 될 수 있다는 것이다. 이 항목에 대한 다른 접근으로는, 주도권자가 개최지선정에 큰 영향력을 발휘하는 행사의 경우에 우리나라 사람이 주도권자가 될 수 있도록 전문분야의 리더를 발굴할 필요가 있다.

둘째, 경쟁 국가를 파악해야 한다. 적을 알면 백전백승할 수 있듯이 우리와 경쟁위치에 있는 개최지에 관하여 파악하고 있어야 한다. 우선 핵심항목에 대한 강점 및 약점을 분석하고, 우리의 약점을 최소화하거나 이를 보완할 수 있는 방안을 마련하여 제시하도록 한다. 반면에 우리의 강점이 최대로 부각될 수 있도록 통합마케팅전략을 실시하고, 우리 강점으로 인한 파급효과를 강조한다. 국제행사를 유치하는 경우에 가장 중요한 요인 중의 하나인 해당 산업의 국내 발전정도 및 현황을 부각시킬 수 있어야 하고, 이에 대한 정부의 지원책도 홍보하도록 한다.

셋째, 적극적인 국제기구 활동을 해야만 한다. 이는 컨벤션기획사(Professional Convention Organizer: PCO)의 역량을 벗어난 범위이긴 하지만 국제회의 유치에 있어서 매우 중요한 항목이다. 국제회의 유치에 참가할 수 있는 자격은 해당 개최지 주최자 혹은 컨벤션 전담기구인 CVB(Convention and Visitors Bureau)로 제한되어 있다. 아무리 PCO가 뛰어난 역량을 가지고 있다고 하더라도 국제회의 유치에 직접 참여할 수 없는 한계가 있다. 따라서 유치자격을 갖고 있는 해당 국내 협회 및 단체에서 활발한 국제활동을 해야만 한다.

예를 들어, 세계인간공학회를 유치하고자 하는 경우에는 국내에 있는 인간공학관련 학자가 적극적으로 세계인간공학회의 활동에 참여하고, 한국의 인간공학을 리드(lead)할 수 있어야 한다. 여기서 염두에 두어야 할 점은 동일인이 지속적으로 세계학회 활동을 수행하도록 해야 한다는 점이다. 또한 선정위원 개개인과 개인적 친분관계를 구축하도록 한다.

넷째, 국제기구의 설립 목적에 부합하는 프로그램을 구성하도록 한다. 국제기구의 설립 목적이 이슬람권의 화합인 행사를 국내로 유치할 수 없는 이유이다. 이제 국제회의를 한국으로 유치한 예를 다음과 같이 살펴보자.

{예제} IULA(International Union of Local Authorities) 행사유치를 위한 활동

① 관련회의 참가 유치 판촉

- 사업시기: 2001년 2월
- 목적: IULA WEXCOM(Ghent,Belgium)에 참가 2003 총회 제주개최 의지를 인식시키고, 세계집행위원에게 제주개최 협조 당부
- 내용: 유치추진단 구성원 2001년도 IULA 관련회의 참가 유치 판촉;
  : 홍보도구 제공;
  : 기념품(giveaway) 제공
  : 개최 여건 및 우수성에 대한 홍보 및 필요 시 프레젠테이션

② 다 투표권 소유 집행위원 방문 유치 판촉

- 사업시기: 2001년 2월~4월
- 목적: 투표권자 개별 방문을 통해, 2001 총회 유치 철회에 따른 부정적인 이미지를 불식

시키고, 제주 개최의 장점과 이득을 호소하여, IULAWEXCOM에서 제주를 지지하도록 호소.

- 내용: 대륙별 다 투표 소유 집행위원 출장 방문 유치 판촉

방문지역	투표권수	점유율	중요순위
유럽	1,134	43.5%	1
러시아	325	12.5%	3
미국	306	11.7%	4
중국	495	19.0%	2
계	2,260	86.6%	

※ IULA WEXCOM 위원 투표권 보유 현황 참조.

※ 유럽지역은 투표권 수 90표 이상 인 국가들임: 독일(125), 프랑스(95), 영국(95), 이탈리아 (95), 스페인(91)

③ 다 투표권 소유자 초청 유치 판촉

- 사업시기: 2001년 2월~4월
- 목적: 다 투표권 보유 집행위원 방문 상담내용을 기초로, 확실한 찬성표를 확보하기 위해 다 투표권 소유자를 제주에 초청하여 IULA 개최 여건을 호소, 설득l함.
- 내용: 다 투표권 소유자의 최종적인 성향파악
  : 찬성표 확보가능 집행위원 파악
  : 제주 초청, 유치 판촉

※ 총회 개최 프로그램에 따른 도내 컨벤션 관련 기관/업체 실사 단 대응 담당자 선정 및 교육

※ 실사대응 및 환영리셉션 개최

※ 입찰서류(Bidding Paper)에 게재한 Tour 일정에 따른 관광 체험

※ 로비

④ 실사 단 실사 지원

- 사업시기: 2001년 4월

- 목적: 개최지 입후보 지역의 국제회의 개최조건에 대한 IULA 본부 실사에서 제주가 최적의 개최지임을 부각시켜, 한 달 뒤에 있는 IULA WEXCOM에서 2003년 개최지로 최종 선택받기 위해, 개최조건에 대한 만반의 준비는 물론, 이들 구성원이 개최지 선정에 영향력 있는 인사들이기 때문에, 적극적인 로비를 행해야 할 것임.
- 내용: 실사 단 구성원 사전 입수 및 성향 파악;
  : 총회개최 프로그램에 따른 도내 컨벤션 관련 기관/업체 실사 단 대응 담당자 선정 및 교육;
  : 실사대응 및 환영리셉션 개최

※ 입찰서류(Bidding Paper)에 게재한 Tour 일정에 따른 관광체험

※ 로비

⑤ 총회 개최지 결정회의 참가 유치 홍보

- 시기: 2001년 5월 3일 ~ 6일
- 목적: 총회 개최지를 결정하는 IULA-FMCU 통합 총회(브라질의 리오데 자네이로)에 도지사 및 유치지원단이 대거 참가하여 적극적 유치 활동으로 유치를 이끌어 냄.
- 내용: 홍보부스 설치 및 홍보;
  : 비디오로 제주도 영상물 상영(홍보부스 내에서 회의기간 중 상시 상영);
  : 홍보 브로셔 및 기념품(giveaway) 비치
  : 입후보지로서 프레젠테이션 실시
  : 도지사 주최 리셉션 개최 및 초청 연설
  : 최종적으로 집행위원 대상 개별 로비

출처: IULA(International Union of Local Authorities) 행사유치 준비위원회

3. 컨벤션 유치 절차

우리나라의 정부, 학회 또는 협회내의 회의기획사이건, 주최 측을 도와 유치기획업무를 대행하는 독립컨벤션 기획 전문업체(PCO)이건, 컨벤션을 국내로 유치해 오는데 필요한 지식을 갖추고 있어야 보다 전문적인 "컨벤션 국내유치 기획서"를 작성할 수 있고, 프레젠테이션에 대한 지식도 갖추고 있어야 보다 설득력 있는 프레젠테이션을 할 수 있다. 이에, 컨벤션 유치절차를 살펴보면, 〈그림 10-2〉처럼 도식화 할 수 있다.

〈그림 10-2〉 컨벤션 국내 유치 절차

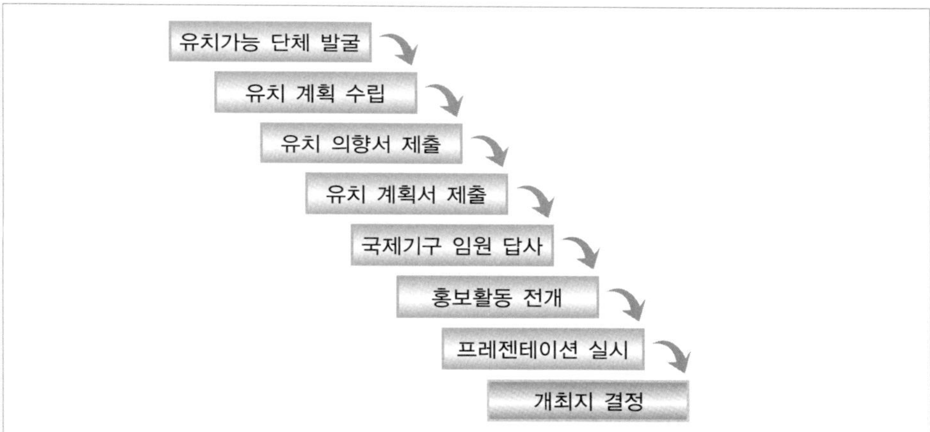

출처: 저자작성

1) 유치가능 단체 발굴: 가능성과 타당성 조사

컨벤션을 국내로 유치하기위한 첫 단계는 유치가능한 정부조직, 협회, 학회 등 가능성이 있는 단체들을 발굴하고, 그 가능성과 타당성을 분석하여, 대상이 될 컨벤션이나 회의를 선정 한 뒤, 접촉을 시도해 보는 것이다.

① 가능단체 발굴 방법

- 국제기구 가입 국내단체 및 협회 대상 유치의향 조사
- 국제기구들(ICCA 등)의 자료 활용
- 세일즈 콜(sales call)
- 공공기관의 년도별 사업계획 등 공식 자료

② 대상 국제회의 선정

- 한국에서 개최된 적이 없는 국제회의
- 아시아지역에서 개최된 적이 없는 국제회의
- 지역회의를 개최한 적이 있으나, 세계회의를 개최하지 못한 회의
- 한국이 앞서가는 분야와 관련된 회의

③ 세일즈 콜(sales call) 실시

- 목적: 유치 가능성 사전 조사
- 조사대상: 단체의 국제회의 개최능력(조직, 재정능력 등), 국제기구에서의 활동내용, 한국으로 유치 가능성 등

2) 유치계획 수립

유치가 가능한 단체들이 확정되면 다음과 같은 사항들을 숙지하여 우리나라의 주최 측과 협의를 통해 유치계획과 전략을 수립한다.

① 유치 계획에 포함할 사항

- 유치타당성 분석

- 소요예산 및 수지 분석
- 예산 조달 방안
- 경쟁국가 현황 분석
- 협조요청 기관, 단체 등 (스폰서 포함)
- 유치추진 일정
- 유치위원회 구성

② 유치대상 국제기구 관련사항

- 유치에 관한 제반 절차문의
- 경쟁 국가에 대한 현황 파악
- 유치의향서, 제안서 포함 내용 등 (과거 샘플 입수)

3) 유치의향서 (Letter of Intention) 제출

유치계획을 수립 한 후 세계본부 등 컨벤션 개최를 책임 맡고 있는 측에게 우리의 유치 의사를 "유치의향서"를 통해 밝히게 된다. 이 "유치의향서"의 구성내용은 다음과 같다.

- 주관단체장 명의 서신
- 주관단체 개요
- 주요 구성 행사의 개요 및 계획

4) 유치계획서 (Bidding Documents) 제출

유치의향서가 접수되면, 유치계획서를 제출하라는 통고를 받게 된다. 제출해야 되는 중요한 문서인 유치계획서는 다음 사항들을 고려하여 작성, 송부하게 된다.

① 유치계획서 포함내용 (일반적)

- 초청 및 지지 서신
- 출입국 항공 교통편/비자 등
- 숙박시설 (숙박요금 포함)
- 사교행사일정 (연회, 관광 등)
- 홍보계획/출판계획
- 조직위원회, 운영위원회 등
- 회의 개최 시기 및 장소
- 회의시설
- 회의일정
- 수송방안
- 소요 예산 표 (등록비 산정기준 등 포함)

② 제안서 제출 방식

- 공식 제안서 (Bidding Document)
- 비공식 제안서 (서신형태)

③ 제안서 형태

- 문서, 비디오

④ 제안서 제출 처

- 국제기구 사무국 (공식)
- 개최장소 결정권자 (이사, 개최지 선정위원회 등)

5) 국제기구 임원 답사 (Site Inspection)

유치제안서를 받은 국제기구나 단체는 개최의사를 밝힌 후보개최지를 답사하게 된다. 대부분 국제기구의 회장단이나 임원들이 우리나라의 개최지역을 방문하게 되는데, 이때 다음과 같은 사항을 숙지해야한다.

① **답사목적**

- 제안서 내용의 진위 여부 심사
- 관련 기관인 CVB(컨벤션전담기구), KNTO(한국관광공사), 시 또는 정부 등과의 협조 여부 점검
- 시설확인(회의, 숙박, 교통 등 수용 능력 점검)

② **답사 시 준비해야할 사항**

- 회의 준비계획 전반에 관한 프레젠테이션
- 회의장, 숙박시설 등 답사
- 주요 관광지 답사
- 국내 유관인사 면담

③ **답사비용 처리**

- 관례상 (또는 유치 조건상) 주최기관이 부담
- 과다한 비용부담, 선물 등은 부정적 영향을 줌
- 사전에 지원 가능한 분야를 반드시 명시하여 통보

6) 홍보활동 (campaign) 전개

본부 답사 팀이 방문했을 때 적극적이고 깊은 인상을 줄 수 있도록 치밀하게 계획을 수립하여 홍보활동을 전개한다.

① 주체: 국내단체, 공사 해외조직망, 대사관, 영사관 등
② 대상: 개최지 결정권자
③ 내용: 개별 접촉 홍보활동, 기념품 전달, 한국의 준비상황 브리핑 등

7) 프레젠테이션 (presentation) 실시

현장답사 전이나 후에 우리 측 조직위원회를 도와 PCO는 프레젠테이션 자료를 만들고, 필요시 발표도 부분적으로 하는 경우도 있다. 다음은 이에 숙지해 둘 필요가 있는 사항들이다.

① 참가자: 개최지 결정권자 (규모가 큰 기구는 전담 PCO의 컨벤션 기획사 등도 참여시킴)
② 형태: 파워포인트/ 슬라이드/ 비디오 / OHP
(비상시에 대비 파워포인트는 OHP 필름화 하여 지참)
③ 시간: 대략 20분, 정보 설명 및 질의응답
④ 발표자: 국내의 단체장, 유치위원장, 국제기구에서 인지도가 높은 회원(필요시 출입국절차, 개최도시소개, 관광은 CVB 관계자가 발표)
⑤ 프레젠테이션 내용 작성

- 제안서 내용을 간결하게 요약
- 경쟁국이 있을 경우 경쟁국 대비 장점을 집중 부각
- 신빙성이 있는 구체적인 정보를 제공

8) 개최지 결정 (site selection)

다음은 개최지가 결정되는 단계에서 알아두어야 할 내용들이다.

① 결정방법: 합의 또는 투표 등 국제기구의 특성에 따라 결정 방법이 다름
② 결정시기: 1년 주기로 개최되는 회의는 약 2-3년 전에, 2-3년 주기로 개최되는 회의는 4-6년 전에 개최지를 결정
③ 합의의 경우: 개최지 결정을 위한 회의 직전 공식행사(환영연, 개막 등)에서 후보국들과 결정권자들과의 자연스러운 접촉을 통해서 세의 불림 유무를 판단하여 불리한 쪽이 양보하고 차기 회의를 기약

④ 합의가 관례인 국제기구의 경우: 합의가 되지 않으면 개최지 결정 자체를 뒤로 미루고 중재에 나섬

4. 컨벤션 기획 전문 업체(PCO) 선정

1) 행사 개최 취지서 발송 / 설명회 개최

컨벤션이 국내에 유치된 이후에는 이를 실무적으로 운영할 컨벤션 기획 전문업체를 선정하게 된다. 전문업체를 선정하는 방식은 3가지 정도로 구분될 수 있다. 이미 세계본부로부터의 유치단계에서부터 친분이 있던 혹은 소개 받은 컨벤션 기획업체에게 일임하는 방식, 문화관광부에 등록되어 있는 모든 컨벤션 전문업체(PCO)에게 행사 취지서를 발송하여 공개적으로 제안서를 받아보는 방식, 그리고 몇 개의 특정 PCO를 선정하여 비공개로 제안서를 받는 방식 등이 있다.

과거에 국내에 PCO가 극소수인 경우에는 특정 업체가 전적으로 사전에 일임 받거나, 몇 개의 기획업체에게만 제안서를 받아 심사를 하였지만, PCO 업체 수가 증가함에 따라 현재는 공개 유치제안서 심사가 일반적이다. 특히나 규모가 크고, 정부행사의 경우에는 공개로 제안서 심사를 거치고 있다. 그 절차를 요약하면 〈그림 10-3〉과 같다.

〈그림 10-3〉 PCO 선정과정

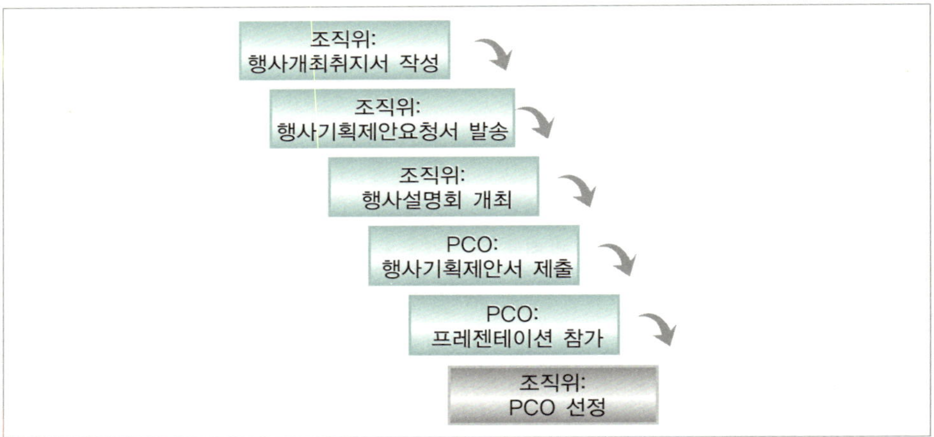

출처: 저자작성

국내 조직위원회가 PCO에게 행사를 대행하는 경우, 행사기획 제안서를 PCO 업체로부터 받아보기 위해서는 우선 주최자가 행사기획 제안요청서(RFP: Request for Proposal)를 우편, 이메일, 팩스 등을 통하여 발송한다. 이 행사기획 제안요청서에는 행사에 대한 전반적인 개요를 소개하는 내용인 행사개최 취지서(prospectus) 포함되어야 한다.

PCO는 행사기획 제안요청서를 바탕으로 행사기획 제안서를 기획하므로, 조직위원회가 발송하는 행사개최 취지서는 정확한 내용을 담고 있어야 한다. 행사명, 행사시기, 개최장소, 참가자 규모, 세계본부, 개최목적, 대략적인 프로그램 개요와 평가방식 및 배점, 연락처가 행사취지서에 담겨 있다. 개최장소의 경우에는 구체적인 개최장소가 정해지지 않은 경우 개최 도시 정도를 명기하도록 한다.

① **행사개최 취지서** (prospectus) **작성**

행사개최 취지서(prospectus)란 공식적인 제안서(Request for Proposal: RFP)로서 개최예정 회의의 특성, 일반 요구사항 및 내역을 포함하고 있다. 따라서 prospectus에 포함될 정보는 가능한 여러 해 동안 의 데이터를 기초로 작성되어야 한다. prospectus 작성 단계는 다음과 같다(Price, 1999: 211~212).

1 단계: 개최예정 회의의 기본 정보를 제공한다.

- 조직위원회 명
- 회의 명
- 사무국 연락처
- 회의 개최예정일
- 참가자 규모
- 참가자 프로필
- 지난 회의 개최지 (도시 및 시설 명)
- 제안서(proposal) 제출 마감일(10 business days)

2 단계: 가격과 관련된 항목에 대한 사항을 가능한 구체적으로 명시한다.

- 객실 수와 유형
- 참가자Check-in/Check-out date
- 객실 요율
- 객실 블록 형태
- 회의장 수 및 규모
- 회의장 별 예상 참가자 수
- 시청각기자재
- 기타 필요 회의장 시설 (천정높이, 수하물 접근성 등)
- 식/음료
- 전시관련 부스 규모 및 수
- 전시참가업체 수
- 기타 필요 전시시설(하수시설 등)
- 프로그램 스케줄

3 단계: 무료제공(Complimentary) 혹은 할인(discount)을 원하는 항목을 명시한다.

- Complimentary 객실
- Complimentary 회의실
- 공항왕복complimentary 셔틀버스
- Complimentary 시청각 기자재

다음은 공식 행사기획 제안 요청서(RFP)의 예이다.

{예제} 공식 행사기획 제안 요청서(RFP)

행사명: 정부혁신 세계 포럼(The Global Forum on Re-Inventing Government)

I. 행사개요

1. 정부혁신 세계 포럼(The Global Forum on Re-inventing Government)

- ' 99년 미국의 고어 부통령이 정부혁신에 관한 각국의 경험을 공유하기 위하여 세계은행(World Bank) 및 비정부단체(NGO) 등과 협력, 미국 워싱턴에서 제1차 정부혁신 세계포럼을 개최
- 이후 2000년 브라질(2차), 2001년 이탈리아(3차), 2002년 모로코(4차), 2003년 멕시코(5차) 포럼을 거치면서 전 세계 100여국 국가원수 및 각료급이 참석하는 중요한 국제회의로 자리매김
- ' 02년부터 UN 경제사회부처(DESA)와 파트너십 구축 · 개최

※ '03.11.4 제 5차 멕시코 대회에서 한국개최 확정

※ 국무총리를 단장으로 정부대표단이 제 5차 포럼 참석

2. 포럼 개최준비 기본전략

가. 국제사회에의 공헌

- 정부부문의 혁신 방향 · 과제 · 전략 등에 관해 세계 각국의 경험과 교훈을 공유하여 각국의 혁신 전략 수립에 기여
- 세계적 차원의 혁신네트워크 구축으로 상호이해 증진도모

나. 우리 정부에의 기여

- 각국의 혁신사례와 성공전략을 벤치마킹하여 참여정부의 혁신과 제 개발 및 전략 선택에 활용
- 참여정부의 혁신사례를 세계 각국에 전파 · 홍보

다. 내실 있는 포럼 준비

- 체계적이며 내실 있는 준비로 성공적인 세계포럼 개최
- 다양한 부대행사와 참여 프로그램을 마련, 국가 이미지 제고

아시아의 혁신 HUB로 도약

- 세계적 차원의 혁신 네트워크 구축 및 강화

- 상시적 혁신의 추동력으로 활용
- 참여정부의 혁신성과 홍보

- 내실 있는 준비
- 다양한 부대행사

II. 제6차 정부혁신세계포럼 개최계획

- 기간: 2005년 5월 24일 -27일 예정(4일간)
- 개최장소: 미정 (제2차 준비위원회에서 결정예정)
- 국외 초청대상: UN 전체회원국 대상 약 3,000명
  - 각국 대표단 및 NGO 관련인사, UN 등 국제기구 인사
- 주요행사: 전체회의, 분과회의, 각종 부대행사
- 포럼주제
  - 6th Global From on Reinventing Government : Toward Participatory and Transparent Governance
- 프로그램 구성계획
  - 개 · 폐회식, 전체회의(기조연설/5~6개 Session), 워크숍
  - 부대행사
  · 혁신관계 장관 원탁회의, 세계자치단체장회의, 정부혁신박람회 등 추진예정

III. 평가방법

- 평가항목별 등급 평가에 의한 점수산정 방식으로 실시

※ 〈표 8-1〉 심사평가표(안) 및 〈표 8-2〉정부혁신세계포럼 PCO 선정 심사 종합평가표 참조
- 업체별 점수는 평가등급별 평점계수 배점으로 산정
  - 평점계수: 매우우수(1.0) / 우수(0.8) / 보통(0.6) / 미흡(0.4) / 매우 미흡(0.2)
- 업체별 총점의 최고점과 최하점을 제외한 나머지 점수의 합산에 따라 업체별 순위 결정
- 평점이 동점일 경우 배점이 높은 평가항목 순(사업제안기획평가 사업수행능력 사업예산평가)으로 결정

출처: 제 6차 정부혁신세계포럼 개최 준비위원회

② 행사 설명회 개최

국내 조직위원회는 PCO 업체들을 대상으로 행사 개최 취지서를 발송하면서 "언제 어디서 행사 개최 설명회를 가질 예정이니 관심 있는 업체들은 이에 참가해 달라"는 공문을 보내게 된다. 또는 간략한 행사개최내용을 설명하는 간략한 공문과 함께 "행사설명회를 가질 예정이니 참석해 달라"는 참가요청서를 보내고, 보다 상세한 설명자료를 설명회 당일날 배포하기도 한다.

③ PCO의 컨벤션 기획 제안서 제출 및 선정

컨벤션 전문 기획업체(PCO)는 주최 측에서 공시한 행사취지서를 바탕으로 최상의 국제회의 기획운영 제안서를 작성하여 주최 측에 제출한다. 주최자 측은 제안서를 심사할 심사위원단을 구성하고, 그들에게 심사할 항목에 대한 설명을 해준다. 이후 심사는 몇 개의 단계를 거쳐 실시된다. 심사위원은 절대적으로 공정하게 구성이 되어야 하고, 기획서를 제출한 업체와 관계가 없는 인물로 구성하도록 한다.

우선 제안서 제출업체의 업체이력 및 재무구조를 파악하고, 제안서를 바탕으로 1차 심사를 실시한다. 1차로 걸러진 제안서를 통해 해당 업체에게 프레젠테이션 기회를 제공한다. 이때, 1차로 선정된 기획업체는 당사의 프로그램을 최대한도로 강조할 수 있도록 발표

준비를 하고, 발표자료를 사전에 칼라로 제본하여 심사위원에게 제공하도록 한다.

심사위원들은 프레젠테이션을 통하여 업체의 장단점을 평가하고, 심사항목별로 배점을 한 후, 최종 최고점수를 받은 업체를 채택한다. 다음 〈표 10-1〉과 〈표 10-2〉는 "정부혁신세계포럼" 이라는 행사의 PCO를 선정하는 심사 평가표와 종합 평가표의 예이다.

〈표 10-1〉 정부혁신세계포럼 PCO 선정 심사평가표(안)

업체명:

평가항목	평가기준	배점기준	매우우수 (1.0)	우수 (0.8)	보통 (0.6)	미흡 (0.4)	매우미흡 (0.2)	업체평가
가. 사업수행능력 평가		35						
(1) 수행실적평가	국제회의 수행실적	15						
(2) 수행인력평가	투입인력의 행사수행 적정성 전문성 및 경험도	20						
나. 사업제안(기획)평가		50						
(1) 체계성 및 정교성	사업계획의 치밀함, 위기관리 계획 수립	10						
(2) 신뢰성 및 실현가능성	현실적으로 실현가능한 계획수립	10						
(3) 창의성 및 독창성	아이디어의 참신성							
(4) 행사에 대한 이해도	과업지시내용 반영의 충실성 행사의 목적 및 성격의 이해도 개최지역의 특수성 고려정도	10						
(5) 준비성 및 성실성	프레젠테이션 준비 충실도, 성실성	10						
다. 사업예산평가		15						
(1) 예산편성의 적정성	예산 편성의 합리성, 적정성, 현실성	10						
(2) 경비절감 노력	최소경비 지출계획	5						
종합의견								총점

〈표 10-2〉정부혁신세계포럼 PCO 선정 심사 종합평가표

업체명	1	2	3	4	5	6	7	8	9	총점	순위
A											
B											
C											
D											
E											
심사위원(인)											

출처: 저자작성

Chapter 11

컨벤션 참가자 마케팅

컨벤션 개최의 성공여부는 다양한 차원에서 분석될 수 있겠지만, 참가자의 숫자가 가장 현실적으로 와 닿는 결과임을 부인할 수 없을 것이다. 물론 여기서의 참가자 숫자란 기존 규모 대비 증가율로 볼 수 있다. 200명 정도 규모 행사를 300명, 400명으로 키운다거나, 1,000명 규모 행사를 1,500명 규모로 키우는 것은 모든 컨벤션기획사와 주최 측의 희망이다. 이렇게 참가자 규모를 확대시키기 위해서는 전략적인 접근이 필요할 것이다. 따라서 본 Chapter에서는 참가자 마케팅을 전략적으로 다루고자 한다.

1. 컨벤션 참가자 마케팅

1) 마케팅과 광고

마케팅과 광고는 서로 다른 정의를 갖고 있지만, 컨벤션기획사의 입장에서 이 두 경영전략을 조화롭게 활용하여야 참가자 유치에 성공할 수 있을 것이다. 마케팅이란 소비자의 필요와 욕구를 충족시키기 우해 시장에서 교환이 일어나도록 하는 일련의 활동들을 말한다(안광호, 하영원, 박흥수, 2006). 광고는 자신의 이름을 밝힌 광고주가 사람의 대화가 아닌 정보전달의 매체를 이용하여 어떤 상품(서비스, 생각, 사람, 조직단체 등 포함)을 특정

대상에게 소개하거나 판매를 촉진하는 활동이다(장대련, 한민희, 2006). 우선 참가자 촉진을 위하여 컨벤션기획사는 마케팅전략을 수립하게 된다. 전체적인 테마, 개최장소, 조직위원회 구성, 로고, 등록비, 숙박비, 연회행사 등의 내용을 담은 마케팅전략을 바탕으로 다른 활동영역과 일관되게 광고컨셉을 선정하고 광고전략을 수립한다.

위의 광고에 대한 정의를 여러 부분으로 나누어서 그 의미를 생각해 볼 수 있다[3]

첫째, 모든 광고에는 주체가 있어야 하는데 이를 광고주라고 하고, 컨벤션의 경우에는 주최기관이 광고주가 되겠다. 광고주는 광고에서 선전하는 상품의 소유자이며 또한 광고비를 부담하는 당사자이다. 대부분의 광고에서는 광고주가 누구인지를 밝히고 있으나 최근에는 광고주를 직접적으로 드러내지 않는 티저(teaser) 광고가 인기를 끌고 있다.

둘째, 모든 광고에는 초점이 있어야 한다. 대개 초점이란 상품 자체, 더 정확히 말해 상품에 대해 알리고자 하는 내용이다. 이 내용을 광고에서는 메시지라고 표현하는데, 메시지가 분명한 광고가 있는 반면, 패션이나 부동산 광고에서 볼 수 있듯이 내용이 더러 추상적으로 모호할 수도 있다. 컨벤션의 경우에는 구체적인 메시지를 담고 있어서 각종 브로셔 및 인쇄물, 이메일 내용 등에 이 내용을 넣거나 조직위원장 명의 초청장을 발송하기도 한다. 참가자 수의 증대가 목적이라면 이러한 목표를 달성할 수 있는 메시지가 작성되어야 할 것이고, 신규 개발된 컨벤션이라면 컨벤션 자체를 알리는 것을 목적으로 하는 메시지가 작성되어야 할 것이다.

셋째, 모든 광고에는 대상이 있어야 한다. 광고의 대상을 표적청중 또는 타겟이라고 하는데 그 대상이 결정되어야만 적합한 메시지와 매체가 결정될 수 있다. 예를 들어, 기존 참가대상 이외의 새로운 영역으로 참가대상을 확장하고자 한다면, 새로운 영역에 속하는 대상이 누구인지를 파악하고 그들에게 가장 잘 도달할 수 있는 광고수단을 개발하여야 한다.

---

3) 이 내용은 장대련, 한민희(2006)의 광고론 내용의 일부를 부분적으로 발췌하였음.

넷째, 모든 광고에는 적절한 매체(medium)가 있어야 한다. 마케터는 수많은 소비자와 직접 의사소통할 수 없기 때문에 이를 가능하게 하는 연결방식이 필요하다. 이것이 바로 매체인데 전통적인 ATL과 신규매체인 BTL 수단을 합치면 고객에게 접근할 수 있는 커뮤니케이션의 통로는 매우 다양해진다. ATL은 Above the Line의 약자로 4대 매체인 TV, 신문, 잡지, 라디오에 광고하는 활동을 의미하고, BTL은 Below the Line의 약자로 각종 이벤트, 온라인, 케이블, 스폰서십, PPL(Product Placement), PR(Public Relations) 등이 속한다. 컨벤션도 광고기획사의 입장에서는 BTL의 영역에 포함하는 광고매체의 하나로 다루어질 수 있다. 이러한 점은 주최 측이 후원사유치 시 활용할 수 있을 것이다. 가령, 후원사확보 시 컨벤션후원이라는 BTL의 효과를 증명해준다면 후원사유치가 보다 용이할 것이다.

다섯째, 모든 광고는 사용하는 목적이 있어야 하며 그 성과에 대한 평가도 있어야 한다. 광고는 상품을 소개하거나 판매를 촉진하기 위해 쓰이며, 광고의 효과 또한 상당히 다양하므로 다목적으로 광고의 사용이 가능하고, 각 목적별로 어느 정도의 효과 측정도 가능하다. 예를 들어 TV 광고의 경우, 몇몇 가정에 시청률을 측정하는 기계를 설치하여 전문조사기관이 광고의 시청을 확인할 수 있다. 컨벤션의 광고목표가 무엇이냐에 따라 이를 측정할 수 있는 도구를 개발하여야 한다. 단순히 참가자 수 증대가 목표일지라도 참가자 숫자만 세기보다는 지역별, 국가별, 성별 참가자 숫자에 대한 분석을 통해 광고 효과를 평가하여야 한다는 것이다.

2) 광고의 기능

광고는 마케팅적, 사회적, 문화적, 경제적 기능을 수행하고 있지만, 특히 마케팅적인 측면에서 광고는 다양한 기능을 수행한다.

첫째, 광고는 소비자를 교육하는 기능을 한다. 특히 고객의 학습을 필요로 하는 새로운 상품의 광고나 사회적으로 바람직한 운동을 전개하는 광고에는 고객을 교육하려는 내용이 많이 포함된다. 가령 컨벤션에 초청하는 기조연사 혹은 조직위원장에 대한 소개 기능을 할 수 있다. 또는 주최기관의 다양한 활동을 홍보할 수도 있다.

둘째, 광고는 상품의 가치를 증가시키는 기능을 한다. 상품은 유형적인 측면만 있는 것이 아니라 무형적인 측면도 있는데, 광고는 후자에 기여할 수 있다. 예를 들어 상품의 중요한 가치의 원천은 브랜드인데, 광고를 통해 소비자가 느끼는 브랜드에 관련된 상징적인 가치를 높일 때가 많다. 주최자의 일관되고 강력한 브랜드를 구축할 수 있다. 이러한 브랜드가 구축되면 동종의 유사 컨벤션과의 참가자 유치경쟁에서 유리한 위치에 설 수 있다.

셋째, 광고는 새로운 정보를 창출한다. 즉 정보를 전달하려는 과정에서 생각해내는 정보가 중대한 아이디어로 발전하는 경우가 많이 있다. 컨벤션 브로셔 혹은 홈페이지 등에 수록되는 정보가 전달되면서 아이디어가 발생할 수 있을 것이다.

넷째, 광고는 내부마케팅(internal marketing) 기능을 수행한다. 즉 광고는 조직 내부구성원에게 직접적으로 그리고 광범위하게 정보를 전달하는 수단이 된다. 이 경로를 통하여 정보가 자발적으로 파급되거나 애사심이 향상되어, 조직이 활성화되고 정보창출이 촉진되는 효과를 볼 수 있다. 이러한 의미에서 광고는 대외적 뿐만 아니라 대내 조직구성원을 상대로 한 마케팅 커뮤니케이션 활동이기도 하다.

다섯째, 광고는 유통측면에서 판로를 확보하는 데 도움을 준다. 특히 신상품의 경우 광고를 많이 하는 것은 소비자를 상점으로 끌어당김(pull)으로써 소매상에서 그 상품을 진열하도록 촉진하는 힘이 될 수 있다.

여섯째, 광고는 상품을 미리 파는 데 도움을 줌으로써 판매원 활동을 돕는 효과를 볼 수 있다. 이상적인 판매원 활동은 미리 팔린 상품을 마무리하는 것이라 할 수 있으며, 광고는 소비자가 상품의 구매의향을 갖도록 자극한다. 컨벤션참가자 유치를 위해서 전차대회에 참가하여 홍보를 하는 경우가 많은데, 이 경우 사전에 브로셔, 포스터, 각종 유인물과 홈페이지 등을 통해 광고가 되어 있다면 유치를 위하여 전차대회에 참가한 종사자들의 짐을 덜어줄 것이다.

2. 통합마케팅커뮤니케이션 수행

통합마케팅커뮤니케이션(Integrated Marketing Communication: IMC)은 광고, DM, SP(Sales Promotion)와 PR 등 다양한 커뮤니케이션 수단들의 전략적인 역할을 비교, 검토하고, 명료성과 일관성을 높여 최대의 커뮤니케이션효과를 제공하기 위해 이들 다양한 수단들을 통합하는 총괄적 계획의 부가가치를 인식하는 마케팅커뮤니케이션의 개념이다(장대련, 한민희, 2006).

위의 정의에 대해 서찬주(1996)는 다음과 같은 의미를 부여한다. 첫째, IMC는 다양한 커뮤니케이션 수단을 사용한다는 것이다. 둘째, 다양한 커뮤니케이션 수단을 통합하고, 이들이 동시에 충족되어야 IMC가 된다. 셋째, IMC는 다양한 커뮤니케이션 수단의 전략적인 역할을 비교 분석하는 전략의사결정이다. 넷째, IMC는 마케팅 커뮤니케이션 플래닝이라는 개념이다. 즉 마케팅믹스의 하나인 커뮤니케이션뿐만 아니라 기업의 모든 마케팅활동이 그 기업의 고객들에게 어떻게 메시지를 전달하는지를 인식해야 하며, 더불어 모든 마케팅활동은 조리 있고 일관성 있는 이미지를 고객들에제 전달해 주어야 한다.

이러한 IMC 전략을 컨벤션 참가자유치에 적용시켜 본다면, 우선 행사 전체의 목표와 테마를 선정하고 이를 달성하기 위하여 모든 홍보물들이 일관되게 메시지를 전달하여야 한다. 가령 2003년 세계인간공학회를 서울 코엑스에서 개최하였을 때, 행사의 전체 테마는 인간공학(ergonomics)의 의미를 담을 수 있도록 "Ergonomics in Digital Age"로 결정하고, 행사 개최목적은 인간공학의 질적 발전, 국가인지도향상, 대한인간공학회의 국제적 위상 정립, 아시아지역 국가의 적극적 참여로 국제적 협력 강화였다.

이러한 테마와 개최목적을 달성하기 위하여 행사 CI(Corporate Image)도 역동적인 인간을 표현함과 동시에 한국의 이미지를 표현하는 태극과 오륜기의 색깔을 활용하여 디자인하였다. 또한 국가인지도 향상을 위하여 전차대회에서는 참가자유치 도우미들이 모두 한복을 착용하였고, CI를 활용한 스티커 및 엽서를 배포하였다. 제작된 CI는 행사관련 제작물에 모두 활용되어 각종 배너, 편지지, 홍보물 등에 삽입되었다.

2003 세계인간공학회 참가자 유치와 국제적 협력을 위하여 유사한 학문의 다양한 회의에 참가하여 조직위원들이 적극적으로 홍보하였고, 홈페이지도 이전의 대회와는 비교가 되지 않을 정도로 고급스럽게 제작하였다. 또한 행사의 구성도 한국을 알릴 수 있는 다양한 관광 프로그램과 삼성전자 반도체공장, 현대자동차 공장, 에이스 침대 공장 등의 산업단지 시찰 프로그램을 첨가하였다. 환영 리셉션과 개막식도 한국적인 공연을 선보였다.

〈그림 11-1〉 IEA 2003 행사 로고

IMC 전략의 계획은 상황에 따라 다르겠지만 대체로 다음과 같은 절차를 따르게 된다(Parente, 2004).

1) 상황분석
- 자사분석
- 소비자분석
- 경쟁상품분석
- 문제와 기회의 정립

2) STP 분석

3) 목표설정
- 마케팅 목표
- IMC 목표
- 광고목표

4) IMC 전략과 집행
- 광고전략과 집행
- 소비자행동분석

- 크리에이티브 전략과 집행
- 예산책정
- 매체전략과 집행
- 인터넷 전략과 집행
- 판촉 전략과 집행
- PR 전략과 집행
- 여타 IMC 수단 전략과 집행

5) 통제와 평가

1) 상황분석

상황분석(situational analysis)은 모든 전략의 시작이다. 컨벤션을 개최함에 있어 가장 먼저 수행해야 하는 업무일 것이다. 우선 전차대회의 운영 현황을 가급적 정확하고 상세하게 파악하도록 한다. 대개의 경우 전차대회의 패턴을 유지하기 때문이다. 전차대회의 개최국가, 과거 행사의 평균 참가자 수, 등록비 수준, 홍보매체, 참가자 유인책, 학술프로그램 운영 등 행사 전반에 걸친 자료를 수집하여 분석하도록 한다.

컨벤션참가자 유치측면에서 가장 중요한 것은 행사 참가대상에 대한 분석이다. 성별, 연령, 직업, 거주지, 과거 참가경험, 동반자 동반 여부, 주로 참가하는 다른 행사, 등록금 지불시기, 가격할인제도에 대한 만족도, 이용하는 숙박시설 등에 대한 정보를 파악하여 그들의 성향을 분석하도록 한다. 분석된 자료를 통해 나온 결과를 바탕으로 타겟그룹을 정하여 그들에게 가장 잘 도달할 수 있는 매체를 파악하도록 한다.

컨벤션 개최시기를 결정할 경우 대개는 과거의 패턴에 따라서 개최시기가 결정되지만, 개최지의 공휴일 혹은 명절은 피하고, 경쟁행사가 근접해서 열리게 되는 경우 참가자가 2개의 행사에 모두 참가할 수 있도록 날짜를 다른 행사와 근접해서 잡는 경우도 있다. 예를 들어 A 행사가 주로 여름에 개최되는데, A 행사에 참가하는 대부분의 참가자들이 B 행사

(경쟁행사)도 참가한다고 가정해보자. 이 때 우연히 B 행사 개최지가 중국이나 일본 등의 동남아시아인 경우, B 행사 개최일자와 가깝게 A 행사 개최일자를 잡아주면 참가자 유치율을 증가시킬 수 있을 것이다. 또한 B 행사의 등록비가 우리 행사보다 지나치게 싸거나 비쌀 경우에도 등록비 조정을 생각해 볼 수 있다.

2) STP 분석

STP는 영어로 Segmentation, Targeting, Positioning, 즉 시장세분화, 표적시장선정 그리고 포지셔닝의 약자이다. 시장세분화는 인구통계학적 변수, 심리통계변수 등을 활용하여 할 수 있다. 시장세분화는 컨벤션기획사 입장에서 수행하기 보다는 조직위원들의 조언을 많이 요구하게 된다. 아무래도 조직구성원들이 해당 분야의 전문가이므로 참가자들이 어떤 그룹으로 구분되는지를 지역별 혹은 학교별로 알려줄 수 있을 것이다. 예를 들어, 미국에서는 동부는 어느 학교 어느 교수, 서부는 누구, 호주는 어느 교수를 접촉하면 가장 빨리 행사 홍보를 할 수 있는지 등을 말이다.

시장세분화를 한 이후에는 우리의 주요 공략대상이 누구인지를 타겟팅 해야 한다. 홍보를 했을 때 가장 쉽게 유치할 수 있는 집단, 혹은 행사가 회원제로 이루어진 주최기관에 의해 운영된다면 회원들, 인센티브적인 성격이 있을 경우에는 동반 가족을 타겟으로 삼을 수도 있다.

타겟그룹까지 선정되면 마케팅용어인 포지셔닝을 실시하게 된다. 즉 위상을 확립하는 단계로, 제품의 경쟁우위 특성을 선택하여 표적고객의 마음속에 경쟁대안과 비교하여 분명하게 인식시키는 것이다. 예를 들어, "치의학"이라는 분야에 몇 종류의 학회가 있는데, 이 전체 학회에 참가하는 숫자는 증감의 변화가 없다고 한다면, 우리 행사가 아닌 경쟁 행사에 참가하는 참가자를 우리 행사로 끌어와야 할 것이다. 이러기 위해서는 우리 행사의 경쟁우위를 확보하여 이를 고객이 인지하도록 포지셔닝하도록 한다.

3) 목표설정

광고의 목표는 마케팅목표에 결부되어 있기 때문에 마케팅목표에 대한 분명한 파악이 우선적으로 이루어져야 한다. 마케팅목표는 광고목표에 비해 더 계량적인 성격을 가지고 있다. 가령 마케팅목표가 참가자수 30% 증가, 참가국 수 20% 증가, 등록비 수입 20% 증대 등이라면, 이러한 목표를 달성하기 위한 IMC목표 및 광고목표가 수립되어야 한다. 우선 잠재참가자에게 어떻게 행사를 인지시키고 기억시켜서 행사에 등록을 하도록 할 것인지 전략을 수립해야 한다.

4) IMC 전략과 집행

목표가 설정되었으면 이를 달성하기 위하여 집행을 하여야 한다. 행사의 목표가 참가자수 증대라고 하였을 경우, 어떤 주제를 갖고 광고를 할 것인지를 먼저 결정하고 이를 집행한다. 결정된 주제를 참가자들에게 잘 전달하기 위하여 잠재 참가자들의 행동, 성향 등의 요소들을 고려한 크리에이티브전략을 수립함과 동시에 예산을 책정한다. 대부분의 컨벤션은 한정된 예산을 갖고 있으므로 이를 효율적으로 활용하기 위하여 광고 · 홍보비용을 합리적인 수준으로 책정하도록 한다. 그리고 제한된 예산을 갖고 최대의 효과를 얻을 수 있는 매체를 선택하여 광고를 실시한다. 전차대회의 참가, 유사 학회 참가, 홍보물 발송, 홈페이지 구축, 이메일 발송, 관련 잡지 광고 등 다양한 광고매체가 있으므로 가장 효과적인 매체를 선택하도록 한다. 또한 광고에 있어서 저렴하지만 파괴력이 있는 방법중의 하나인 PR도 고려하여 통합적인 광고마케팅을 실시한다.

5) 통제와 평가

광고를 실시한 후에는 현재 진행 중인 광고가 제대로 이루어지는지를 감독하고, 통제가 필요한 부분에 대해서 사무국에서 콘트롤하도록 한다. 중복광고 혹은 부정확한 매체선택 등에 대하여 유의 주시하도록 하고, 행사가 끝난 후 혹은 사전등록이 마감된 이후 광고결과에 대하여 평가하도록 한다.

3. Public Relations: PR[4]

PR은 한국에서 오랫동안 '피할 것은 피하고, 알릴 것을 알려라' 라고 정의되었다. 하지만 최근 PR 분야가 근대화됨에 따라 PR에 대한 관심과 사용이 급증하고 있다. 일각에서는 광고보다 PR이 더 중요하다는 견해도 있다(Ries & Ries, 2002). PR의 근대적 정의는 500개가 넘는 것으로 집계되었는데, 그 중 가장 간결한 정의는 Belch와 Belch(2004)의 '공중과의 관계의 관리' 이다. 이 정의의 핵심은 PR의 대상이 아주 다양하다는 것을 말해주고 있다. 특히 광고는 최종고객이 초점이지만, PR은 최종고객을 비롯하여 언론, 주최자, 관련 기관, 정부, 일반 공중 등을 모두 대상으로 삼고 있다.

광고와 PR은 효과측면에서 유사한 면이 있다. 첫째, 두 가지 방법 모두 대중매체를 많이 활용하고 있으므로 표적고객에 대한 대대적이며 효율적인 도달이 가능하다. 둘째, 판촉과 비교했을 때 광고나 PR은 장기적으로 긍정적 효과를 유발할 수 있다. 하지만 이러한 공통점에 불구하고 차이도 있다.

광고는 유료의 성격을 띠고 있는 반면 PR은 대체로 '유도형' 의 성격을 가지고 있다. 즉 홍보(publicity) 같은 PR 수단은 광고처럼 실제 비용부담이 없는 대신에 각 언론의 매체관리자들이 자사에 대한 보도를 많이 하게 하는 '유도' 가 있어야 한다는 의미이다. 광고의 여력이 없는 상황에서는 광고보다 PR의 사용이 중시된다. 따라서 많은 컨벤션들의 광고 · 홍보 매체로 PR을 선호하고 적극적으로 활용하고 있다.

그러나 '유도형' 특징에 따른 문제도 있는데 그것은 바로 통제력이 없다는 것이다. 즉 광고는 광고주가 비용을 부담하기 때문에 이에 사용하는 매체에 대해 여러 권한이 부여된다. 이에 반해 PR은 매체관리자가 재량에 따라 보도여부 또는 성격을 결정하기 때문에 PR의 성과가 불확실해지게 된다. 따라서 사전에 담당기자와의 충분한 커뮤니케이션이 없이 PR을 활용하는 경우 예기치 못한 결과를 야기하기도 한다.

4) 이 부분은 일부 장대련, 한민희(2006)의 내용을 발췌함.

광고와 PR의 또 다른 차이는 소비자들 입장에서의 메시지 신뢰성이다 PR은 광고와 비교될 때 제 3자(third party)가 메시지의 주체이므로 메시지 신뢰성이 높아질 수밖에 없으며, 이는 PR의 분명한 비교우위가 된다. 주최자가 직접 행사에 대해 광고를 하는 것이 아니라 해당 매체에서 행사를 객관적인 시각으로 다루어주므로 신뢰성이 높아진다.

Chapter 12

국제기구 유치 마케팅[5)]

컨벤션마케팅 영역에서 가장 개최건수 증대에 가장 효과적인 방법 중의 하나는 국제기구를 유치하는 것이다. 유럽지역의 국제회의 개최건수가 언제나 다수인데, 그 수가 유지되는 이유 중의 하나는 대부분의 국제기구가 스위스, 벨기에, 프랑스 등에 유치하고 있기 때문이다.

국제회의 개최건수 통계를 발표하는 ICCA, UIA가 정의하는 국제회의는 국제기구가 개최한다는 조항이 포함되어 있으므로, 행사의 규모와 상관없이 일정 규모만 넘으면 국제회의로 포함된다. 따라서 컨벤션 개최순위 증대를 위해서는 국제기구를 가능한 많이 유치하여야 하고, 한국 최초로 UN 사무총장(반기문)을 배출한 시점(2007년)에서 국제기구로의 진출을 희망하는 미래의 지도자들을 위하여 국제기구 유치에 대한 내용을 다루도록 하겠다.

오늘날 한국은 경제발전과 국력신장에 힘입어 그 위상과 역할에 걸맞게 다자외교를 확대하고, 중앙정부는 물론 지방정부도 국제외교를 강화하는 추세이다. UN을 비롯한 국제기구는 다자외교와 국제협력을 촉진하는 국제사회의 구심점이며, 나아가서 국제기구 자체의 유치 혹은 소재가 국력의 상징이다. 국제기구 유치는 또한 해당 국가의 국제적 영향력을

5) 이 내용은 '국제기구유치' 세미나(한국국제정치학회/인하대학교 공동주최, 2007)에서 박흥순(선문대학교) 교수가 발표한 "한국의 국제기구 유치 전략-현황과 강화방안"에서 발췌한 것임.

증대시켜주고, 부가적으로 고용증대, 국제화의 촉진 등 경제적, 사회적 이익을 창출하는 등의 효과를 갖고 있다. 또한 국제기구가 유치된 장소는 다수의 회의를 개최함으로써 자연스럽게 국제회의를 유치할 수 있는 이점을 갖게 된다.

이런 점에서 중앙정부와 지방자치단체들이 국제행사의 적극적 유치는 물론 유엔 등 정부간기구(Inter-Governmental Organization: IGO) 및 비 정부간기구(Non-Governmental Organization: NGO)등 각종 국제기구를 유치하기 위한 노력을 기울이는 추세이다. 가령, 인천광역시가 최첨단 국제도시, 동북아중심도시 건설의 의욕적인 청사진을 갖고 그 일환으로 국내 최초 UN-APCICT(유엔 정보통신기술 아시아태평양훈련센터)를 이미 유치하는 등 국제기구의 유치와 UN센터의 건립을 적극적으로 추진하는 것은 의의가 크다고 하겠다.

그러나 국제기구 유치의 필요성과 효과에 대한 관심에도 불구하고 한국은 전반적으로 그 정책비전이나 체계적인 노력, 그리고 성과측면에서 미미한 것이 현실이다. 그것은 국제기구 유치라는 특성상 국가 인프라를 비롯하여 국가자체의 경쟁 그리고 적절한 인센티브 제공 등 여러 조건이 충족돼야 하는 '게임의 룰' 이 적용되기 때문이다. 한국은 그 점에서 후발국가이며 초보라고 할 수 있다. 그럼에도 불구하고, 한국은 새로운 경제대국, 중견국가, 그리고 다자외교에 관심을 갖고 있는 국제사회의 주요 행위자로서 부상하고 있으며, 나아가서 국제기구유치에서 전략적 접근을 통하여 그 성과를 거둘 수 있는 여지를 또한 갖고 있기도 하다.

1. 국제기구 유치 필요성과 효과

국제기구를 유치하는 것은 왜 필요하며, 특히 한국이 국제기구를 유치함으로서 얻는 효과는 무엇일까? 그것은 다음 네 가지 점에서 파악해 볼 수 있다.

첫째, 국제기구는 국가적 상징 및 국제적 영향력의 수단이다. 유엔 등 국제기구의 소재는 그 자체가 국력의 상징이라고 할 수 있다. 세계 주요 선진국 도시는 대부분 국제기구의 소재지이다. 국제기구가 밀집해 있는 뉴욕, 제네바, 비엔나, 파리, 런던 등이 그 예이다. 아시아에서도 방콕, 마닐라, 동경 등이 일찍이 국제기구의 소재지가 되었고, 최근에 이르러 독일의 본이 국제기구유치에서 성과를 거두었다.

한국이 그 동안 경제력 및 군사력 배양을 통하여 유례없는 국력성장을 하였지만 외교력 배양에 소홀하였고, 강대국 위주의 쌍무외교, 냉전시대의 대결외교에 익숙하였다. 탈냉전시대에 인간의 안전(human security)에 관한 다양한 전 지구적 이슈들, 가령 인권, 환경, 빈곤, 난민, 에이즈 등의 문제들은 국제사회의 핵심과제로 등장하고 있는바, 이러한 영역은 바로 한국이 국제사회에서 적극적인 역할을 통하여 소위 "연성국력(soft power)"을 배양할 수 있는 분야이다.

또한 국제기구의 국내유치는 한국이 선진국과 후진국간의 중간 교량역할을 함으로서, 국제사회에서 개별적으로 갖는 것보다 더 큰 영향력을 발휘할 수 있는 기회를 제공한다. 한국이 관련 국제기구를 유치하고 주요 이슈에서 역할을 강화한다면, 이는 국력의 상징이며 외교력의 신장으로, 전반적인 국가이익 제고에 기여할 것이다.

둘째, 국제기구는 국제기구로의 인력진출 등 고용증대와 국제 전문인력 양성의 기회가 된다. 한국의 국제기구활동이 증대함에 따라 국제기구로의 인력진출도 증가하고 있다. 세계보건기구(World Health Organization: WHO)의 고 이종욱, ESCAP(아시아태평양경제사회위원회: United Nations Economic and Social Commission)의 김학수 사무총장 등이나 최근 강경화 인권고등부판무관등이 상위 직에 진출한 예이며, 유엔사무국 등 각종 기구에 250여명이 활약하고 있다. 특히 대학 및 대학원생들 사이에서 "유엔진출 신드롬(syndrome)"이 나타날 정도로 국제공무원은 가장 선호하는 직업 중 하나이다.

국내에 유치되는 국제기구의 경우, 국가별 혹은 지역별 배분의 제약을 받는 전문직을 제외하고는 기구소재 국민들의 취업기회가 확대되는 것이 일반적인 상황이다. 따라서 국내에 소재하는 국제기구가 증가함에 따라 "반기문 효과(Ban Ki Mun Effect)"등으로 가속화된 국제기구 취업노력과 취업기회가 증가하고, 또한 그 결과 국제사회에서 봉사할 수 있는 역량을 가진 국제전문가가 지속적으로 양성될 수 있게 된다.

셋째, 국제기구는 경제적 이익 및 관련산업의 발전을 가져온다. 국제기구 유치에 따른 국제기구 공무원 및 가족의 상주와 활동 등으로 그들이 소비, 지출하는 비용으로 인한 경제적 이익을 기대할 수 있다. 또한 관련 각종 국제회의, 워크숍, 컨벤션 등으로 전 세계로부터 많은 방문객이 내방할 것이며, 자연적으로 각종 관련 산업이 발전하는 것이 보통이다. 즉, 호텔 및 컨벤션 산업, 통 · 번역, 관광, 인쇄업 등이 그것이다.

대규모 국제기구단지인 뉴욕이나 제네바가 주요 국제기구 소재지 혹은 국제컨벤션 도시로서 유발하는 직 · 간접의 엄청난 경제적 파급효과를 상상해보는 것은 어렵지 않다. 국제기구 소재 도시를 국제회의 도시 등으로 지정 혹은 개발하여 '시너지(synergy)' 효과를 노린다면, 그 파급효과는 더욱 배가될 수 있을 것이다. 국제회의 산업이 21세기의 새로운 서비스산업으로 발전되는 전망에 비추어, 국제기구의 소재는 이 분야의 발전을 촉진 할 것이다.

넷째, 국제기구는 국민들의 국제화를 촉진하고 특히 세계시민의식의 함양에 기여하게 된다. 국제기구는 그 업무의 성격과 수준이 '글로벌 스탠더드(global standard)' 를 지향하고 있으며, 다양한 인종, 종교, 국적의 인사들이 근무 혹은 방문하게 되어있다. 상설 국제기구 는 현지 시민 혹은 국민 전체의 국제기구 자체에 대한 관심과 국제기구가 다루는 현안에 대한 관심을 제고하고, 외국인들과 자연스럽게 교류하는 기회를 확대함으로서 시민들의 국제화를 촉진하고 세계시민교육 기회를 제공한다. 국제기구는 각종 이슈를 통하여 국제문제 해결에 기여하고, 특히 NGO등 시민사회와도 제휴 혹은 협력을 강화하는 추세에 있으므로, 국내외적으로 그 활동을 통해 국가이익을 초월하여 세계이익을 도모하는데 기여할 수 있게 된다.

2. 정부 및 지자체의 국제기구 유치노력과 현황분석 및 평가

1) 중앙정부차원의 유치 현황

한국에서 그동안 이루어진 주요 유치성공사례는 다음과 같다.

- WHO 산하 백신연구소(VI): 1993년 UNDP가 설립 결정; 6개국과 경합 후 한국 유치 확정; 1997년에 개설된 국내 최초 국제기구; 110여명의 사무국요원 및 연구진; 서울대학교 내 소재

- UNESCO 아.태평화교육원(APCEIU): 2000년 서울 UNESCO 한국위원회 소재

- 아 · 태원자력협력협정(Regional Cooperative Agreement on Research, Development and Training related to Nuclear Science and Technology for Asia and the Pacific): 1972년도에 설립; 2001년에 유치가 결정되어 2002년에 대전에서 개원

- UNEP 산하 NOWPAP(북대서양 보전실천계획) 사무국: 2004년 부산에 설치

- 해양수산부 유치 APEC 해양환경교육훈련센터(AMETEC): 2003년 경남에 설치

- 유엔 Governance Center: 2005년에 유치결정; 2006년에 서울에 개원; 말레이시아, 싱가포르와 경합

- 아시아태평양경제협력체(APEC)의 APEC e러닝 연수센터: 부산에 개원; 교육부 주도로 2006 APEC 정상회의 시 유치 확정

2) 지방정부의 유치 노력 및 성공 사례

① 인천광역시

- UN ESCAP 산하 APCICT (유치 확정 및 운영): 최초의 IT관련 유엔 산하기구 유치[6]

② 대전광역시

- 1998년 대전시 주도로 설립 WTA (세계과학도시 연합: World Technopolis Association), 개국 51개 도시 가입의 회장도시
- UNESCO- WT A 산하 "과학도시 연구센터" 유치
- ISDC (국제통계발전센터) 유치: UN 및 통계청 합작설립 (2006년, 유엔-대전시-통계청 3자 MOU 체결)[7]

③ 제주도

- 2001년 12월 제주국제자유도시특별법 제정, 제주국제자유도시종합계획 수립 · 시행
- 본격적인 연구 교육기관으로서 정부지원 하에 「제주평화연구원」 개원[8]

---

6) 현재 인천이 추진 중인 국제기구는 동북아환경 협력 프로그램 NEASPEC(1995년 창립, 6개국 회원국), 유네스코 산하 국제이론 물리학센터인 ICTP (이태리, Trieste 소재) (과학기술부는 ICTP가 포항의 재단법인 아 · 태이론물리센터와 유사하다고 지적함), 그리고 아시아 태평양지역 과학영재교육원 신설, 사무국 유치 (인천대학교 영재연구소)등 임.

7) 대전시는 10개년 장기계획 '대전 국제도시화 종합계획' 을 수립하고 약 70개 사업을 추진 중
- 대전 컨벤션 센터 건립 - 2007년 완공, 1만 2천명 수요 규모
- 휴먼로봇인 휴보와 다목적 인공위성인 아리랑 2호 탄생지, 93 엑스포를 성공적 개최지, 과학기술 도시, 연구단지 집적동시, WTA 회장도시, 정부청사 소재 행정도시, 한국의 중심지역 도시, 국제운송허브 도시, 관광 도시 등의 홍보전략)

8) 제주도는 평화관련 연구 및 회의, 국제기구, 행사개최 등 평화산업육성에 주로 관심이 있음.
- 평화정원(peace garden), 평화축제 등 개최 혹은 추진
- 동아시아 유엔평화훈련센터 등 평화관련 국제기구와 회의유치 추진
- 동북아 다자안보대화 (ARF), ASEAN 포럼정례확 등 추진(세계적 평화연구기관인 오슬로 평화연구소(PRIO), 하와이 동서문화센터(EWC) 등을 벤치마킹)
- 세계 평화의 섬 환경가든 추진

④ 부산광역시

- 해양수산부 지원 하에 2004년 UNEP(유엔환경계획) 산하 NOWPAP(북대서양 보전실천계획) 사무국 유치, 부산시 기장군 소재 국립수산과학원 내 소재(사무차장 1, 박사급 1, 연구원 3명 규모)
- 교육부 지원 하에 'APEC e러닝 연수센터' 유치 확정

⑤ 경상남도

- 해양수산부 지원 하에 2003년 11월 APEC 해양환경교육훈련센터 (AMETEC) 유치 (2002년 APEC 해양장관회의에서 제안, 합의); 경남 거제시 장목면 한국해양연구원 남해훈련센터에 소재; 국내최초 해양관련 국제기구 유치

⑥ 광주광역시

- 2003년 동경 UN대학교-광주 과학기술원 MOU, 유엔대학교 환경연구소 유치

⑦ 강원도

- UN HABITAT (국제주거위원회) 국제훈련센터(IUTC) (2007년 4월, 홍천) 개원; 도시화 및 환경복원, 생태보존 기술, 정주환경 유지 및 개선 등의 전문 훈련기관

⑧ 부천시

- 국제만화가대회(International Comic Artist Conference) 사무국 유치 합의; 부천만화정보센터가 사무국기능 수행

⑨ 서울특별시

- 코스타리카에 소재한 유엔평화대학교(University for Peace)의 아시아 · 태평양 캠퍼스 유치(2007, 민간차원)

3. 한국의 전반적 국제기구 유치여건 및 특성 SWOT 분석

1) 강점(Strength)

• 경제적 여건, 국민적 관심 등 기본 인프라 존재
- 한국의 국제적 인지도 상승 (세계경제 10위권, IT 강국, 반기문 유엔사무총장 배출국)
- 국제적 접근성 (동아시아의 새로운 중심 국가, 지리적 여건)
- IT등 국제행정업무의 수행가능 정보 · 통신 인프라
- 서울, 인천, 부산 등 국제도시로서의 기능강화 등 국가개발의 호의적 여건
- 근대화 등 국가개발 성공모델국가로서 개도국 등의 지지 확보가능
- 반기문 사무총장배출이후 유엔의 역할, 국제기구 진출 등 국민적 관심 제고
- 지방정부의 국제화 의지에 따른 컨벤션센터건립, 각종 국제행사유치 등에 성공

2) 약점(Weakness)

• 정부의 정책적 의지 부재, 국제적 비교경쟁력 및 실질적 여건 취약
- 국제기구 유치에 대한 정부의 주요정책이나 체계적 전략, 추진의지 결여
- 지방정부간의 과도한 경쟁유발, 성과 위주 노력 등 타당성, 효용성 등에 대한 평가부재
- 전반적인 국제화 여건에서 경쟁국가에 비해 열세(미국, 스위스, 오스트리아, 독일 등)
- 국제적 수준의 국제기구지원 인프라 부족(영어사용 인구 및 편리성)
- 국제기구공무원 및 가족을 위한 사회 · 경제적 여건미흡 (특히 아동교육, 초. 중, 고교 등)
- 기존 국제기구들이 주요선진국위주로 배치됨에 따른 후발주자로서의 기득권 결여
- 국제화 전담인력과 국제기구유치의 전문성, 노하우등 부족
- 북한 핵 사태에 따른 한반도 안보위협 인식

3) 기회(Opportunities)

• 반기문 효과에 따른 국내·외적 여건 변화 활용가능
- 반기문 유엔사무총장 선출에 따라 향후 10년간 국제외교의 유리한 여건 조성
- 최근 지방정부들의 국제기구유치 관심과 의지 등이 강함
- 최근 지자체의 국제행사 유치성공 (대구 2011 국제육상선수권대회, 인천 2014아시아 경기대회) 등 국제적 인식과 국민적 기대를 활용
- 세계 최고의 IT 수준 등 새로운 국제기구근무 인프라 제공 가능
- 국세고교, 해외대학 캠퍼스 등 교육·생활여건 개선 가능성

4) 도전과제(Tasks)

• 정부의 강력한 의지 및 종합정책 수립 및 이행
- 포괄적인 국제기구 유치 및 활용에 관한 정책안 Master Plan 마련
- 국내여건 및 해외경쟁국가의 유치노력 및 인프라 비교연구 등 전략적 대안 제시
- 정부 내에 관련 전담기구 설치운영, 중앙정부와 지방정부, 학계, 국제기구인사, 관련 산업계 등으로 TFT 구성운영 등 유치 주체 및 인적 인프라 구축
- 유엔기구 및 국제기구, 관련단체, 교육 등에 대한 정보축적 및 획득
- 공급자 아닌 수요자 중심의 사고: 국제기구 및 직원들의 마인드 이해, 국제기구별 특성 및 여건의 분석, 요구 및 필요 이해, 관련기관 및 NGO, 교육기관, 지원인프라 등 구축 등)
- 관련부서 및 국민적 홍보 등으로 정책적 지지기반 확보

4. 해외 유엔/국제기구 도시 및 유치(추진)사례

비교분석과 시사점을 파악하기 위하여 "국제기구도시"로 알려진 주요국가와 도시의 국제 기구유치 및 소재 현황과 유치노력을 간단히 파악해보기로 한다.

1) 주요선진국 사례(포괄적 유엔기구 단지)

① 뉴욕시(유엔본부)

- 2차 대전종전 전 뉴욕시 맨해튼의 부지에 건립(록펠러의 기증): 초기 시설의 미 완공으로 뉴욕 Upstate 및 Flushing에서 약 2년간 업무수행
- 지난 60년간 뉴욕본부로서 확대 발전; 관련기구 산재; 국제NGO등 세계최대의 국제기구 도시로 특성화
- 각국 대표부(대사관) 상주로 세계외교중심지로서의 부수효과로 뉴욕시 및 미국의 국제적 위상 및 영향력 극대화에 기여
- 미국 및 세계적인 최고, 최대 유명도시(경제, 문화, 패션 및 예술, 언론, 관광, 국제회의도시), 3개의 공항 등 국제적 교통의 요충지, 다수의 호텔 등 숙박시설 구비 등 도시발전과 병행으로 시너지 효과
- 뉴욕시정부의 전폭적인 지원체제(뉴욕시 유엔담당 부시장, 사무총장 공관지원 등)

② 제네바(유엔유럽본부)

- 1차 대 전 1후 국제연맹 0919-1939)의 소재지로서 역사성
- 2차 대전 직후 유엔창설로 제네바사무소(UNOG, United Nations Office at Geneva)(Palais des des Nations)로서 기능축소
- 제네바 전체로는 전반적으로 국제기구소재지(유엔광장)로서의 기능 확대(현재 22개 국제기구, 1307~ NGO등 주요 국제기구 포함 400여개)
- "국제기구도시"로서 특화 및 호텔 등 지원시설 존재
- 제네바의 자족하고 평화로운 지역적 여건, 스위스의 오랜 영세국가로서의 특성 활용
- 최근 국제 관광국(가장 아름다운 나라, 가장 방문하고 싶은 나라, 가장 살고 싶은 나 라의 국가적 이미지)의 매력, 서부유럽과의 교통요충지로서의 근접성
- 여러 개의 국제기구존재로 상호 시너지 효과의 이점
- 영어, 불어 등 유엔 공용어 상용 국가로서의 친근성(기타 독일어, 이태리어 등 사용용이)
- 문제점(뉴욕과 더불어 세계에서 가장 비싼 물가, IT 인프라 등 열악)

③ 비엔나(유엔사무소)
- 1979년 다뉴브 강 북단에 신도시 "UNO City", 즉 VIC국제센터 (유엔센터)(1조원 투자)구축으로 국제기구유치에 적극적으로 나섬
- 유엔 기구에 UNO City를 병목적인 1유로(약 1200원)에 임대: 국제회의장 Austria Center Vienna도 병행 운영
- 제네바 이외 최대의 국제기구본부: 현재 유엔비엔나본부 UNOV 및 IAEA, UNIDO, OPEC등 국제기구 16개 소재; 국제기구직원 약 5천등 상주직원 약 1만 5천, 가족 등 약 4만 명
- 유엔마약위원회 회의 등 6개 위원회 회의장소
- 동구유럽과 인접한 근접성, 교통의 요충지
- 국제예술도시로서의 역사성, 도시의 예술성, 문화적 친근성 등 매력 보유
- 독일어 이외에 영어 등을 공용화, 상용화하는 국제적 생활수준

2) 독일의 사례

독일정부는 독일의 대 유엔정책 강화, 국가위상제고, 국제기구 유치의 효과, 상임이사국 진출 노력 등 을 위한 정부의 전폭적인 정책의지에 의해 국제기구 유치를 강력하게 추진하였다. 주도면밀한 노력의 결과, 1990년대 이후 세계 각국 중 가장 많은 국제기구 유치하게 되었다. 예를 들어 함부르그 시의 국제해양재판소(ICLS) 신설 유치를 들 수 있다.

① 본(Bonn)
- 독일 통일 후 베를린 수도이전(1998)으로 구서독 수도로서의 기능 상실
- 구 수도의 기능과 인프라 활용 방편으로 국제기구도시 추진("UN Campus" 로 명칭)
- 구 연방의회 건물활용(UN Haus Carstanjen in Bonn-Bad Godesberg), 5천5백만 유로 투자, 재정비; 20065년 7월 UN에 기부(Kofi Annan 사무총장, Merkel 독일 수상 참석 준공식 거행)
- (주로 환경, 보건 분야의) 지속가능한 개발(sustainable development)을 주제로 1994년 베를린-본 법안에 의거 국제기구 및 국제도시로 개발; 현재 12개의 국제기구 유치(지난

10여 년간 약 6500 여명의 유엔직원 규모로 성장); 유엔사막화방지협약 사무국(UNCCD)을 1996년에 창설; 유엔기후변화협약 사무국(UNFCCC)을 1994년에 창설; 유엔자원봉사단(UNV)을 1996년 제네바에서 이전 등
- 약 1500 여개의 연구소 및 NGO 소재
- 추가적으로 UN센터 (UNCC, UN Congress Center) 및 부대 호텔 건설 착공(2006. 1); 2008년 하반기 준공 예정(6천명 수용 회의시설 포함); 한국계 기업 SMI가 건설담당, 30년간 운영권 확보

② 기타 도시
- 함브르그(Hamburg): 국제해양재판소(ITLS)를 1996년도에 설치; UNESCO Institute for Education을 1951년도에 유치
- 프랑크푸르트(Frankfurt): 세계은행지부
- 베를린: UNHCR 지부, ILO 연락사무소, WFP 연락사무소

3) 아시아의 사례

① 방콕(Bangkok)
- 아시아의 저명도시, 동남아시아의 중심도시로서 국제도시로서 인정
- 아시아 국가 중 최대의 UN 기구, 기금 및 프로그램 유치
- UN Center를 중심으로 ESCAP(UN 아시아태평양위원회) 및 아시아 본부역할
- UNAIDS, UNFPA, UNHCR등 21개의 유엔기구 아시아태평양 지부
- UNESCO- PROAP(아시아태평양 사무소) 소재지
- 동남아 및 아시아의 교통 요충지, 국제 관광도시, 저렴한 물가 등이 장점
- 시내교통문제, 열악한 시설 및 정보인프라(특히 UNESCO 건물 등)의 문제

② 마닐라(Manila)
- 1970년대 까지 아시아 최고의 국제도시로서 유치에 성공
- ADB(아시아 개발은행), WHO(세계보건기구 아시아지부) 유치

- 영어권, 저렴한 물가 등 장점
- 시내교통 혼잡, 불안한 치안, 국내정세 등 단점

③ 도쿄
- 일본정부의 추진으로 UNU (유엔대학교) 유치 및 운영, 재정지원
- 일본이 부지 및 시설물 건축 증여, 운영비의 70% 부담
- 일본의 깨끗한 환경, 수도 동경 소재의 위상 등 장점
- 영어 미사용, 교통 혼잡, 비싼 물가 등 단점
- 교육기관이 아닌 연구기관으로서의 주 기능, 그리고 기타 관련 국제기구와의 연계가 부족하여 태국 등에 비해 전반적 파급효과는 미비

④ 싱가포르
- APEC 사무국(1992 APEC 회의 시 결정)유치
- ASEM -ASEF(ASia-Europe Foundation) 사무국(1996) 유치

참고문헌

A 국내문헌

1. 도서

안광호, 하영원, 박홍수, 2006. 마케팅원론(3판), 학현사

장대련, 한민희, 2006. 광고론(2판), 학현사

2. 논문

박지연, 1997. “컨벤션 서비스의 요인별 중요도 연구-주최자와 참가자의 인식 비교”, 경희대학교 석사학위논문

박홍순, 2007. “한국의 국제기구유치전략 - 현광과 강화방안”, 한국국제정치학회 국제기구유치 세미나

서승진, 2002. “컨벤션 Destination / Site 마케팅,” 전환기 한국 컨벤션 산업의 마케팅 전략, 한국컨벤션전시산업연구원

서찬주, 1996. “IMC(Integrated Marketing Communication)에 관한 재조명”, Cheil Communications

손정미, 2000. “컨벤션 서비스 평가속성에 관한 연구-외국인 참가자의 관점에서”, 한림대학교 국제학대학원 석사학위논문

윤미희, 엄서호, 1993. “서비스 질의 측정에 관한 연구-호텔 서비스를 대상으로”, 관광학연구 17:255~273

이혜련, 2001. “컨벤션 참가자의 서비스 품질 인식”, 한림대학교 국제학대학원 석사학위논문

B 해외문헌

1. 도서

Belch, George E. and Michael A. Belch, 2004. Advertising and Promotion, McGraw Hill.

Gartrell, Richard B., 1992. Destination Marketing for Convention & Visitors Bureaus(2nd ed.), Kendall/Hunt Publication.

Hildreth, R. A., 1990. The Essentials of Meeting Management, Prentice Hall.

Kotler, P. and Gary Armstrong, 1997. Marketing: An Introduction, Prentice Hall.

Montgomery, R. J. and Strick, S. K., 1995. Meetings, Conventions and Expositions: An Introduction to the Industry, Van Nostrand Reinhold.

Normann, Richard, 1984. Service Management: Strategy and Leadership in Service Business, John Wiley & Sons Ltd.

Parente, Donald, 2004. Advertising Campaign Strategy, Thomson.

Polivka, Edward G., (ed.), 1996. Professional Convention Management Association(3rd ed.), PCMA Education Foundation.

Price, Catherine H., 1999. The complete guide to professional meeting and event cordination(2nd ed.), The George Washington University Event Management Program, D.C.

Ries, Al and Laura Ries, 2002. The Fall of Advertising and the Rise of PR, Harper Collins.

2. 논문

Clark, J. Dana and Bonnie J. Knutson, 1995. “A Proposed Model of the Organizational Buying Process for the Hospitality Industry,” Journal of Hospitality and Leisure Marketing, Vol. 3.

Crouch, Geoffery I. and J. R. Brent Ritchie, 1998. "Convention Site Selection Research: A Review Conceptual Model, and Propositional Framework", Journal of Convention & Exhibition Management, Vol. 1(1).

Gartrell, Richard B., 1991. "Strategic partnerships for convention planning: the role of convention and visitor bureaus in convention management," International Journal of Hospitality Management Vol. 10(2).

Hinkin, T. R. and J. B. Tracey, 1998. "The Service Imperative: Factors Driving Meeting Effectiveness", Cornell Hotel & Restaurant Administration Quarterly, Vol. 39(1-6): 59~67.

Johnson, R. L., M. Tsiros, and R. A. Lancioni, 1995. "Measuring Service Quality: A Systems Approach", Journal of Services Marketing, Vol. 9(5).

Mattson, M. R., 1998. "How to Determine the Composition and Unfluence of Buying Center," Industrial Marketing Management, Vol. 17(3).

Oberoi, U. and C. Hales, 1990. "Assessing the Quality of the Conference Hotel Service Product: Towards an Empirically Based Model", Service Industries Journal.

Renaghan, L. M. and M. Z. Kay, 1987. "What Meeting Planners Want: The Conjoint-Analysis Approach", Cornell Hotel and Restaurant Administration Quarterly, Vol. 28(1): 67~76.

Part IV 컨벤션 운영업무[1]

CONVENTION

1) 이 부분은 한국컨벤션전시산업연구원의 컨벤셔서비스표준화연구(2006)를 요약, 정리함.

Chapter 13

컨벤션 총괄기획 및 개최장소 선정

1. 컨벤션 총괄기획

1) 조직 구성

컨벤션의 유치가 확정되면 유치계획을 기본으로 회의준비를 위한 조직구성과 업무분담이 본격적으로 이루어진다. 컨벤션 준비단계에서 조직구성과 그 조직의 기본업무를 사전에 어떻게 준비하고, 그에 따른 세부업무는 어떻게 이루어지는가에 의해 컨벤션의 성패가 판가름된다고 할 수 있다.

① 조직위원회 설립

컨벤션을 준비하기 위해서는 일차적으로 회의의 주최자가 되는 조직위원회가 구성되는데, 조직위원회는 컨벤션의 준비와 운영을 총괄하며 성공적인 행사 개최를 위한 최상위 의사결정 기관이다. 하지만 조직위원회는 성격상 협회, 학회 및 각 기관의 내부업무에 충실하기 때문에 고도의 전문성을 필요로 하거나, 규모가 큰 회의를 단독으로 기획 · 준비한다는 것은 사실상 어렵다. 따라서 컨벤션을 개최하기 위해 전담조직인 사무국을 구성하는 경우가 대부분이다. 여기서 사무국이란 컨벤션의 유치단계에서 진행과 마무리까지 회의의 모든 것을 책임지는 기구를 의미한다.

ⓐ 조직위원회 구성

행사의 규모에 따라 10~20인이 적당하며, 다양한 분야의 인물을 위촉하는 것이 좋다. 하지만 너무 바빠서 회의에 출석할 수 없는 인물이나 너무 많은 위원을 위촉하여 회의소집에 어려움이 발생하지 않도록 주의한다. 조직위원회는 행사에 따라 인력구성에 차이가 있지만, 보통 조직위원장, 부위원장(사무총장), 자문(고문)위원 조직위원으로 구성한다. 하지만 전문 국제회의기획업체에게 행사를 대행할 경우, 회의관련 준비 및 진행에 있어 모든 업무를 회의 전문가가 맡고 주최 측은 조직위 장과 소수의 담당책임자로 구성되는 경우도 많다.

ⓑ 사무국 구성

PCO에게 행사 대행을 위탁하는 경우 사무국을 구성하는 요소는 크게 조직위원회와 PCO로 나눌 수 있다. 일반적으로 조직위원회 측이 회의개최를 위한 원칙적인 기본계획을 설계한다면, PCO측은 보다 세부적이고 실제적인 계획을 수립하면서 조직위원회가 결정을 내릴 수 있는 기본 자료를 제공하는 일을 한다.

ⓒ 규정 수립

조직위원회는 국제회의 준비와 실행을 위한 조직으로 일정기간이 지나면 해산된다. 따라서 관련단체 및 기관의 규정에 준 하는 직무와 책임, 조직의 구성과 관리, 임기, 자금조달, 회계 방법 등이 명문화된 「조직위원회 규정」과 「회계 규정」을 수립해야 한다.

ⓓ 분과위원회 구성

분과위원회는 회의의 규모에 따라 조금씩 다르며, 업무 수행에 편리하도록 구성한다. 일반적으로 조직위원장 혹은 사무국장 밑에 각 분과별로 책임자가 정해진다. PCO와 업무를 함께 진행할 경우, 회의성격이나 주최 측의 방침에 따라 회의관련 준비 및 진행에 있어 모든 업무를 PCO에서 맡고 주최 측은 조직위원장과 소수의 담당책임자로 구성하는 경우가 있다.

〈표 13-1〉 조직위원회와 PCO 업무분장 예

구분	조직위원회	PCO
기획 부분	회의 목적 심의 전체 계획 심의 후원업체 섭외 및 결정 예산조정 및 결정 대외 협조	회의 목적에 따른 회의유형 분석 자료 제공 행사 예정일 및 규모별 회의장 자료제공 세부 예산안 제공 예상 후원업체 자료제공 전차대회 자료 분석
학술 부분	회의주제 결정 회의관련 논문수집 초청연사 결정 회의형태 기획 및 결정	논문수집관련 안내문 제작 및 발송 논문집 제작 연사초청 관련 업무 회의진행 세부 시나리오 작성
홍보 인쇄 부분	회의관련 홍보물 결정 대외홍보-관련기관 및 회원 출판물의 종류 및 형태 결정	매체별, 유형별 홍보물 제시 회의관련 홍보물 제작 참가서신, 등록양식 및 프로그램 발송
기타 부분	참가자 관광프로그램 결정 숙박 및 회의장 결정 연회 행사내용 결정 기타 참가자 편의 프로그램 제공사항 결정	관광프로그램 안(案) 제시 및 집행 숙박관련 호텔자료 제시 지정 숙박시설과의 지속적인 연락 객실 Block 지정 및 해지 연회행사 출연단체 섭외 수송업체 섭외 및 관리 각종 표시물(Sign board) 제작 기념물 제작 기타 참가자 편의 프로그램 제공사항 집행

② 조직위원회 운영

ⓐ 준비사무국 운영

PCO가 행사를 대행하는 경우, 대부분 준비사무국은 PCO 사무실 내에 설치가 되는 것이 보통이며, 경우에 따라서는 회의 주최 측 기관 내에 설치되어 전문 인력이 파견근무를 하는 경우도 있다.

ⓑ 조직위원회 회의 개최

조직위원회와 PCO는 정기적인 회의를 개최하여, 업무진행의 확인과 중요 사안에 대해서 협의를 해야 한다. 회의일시가 결정되면, PCO는 회의장소를 예약하고, 참석대상자들에게 회의일정을 알리며, 참석여부를 확인한다. 또한 진행사항 보고 및 회의 시 결정해야 할 사항을 포함하는 회의자료를 작성해야 하며, 회의 개최 후에는 내용을 문서화하여, 회의 후 모든 조직위원들에게 발송한다.

2) 개최지 선정

회의의 성과는 회의장의 분위기에 따라 결정될 정도로 중요한 요인이 되며, 참가자가 마음 편히 회의에 참가할 수 있는 충분한 회의시설을 갖춘 회의장을 선정해야 한다. 개최지 선정과정은 다음의 기본적인 8단계를 포함한다.

> 회의 목적 확인, 과거 기록 수집, 물리적 요구사항 파악, 참가자의 요구사항 및 기대 고려, 지역 및 시설형태 고려, 행사 내역서(Specification) 및 RFP(Request for Proposal)의 준비, 개최지 검토 및 평가, 개최지 선정

① 사전조사

개최지 선정을 위한 기본적으로 알아야 할 정보를 수집하는 단계이다.

ⓐ 회의목적 확인

회의의 목적은 회의장소의 적절한 환경(위치)을 결정하는 기준이 되는데, 공항과 가까운 호텔시설은 뚜렷한 목적을 가진 단기적 목표를 위한 집중토론 및 안건이 짧은 비즈니스 회의에 적합하며, 비공식적 토의나 의사결정을 위해서는 리조트시설이 적절하다. 개최지를 결정하기 전에 반드시 고려되어야 하는 것은 회의의 결과로서 "무엇이 달성되어야 하는가?" 이다.

ⓑ 과거기록 수집

참가자 현황, 객실 블록관련, 재정적인 결과, 이용한 서비스, 지난 행사의 주요 일정 등과 같은 이전 행사와 관련한 모든 자료를 수집해야한다. 이러한 자료는 시설 측에 행사에 대한 포괄적인 개요를 설명하는 데 도움이 된다. 처음 개최되는 경우는 주최 측이 이전에 개최했던 유사한 행사들에 대한 기록을 수집하는 것이 좋다.

ⓒ 물리적 요구사항 파악

회의의 형태와 기록된 자료를 바탕으로 필요한 사항을 결정하며, 필요공간이 확인되면, 각각의 공간에 대한 사용시간을 결정한다. 사용시간을 결정할 때에는 설치 및 철거 시간을 고려하여야 하며, 특정한 서비스를 제공을 위해 어떤 장소가 지속적으로 필요한지, 혹은 어떤 공간이 2가지 혹은 목적의 변화에 따라 이용될 수 있는 지를 결정하여야 한다.

ⓓ 참가자 요구사항 및 기대사항 확인

어떤 환경으로 참가자들을 만족 시킬 것인가에 대해서는 예상 참가자에 대해 다음과 같이 평가함으로서 개선 및 구축할 수 있다.

- 참가자들의 연령, 그들의 연령이 회의 장소에 대한 기대에 얼마나 영향을 미칠 것인가?
- 참가들이 가족을 동반할 것인가?
- 동반자 혹은 아이들을 위한 프로그램이 필요할 것인가?
- 참가자들에게 지역의 매력과 문화적 기회가 얼마나 중요할 것인가?
- 레크리에이션 활동이 중요할 것인가?
- 근처에 이용 가능한 쇼핑시설 및 레스토랑이 필요할 것인가?

ⓔ 지역 및 시설 형태 선택

여행의 편의성과 잠재적 참가자들이 지불해야할 비용, 예상되는 여행 수단(노선 및 운항일정 확인, 고속도로와의 접근성, 주차시설 등)을 고려하여, 회의의 목적과 물리적 요구에 가장 적합한 시설 형태를 결정한다.

ⓕ 행사 내역서 및 제안요청서 작성

시설측이 행사 개최에 적합한지 평가하도록 도움을 주는데 이용되는 서면으로 된 행사 내역서(Specification)를 포함한 제안요청서(RFP: Request for Proposal)를 작성한다. RFP 준비 시에는 니즈에 대해 명확하게 표현하며, 이와 같이 준비된 문서는 다양한 공급자들과의 일관된 커뮤니케이션을 용이하게 한다.

- 행사 개최 준비 단체 혹은 조직위원회에 대한 정보
- 행사 목적
- 행사 참가자에 대한 정보
- 행사 예정일 및 선호 일자
- 필요 객실 수 및 형태
- 필요 회의장 수, 규모, 이용 형태
- 수락할 수 있는 지불 금액의 범위
- 식음료 행사의 종류와 일정
- 전시 및 기타 이벤트 혹은 활동
- 관련 정보 및 추가 요구사항
- 제안서를 누가 검토하는지 및 제안서의 제출기한, 개최지 선정 결정 시기에 대한 정보

② 시설 평가 및 선정

시설담당자와의 초기 접촉은 기본적인 정보를 교환하기 위한 목적으로, PCO는 행사개최를 위해 필요한 물리적 요구사항과 행사에 관한 전반적인 내용을 제공(RFP 발송)하여야 하며, 제시하는 요구사항을 시설측이 만족시킬 수 있을 때, 시설측은 PCO에게 시설의 상세한 정보를 담은 제안서를 보내야 한다. 이와 같은 제안서가 기획하고 있는 행사에 적합할 경우라도 시설의 현재 조건이나, 적합성을 판단하기 위해서는 직접 잠재 개최지를 방문해 보는 것이 중요하다.

후보시설에 대한 현장 시찰을 통하여 개최지역 및 시설의 실제상황을 조사 및 평가하는 단계를 거쳐, 객관적이고 실질적인 조사 및 평가를 수행한다. 이 때, 시설 측에 미리 알리지 않고 현장시찰을 실시하여, 개최시설 직원들의 매너나 관련 서비스, 현재 유치 및 진행하고 있는 행사 등의 준비, 진행 등을 꾸밈없이 그대로 관찰, 평가하기도 한다. 시설을 검토 및 평가할 때에는 체크리스트를 작성하여, 필요한 사항을 모두 체크할 수 있도록 한다.

■ 개최지, 시설 시찰 체크리스트에 포함될 사항

○ 지역

- 접근성: 비용과 편의, 공항 근접성, 장애인들의 이용편리성, 적절한 택시/리무진 서비스, 충분한 주차 공간, 셔틀 서비스의 비용과 유용성, 공항 지원 서비스, 개최지의 비·성수기
- 환경: 지역 명소의 유용성, 쇼핑, 레크리에이션, 레스토랑, 기후 조건, 날씨 조건, 외관, 안전성, 지역의 경제적 안전성, 지역/시설의 인지도

○ 호텔

- 서비스 요원들이 친절하고 효율적인가?, 로비가 매력적이고 깨끗한가?, 등록데스크를 찾기 쉬운가?, 충분한 수의 엘리베이터가 있는가? 서비스 요청에 대한 응답이 신속한가? 이용자 서비스(약국, 은행, 의료 서비스 등)가 유용한가?, 객실이 안락하고 깨끗한가?, 복도의 청결성 및 조명은 어떠한가?, 표준객실과 디럭스 룸의 크기, 장애인을 위한 객실, 스위트룸의 수, 형태, 예약 저차 혹은 규정, 객실 분류 및 각 형태별 사용가능 수, 조기 도착 및 지연 출발자를 위한 사용가능한 객실 수, 컨벤션 행사용 객실 요금, 개런티 및 예약금 조건, 체크인/아웃시간, 결제수단, 객실 및 회의실에서의 인터넷 사용, 주차시설 등

○ 회의장

- 필요조건에 적합한 회의실 수, 장애인들의 접근편의성, 회의실 규모, 회의장 배열형태 수용가능여부, 세션별 예상 참가자 수와 비교한 각각의 회의실 수용 능력, 프레젠테이션을 위해 높은 천장과 기둥 혹은 장애물이 없는 공간을 필요로 할 경우, 회의실이 그러한 조건에 적합한지 여부 확인, 조명, 인터넷 접속 가능 여부, 휴식공간과의 근접성 등

○ 식음료 서비스

- Public outlets: 외관과 청결성, 음식준비지역의 청결성, 피크타임 대에 충분한 직원 수, 신속하고 효율적인 서비스, 메뉴의 다양성, 가격 범위, 예약 규정 및 방침, 피크타임 이외의 시간대 시설 내 대중 식음료 시설의 사용 가능성
- 단체 행사: 품질과 서비스, 메뉴의 다양성, 단체행사 전문 업체와의 접촉, 비용, 주류법,

Cash bar (유료로 술을 파는 가설 바) 정책(바텐더 비용, 최저시간, 음료 가격 등), 휴식시간에 제공되는 음식의 가격, 특별 서비스(맞춤형 메뉴, 주제 파티, 테이블 장식 등), 연회 테이블의 크기, 룸서비스 등

○ 전시 공간

- 하역공간 수 및 전시장까지의 접근성, 상하수도 · 전기가스 등의 위치, 초대 바닥 하중, 비상구 위치, 반입/반출을 위한 충분한 시간 이용 가능성, 추가 조명의 이용성, 인터넷 접속, 전시장과 타 회의시설과의 접근성, 전시 매니저, 서비스계약자, 공급업자들을 위한 사무국 이용성, 창고 공간, 소방 규정 등

○ 사무국 및 기타 서비스

- 가무 및 장비 설치를 위찬 충분한 공간, 조명시설, 참가자들이 이용이 편리한 위치, 구내 전화 및 연결의 용이성, 업무시간 후 보안성, 회의장 출입구가 휠체어가 다닐 정도로 폭이 넓은가?

○ 장비

- 동시 개최되는 여러 행사들의 필요사항을 모두 만족시킬 수 있는지?, 테이블(형태별 수량 및 상태), 의자 등

③ 시설 사용 계약

개최시설이 선정되면, 시설의 계약담당자와 시설사용과 관련한 세부내역을 협의하고, 계약서 작성 후 시설사용계약을 맺는다.

ⓐ 시설과의 협의

개최시설이 선택되면, 행사주최측은 행사장시설 측 담당자와 세부 계약내역에 대한 조건협의를 진행한다.

- 임대료 및 지불 수단, 일정
- 서비스 인원
- 사용 가능 기간 및 시간
- 연회장 임대료 및 관련 사항
- 행사장 장식, 청소, 안전문제 등
- 무료 회의실 및 객실 제공사항
- 전시장 면적 및 장치 관련 사항
- 예약 설정 해제 기한(Cut-off Date)
- 주차장 사용 조건

ⓑ 계약서 작성

시설사용에 관한 계약서 초안을 작성하고 계약서 조항에 대해 확실하게 검토한 후, 양측의 동의 하에 계약서를 완성한다.

ⓒ 시설 사용 계약

예약이 지연되어 다른 행사 주최자가 행사장을 선정하는 경우가 발생할 수 있으므로 회의장 선정에 있어 타당성이 분석되면 빠른 시일 내에 예약을 진행한다.

3) 개최 계획 수립

회의의 기본 개요 및 주요 프로그램의 종류를 기획하고, 프로그램별 개최 계획서를 수립한다.

① 주요 행사 기획

총괄기획과 각 부문별 담당자와 협조하여 업무를 수행한다.

ⓐ 회의 개요 및 주요 행사내용 작성

회의의 주제 및 부제, 회의 개최일자, 개최시간 등을 조직위원회와 협의하여 결정하며, 참가자 규모, 참가자 특성 등을 고려하여, 프로그램을 구성하고 행사별 주요 내용을 작성한다. 또한 각 프로그램별 담당 분과 및 담당자를 정하여 업무진행을 준비한다.

ⓑ 부문별 세부 추진 계획서 작성

부분별 세부추진계획 및 추진일정표를 작성하고 조직위원회와 협의하여 진행 한다

② 유관기관 협조요청

총괄기획과 각 부문별 담당자(영접, 수송, 재정 담당 등)와 협조하여 업무를 수행한다.

ⓐ 정부기관 협조 요청

관련 정부기관에 회의승인을 요청하며, 공항영접이 필요할 경우, 공항관리공단에 공항영접 지원을 요청한다. 또한 관광공사에 개최지원, 홍보물 지원등과 같은 지원 사항을 요청한다.

ⓑ 관련기관/단체 협조 요청

공식 항공사 및 여행사가 필요할 경우, 선정하며, 관련한 협회, 학회, 기업체의 협조가 필요할 경우 협조 요청업무를 수행한다.

4) VIP 및 인력 관리

행사의 VIP는 행사 주최기관의 국제본부 임원, 정부기관 및 관련단체 임원, 주요 협찬사 임원, 주요 연사(Keynote Speaker), Session별 좌장 등이 포함될 수 있으며, VIP 범위는 행사의 성격과 규모 등에 따라 조직위원회와 협의 하에 결정된다.

① 대상자 선정 및 지원사항 협의

ⓐ VIP 리스트 확정

조직위원회로부터 VIP 리스트를 받아 개인별 정보 및 행사 참가 일정, 출입국 사항, 숙박사항 등 관련 정보를 지속적으로 업데이트 한다.

ⓑ 지원사항 협의

각각 개인별 참가비, 항공료, 숙박비, 강연료 등 지원항목 및 지원범위는 조직위원회에서 결정하며, PCO는 조직위원회와 각각의 대상자와의 커뮤니케이션을 돕는다. 지원내역에 대한 합의가 이루어 질 때까지의 모든 커뮤니케이션 내용을 정리 해 놓아야하며, 지원내역에 대한 동의가 이루어지면, 반드시 확인서를 받아두어야 한다.

② 인력 관리

행사개최를 위해 필요한 인력은 크게 전담인력과 현장인력으로 구분된다. 여기서 전담인력이란 국내에서의 행사 개최 및 대행사가 선정된 후, 행사 준비를 위해 사전기획 단계에서부터 업무를 진행하는 인력을 의미하며, 현장인력이란, 행사 개최기간 1~2일전부터 행사 폐막일까지 행사현장에서 업무를 담당하는 임시 운영 요원을 의미한다.

ⓐ 총괄인력계획

총괄기획 담당자는 각 부문별 담당자를 정하고, 각 부문별 업무진행 스케줄과 업무량에 따른 추가인력투입 등에 대한 계획을 세우고 전체투입인력을 관리 한다.

ⓑ 업무진행 일정관리

업무추진일정별로 업무가 진행되고 있는지, 업무가 한사람에게 집중되는 것은 아닌지, 추가인력이 필요한지 등등 전체 업무진행일정을 관리 한다.

ⓒ 적정인력관리

등록, 학술, 수송, 영접, 관광, 사무국, 전시 등 각 분문별 참가자 규모, 일정 등을 고려하여 필요한 일별 적정인력을 산출한다. 이때, 시간의 흐름에 따라(예를 들어 등록데스크의 현장 인력은 1~2일째는 많이 필요하지만, 시간이 지나면 여유가 생김) 인력의 자리배치를 유동적으로 할 수 있는 경우도 고려하여 산출한다.

ⓓ 현장인력모집

행사개요, 행사일시, 참가자규모, 근무조건 등을 정확히 명시하여 관련 학교나 전문요원 양성기관의 추천 및 각종 매체의 인력모집 공고 등을 통해 신청서를 접수한다.

ⓔ 현장인력교육

현장인력 전원이 경험자이면 행사를 진행하는데 있어 좀 더 수월하겠지만, 그렇지 않은 경우, 적어도 책임자는 경험을 가진 사람으로 배치하는 것이 좋다. 행사장에서의 업무 분담 및 업무별 요원배치가 결정되면, 선발된 모든 인원에게 회의운영과 관련한 각자의 역할과, 책임을 인지시키기 위한 교육을 실시하며, 모든 인력들이 자신의 담당업무와 담당 업무별 책임자가 누구인지를 반드시 파악하도록 관리한다.

ⓕ 인건비 정산

총괄기획 담당자는 행사가 끝난 후 빠른 시일 내에 조직위원회 혹은 PCO 회사 내 규정에 맞추어 필요한 서류(예: 신분증 사본)를 접수받고, 인건비 정산을 한다.

5) 행사운영

행사운영업무는 크게 운영준비업무와 현장운영업무로 나눌 수 있다.

① 운영 준비

ⓐ 유니폼 제작

일반적으로 운영요원들은 행사용 유니폼(상의)을 입고 행사를 진행한다. 운영 요원수와 추가 제작수량을 고려하여 총 수량을 산출하고, 행사성격에 어울리는 디자인과 색상을 고려하여 주문한다. 유니폼의 경우, 부피가 꽤 나갈 수 있으므로, 행사 개최 1~2일 전 행사장에 설치되는 현장사무국으로 직접 배달을 받는 것도 좋은 방법이다.

ⓑ 행사장 주변 장치물 제작

등록, 학술, 전시 등 각 분과에서 체크하지 않는 나머지 모든 장치/제작물(행사장 입구현판, 현수막, 행사 현황판, 각종 유도 사인물 등)에 대한 디자인과 수량을 결정하고 제작발주를 한다.

ⓒ 설문지 작성

일반 참가자, 전시참가업체 등을 대상으로 행사 및 행사 진행에 대한 전반적인 만족도를 묻는 설문지를 작성하며, 설문조사 수행계획을 수립한다.

ⓓ 현장사무국 조성

행사개최가 임박하면 지금까지의 업무 중심이 준비사무국에서 회의 현장으로 바뀌어 현장 위주의 업무를 진행한다. 보통 행사 1~2일전, 큰 회의의 경우 3~4일 정도 전에 회의장 내 현장사무국을 설치하며, 사무국공간은 서류나 인쇄물을 놓는 곳, 관계자들의 협의장소, 사무기기 설치 공간 등을 고려하여 충분한 크기로 잡는다. 현장에서 사용될 인쇄물, 제작물 등은 직접 현장사무국으로 반입하도록 관계자에게 지시하면, 화물운반의 수고를 덜 수 있다. 필요 비품의 체크리스트는 특히, 중요서류, 기밀서의 취급에 주의한다. 전화, 팩스, 복사기 등은 설치와 동시에 사용할 수 있도록 관계자와 충분히 절충해둔다.

ⓔ 인터넷 라운지 조성

인터넷라운지가 별도로 조성되어있지 않은 경우, 행사 주최 측은 필요에 따라 라운지를 조성하며, 참가자 규모 및 특성을 고려하여 적정한 규모를 결정한다. 국내외 참가자들이 모두 편리하게 쓸 수 있도록 프로그램은 국영문 버전을 모두 설치하여야 한다.

② 현장운영

ⓐ 최종 리허설 점검

준비초기 단계에서부터의 모든 업무에 대한 체크리스트를 작성하여 점검해 오던 것을 신중을 기해 최종 점검을 실시하고, 모든 설치와 점검이 끝나면 전 요원들을 행사현장에 배치하여 담당 위치와 업무를 최종 재확인시키며, 행사진행리허설을 실시한다. 현장에서의 실제 활동을 확인하고 문제점을 발췌하여 해결책을 모색한다. 최종 리허설에서 대두된 문제점은 즉시 수정하여 변경된 내용을 전원에게 숙지시키며, 리허설이 끝나면 기본행사진행 시나리오의 변경부분을 확인하고 최종 진행 Q-sheet를 확정하여 시나리오를 수정한다.

ⓑ 현장사무국 운영

현장사무국에서의 업무는 회의별 프로그램 관련 사항 체크, 회의장별 사용계획 체크, 회의장 평면도 및 구성도별 체크, 인원 배치 및 업무분담 현황 체크, 각종 연락처 및 조직도 준비, 회의 진행별 상황 대처계획 점검 등이 있다.

ⓒ 행사 진행 및 관리

사전계획대로 모든 행사가 진행되면 당일의 운영은 문제가 없지만, 예기치 않은 긴급 사태가 발생할 가능성은 항상 있다.

사무국에는 회의전체의 운영을 항시 정확하게 파악하여 프로그램과 관련행사의 진행상태를 한눈에 알 수 있도록 행사예정표를 붙여 놓으며, 계획 외의 사태가 발생했을 때는 적절한 지시를 하고, 다른 데로 파급되는 것을 최소한으로 막기 위해 항시 대응할 수 있는 체제를 갖추어야 하기 때문에 총괄팀장은 자리를 뜨지 않는 것이 좋다. 또한 최고책임자인 조직위원장의 장소는 항상 파악하고 있어야 한다. 행사장 내에서는 요원들끼리 무전기를 사용하여 쉽게 커뮤니케이션 할 수 있도록 하여야 한다.

6) 사후 업무

① 결과보고

ⓐ 부문별 최종 보고 내용 취합

부문별 담당자가 작성한 각 업무별 최종 보고서를 취합하여 일정한 형태로 정리한다.

ⓑ 참가자 대상 설문 결과 분석

참가자 대상 설문지를 취합하여, 결과를 분석하고, 결과보고서에 반영한다.

ⓒ 행사 기록물 제작

필요에 따라 행사 기록 앨범 혹은 행사 기록 영상물을 제작한다.

ⓓ 결과보고서 작성

결과보고서에 포함될 내용은 다음과 같다.

- 회의 개요
- 조직위원회, 사무국, 각 분과 위원회 명단
- 국제본부의 개요
- 회의 내용(발표 논문 요약본 및 전문 포함)
- 재무 관계 전반
- 국제본무 임원, 조직 위원장의 감사의 글
- 회의 자료(기록 사진)
- 회의 개최 시까지의 전체 준비 과정 요약
- 관련 각 행사의 개요
- 회의 참가자 및 공로자
- 참가자 설문조사 분석 및 회의 평가(성과 반성) 등

② 총평가회 개최 및 포상

ⓐ 총평가회 일정 계획

조직위원회와 협의하여 총평가회 일정 및 장소, 참가 대상을 결정하고, 그에 따라 PCO에서는 장소예약, 참가 대상에 일정 알림, 참석 확인 등의 업무를 수행한다.

ⓑ 총평가회 자료준비

행사개최결과 및 결산보고 자료를 준비하고, 감사패를 수여할 경우, 감사패 디자인 및 문구를 결정하여, 감사패 제작을 의뢰한다.

ⓒ 결과보고서 배포

회의개최내용을 정리한 결과보고서를 배포할 대상을 조직위원회와 미리 협의한 후 총

평가회 개최 시 배포하거나, 우편으로 발송한다.

ⓓ 감사패 수여

행사가 끝마치면 준비단계부터 종료까지 실질적인 도움을 주었던 사람이나 기업(단체)에 감사를 표하는 경우가 있는데, 감사의 표시로 감사장(감사패), 기념품 등을 증정한다.

③ 감사편지 발송

ⓐ 발송 대상자 리스트 작성

행사개최를 위해 도움을 주었던 관련단체, 기업, 관계자 및 행사 참석자등에게 직접적으로 감사를 표할 필요가 있으므로, 행사가 끝난 후 곧바로 감사편지 발송대상 리스트를 작성한다.

ⓑ 대상자별 감사편지 작성

대상자 그룹별(후원 감사, 연설 감사, 행사참석 감사 등) 감사편지를 작성한다.

감사 편지 발송

행사가 끝난 후 신속하게 그들에게 서한으로 감사의 뜻을 표한다.

2. 개최장소 선정

개최지 선정과정은 시간 소모가 많고 때로는 정신적, 육체적으로 고된 과정이지만, 회의의 성공과 실패를 좌우할 정도로 매우 중대한 사안이다. 왜냐하면 회의 공간이 회의 프로그램과 참가자 사이의 상호작용을 상승시켜주는 작용을 하고, 행사 개최 비용의 35~60%가 개최장소 임대료에 사용되기 때문이다.

개최지 선정과정에는 세심한 준비 과정과 심도 깊은 인터뷰 기술, 세부 사항을 살필 수 있는 예리한 안목, 엄청난 기억력이 요구된다. 특히, 하루 만에 시설을 여러 곳 방문해야 한다면 더욱 이러한 능력이 필요하다. 이에 본 절에서는 호텔 시설 점검과정, 제안요청서(Request for Proposal: RFP) 작성요령, 현장 조사(site inspection) 과정과 개최시설과의 협상기술 및 방법에 대해 알아보고자 한다.

1) 개최장소 선정 과정

개최지 선정단계의 출발점은 위에서 언급한 것처럼, 개최회의에 대한 기본정보를 작성하고 이에 따라 컨벤션센터나 호텔 등 개최시설에 대한 정보를 파악하는 것이다. 개최지 선정에 있어서 가장 중요한 것은 회의목적과 참가자의 취향, 예산이다. 회의의 목적이 교육, 협회 연례회의, 기업회의 등에 따라 다양하고, 요구하는 개최지 특성도 각기 다르다. 우선 개최회의에 대한 기본정보를 살펴보면 다음과 같다(Price, 1999: 208~201; Polivka, 1996: 105~126; Dotson, 1995: 115~128; Hildreth, 1990: 87~98).

- 개최예정 일자 및 참가자의 출/입국 패턴
- 동반자 및 행사진행 요원을 포함한 전체 행사 참가자 규모
- 필요 회의실 수 및 규모
- 필요 객실 수
- 연회 수 및 타입
- 필요 시청각 기자재
- 참가자 수송에 따른 교통 (주차, 리무진서비스 등)
- 수용 가능한 객실요율

예) Single rooms:

Low - $40-$60

Moderate - $60-$80

High - $80+

- 수용 가능한 식음료 요율

예) Lunch:

Low - $7-$10

Moderate - $10-$15

High - $15+

- 회의장의 분산: 대규모 회의의 경우 여러 시설에 회의가 분산되어 개최.
- 전시 공간

개최회의에 대한 기본정보가 마련되었다면 회의를 개최할 수 있는 회의시설에 대한 정보가 필요하다. 따라서 다음 항목을 기준으로 회의 개최시설에 대한 질문을 생각해 볼 수 있다.

- 회의개최예정기간 동안 객실 공급량이 충분한가?
- 세금을 포함한 객실요율은 얼마인가?
- 회의개최예정기간 동안 회의장 시설 예약이 가능한가?
- 회의장 임대료는 얼마인가?
- 개최지 최종결정이 내려지기까지 회의장 임대를 임시로 예약해 놓을 수 있는가?
- 예약 마감일은 언제인가?
- 보증금 규정은 어떠한가?
- 무료 객실(complimentary room) 규정은 어떠한가?
- 예약 취소 규정은 어떠한가?
- 공항에서회의시설까지의 거리는 가까운가?
- 주차시설이용이 가능한가? 사용료는 얼마인가?
- 회의기간동안 컨벤션 센터나 호텔 등 개최시설 내 다른 회의 개최가 예정되어 있는가? 예정되어 있다면, 어떤 단체의 회의인가?
- 개최시설 내 또는 인근 지역에 식당이 있는가?
- 개최시설 내 시청각기자재 장비 임대가 가능한가? 가능하다면 임대 가능한 장비 목록과 임대료는 얼마인가?
- 개최사설 내 또는 가까이에서 제공 가능한 서비스는 어떤 것이 있는가?

2) 행사 개최 취지서(Prospectus) 작성

다음 단계는 행사개최 취지서(prospectus)를 작성하는 것이다. 이 행사개최 취지서는 공식적인 제안서(RFP: Request for Proposal))로서 개최예정 회의의 특성, 일반 요구사항 및 내역을 포함하고 있다. 따라서 이에 포함될 정보는 가능한 여러 해 동안 의 데이터를 기초로 작성되어야 한다. 행사개최 취지서의 작성 단계는 다음과 같다(Price, 1999: 211~212).

ⓐ 1단계

개최예정 회의의 기본 정보를 제공한다.

- 조직위원회 명
- 회의 명
- 사무국 연락처
- 회의 개최예정일
- 참가자 규모
- 참가자 프로필
- 지난 회의 개최지(도시 및 시설 명)
- proposal 제출 마감일 (10 business days)

ⓑ 2단계

가격과 관련된 항목에 대한 사항을 가능한 구체적으로 명시한다.

- 객실 수와유형
- 참가자Check-in/Check-out date
- 객실 요율
- 객실 블록 형태
- 회의장 수 및 규모
- 회의장 별 예상 참가자 수
- 시청각기자재
- 기타 필요 회의장 시설 (천정높이, 수하물 접근성 등)
- 식/음료
- 전시관련 부스 규모 및 수
- 전시참가업체 수
- 기타 필요 전시시설(하수시설 등)
- 프로그램 스케쥴

ⓒ 3단계

무료제공(complimentary) 혹은 할인을 원하는 항목을 명시한다.

- 무료 객실
- 무료 회의실
- 공항왕복 무료 셔틀버스
- 무료 시청각 기자재

3) 현장 답사(Site Inspection)

컨벤션센터나 호텔 등 개최시설 측으로부터의 제안서를 살펴본 뒤에는, 현장조사를 위한 준비가 되어야 한다. 보통 회의시설을 방문하면 시설 측과 인터뷰 시간으로 평균 1~2시간이 소요되며, 시설을 둘러보는데 시설의 규모마다 다르지만 보통 1~2시간이 소요되어 총 3~4시간을 필요로 한다. 시설을 둘러볼 때는 기억하기 어려운 것은 노트에 적고, 넓이를 재어보자. 또한 혼자서 한 시간 정도 시설을 둘러보며 현장을 점검하는 것도 좋은 방법이다. 이때 개최지선정 체크리스트를 나름대로 작성해 놓으면 나중에 개최지선정 최종결정을 내리는데 유용한 자료가 될 수 있다.

최종적으로, 고려 대상이 된 최종 시설들에 대해 평판을 점검해 보는 것도 권할 만 하다. 점검 방법은 다음과 같다.

- 지난 6개월 동안에 해당 시설에서 개최된 유사한 규모, 성격의 회의와 회의를 개최한 협회
- 기업의 이름 세 곳을 문의하여 시설의 서비스 수준에 대해 알아본다.
- 후보시설이 한 곳이라면 장소선정보다는 평가의 시각에서 점검해야 한다. 회의시설과 스텝의 능력과 한계를 파악한다.
- 시설에 알리지 않고 시설을 방문하여 점검한다.
- 호텔 손님과 호텔 내 상주하고 있는 사람들과 개인적인 대화를 나누어 본다.

4) 개최지 시설 선정 시 유의사항

개최지나 개최시설을 선정할 때 컨벤션 기획사는 다음 7가지 커다란 항목에 대해 유의해야 한다(Price, 1999: 28~31).

① 컨벤션뷰로(CVB)

우리는 도시 내 회의 유치 촉진을 위해 존재하는 컨벤션 전담기구 즉 컨벤션뷰로(CVB)에 대해 살펴보았다. 이 기구는 대개 다양한 회의 · 이벤트 시설과 서비스에 대한 세부사항을 요약하여 가이드북을 제작하며 시와 호텔 시설 현장 탐방에 대한 계획을 세우기도 한다.

컨벤션뷰로는 또한 현지 서비스 업체들에 대한 정보를 보유하고 있다. 따라서 컨벤션뷰로와 개최지 선정절차나 제공받을 수 있는 서비스 항목을 결정짓는 것도 좋은 방법이다. 이외에도 컨벤션뷰로에서는 월별 혹은 분기별로 개최 예정된 모든 회의와 이벤트에 관한 목록을 책자로 만들고 있으므로 이러한 정보를 활용하면 참가자 혹은 시설 측 능력의 제한으로 인해 생길 수 있는 혼란을 방지하는데 도움을 받을 수 있다.

② 휴일 · 국경일

개최 일정을 확정하기 전에 휴일, 특히 종교와 관련된 휴일이나 국제적인 휴일을 체크해 보아야한다. 더불어 참가자에게 영향을 미치는 정도를 알기 위해 그 휴일의 중요성을 알아 놓는 것도 도움이 될 것이다. 모든 휴일이 다 같이 중요한 것은 아니다. 노동절, 선거일과 같이 참가자에게 혼란을 초래 할 수 있는 중요한 행사에 대한 것도 잊지 말아야 한다. 그렇다고 모든 휴일을 피해서 기획 할 수 는 없을 것이다. 하지만 참가자들에게 있어 휴일의 중요성을 간과해서는 안 된다.

③ 회의장 시설

회의장을 평가하는데 있어 기본은 회의장에 설치될 시청각설비와 회의장의 자리배치(room setup)에 대해 아는 것이다. 네 가지 주요 room setup의 형태는 컨퍼런스 형, 연회장 형(혹은 라운드 형), 교실 형과 극장 형이다. 시설 측에 알릴 때에는, room setup의 형태와 회의장 별 참가자 수를 알려주거나 한 사람 당 필요한 공간과 사람의 수와 함께 회의장을 요청할 필요가 있다. 예를 들어, "200명이 들어갈 극장형태의 회의장이 필요합니다."라고 말할 수 있다.

이외에도 무대, 시청각 설비, 댄스 플로어와 회의장 장식들이 공간을 차지하게 된다. 그러므로 시설 측에 이러한 공간으로 전체 필요한 공간이 늘어나게 된다는 것을 주지시킬 필요가 있다.

회의장선정에 있어, 천장의 높이, 기둥, 특이한 모양의 회의장과 조명은 기록해 두고, 스위치와 콘센트의 위치를 찾아보고, 프로젝터를 사용할 때 방해가 될 수 있는 낮게 걸린 샹들리에가 있는지 살펴보고, 소음의 원인이 되는 공기 흐름, 이동식 벽, 여분의 복도공간을 살펴보아야 한다. 두 벽 사이에 복도 넓이만큼의 공간이 있다면 그것만큼 좋은 방음 장치는 없다. 옆방에서 무도회를 한다고 해도 들리지 않을 것이다. 이외에도 시설의 여타 부분, 색깔, 주위 분위기, 청결도, 시설 내 가구들의 품질, 장치 설비의 적절한 작동에 대해서도 살펴보아야 할 것이다.

④ 식음료

식음료는 대체로 가격대가 높은 아이템이고, 이 부분에 있어 호텔 측의 가격은 장소선정 과정의 일부로 평가되어져야 한다. 호텔은 대개 객실료 보다 식음료 가격에 있어 융통성이 적은 편인데, 특히 계약이 이루어진 뒤 식음료에 대한 협상을 하고자 한다면 더욱 힘들다. 호텔들은 식품가격의 큰 변동성 때문에 일정보다 세 달 앞서 가격을 결정하기를 꺼린다.

그러나 컨벤션 기획사의 입장에서는 보통 행사일 보다 삼년이나 앞서 예산을 준비해야 하기 때문에 호텔의 이런 입장을 받아들이기가 어려운 것이다. 한 가지 선택 사항이라면 현재의 메뉴로 계약하고 물가지수나 혹은 다른 여타의 기준으로 가격상승을 제한한다는 계약서 상의 문구를 넣는 것이다. 이런 조건을 달더라도, 가격은 최종적으로 일 년 전에 결정되어져야 한다.

가격만으로 장소를 선정하지 않는 것이 좋다. 가격만이 선택 기준이라면, 호텔은 서비스를 적게 하고, 음식의 신선도와 질을 떨어뜨리고(소고기의 크기를 작게 하거나, 신선한 채소대신 캔으로 된 채소를 사용하면서), 1인 당 음식량을 줄이면서 가격을 낮추고자 할 것이다. 서비스와 품질의 손실은 결국 비용을 조금 더 쓰는 것 보다 더 큰 피해를 가져 다 준다.

⑤ 호텔시장

호텔시장은 공급, 수요, 물가상승과 돈의 흐름에 따라 끊임없이 변화한다. 그러므로 컨벤션 기획사는 시장상황에 대해 정보를 얻어두는 것은 매우중요하다. 컨벤션호텔들은 전통적으로 성수기와 비수기가 있는데 이러한 시기들이 가격등급에 영향을 준다. 따라서 호텔선정에 있어, 컨벤션 기획사는 시장상황에 관한 최신정보를 구해 두는 것이 중요하다고 할 수 있다.

호텔업계의 경기가 하락 추세에 있을 때 컨벤션 기획사 입장에서 보면 유리한 위치에 있게 되며 반대로 호텔수요가 상승하거나 초과하게 되면 공급가격이 증가하게 되고 컨벤션 기획사는 불리한 입장에 서게 된다. 따라서 장소선정에 있어 다음의 지침을 고려해야 한다.

- 회의 일정을 유연하게 하고 성수기와 비수기를 고려한다.
- 회의의 지난 행사기록을 참고로 하여 금번 객실과 회의실 계획을 수립한다. 러면 객실과 회의실에 대한 계획을 가질 수 있다.
- 만약 대규모의 회의를 개최한다면 가능한 앞서 예약을 한다.

⑥ 참가자의 안전

개최시설을 선정하는데 있어서 참가자의 안전을 함께 고려해야 한다. 이러한 기획은 참가율을 높일 뿐만 아니라 주최 측의 부담을 줄여줄 수 있다. 따라서 시설을 조사할 때, 다음 항목을 현장 조사 체크리스트 상에 포함시켜야 한다.

- 소화기는 제대로 비치되어 있으며 작동이 잘 되는가?

- 비상구 등은 켜져 있고 잘 보이게 되어있는가?
- 비상 상황에 대한 안내는 객실 안에 갖추어 졌는가?
- 욕조와 샤워기는 안전 손잡이가 있는가?
- 수영장 규칙과 안전 요원의 근무 시간은 안내되어져 있는가?
- 수영장 내에 내선 전화가 설치되어 있는가?
- 전화 교환국 혹은 프론트 데스크의 직원이 24시간 근무하는가?
- 젖은 바닥에 주의 안내판이 설치되어져 있는가?
- 응급의료요원이 24시간 배치되어 있는가?

Chapter **14**

등록, 숙박 및 학술

1. 등록

등록은 참가자들의 행사 참가를 공식적으로 확인하는 절차로서 주최자에게는 참가자 수, 참가자의 입·출국 현황 등 회의 운영에 필요한 많은 정보를 제공해준다. 등록의 가장 기본적인 목적은 참가인원수를 파악하는 것인데, 이는 참석인원이 확보되어야 식사 주문량, 회의장의 의자 수, 인쇄물량, 버스 예약 대수 등등 회의준비에 필요한 물량을 파악할 수 있기 때문이다. 이와 함께 가능한 많은 참가자를 미리 등록시켜 놓음으로써 등록비가 확보되어 이를 운영자금으로 활용시킬 수 있다.

1) 등록비 계획

등록비에는 보통 회의참가자들에게 제공되는 기본적인 자료와 각종 공식행사의 참가비가 포함되나 선택사항에 대한 비용은 일반적으로 포함되지 않는다. 보통 등록비는 전회의의 등록비를 기준으로 물가상승률을 감안, 책정하며 대회장 또는 주최자가 타 회의의 등록비 및 대다수 참가자의 직업 또는 예산한도에 따라 상한선을 책정한다.

① 등록비 결정

등록비/환불규정을 결정하기 위해 다음과 같은 정보를 조사한다.
- 등록비/환불과 관련한 국제본부의 규정
- 이전 행사 및 유사 규모 행사의 등록비, 등록 세부 사항, 환불 규정 및 절차에 대한 사항
- 본 대회 개최지역의 특성을 고려한 예상 참가 규모
- 등록비에 포함되는 사항

수집한 정보를 분석하여, 적정한 등록비를 산출하고, 참가자의 종류나 참가희망에 따라 차등을 두어 등록비를 확정한다. 일반적인 등록비 산출공식은 다음과 같다.

등록비 = (고정비용 + 변동비용) / 예상 참가자 수

참가자 계획의 변동이나 신병의 이유 등으로 등록을 취소하는 경우, 취소통고를 접수하는 시기에 따른 반환율 정한다. 일반적으로 100%, 70%, 50% 환불을 하거나 회의에 임박해서는 취소해도 환불하지 않는 것이 관례이며, 취소하고자 하는 참가자는 필히 서면으로 통지하고 등록비 반환을 청구하도록 하여야 한다. 또한 환불규정은 등록신청서나 안내물에 명기하여야 한다.

② 등록비 결제계획 수립

ⓐ 등록비 결제수단 결정

행사 규모, 성격, 참가자 특성등과 주최측 및 참가자의 편의를 고려하여 적절한 결재방법을 결정한다. (현재는 주로 온라인상에서 결재할 수 있는 전자결재시스템과 무통장입금 방법이 이용되고 있음)

ⓑ 전자결제 시스템 구축

온라인 등록을 실시할 경우, 전자결재 서비스를 제공하는 회사와 이용계약을 체결한 후,

행사 홈페이지 상에 전자결재 시스템을 구축한다.

ⓒ 계좌 개설

카드결제 대금의 정산 및 온라인 등록을 하지 못하는 등록자의 오프라인 등록을 위한 무통장 입금을 위한 계좌를 개설한다.(이는 [재정]업무에서 개설한 행사용 통장을 사용하게 됨.)

2) 참가 독려

행사를 홍보하고 사전등록을 유도하기 위해 주최 측은 등록비가 결정되면, 각종 회의정보자료와 함께 통상 6개월~1년 전부터 회원과 전차대회 참석자, 유관기관 등 예상 참가자를 대상으로 등록신청서를 발송해야 한다.

① 발송계획 수립

ⓐ 관련 리스트 확보

조직위원회는 전차대회 조직위원회의 협조를 받아 전차대회 참가자 리스트를 확보하고, 본 행사와 관련분야의 학회, 협회, 기관 리스트를 PCO에 알려준다. 또한 관련 학회나 협회, 기관에 회원명단 확보 및 행사 홍보와 관련한 협조를 요청한다.

ⓑ 주소 및 연락처 확인

PCO는 확보된 명단을 취합하여 필터링을 통해 중복자를 추출하고, 주소 및 연락처 변경사항을 확인한다.

ⓒ 예상 참가자 DB 구축

참가자 성명, 성별, 국적, 소속기관, 직함, 연락처(전화, 팩스, 주소, e-mail 등) 등의 항목으로 구분하여 예상 참가자 DB를 구축한다.

ⓓ 발송 시기 및 횟수 결정

행사개최일, 등록접수기간 등을 고려하여, 발송 시기 및 발송 횟수를 결정한다.

② 등록신청서 제작

ⓐ 포함 항목 결정

일반적으로 등록신청서에 포함되는 항목으로는 성명, 성별, 직함, 소속기관, 전화, fax, e-mail, 해당 등록비, 호텔예약, 각종 행사 각종 행사 참가신청서, 지불방법, 동반자의 유무, 출발 및 도착 일정 등이 있다.

ⓑ 등록 신청서 시안 요청

PCO는 인쇄업체에 등록신청서에 포함되어야 할 항목을 전달하고, 행사의 특성과 성격에 어울리는 등록신청서 디자인을 요청한다.

ⓒ 시안 제작

인쇄업체는 등록신청서 디자인 시안을 제작한다.

ⓓ 시안 검토 및 수정

PCO는 디자인시안을 검토하여, 디자인 수정 혹은 오타 수정이 필요할 경우, 이를 인쇄업체에 알린다. PCO의 요청에 의해 수정된 시안을 재검토한다.

ⓔ 최종확정

PCO는 조직위원회로부터 디자인 최종승인을 받게 된다.

③ 발송/반송관리

예상 참가자 DB를 바탕으로 등록신청서를 발송하며, 반송되는 우편물을 정리하여 변경된 주소의 확인, 혹은 연락처 확인 불가 등의 내용을 DB에 update함으로써, 2차, 3차 발송 시에 반영한다.

ⓐ 신청서 발송

예상 참가자에게 등록신청서를 발송한다. 일반적으로, 행사안내문(announcement) 과 함께 발송되는 것이 보통이다.

ⓑ 반송물 정리

반송되는 우편물을 정리하여, 변경사항을 확인한다.

ⓒ DB update

DB에 변경사항을 입력한다.

3) 등록접수 관리

등록접수는 대개 사전등록과 현장등록 2가지로 구분되는데, 사전등록은 회의개최 훨씬 이전에 시작이 된다. 조직위원회가 사전등록을 받는 것은 참가자에게 할인된 등록비로 조기등록을 유도함으로써 등록자의 수를 미리 확보하여 예산확보에 도움이 되게 하기 위함과 아울러 회의 개최 시 현장등록으로 벌어지는 혼잡을 피하기 위함이다.

사전등록을 하지 못한 참가자는 현장등록을 해야 한다. 회의에 참가하고자 하는 사람은 누구나 등록을 하여야 하며 등록을 하지 않은 사람은 회의실의 출입이 금지되며, 자료 등 모든 혜택을 받을 수 없다. 하지만, 등록금 지불은 기조연설자, 본 회의연설자 또는 초청연사의 경우 면제되는 것이 관례이다.

ⓐ 온라인등록 프로그램 구축

등록접수 유무, 참가자 규모 등을 고려하여, 온라인 등록프로그램의 필요유무를 판단하고, 온라인 등록프로그램이 필요하다고 판단되면, 전문업체에 외주를 주어 행사성격에 맞취 관리가 용이하도록 프로그램을 제작한다. 프로그램이 제작되면, 행사 홈페이지에서 온라인 등록을 할 수 있도록 시스템을 오픈 한다.

ⓑ 사전등록 신청서 접수

주최 측은 참가자로부터 우편이나 fax, 혹은 온라인 등록시스템, 이메일 등을 통해 참가자의 사전등록신청서를 접수받는다.

ⓒ 확인서 발송

등록신청서가 주최 측에 접수되면 등록내용에 대한 오류여부의 확인을 거쳐 참가 신청자에게 확인서신(confirmation slip)을 발송한다.

ⓓ 결제확인

참가신청서의 등록비 결제여부를 확인한다.

ⓔ Invoice 발송

등록비가 완납이 되지 않았을 경우, 결재금액에 관한 invoice를 발송한다.

ⓕ 영수증발송

등록비 완납이 확인되면, 등록비 결재 영수증을 발송한다.

ⓖ 사전등록자 정보입력

사전등록 신청현황의 관리를 위해 사전등록자 정보 DB를 구축한다. DB에는 가급적 등록신청서에 기재된 모든 정보를 비축하여 두고 용도별로 정보를 가공하여 사용하는 것이 등록자의 관리나 업무편의를 위해 중요하다.

ⓗ 사전등록자 리스트 작성

최종등록자 리스트에 일반적으로 포함되는 항목

- 등록자 명단(등록비 납부 상태, 알파벳순, 국가별 명단)
- 참가자 숙박 정보
- 각 회의, 사교행사 참가 현황
- 지역별, 관련 업계별 참가자 현황 등

ⓘ 현장등록 신청서 접수

현장에 도착하여 등록을 하려는 사람에게는 참가자가 등록데스크에 도착하면 등록신청서양식을 배부하여 작성하도록 한다. 등록데스크 운영자는 작성된 등록서를 받아, 회원, 비회원, 동반자 등 참가자격 및 부대행사 신청사항을 확인한 후 신청서를 접수하며, 등록비를 알려준다.

ⓙ 결제확인

등록비를 납부 받는다.

ⓚ 영수증 발급

등록비 납입완료 영수증을 발급한다.

ⓛ 현장등록자 리스트 작성

현장등록자의 등록사항을 즉시 회의참가자 DB에 입력하여 각종 행사계획의 수정 등에 적용하도록 한다.

4) 등록운영 준비 및 현장운영 관리

등록담당은 사전등록업무를 진행함과 동시에 현장에서 등록업무를 운영에 필요한 준비를 하여야 한다. 현장운영 관리는 등록부스와 필요 기자재 및 가구 등을 설치하여 등록공간을 조성하고, 등록요원을 배치시켜 사전등록부스 및 현장등록부스를 운영하는 것이다. 등록 데스크의 운영이 시작되면, 등록이 원활히 진행되도록 관리하고, 매일의 등록 현황을 집계하여야 한다.

① 참가자용 물품 준비

ⓐ 참가자 명함 제작

사전등록자와 연자, 운영요원 등의 최종명단을 확인하고, 예상되는 현장등록자 수와 여유분을 고려하여 명찰 내지 및 커버, 끈을 제작/주문하며, 행사개최이전에 미리 수령하여 사전등록자의 명찰작업을 할 수 있도록 한다. 명찰내지는 일반참가자, 연자, 동반자, 학생, 운영요원, 기자, 전시참가업체 등 참가자 자격을 알아보기 쉽도록 구분하여 제작하는 것이 일반적이다.

ⓑ Congress Kit 제작

대부분의 국제회의에서는 등록자에게 회의참가에 필요한 각종 자료나 환영서신, 초청장, 명찰, 필기도구, 참가기념품 등을 함께 제공하는데, 이와 같은 등록물품을 패키지화하여 제공하기 간편한 가방을 제작하여 배포하는 경우가 대부분이다.

ⓒ 기념품 제작

기념품은 나라나 해당회의의 특색을 나타낼 수 있는 것으로 가급적 부피가 크지 않는 것으로 준비하는 것이 좋으며, 모든 참가자에게 제공하는 기념품과 본부임원이나 연사 등 VIP참가자에게 제공하는 기념품으로 구분지어 제작할 수도 있다.

② 등록부스 설치 준비

ⓐ 등록장소 결정

등록장소는 회의가 개최되는 호텔 등 주 회의장에서 회의장 르비 등 회의참가자들의 왕래가 많은 장소에 등록데스크를 설치하는 것이 일반적으로 참가자들의 통행을 방해하지 않고 등록 장소 안쪽에는 배포물을 보관할 수 있을 정도로 충분한 공간을 확보할 수 있는 곳으로 장소를 결정한다.

ⓑ 등록부스 및 fill-up desk 외 필요 부스 수 결정

사전등록자 수와 예상 현장등록자 수를 고려하여 등록부스 및 fill-up desk의 수를 결정한다. 이와 함께, 회의나 각종행사에 대한 전반적인 정보를 제공하기 위한 안내 데스크, 동반자 관광 및 옵션관광 신청을 위한 관광안내 데스크, 차기 개최지 홍보부스 등 필요에 따른 추가 부스 수를 산출한다.

ⓒ Lay-out 결정

등록장소 및 등록부스 수, 등록업무 이외의 업무처리를 위한 보조부스(안내 데스크, 관광, 홍보 부스 등)등의 수를 고려하여 배치한다. 등록부스의 설치를 위해, 각 부스의 위치, 크기 등을 구체적으로 나타내는 도면(floor plan)과 작업 지시서를 작성하여 장치업자에게 정확하게 주문을 하여야 한다.

ⓓ 부스 디자인 결정

부스 장치업체로부터 부스 디자인 시안을 받아 행사에 어울리는 부스 디자인을 결정한다.

③ 기자재 및 가구 임차 준비

ⓐ 필요 기자재 및 가구/비품의 종류 및 수량 파악

컴퓨터, 프린터, 전화, 의자, 책상 등 등록데스크에서 필요한 기자재 및 가구/비품의 종류와 수량을 파악한다.

ⓑ 임차비용 조사 (견적요청)

자체적으로 조달할 수 없는 기자재 및 가구/비품에 대해 임대업체에게 RFP를 발송하고 견적서를 받아 임차비용을 조사한다.

ⓒ 업체 선정 후 임차 계약서 작성 및 계약

필요 기자재/가구/비품 임차비용 조사와 계약은 업무별로 이루어지지 않고 총괄기획담당이나 임차책임을 맡은 담당자가 각각의 업무 담당자들로부터 필요 물품내역을 취합하

여, 한 번에 견적서를 받고, 업체를 선정하여 임차계약을 하는 것이 보통이다.

④ 등록자 수교물 준비

ⓐ 사전등록자 명찰 작업

일반적으로 참가자 성명, 소속, 국가 명을 표기한다.

ⓑ 사전등록자 개인봉투 작업

사전등록자의 명찰과 함께 신청내역에 따른 초청장(리셉션, 만찬 등), 확인서(참가 확인증, 각종 결재 영수증), 쿠폰(식사, 관광 등)을 넣은 개인봉투를 만든다. 이때 등록비 혹은 부대행사 참가비용 완납여부를 확인하여, 사전등록자 중 잔액이 남은 경우는 별도 표시하여, 현장에서 완납을 한 후, 등록자용 수교물을 발을 수 있도록 한다.

ⓒ 등록자용 congress kit 작업

사전등록자와 현장등록자에게 제공한 congress kit을 준비한다. kit에는 초록집, 논문집, 논문 CD, 개최시설 및 지역 안내자료, 관광 가이드 자료, 참가자용 기념품을 넣어 둔다.

⑤ 등록공간 조성

ⓐ 등록부스 및 시설 공사

사전 vs, 현장, 국내 vs. 국외 등 필요에 따라 구분된 부스를 사전에 확정된 Layout에 따라 배치하고, 전기전화, 인터넷선 등 필요한 시설공사를 시행하여, 부스 운영에 문제가 없도록 한다. 등록부스는 참가자들의 신속한 등록과 회의개최 당일의 혼잡을 피하기 위하여 공식회의기간 1~2일전에 오픈하기도 한다. 사전등록부스와 현장등록부스를 구별한 후 참가자가 많은 회의는 참가국가나 참가자의 알파벳으로 구분하여 부스를 구분하여 설치하기도 한다. 이런 경우, 참가자들이 자신이 등록할 등록부스를 쉽게 확인할 수 있도록 식별이 용이한 사인보드를 부착한다.

ⓑ 필요 기자재/가구 설치

등록데스크에 필요한 각종 기자재 및 가구를 설치/배치한다.

⑥ 등록부스 운영

ⓐ 등록요원 교육/배치

등록데스크에서는 회원, 비회원 등의 구분에 따른 회비 수납의 차등적용, 각종 참가자의 문의사항에 대한 답변 등이 필요하므로 가급적 국제기구 본부요원이나 주최 측 요원이 주요업무를 담당토록 하는 것이 바람직하며, 외부 인력을 고용할 경우 공식언어를 능숙하게 구사할 수 있는 인원을 선발하여 충분히 교육을 실시한 후 배치한다.

ⓑ 사전등록부스 운영

사전등록자가 등록확인서를 제출하면, 사전에 등록한 내용의 변동여부를 확인한 후, 바로 기 제작된 사전등록자용 명찰, 개인봉투 및 congress kit을 지급하여 등록을 완료한다.

ⓒ 현장등록부스 운영

현장등록자가 등록서를 제출하면, 등록비를 납부 받고, 명찰을 제작하여, congress kit과 함께 지급하여 등록을 완료한다.

ⓓ 일일등록 현황 관리

사전등록자와 현장등록자 수를 집계하여 일자별 등록현황을 정리한다. 등록현황을 정리할 때에는 등록자 수 및 등록비 결재내용에 대한 집계가 주 내용이지만, 예상되는 미등록 인원수까지 파악하여 통해 등록수교물의 과부족을 파악하는데 참고한다.

5) 등록보고

① 등록비 정산

등록담당자는 등록자 수와 등록비 결재금액이 일치하는지 확인하여야 한다.

② 일일 등록보고

현장에서 등록을 담당하는 자는 날마다의 등록자수를 사전등록자 vs. 현장등록자, 회의 vs. 비회원, 일반 참가자 vs. 동반인, 일반인 vs. 학생 등으로 구분하여 등록자 현황을 확실하게 집계하여 보고해야 한다.

또한 사전등록을 하였으나, 아직 현장에서 등록확인을 하지 않은 사람(no-show)의 수를 미리 확인하면, 다음날의 예상 등록자 수를 어느 정도 파악할 스 있어, 명찰이나 congress kit, 참가자 기념품과 같은 참가자 수교물의 제고수량을 파악하는데 도움을 줄 수 있다.

③ 최종 등록보고

행사 종료 후 일일 등록자 집계현황을 취합한 최종 등록자 수와 등록과 관련해 진행되고 발생된 모든 상황을 결과보고서로 정리해, 최종적으로 등록보고를 하며, 이는 행사관련 DB로 활용될 수 있으므로, 차기 행사 운영에 참고가 될 수 있다.

2. 숙박

숙박은 행사 참가자들이 행사기간 동안 최상의 컨디션을 유지할 수 있도록 제공되어야 하는 필수요소로서, 참가자들이 불편함 없이 지내는 것이 무엇보다도 중요하다. 숙박시장은 공급, 수요, 물가 상승과 금전의 흐름에 따라 끊임없이 변화하므로 행사 주관사(PCO)가 시장 상황에 대해 구체적이면서 정확한 정보를 입수해 숙박 업무를 진행해야 한다.

1) 호텔 선정

① 호텔 조사

참가자의 경제적 수준 및 행사장과의 거리 및 이동 수단을 고려하여, 다양한 수준의 숙박 시설 및 접근성이 용이한 위치의 숙박 시설을 확보해야 한다. 또한 대부분의 참가자들이 어려움 없이 숙박할 수 있도록 충분한 수의 객실을 준비해 두어야 한다. 비슷한 성격의 그룹이더라도 지위, 취향, 경제 사정 등에 따라 선호하는 호텔이 달라지므로, 사전에 여러 등급의 호텔을 조사, 선정해야 한다.

ⓐ 사전조사

과거 행사 기록을 참고해, 객실 사용 계획을 수립하고 이를 토대로 숙박 시설을 조사해야 한다. 협상 대상 호텔 List 작성 시 다음을 참고하여 숙박시설(호텔)을 조사한다.

- 행사장과의 거리 및 이동 수단
- 참가자들의 지위, 경제적 수준, 취향
- 객실 수
- 지난 행사 기록

ⓑ 호텔에 공문 및 RFP 발송

조사 내용에 기초를 하여 대상이 되는 호텔을 몇 개 선정한 후, 해당 호텔들에 공문 및 RFP(견적요청서)를 발송한다.

ⓒ 호텔 비교표 작성

호텔에서 응답해 온 견적서를 바탕으로 하여, 호텔 비교표를 작성한다.

② 호텔과의 협의

호텔과의 협의에서 가장 중요한 것은 참가자들 대부분이 이용하는 일반 객실에 대한 예약(블록)수량과 요금인데, 행사장과 인접하거나 동일 장소에 있는 일반 객실에 대한 수량과 요금을 어떻게 유리하게 계약을 하느냐에 따라 다수 참가자를 유도하고 원활한 행사를 개최할 수 있다.

ⓐ 호텔 비교표 검토

작성한 호텔 비교표를 바탕으로 행사 규모, 참가자 규모, 행사장과의 거리, 숙박료 등 주요 사항에 대해 검토를 한다.

ⓑ Main/Sub 호텔 선정

검토한 내용을 바탕으로, Main 호텔과 Sub 호텔을 결정한다.

ⓒ 조건 협의

예약수단 및 예약금, 숙박료, 환불 기준 및 일정, 투숙기간, 숙박료 지불 방법, 객실 블록 및 블록해제 일정, 무료제공 객실 등에 대해 호텔과 협의를 진행한다.

ⓓ 계약서 작성

호텔과 계약서작성시 고려해야 할 주요 조항은 다음과 같다.

- 계약 취소 및 위약금
- 슬리피지 비용: 계약체결 시, 보장했던 객실 수, 식음료 소비 등이 예상에 미치지 못할 경우 회의 주최 측과 후원사에서 호텔 측의 손실을 보상한다.
- 손해 배상
- 예약금
- 계약 확정 기한
- 불가항력
- 시설의 연속적인 사용
- 손해 보상 및 보험 규정

ⓔ 계약 체결

호텔과 주최 측의 협의 하에 계약서를 작성하고 이에 대한 검토 및 수정이 완료되면, 계약을 체결한다.

③ 객실 확보

대상 호텔들이 선정이 되면 필요한 객실을 확보하여야 하는데 이를 객실의 블록(block)이라 한다. 객실을 블록하기 위해서는 각 대상 호텔에 행사개요를 설명하고 블록할 수 있는 객실 수, 숙박료, 무료 제공 객실 수 등에 대해 협의해야하며, 블록 가능 객실 수가 필요로 하는 객실 수보다 많거나 적을 경우 호텔을 제외하거나 추가할 수 있다.

ⓐ 호텔별 객실 블록 수 및 블록해제일 협의

선정 호텔들을 대상으로 블록가능 객실수 및 블록해제일을 문의하고, 행사규모 및 일정에 맞춰 블록내용을 협의한다. 객실블록에 대해 협상할 때는 블록 예약 확정 기한을 일반적인 30일 기준이 아닌 행사날짜에 가깝도록 설정하고, 객실블록예약 확정기한이 지난 이후에 팔리는 객실에 대해서도 단체할인가를 적용할 수 있는지도 살펴보아야 한다.

ⓑ 객실블록

객실블록에 대한 협의가 완료되면, 사용 예정인 객실에 대해 블록을 실시한다.

ⓒ 블록 해제

참가자의 신청서가 접수되면 호텔별, 일자별 투숙상태를 파악하고, 사용되지 않을 객실에 대해서는 블록상태를 해제한다. 블록된 객실은 행사 3개월 전, 1개월 전, 2주일 전 등으로 구분하여 추가 및 해약을 한다.

2) 숙박 예약 관리

① 숙박신청서 접수

숙박호텔 및 요금 등 세부사항이 결정되면 행사 예상참가자들에게 충분한 기간을 두어 숙박신청서(housing request form)를 발송한다. 예약방법은 참가자들이 개별적으로 해당호텔에 예약을 하거나, 행사참가신청서 양식에 숙박장소에 대한 정보를 포함하여 참가자가 신청한 숙박정보를 바탕으로 주최 측에서 일괄적으로 호텔에 예약을 하는 방법이 있다. 본 보고서에서는 주최 측에서 일괄적으로 호텔에 예약을 하는 방법으로 프로세스를 구성한다.

숙박신청서에는 참가자가 자신의 예산과 취향 등을 고려하여 적합한 장소를 선택할 수 있도록, 행사장 및 타 숙박장소와의 거리, 호텔 등급, 객실등급별 요금 및 할인율, 예약 후 미투숙 참가자의 예치금(deposit) 환불 거절 기준일자, 부대시설 현황, 주변지도 등의 정보를 제공해야 한다. 그리고 희망 숙박지, 투숙일자 및 체류기간, 숙박료 지급방법, 예치금(deposit) 지급 및 반환방법 등을 기재할 수 있도록 구성해야 한다

어떤 예약 시스템을 사용하는가에 관계없이 호텔 측에서 첫날 객실료를 미리 지불하는 것을 원칙으로 삼는 추세이며, 그런 호텔은 점점 늘고 있는 실정이다. 예치금을 받게 되면, 정확한 예약 상황을 파악할 수 있게 되어서 편리한 점도 있다. 예치금 지불 수단은 신용카드나, 송금수표, 전신송금 등으로 하면 된다.

ⓐ 숙박신청서 제작 및 발송 (online 병행)

참가자들이 적합한 숙박 장소를 선택할 수 있도록 숙박과 관련된 세부 사항을 포함하여 신청서를 제작한다. 예치금 수령을 위해서 숙박신청서에는 개인 신용카드 정보를 기입할 수 있는 란이나, 개인 수표를 받을 수 있는 정보가 포함되어 있어야 한다.

ⓑ 숙박신청서 접수 (online 병행)

참가자들의 숙박신청서를 우편 및 전자우편을 통해 접수 받는다.

ⓒ 접수 내역 확인

PCO에서 해당 호텔로 참가자들의 숙박신청내역을 통보하고, 호텔에서는 접수내역을 확인한다.

ⓓ 예약 List 작성

각 호텔은 숙박신청자 내역을 바탕으로 예약자 리스트를 작성하여 PCO에 알린다.

ⓔ 숙박신청 완료확인서 발송

PCO에서는 호텔의 예약 리스트를 확인하고, 참가자들에게 확인서를 발송해, 예약이 확정되었음을 알린다.

ⓕ 예치금 입금 확인 - 조직위원회 및 PCO 측

참가자들이 호텔 예약에 대한 예치금을 입금했는지 여부를 확인한다. 예치금 입금이 되지 않았을 경우, 참가자들에게 금액에 대한 청구서(Invoice)를 발송한다.

ⓖ 예치금 입금 확인 - 호텔 측

PCO에서 해당 호텔에 예약한 참가자들의 예치금 입금내역을 통보, 호텔에서도 입금내역을 확인토록 한다.

② 숙박신청자 확인

ⓐ 숙박신청자 List 작성

참가자 중 숙박예약 완료자와 예약 예정자를 구분하여 숙박신청자 리스트를 작성하고, 숙박현황을 파악한다.

ⓑ 변경 요청사항 처리 및 update

참가자들의 숙박관련 변경내용 및 요청사항이 있으면 반영을 하여, 행사 참가자들의 숙박에 불편이 없도록 준비한다.

③ 객실 배정

행사 조직위 및 PCO에서는 객실 배정 시, 분쟁당사국이나 적대극가간의 객실 분리배정 등 사전에 유의할 사항들을 호텔에 주지시켜야 한다. 또한 객실의 배정에 많은 관여를 하기보다는 사전에 블록된 물량이 제대로 배정되는가의 여부나 매일의 예약현황을 호텔 측으로부터 통보받는 정도로 하여야 한다. 환불, 객실변경, 취소사항 등의 업무는 가급적 참가자와 호텔 간에 직접 해결할 수 있도록 하는 것이 바람직하다.

ⓐ VIP용 객실 배정

참가자들의 숙박신청서 및 예약리스트를 바탕으로 객실을 배정하는데, VIP용 객실 배정은 주최 측과 협의하여 호텔에서 배정한다. 주최 측에서는 VIP 객실에 갖춰져야 할 물품 및 기념품에 대해 호텔에 협조를 요청해야 한다. VIP의 취향이나 취미생활에 대한 정보를 가지고 있다면 그에 맞는 서비스를 제공해 주는 것도 적절하다. VIP용 객실에는 환영편지와 행사에 대한 정보가 담긴 프로그램은 필수로 비치해두어야 한다.

ⓑ 일반 참가자용 객실 배정

객실은 참가자들이 호텔에 도착하는 순서대로 배정해야 하며 같은 그룹이나 동일지역 참석자는 같은 층의 객실을 배정하는 것도 고려해볼 수 있다.

ⓒ 객실배정 내용 통보

호텔에서는 객실배정 내용을 정리해 주최 측에 통보한다.

3) 숙박 현장 운영

① 숙박자 관리

숙박현장 관리를 위해, PCO에서는 숙박담당 데스크를 현장에 설치해 운영해야 한다. 숙박데스크 운영을 통해 투숙객들에게 편의를 제공하고, 현장에서 발생하는 예기치 못한 상황이나 변동에 대해 즉각적으로 대처할 수 있다.

ⓐ VIP check in/out 관리

현장 운영요원이 VIP룸의 투숙객이 도착하기 전, 환영 메시지, 와인, 과일 바구니 등의 기념물품이 준비되어 있는지를 확인하고, VIP가 도착하면 check in/out을 돕는다.

ⓑ 일반참가자 check in/out 관리

호텔에 참가환영 현판 및 숙박데스크를 마련해 행사 참가자들이 원활하게 check in/out을 할 수 있도록 돕는다.

ⓒ 현장 변경사항 대처

투숙예약객의 no-show나 스케줄 변경, 미예약자의 투숙과 같은 상황이 발생할 경우, 현장 운영요원이 즉각 대처한다.

② 숙박료 정산

숙박료는 등록비에 포함시키거나 참가자 본인이 직접 지불하는 방법이 있다. 등록비에 포함시키는 방법은 편리하기는 하지만 참가자에게 부담을 주기 때문에 바람직하지 않으므로 대부분의 행사에서는 참가자가 직접 객실료를 지불하는 방법이 사용된다. 지불수단에는 신용카드나 송금수표, 전신송금 등이 있다.

4) 숙박 보고

① 일일 숙박 보고

호텔에서 참가자들의 숙박사항을 담당하는 현장운영요원은 날마다 호텔에서 발생되는 숙박진행현황 및 변동사항을 행사사무국에 보고하여, 사무국과 현장간의 즉각적이고 유기적인 협조가 이루어지도록 해야 한다. 이러한 일일 숙박보고는 진행현황파악 및 향후 동일

문제 발생의 최소화에 도움을 줄 수 있다.

특히, 참가자들 중 check in/out 일정이 변경되는 경우, 입/출국 시간이 변경되었을 가능성이 있을뿐더러 참가자의 향후 행사참가 여부가 변동될 수 있다. 따라서 운영요원은 일정에서의 변동 사항 발생 시 사무국에 연락을 취해, 의전, 수송, 타 행사 등 회의 프로그램의 운영에 즉각적으로 변동 사항이 반영될 수 있도록 해야 한다.

② **최종 숙박 보고**

행사 종료 후 숙박과 관련해 진행되고 발생된 모든 사항을 결과보고서로 정리해, 최종적으로 숙박 보고를 하며, 이는 행사 관련 DB로 활용될 수 있으므로, 차기 행사 운영에 참고가 될 수 있다.

객실은 참가자가 머무는 침대가 있는 방들을 말한다. 이 방들은 싱글, 더블,킹스, 팔러(parlor, 응접실, 거실), 스위트, 콘도, 혹은 기타 명칭들로 불린다. 객실 가격 등급은 가장 높은 등급(대개는 일반 투숙자에게 적용)에서 시작한다. 등급에는 기업 적용등급, 단체 적용 등급, 정부 적용 등급, 여행사 적용 등급 등이 있다.

회의는 대개 단체 적용 등급으로 대개 참가자 규모, 숙박일 수, 연중 혹은 주중이용 시기, 이용 가능성 혹은 시장 상황, 이번 행사가 호텔 측에 가져 다 줄 수익성, 재방문의 가능성에 따라 협상가능하다. 호텔 측에 전화를 걸어 단순히 적용등급만 물었다면, 초보나 다름없는 것이다. 참가자 규모나 성격에 따른 호텔 객실 적용 요율분류는 〈표 14-1〉과 같다.

호텔객실을 점검할 때는 홀, 카펫, 벽, 조명, 비상구, 엘리베이터의 위치, 얼음과 소다 기계의 위치, 안내판, 청결정도와 유지에 대해서도 점검해 보고, 일단 객실에 들어가면, 홀에서 점검했던 모든 것을 점검해 보아야 한다. 온수와 냉수의 온도, 수압을 위해 샤워기를 틀어보고, 모든 불과 TV를 켜보고, 교환원에게 전화를 해서 응답 시간을 알아보는 것도 좋은 방법이다. 커튼을 걷어보고, 호텔에서 하룻밤 묵어 보는 것은 가장 바쁜 시간에 모든 호텔

〈표 14-1〉 객실요율 분류

Rate Categories	Description
Rack rate	- 현 공식 객실가격 요율 - 호텔 경영진이 책정
Convention/Group rate	- 그룹에 적용되는 협상 객실요율 - 그룹과 호텔 사이에 사전에 합의
Government rate	- 객실요율이 낮으며 적용회수가 제한 - 공무원에게만 적용 - 그룹 적용이 거의 불가능
Corporate rate	- group rate보다는 높지만 rack rate보다는 낮음
Flat rate	- 그룹 요율 중 최고 가격과 최저가격의 평균 가격으로 산정 - 스위트 룸을 제외한 모든 객실에 적용
Day rate or Use rate	- 낮시간 사용 요금의 50%
Complimentary rate	- 주최측에 제공되는 무료 객실
Run-of-house rate	- flat rate와 동일

출처: Price(1999: 212~213)

서비스를 체험해보는 기회가 된다.

대부분의 컨벤션의 경우 숙박비는 참가자가 부담하게 되어있다. 이러한 경우 회의기획가는 사전에 객실을 미리 확보하고 room block(사전 예약)을 해두어야 한다. 참가자의 취향에 따라 single room, double room, suite와 같이 다양한 형태의 객실을 요구할 수 있으므로 컨벤션 기획사는 예약 시 single room 50%, double room 40%, suite 10%의 비율로room block을 하는 것이 좋다 Room block은 행사 30일 이전에최종 확인을 해주어야 한다 (Hildreth, 1990: 87~88)).

국제회의 개최의 필요객실 확보는 필수적이며 적정한 참가예상자 수를 파악하여 호텔과 block 계약을 체결한다. 예약은 사무국이나 호텔에서 직접 접수하는데 예치금(deposit money) 또는 신용카드 번호를 받고 예약하는 것이 보통이다. Block한 객실은 준비진행에 따라 점차 정확한 참가자를 예상할 수 있으므로 점진적으로 해제해 나간다. 예약을 취소할 경우 일정기일 전에는 예약금의 상환이 가능하나 기일을 경과한 후에는 상환이 불가능한 것이 관례이며 이러한 조건은 홍보책자 안내사항에 명시되어야 한다(Polivka, 1996: 362).

※ 기본 계약 조항

- 회의기간중 필요 객실 수 명시
- 객실 선점(room block)의 수량이 적절한지 신중히 확인(작년도 참석자 비율 참고, 전 참석자들이 기간 내내 체류여부, 도착, 출발 시차 여부 확인)
- 계약된 객실 선점(room block)을 벌금 없이 줄이는 절차 명시(도착 21-30일 이전까지는 10% 감소 허가 명시)
- Room block 마감일(cut-off) 날짜 명시(21-30일 이전으로 잡아서는 안 된다)
- Room block 마감일(cut-off) 날짜 이후에도 그룹 요금으로 예약 가능여부

사전에 room block으로 객실 예약을 할 경우에는 대개 호텔에서 1년 전에 다음 해의 객실료가 산정되므로, 상승분을 고려하여야 한다. 컨벤션 요율은 일반 객실료의 20% 정도의 할인율이 적용되고 있다.

대부분의 경우 사용하는 객실의 수에 따라 무료객실(complimentary room)을 제공하거나 room upgrade를 해주고 있다. 따라서 국제본부의 고위직 간부 혹은 사무국 직원을 위한 객실은 무료로 사용 가능하다. 이러한 무료객실에 대한 사항은 반드시 계약서에 명시되어야 한다.

3. 학술

국제회의에서 가장 중추적인 것이 학술 프로그램이며, 학술분야는 등록된 참가자 전원을 대상으로 하는 전체회의와 정해진 자격을 갖춘 회원이 참가하는 회의 및 해당 국제기구의 임원들이 참석하는 회의 등의 소집단회의로 나눌 수 있다. 즉, 개회식 및 폐회식 등 전체회원이 참가하는 plenary sessions(general sessions)와 일부 참가자만을 대상으로 하여 주

제를 심도 있게 토의하는 breakout sessions(workshop, round tables)가 있다.

breakout sessions는 같은 시간대에 서로 다른 주제를 다루는 여러 개의 소집단회의가 개최되는 concurrent sessions와 일정한 참가자격을 부여함으로써 참가대상을 제한하는 소집단 회의인 prerequisite sessions로 구분한다. 국제회의 프로그램을 작성할 때는 이러한 전체회의 및 소집단회의들을 적절히 구성하여 참가자들이 흥미를 갖고 참석할 수 있도록 해야 하며, 특정계층 인사들에게 편중되거나 너무 빡빡하게 스케줄을 편성하지 않도록 하여 참가자들이 여유를 가지고 참석할 수 있도록 해야 한다.

회의의 형태를 결정한 후에는, 회의별로 시간배정을 하고, 회의일정이 결정되면 진행방법을 결정해야 한다. 진행방법에는 일방적으로 연사의 연설을 경청하는 강연회 형태, 하나의 주제에 대하여 서로 견해를 달리하는 수명의 패널리스트가 각자의 의견을 발표하고 이에 대하여 토론을 벌이는 심포지엄/포럼 형태, 참가자들을 소단위 그룹으로 편성하여 주어진 문제를 해결하는 방식의 round table 형태 등을 회의 성격에 맞춰 적절히 계획해야 한다.

1) 학술운영 기본계획 수립

① 주제 선정

국제회의의 주제는 회의의 성격이나 규모에 따라 다르지만 주로 주제는 개최국의 제안을 통해 국제기구의 이사회 등에서 확정됨. 현재 제기되는 문제점, 추세, 회원국 등의 관심사를 반영해 결정된다.

ⓐ 전체 주제 선정

현재의 문제점, 일반적인 추세, 회원국 또는 회원단체 등의 관심분야를 고려해 회의 전체의 주제를 선정하고, 해당 주제의 필요성을 검토한다. 검토 후 최종선정이 되었다면, 구체적인 실행방법에 대해 숙고한다.

ⓑ 소주제(session별 주제) 선정

전체주제에 부합되는 내용으로, 참가자들이 심도 있는 토의 및 강연시간을 가질 수 있도록 Session별로 소주제를 선정한다.

② 접수 계획

컨벤션일정 및 프로그램에 따라서 회의에서 발표될 논문 초록 및 논문접수 일정을 계획하고, 회의주제 및 회의규모에 맞춰 모집할 논문 수를 결정해야 한다. 일반적으로 회원을 대상으로 발표문 및 신청을 받는데, 마감기한은 회의 6개월 전쯤으로 설정하는 것이 보통이므로, 이를 고려해 일정을 계획하도록 한다.

ⓐ 초록접수기간 결정

회의에서 발표될 논문초록접수기간을 결정한다.

ⓑ 논문접수기간 결정

회의에서 발표될 논문접수기간을 결정한다.

ⓒ 모집 논문 수 결정

회의 주제 및 회의 규모에 맞춰 모집할 논문 수를 결정한다.

③ 회의 시간 및 장소 배정 계획

회의시간 배정은 주로 일자별/시간대별로 배정해야 하는데, 통상적으로 회의일정은 매일 오전 09:00부터 16:30~17:00정도까지 개최하고 그 시간 동안 3~4개의 session을 개최하는 것이 바람직하며, 그 이후의 시간은 연회 등 각종 사교행사에 할애하면 된다.

강의형식이나 어려운 주제가 취급되는 session이라면 정신적, 육체적으로 좋은 컨디션을 유지할 수 있는 오전 9:30~12:00, 오후 2:00~5:00 사이에 배치하고 참가자가 회의 참가를 위해 사전에 많은 준비가 필요한 session이라면 휴식시간 뒤에 배치하도록 한다. 회의장소 배치는 다양해서 발표방법이나 회의형태, 참가자의 규모 등에 따라 여러 가지 형태로 좌석을 배치할 수 있다.

ⓐ 전체회의 시간/장소 계획

일자별/시간대별로 전체적인 회의 시간 및 장소에 대한 계획을 수립한다.

ⓑ 분과회의 시간/장소 계획

session별로 참가자가 구분될 수 있을 경우에는 동시에 여러 개의 분과회의(session)를 개최할 수 있는데 장소가 허락된다면 동시에 2-3개의 session을 개최하여 참가자들의 선택의 폭을 넓히고 회의참여율도 높이는 효과를 가져 올 수 있다. 이런 점을 참고하여 시간/장소에 대한 계획을 수립한다.

ⓒ 포스터(poster)발표 시간/장소 계획

회의장 내에서가 아니라 회의장 밖에서 동시에 진행되는 포스터 세션(poster session)에 대한 시간/장소 계획을 수립한다.

2) 초청자 관리/발표자 관리

① 연사 초청

효과적인 프로그램의 전달과 프로그램의 교육적 목적 달성을 위해서는 적절한 프로그램에 적절한 연사를 선정하는 것이 가장 중요하다. 참가자들은 연사가 제공하는 내용들이 지적 자극이 될 정도로 유익하고 사회적으로 인정을 받은 것들일 때에 회의에 참가한 의미를 찾기 때문이다.

연사를 선정할 때는, 참가자들의 요구 사항을 파악하고, 프로그램에 적합한 연사의 형태를 결정해(예: 유명인이 강연을 할 지, 전문 연사가 강연을 할지의 여부 등) 연사를 섭외한다. 연사섭외는 해당 국제기구 및 주최 측에서 추천을 받거나, 유사 업종 종사자들에게 추천을 받을 수도 있지만, 독립 위탁업자를 고용해 섭외하는 방법도 있다.

ⓐ 초청대상 연사 선정

개최국 및 해당 기구에서 추천을 받은 사람들 중에서 초청대상 연사를 선정한다.

ⓑ 초청장(invitation letter) 발송

초청대상 연사에게 초청장(invitation letter)을 발송해 연사수락의향이 있는지의 여부를 파악한다.

ⓒ 초청 일정 및 조건 협의

초청대상 연사가 발표를 수락한 경우, 일정 및 등록, 숙박, 항공, 연사료 등에 대한 세부 조건에 대해 협의를 한다.

ⓓ 발표주제 협의

연사와 주최 측은 회의 전체주제에 부합하는 발표주제를 선정할 수 있도록 협의를 거치고, 최종적으로 연사가 발표주제를 선정한다.

ⓔ 최종수락 확인

연사의 발표주제 선정을 통해 연사로부터 발표수락 의사를 최종적으로 확인한다. 연사가 선정되면 해당 연사에게 동의서 또는 계약서 및 연사 매뉴얼을 발송한다.

ⓕ 발표원고 접수

연사가 송부한 발표원고를 접수하고, 회의 전까지 연사와 지속적인 관계를 유지하여 회의 진행에 차질이 없도록 한다. 적어도 행사 90-120일 전에는 강연원고를 수령해야 준비를 수월히 할 수 있다.

② 좌장 요청

회의의 좌장 또한 개최국에서 추천한 사람들과 국제기구 자체에서 추천한 사람들 중에서 선정하게 되는데, 좌장에게는 회의 진행에 무리가 없도록 각 session의 주제와 참여 토론자 그리고 발표자의 발표내용 등 구체적인 회의진행사항을 알려주어야 한다.

ⓐ session별 좌장 선정

개최국 및 해당 기구에서 추천을 받은 사람들 중에서 대상이 되는 좌장을 선정한다.

ⓑ 좌장 요청 편지 발송

대상이 되는 좌장에게 좌장수락 요청편지를 발송해 수락의향이 있는지의 여부를 파악한다.

ⓒ 조건 협의

대상이 되는 좌장이 수락한 경우, session, 해당 주제, 시간 등과 같은 세부 조건에 대해 협의를 한다.

ⓓ 최종수락 확인

좌장으로부터 좌장직을 수락한다는 의사를 최종적으로 확인한다. 좌장이 선정되면 해당 좌장에게 동의서 또는 계약서를 발송한다.

ⓔ session별 발표 자료 송부

좌장의 원활한 session 진행을 위해 해당 session의 발표 내용을 발송한다.

ⓕ session별 발표자 약력 발송

session에 참여할 발표자에 대한 약력을 발송해 좌장이 발표자에 대한 사전 지식을 갖추도록 한다.

3) 발표자 관리

① 발표 스케줄 조정

발표주제에 따른 session 및 참가자의 스케줄에 따라 발표 예비 스케줄(preliminary schedule)을 공지하고, 이후 발표자들의 변경 요청 및 스케줄 조정이 진행된다.

스케줄 조정 시, session 시간에 어긋나지 않게, 발표자들의 서로의 스케줄이 중복되거나 발표시간이 공백이 되는 사태가 발생하지 않도록 주의를 기울여야 한다. 최종 스케줄이 결정되면, 발표자들이 사전에 프로그램에 대해 충분히 숙지하고 준비할 수 있도록 가이드라인을 발송한다.

ⓐ 발표 예비 스케줄(preliminary program) 공지

전체 스케줄 및 발표 주제별로 분류된 session 및 스케줄에 따라 발표자들의 예비 스케줄을 작성해 공지한다.

ⓑ 변경요청 접수 및 스케줄 조정

예비 스케줄을 확인한 발표자들이 스케줄 변경을 요청해오면, 이를 확인해 발표 스케줄을 조정한다.

ⓒ 최종 프로그램 스케줄 확정

조정된 스케줄을 토대로 최종 프로그램 스케줄을 확정짓는다.

ⓓ 발표자 개별 스케줄 공지

session에 따른 발표자들의 개별 스케줄을 공지하여, 발표자들이 자신들의 스케줄을 확인하도록 한다.

ⓔ 발표자 가이드라인 발송

session 구성, 시간, preview room 이용 방법, 기타 사항 등 발표자들이 사전에 프로그램

에 대해 충분히 숙지하고 발표를 준비할 수 있도록 발표자들에게 가이드라인을 발송한다.

② 발표자 정보 수집

초록집 및 논문집에 수록될 발표자의 약력 기재를 요청하고, 발표 시 발표자가 사용할 기자재(예: 빔 프로젝터, OHP, 마이크, 포인터 등)에 대한 요청신청서를 발송해 기자재 요청 사항을 미리 파악해두도록 한다.

이 외에도 발표자의 다른 요청사항이 있으면 정리를 해 두어, 회의진행 시 문제가 발생하지 않도록 해야 한다.

ⓐ 발표자 약력 기재양식 발송

초록집 및 논문집에 수록되고 좌장들에게 통보될 발표자의 약력을 파악하기 위해 발표자의 약력 기재양식을 발송한다.

ⓑ 기자재 요청신청서 발송

발표자가 발표 시 사용할 기자재에 대한 요청신청서를 발송해, 필요 기자재를 미리 파악해둔다.

ⓒ 발표자 요청사항 정리

기자재 외에 발표자가 특별히 요청하는 다른 사항에 대해서도 파악해 두고 회의에 차질이 없도록 준비한다.

4) 발표자료 관리

① 논문접수 독려

프로그램에 따라서 회의에서 발표될 논문에 대한 모집계획과 모집논문의 수를 결정하여 발표문을 모집해야 한다. 회원을 대상으로 모집규정 등을 설명한 요강과 신청양식을 보낸 후 반송토록 하는데, 마감기한은 회의 6개월 전 쯤으로 설정하는 것이 보통이다.

ⓐ call for paper 제작

발표 대상자들(회원들)에게 발송할 모집규정 등을 설명한 요강과 신청양식을 작성, 인쇄한다. 논문모집요강에는 주제, 자수제한, 제출형태 등을 포함시키며 신청양식에는 신청 관련절차, 규정 등을 포함시킨다.

ⓑ call for paper 발송

작성된 요강 및 신청양식을 발표 대상자들(회원들)에게 발송한 후, 내용을 작성하여 반송토록 한다.

② 초록 관리

초록(abstract) 관리를 위해서는 초록접수 프로그램을 구축해 접수를 받는 것이 우선이다. 이 접수 프로그램을 구축하는 방법은 전문업체에 외주를 주는 방법과, PCO에서 자체 프로그램을 구축하는 두 가지 방법이 있다. 그리고 접수 프로그램은 회원들의 편의를 도모하고, 시 · 공간의 제약에 따른 어려움을 해소하기 위해 온라인(online) 상에 구축을 하는 것이 일반이다.

초록이 접수되면, 조직위원회에서는 심사위원단을 구성해 초록에 대한 심사를 실시하고 초록 제출자들에게 합격, 불합격에 대한 결과를 통보한다. 이러한 심사 또한 심사위원들이 갖게 되는 시 · 공간의 제약으로 인해 대체적으로 전자 우편 등의 온라인(online)을 통해 진행된다.

ⓐ 초록접수 프로그램 구축

전문업체에 외주를 주거나 PCO가 직접 프로그램을 구축하는 방법으로, 온라인(online) 상에 초록접수 프로그램을 구축한다.

ⓑ 초록접수

초록접수 프로그램을 통해 발표 대상자들(회원들)의 초록을 접수 받는다. 초록을 접수할 때에는 대상자들이 접수기한 내에 접수를 완료하도록 사전에 접수마감기한을 주지시키는 것이 중요하다.

ⓒ 초록접수 확인서 발송

초록접수가 완료 되었으면, 초록접수 확인서를 발송한다. 프로그램을 이용해 접수받는 경우, 확인서는 자동적으로 접수자에게 발송된다.

ⓓ 초록심사

조직위원회에서 초록을 심사할 심사위원단을 구성해 초록 심사를 실시한다. 이 때, 시·공간의 제약으로 인해 온라인(online)으로 진행하는 경우가 대부분이다.

ⓔ 초록 심사 결과 통보

심사가 완료되었으면, 초록접수자들에게 합격, 불합격을 알리는 심사 결과를 통보한다.

③ 논문 관리

초록심사를 통해, 회의에서 발표될 논문(full script)이 결정되었으면, 발표자들을 대상으로 논문접수를 시작한다. 초록접수 때와 마찬가지로 논문접수 프로그램을 온라인(online)상에 구축해서 접수를 실시하는 것이 일반적이다. 논문접수가 완료되면, 주제별로 논문을 분류해, 해당 session이 주제별로 원활하게 진행되는 데 도움을 주어야 한다.

ⓐ 논문접수 프로그램 구축

전문 업체에 외주를 주거나 PCO가 직접 프로그램을 구축하는 방법으로, 온라인(online)상에 논문접수 프로그램을 구축한다.

ⓑ 논문접수

논문접수 프로그램을 통해 발표자들의 논문을 접수 받는다. 논문접수 시에는 대상자들이 접수기한 내에 접수를 완료하도록 사전에 접수마감기한을 주지시키는 것이 중요하다.

ⓒ 논문접수 확인서 발송

논문접수가 완료 되었으면, 논문접수 확인서를 발송한다. 프로그램을 이용해 접수 받는 경우, 확인서를 자동적으로 접수자에게 발송된다.

ⓓ 주제별 논문 분류

주제별로 논문을 분류하여, session에 적합하게 구성을 함으로써 원활한 session 진행에 도움이 되도록 한다.

④ 자료집 제작

논문초록 및 논문본문이 전부 결정되고 주제별로 분류가 되면, 학술 프로그램에 대한 참가자들의 이해를 돕고 적극적인 참여를 유도하기 위해 이를 자료집으로 제작해, 향후 회의가 개최되었을 시 참가자들에게 배포 또는 판매한다.

ⓐ 초록집 제작

발표예정인 논문들의 초록을 모아 초록집을 작성한다.

ⓑ 논문집/논문 CD-ROM 제작

발표 예정인 논문들을 모아 논문집 및 논문 CD-ROM을 제작한다. 이는 학술 프로그램 참가자들의 이해를 돕고 그들의 적극적인 참여를 유도하는 데 도움이 된다.

5) 현장운영 준비 및 운영관리

① 학술회의장 layout 확정

각 Session, 발표자 등이 정해지면, 어떤 회의실을 어떻게 사용할 것인지에 대한 사용계획서를 작성해야 한다. 사용될 각 방에 대해서는 좌석, 무대, 기자재 배치 사항을 나타내는 도면(floor plan)을 작성해서, 사용계획서와 함께 회의시설업체의 담당자에게 전달하여 회의장 설치에 관한 지시서 역할을 할 수 있도록 한다.

회의실을 선정할 때는 회의진행의 흐름을 고려하여 서로 연관성이 있는 방들은 가능한 한 가까이에 배치하도록 해야 한다.

사용계획서를 작성할 때에는 현지답사를 통해 현장을 보고 결정하도록 한다. 시설업체에서 제공하는 도면만으로 결정해두면 회의현장에서 돌발사태에 직면하는 경우도 있다.

회의장 배치에는 기본적인 4가지 유형의 회의장 스타일에서부터 다양한 방식의 배치가 가능하다. 기본적인 4가지 유형의 회의장 스타일이라 함은 극장식 배치(theater or auditorium style), 교실식 배치(schoolroom style), 회의식 배치(conference style), 원탁 회의식 혹은 연회식 배치(rounds or banquet)를 말한다.

ⓐ 각 회의장 확인 및 사용계획서 작성

먼저 각 회의장을 확인한 후 사용계획서를 작성하고, 회의시설업체의 담당자에게 도면과 함께 전달해, 이에 따라 설치가 이루어지도록 한다.

ⓑ 전체회의용 회의실 배치

전체회의가 열릴 회의실을 먼저 배치한다. 예를 들면 호텔을 이용할 경우, 볼룸(ballroom)을 사용한다.

ⓒ 분과회의용 회의실 배치

분과회의가 열릴 회의실을 배치한다. 예를 들면 호텔을 이용할 경우, 소회의실을 사용한다.

ⓓ 포스터 세션장 (poster session room) 배치

타 회의가 열리는 시간에 동시에 개최될 poster session을 위한 발표장을 배치한다. poster session은 타 행사와 동시에 진행되므로, 타 행사에 방해가 되지 않으면서도, 발표자와 참가자간의 활발한 교류가 이루어질 수 있도록 적절한 장소에 배치하는 것이 중요하다.

ⓔ 사전준비실(preview room) 배치

발표자들이 발표 전에 자신의 자료 및 발표 내용을 점검해 볼 사전준비실(preview room)을 배치한다.

ⓕ 회의실 내부 layout 배치

회의실 내부를 어떤 형태로 디자인할 것인지에 대한 결정을 내린다. 출입문, 헤드 테이블(head table), 연단, 조명, 좌석, 무대 배치 등을 고려해 배치를 한다.

② 학술회의장용 제작물 준비

Session 현황판과 같은, 회의 시 필요한 제작물의 종류 및 수량을 파악해 제작물을 준비하여 회의 진행에 차질이 없도록 한다.

ⓐ 제작물 종류 및 수량 결정

회의의 성격 및 규모 등에 따라 학술회의장용 제작물의 종류와 필요 수량을 결정한다.

ⓑ 제작비용 조사 (견적요청)

제작업체를 대상으로 견적서를 받아서 종류/수량에 따른 제작비용을 조사한다.

ⓒ 제작물 발주

업체가 제시한 견적서를 검토하고, 제작업체를 선정해서, 제작을 의뢰한다.

③ 학술회의용 기자재/가구 준비

회의에서 발표되는 내용은 새로운 주제가 중심이 되기 때문에 구두발표만으로는 이해하기 어려운 경우가 많다. 발표내용을 청중에게 더욱 쉽게 이해시키기 위한 보조수단으로 시청각 기자재를 사용하는 것이 매우 효과적이다.

주최자는 발표자로부터 필요한 기자재 및 가구를 양식에 의해 신청받아 미리 준비하여야 하는데, 회의시설에서 보유하지 않은 기자재 및 가구는 기자재 임대업자 등으로부터 임차해 사용한다.

ⓐ 필요 기자재 및 가구/비품의 종류 및 수량 파악

발표자로부터 신청받은 기자재 및 회의 시 사용될 기본적인 기자재/가구의 종류 및 수량을 파악 한다.

ⓑ 임차비용 조사(견적요청)

자체적으로 조달할 수 없는 기자재 및 가구/비품에 대해 임대업체에게 RFP를 발송하고 견적서를 받아 임차비용을 조사한다.

ⓒ 업체 선정 후 임차계약서 작성 및 계약

필요 기자재/가구/비품 임차비용 조사와 계약은 업무별로 이루어지지 않고 총괄기획담당이나 임차책임을 맡은 담당자가 각각의 업무담당자들로부터 필요 물품내역을 취합하여, 한 번에 견적서를 받고, 업체를 선정하여 임차계약을 하는 것이 보통이다.

④ 학술회의장 조성

학술회의장 조성을 위해 준비해 두었던 제작물 및 회의장별 필요 기자재/가구를 설치한다.

ⓐ 관련 제작물 설치

학술회의장에 필요한 제작물(예. session 현황판)을 현장에 설치한다.

ⓑ 회의장별 필요 기자재/가구 설치

프로젝터, OHP, video와 같은 기자재와 회의 탁자, 의자와 같은 가구를 설치하고 제대로 작동이 되는지, 이상이 없는지 등의 여부를 확인한다.

⑤ 학술회의장 운영

ⓐ 학술요원 교육/배치

회의장 내부에서 연사나 사회자를 돕게 하고 기술적인 문제가 발생했을 때 기술자와 빠르게 연락을 취할 수 있도록 요원들을 교육시킨다. 이 외에도 티켓을 회수하거나 회의에 필요한 핸드아웃을 나누어주는 역할도 요원에게 부여될 수 있다. 회의장 정리, 회의 시작 준비와 같은 업무에서부터 현장에서 발생하는 발표자의 요청, 기자재 오작동, 발표자 불참(no-show)과 같이 예기치 못하게 발생되는 상황에도 무리 없이 대처할 수 있도록 충분한 교육을 받아야 하며, 교육을 받은 학술요원들을 회의시작 전에 현장에 배치, 리허설을 가져보고, 회의당일에 배치해 당황하지 않고 진행할 수 있도록 한다.

ⓑ 전체회의장 운영

회의시작 전 준비상태를 점검하고, 스케줄에 맞춰 회의를 진행한다.

ⓒ 분과회의장 운영

회의시작 전 준비상태를 점검하고, 각 분과회의의 특성(예. 강연식, 패널토의식 등) 및 스케줄에 맞춰 회의를 진행한다.

ⓓ 사전준비실(preview room) 운영

모든 회의시작 전에, 발표자들이 와서 자신의 발표를 준비할 수 있도록 회의시작 전부터 사전준비실(preview room)을 개방하고 운영한다.

ⓔ 일일 학술운영현황 정리

일정별 개최된 모든 회의에 대해, 각 session별 발표현황(no-show수 파악), 좌장 혹은 발표순서 등의 변동사항 파악, 청중 수 및 기자재 이상 유무 등을 종합적으로 정리한다.

6) 학술 보고

① 일일 학술 보고

학술회의장에서 회의진행을 담당하는 현장운영요원은 날마다의 진행현황 및 발생되는 변동사항을 해당 사무국에 보고하여, 사무국과 현장간의 즉각적이고 유기적인 협조가 이루어지도록 해야 한다. 이러한 일일학술보고는 진행현황파악 및 향후 동일 문제 발생의 최소화에 도움을 줄 수 있다.

② 최종 학술 보고

행사종료 후 학술회의와 관련해 진행되고 발생된 모든 사항을 결과보고서로 정리해, 최종적으로 학술보고를 하며, 이는 행사관련 DB로 활용될 수 있으므로, 차기 행사 운영에 참고가 될 수 있다.

학술 프로그램과 관련해서는 다음과 같은 항목에 대해 평가를 내려, 학술 프로그램 보고에 반영하도록 한다.

- 유사 회의와 참가율이 비슷한가?
- 회의 도중 휴식시간이 소란스러웠는가?

- 참가자들은 정시에 도착하여 끝까지 남아있었는가?
- 연사들의 강연은 흥미롭고 유익하였는가?
- 참가자들은 회의 프로그램을 통해 무엇을 배웠는가?
- 회의에서 거론된 주제들이 상호 연관성이 있는가?

Chapter 15

홍보, 전시 및 예산

1. 홍보

컨벤션 기획사는 회의마케팅 및 홍보책임을 맡고 있으며 마케팅활동의 성공여부에 따라 컨벤션 기획사로서의 성공여부가 판가름 나기도 한다. 회의의 홍보방법으로는 편지, 브로슈어, 광고, 뉴스배포 등이 유용하게 사용된다.

그러나 이러한 기계적이고 일반적인 방법들 이외에 좀 더 참가자를 중심으로 한 창의적인 방법들을 생각해 볼 것을 권하고 싶다. 이 책에서 소개될 방법들은 일반적으로 사용되는 마케팅수단이지만 이러한 방법들이 예상 참가자에게 가장 적합한 마케팅 수단인지는 깊이 고려해 보아야 할 사항이다. 그렇다고 일반적인 마케팅방법이 의미가 없다는 뜻은 아니다. 일반적인 마케팅방법과 더불어 무엇을, 왜, 누구를 위하여 마케팅을 수행할 지에 대해 생각해 보지 않으면 실패의 위험이 있다는 것이다.

성공적인 회의마케팅을 위한 첫 단계는 사람들에게 회의개최를 알리는 것이다. 두 번째로는 스폰서를 유치하고, 참가인원 모집에 대해서는 현실적으로 접근할 필요가 있다. 참가인원 수를 예상하는 것보다 약간 낮게잡고 그 예상인원을 수치로 확정해 두도록 해라. 세 번째로는 마케팅 장애요인을 평가하는 것이다. 프로그램을 적절히 마케팅 할 충분한 시간은 있는가? 국경일이나 연휴, 휴가철 등이 회의 일정과 겹치지는 않는가? 예상 참가자들이 연례회의나 컨벤션에 규칙적으로 참가하고 있는가? 등등이다.

만약 참가자가 회의 성패 요인에 가장 결정적인 영향을 미친다면 참가자 모집에 대해 처음부터 고민해 보아야 한다. 이때 참가자가 필요로 하는 것보다 조직위원회가 필요로 하는 것을 중심으로 한 회의 마케팅은 위험한 방법이다. 특히 참가자 부분에 있어서는 유사한 회의들 간에 경쟁이 치열하다. 따라서 모든 기회를 고려해 보아야 한다. 경쟁 회의에서 얼마나 많은 참가자를 유치하였는지 살펴보고 그들의 행사 성공에 있어 홍보물들이 어떤 역할을 하였는지 고민해 보자.

컨벤션 기획사는 또한 과거 성공했던 행사와 예상 참가자의 구전효과를 고려해야 한다. 구전효과의 경우 중요한 것 같지 않겠지만, 실제로 주요 기금마련 행사가 구전의 영향으로 인해 취소되는 경우도 있다(Price, 1999: 51). 이 행사에서 세 명의 주요 지역인사를 참가자로 초대하고자 하였지만 이들은 주최 측에서 적절한 예우를 해주지 않았다는 이유로 행사 참가를 거절, 이 소문이 급속하게 퍼지는 바람에 행사 자체가 취소되고 말았다. 결국 참가자보다는 주최 측 중심의 운영으로 많은 시간과 돈이 손해를 보게 된 사례이다.

이외에도 홍보물 제작에 있어서는 브로슈어나 초대장 속에 단순히 중요 항목만을 포함시키려 하지 말고, 회의마케팅의 전 과정을 넓게 보도록 해야 한다. 이제 회의의 성격에 따라 적절한 마케팅수단과 일정, 홍보물의 종류 그리고 비용에 대해 살펴보자.

1) 회의의 성격

회의의 성격에 따라 마케팅수단과 진행방향에 대해 차별화 된 전략을 세워야 한다(Price, 1999: 52-53).

① 강제적 성격의 회의

기업회의의 경우 회의 참가장소 및 일정을 참가자들에게 지시하고 이에 대한 모든 비용을 주최 측이 지불한다. 이 경우 회의 참가자들은 회의에 참가하던지, 아니면 회사를 그만 두어야 하는 선택의 기로에 놓이게 된다. 이 경우 대부분 참가자의 선택은 명백하지만 회의 참가로 인해 가족휴가 취소와 같은 개인 사생활에 장애가 된다면 그 효과는 부정적일 수 있다.

이런 회의의 경우에는 참가자에게 이번 행사의 중요성을 전달하고, 왜 참가자로 선택되었는지 설명해주어야 하며 아울러 이번 행사에 참가함으로써 개인과 조직에 어떤 이익과 가치를 주는지에 대해 홍보할 필요가 있다. 기업의 입장에서는 고용인들의 완전한 의무를 기대하겠지만, 이것이 고용인들의 희생과 충성심이라는 것을 인식하도록 하는 것이 좋다.

이러한 기업회의 참가자를 대상으로 한 마케팅수단으로 편지나 전단을 참가자에게 발송하고 경우에 따라서는 홍보자료를 준비하여 사보나 지역신문, 또는 업계 전문지에 게재할 수도 있다. 이러한 뉴스자료는 기업의 긍정적인 이미지를 심어주는데 효과가 있다.

② 동기부여 성격의 회의

이벤트성 회의가 기업차원의 보상형태로 인해 개최되기도 한다. 이런 성격의 회의인 경우 회의에 참여한 것만으로 주위 동료로부터 부러움과 인정을 받을 수 있어 참여에 대한 충분한 동기가 되며 여기에 배우자들을 함께 초대하기도 한다.

이런 회의라면 누가 참여하기를 원하지 않겠는가? 따라서 이러한 경우 참가자의 참여를 촉진하기 위해 애쓸 필요는 없다. 대신 컨벤션 기획사는 올해 참여하지 못하는 사람들에게 자극을 주기위해 극적인 초대방법을 연출함으로써 내년에는 더 많은 사람들이 열심히 일해서 초대받을 수 있도록 동기를 부여하는데 목표를 세워야 한다.

③ 기업회의

기업회의 중 가장 어려운 것이 기업의 유통업들, 프랜차이즈들, 판매 대표들 및 기타 업계 사람들을 한자리에 모으는 것이다. 특히 참가비가 참가자 부담일 경우 컨벤션 기획사의 업무는 더욱 어렵게 된다. 이런 경우는 협회 회의의 경우와 유사한데 참가자 사이에 친밀감과 신뢰가 존재한다. 그러나 회의참가를 촉진하는데 있어 참가비용에 비해 참가할 가치가 있다는 점을 예상 참가자에게 인식시키는 일은 마케팅 관점에서 접근해야 할 것이다.

④ 자발적 참여 성격의 회의

협회는 회원을 대상으로 하여 교육, 입법에 대한 영향력, 로비활동, 자격증 및 기타 서비스를 제공하는 조직이다. 협회는 대개 비 영리단체로 면세대상이며 회비, 회의 참가비, 서비스 이용료 및 기부금 등으로 운영한다. 협회에서는 매년 회의를 개최한다. 협회회의 참가자들의 목적은 교육, 네트워킹과 공식적인 협회업무수행을 위해서이며 협회 입장에서는 조직의 발전과 운영자금 확대를 위해서라고 할 수 있다.

협회회의를 홍보하는데 있어 핵심은 양질의 교육 프로그램 제공이다. 교육기회 제공만이 진정한 동기부여 요인이라고 할 수는 없지만 참가자들은 자신들의 참가와 회사 측의 비용 부담에 대한 정당화의 수단으로 양질의 교육 프로그램이 필요한 것이다. 이외에도 컨벤션 기획사는 회사에 참가를 승인 받기 위한 노력조차 기울이지 않는 잠재 참가자의 흥미와 요구사항을 알아두어야 한다. 그러므로 마케팅활동에 있어 참가자와 잠재 참가자, 양측을 다 고려하여야 한다. 통계적 자료를 갖고 있지는 않지만, 대부분의 회의비용과 참가비는 개인비용이 아니라 회사비용으로 지불된다.

협회회의를 홍보하는 방법으로 주로 직접우편물방송(direct mail: DM)을 사용한다. 주요 협회회의의 경우에는 최소 3회 이상의 DM을 예상 참가자에게 발송하는 것이 관례이다. 이때 DM으로서 브로슈어, 개별 서신, 1페이지 전단, 사보, 엽서, 초청장의 형식을 취할 수 있다. 이외의 마케팅방법으로 업계전문지에 광고를 하거나 텔레마케팅 또는 업계 방송매체를 대상으로 한 news release를 이용할 수도 있다.

⑤ 일반인을 대상으로 한 회의

일반인을 대상으로 한 회의나 세미나는 개인, 기업, 협회가 주최하고 참가비를 내면 누구나 참여할 수 있다. 이런 행사들은 대개 이윤을 목적으로 하거나 조직이나 서비스, 사회적 운동의 홍보 또는 성인교육과정을 제공하기 위해 개최된다. 따라서 이러한 행사에는 대규모 홍보예산과 전략적으로 구성된 마케팅이 필요하며, 이를 위해서는 마케팅에 대한 전문적인 서비스와 고도의 기술을 사용해야 할 것이다.

2) 마케팅 수단

회의 마케팅수단으로 광고메시지와 다이렉트메일 및 기사게재 등을 생각할 수 있다(Dotson, 1995: 189-192; Price, 1999: 51-59; Hildreth, 1990: 123-130).

① 직접 우편물 발송(Direct Mail: DM)

DM은 목표시장이 광범위하고 다양할 때 예상 참가자에게 접근할 수 있는 좋은 방법이다. 여기서의 DM은 전자우편을 포함한 개념으로 개인에게 직접 홍보물을 우편을 통해 전달하는 것이다. 이 방법은 예상 참가자에 대한 직접적인 홍보수단으로서 우수한 디자인과 다양한 종류의 홍보물이 성공의 관건이다.

ⓐ mailing list 작성 및 관리

direct mail campaign에서의 첫 단계는 mailing list를 제대로 작성하는 것이다. 전 회 조직위나 사무국에 의뢰하여 회의 참가자 및 위원회 임원 등의 명단을 입수하고 국제회의 주최자의 관련학회나 단체회원 등의 명단을 입수하여 입력한다. 이 mailing list는 항상 최신 자료로 DB를 정리하여 놓고 call for paper, circular, poster 또는 각종 letter 발송에 사용한다. 발송된 mail은 수신자주소 변경 등으로 반송되는 것이 상당수 있으므로 잘못된 주소는 빨리 삭제하여 불필요하게 우편물이 재 발송되는 것을 막는다. 이 mailing list 작업은 빠를 수록 좋다.

ⓑ DM 작성시 유의할 점

- DM은 좋은 인상을 주어야 한다.
- 순차적으로 필요한 정보를 보완, 추가 수록하여야 한다.
- 적당한 시기에 발송하여야 한다.
- 비용 면에서 효과적이어야 하며 전차회의 것을 되풀이하지 말아야 한다.
- 새로운 정보로 예상 참가자의 관심을 자극해야 한다.
- 회신에 필요한 충분한 연락처 정보를 수록하여야 한다.
- 디자인 및 색상 자체 등에 주의해야 한다.

ⓒ DM의 종류

- 편지
- 브로슈어/회람/안내 홍보문

② 광고(advertising)

광고란 라디오 또는 TV의 시간대나 잡지 또는 신문의 지면을 구매하여 아이디어, 제품, 서비스에 대한 정보를 게재하는 것을 말한다. 회의의 광고매체수단으로는 특정 업계의 잡지나 전문지가 적합하다. 이런 관련잡지에 광고를 게재할 경우 참가자를 모집할 수 있을 뿐만 아니라 조직의 이미지를 업계에 인식시키는 효과도 기대할 수 있다(Polivka, 1996: 134-137).

③ 홍보(publicity)

홍보는 광고와 달리 언론매체의 시간대나 지면을 사는 것이 아니라 언론매체에 사용할 수 있는 형식의 기사거리를 제공하는 것으로 기사 내용에 대한 통제권한이 없다. 이러한 홍보활동은 사보나 업계 전문지, 협회지 등을 대상으로 할 수 있다. 이제 〈표 15-1〉에서 목표 시장에 따른 마케팅 수단을 요약해보자

〈표 15-1〉 목표시장에 따른 마케팅 수단

방법	기업회의 참가자	협회회의 참가자	전시참가업체
광고	• 편지/메모 • 전단 • 회사 홍보물 • 사내 게시판 • E-메일	• Direct mail - 브로슈어 - 편지 • 광고 • E-메일	• Direct mail - 브로슈어 - 편지 • 광고 • E-메일
홍보	• 사보 • 지방신문 • 업계 잡지	• 업계 잡지 • 지역/전국 미디어	• 업계 잡지 • 지역/전국미디어

출처: Dotson (1995: 190)

3) 홍보물의 종류

홍보물에는 기본적인 브로슈어에서부터 프로그램, 혁신적인 특수제작물에 이르기까지 다양하다. 이러한 홍보물을 준비할 때는 디자인, 인쇄, 우편비용을 염두에 두어야 한다. 가능한 일반규격의 봉투와 용지를 사용하고 우편물의 무게를 가볍게 하는 것이 대량 우편 발송 시 우편요금을 최소화 시킬 수 있는 방법이다.

① 브로슈어(brochure)

브로슈어는 가장 일반적인 홍보물이며 제작비용이 저렴하면서도 디자인에 따라 눈길을 끌 수 있는 품목이다. 여기서 유의할 점은 너무 적은 브로슈어 지면에 회의에 대한 모든 내용을 담으려고 하지 말라는 것이다. 잘못하면 어지럽고 산만해 보일 우려가 있다.

브로슈어에 반드시 포함되어야 할 항목은 다음과 같다.

- 회의 개최일자
- 참가비용
- 프로그램내용
- 회의의 목적
- 연사
- 개최시간
- 개최장소
- 연회
- 숙박 정보

좋은 브로슈어 제작을 위해서 다음 사항을 유의해야 한다.

- 표지에 알리고자 하는 메시지 제시
- 광고의 일관성 유지 및 주제 전달
- 이야기를 전달하는 사진 선택/ 사진 아래에 항상 설명 부착
- 상투적 표현 피하기
- 필요하다면 긴 광고문(기사)도 가능
- 중요 사항 강조
- 속임수 사용 금지/진실을 말할 것/신뢰도를 증진시킬 증거 사용
- 보관 가치 있는 브로슈어 만들기
- 질을 향상시키는데 인색하지 말 것
- 메시지 전달 시 봉투 사용
- 표적 참가자 선정/ 독자의 참여기회 부여
- 독자가 행동을 취할 수 있도록 하는 표지 만들기
- 인간적 관심 적용

② 논문 게재 신청(call for paper)

조직위원회의 조직 및 사무국 설치 후 즉시 예상 참가자에 대하여 참가신청(call for participation) 또는 논문게재신청(call for paper)을 발송한다. 보통 논문게재신청은 회의목적, 주제, 일시, 장소, 조직위원 명단, 연락처 등 최소한의 정보를 담고 있으며 반송용지(return slip)가 있어 참가여부, 논문발표여부를 명시하여 사무국 앞으로 회신 된다. 조직위

원회에 따라서는 논문게재신청 대신에 참가신청을 발송하는 경우도 있다. 참가신청은 논문게재신청보다 자세한 회의정보를 기재하며 논문게재신청을 그 안에 포함하는 예가 있다. call for participation은 제 1차 안내(1st announcement)라고 할 수도 있다.

③ **안내 홍보물**(announcement)

call for paper 또는 call for participation에 대한 회신의 상황을 보고 적당한 시기에 제 1차 안내홍보물(1st announcement)을 발송한다. 이 announcement에는 조직위원장의 메시지를 담고 개략적인 회의구성에 관한 정보를 제시한다. 여기에는 기조 연설자(keynote speaker), 초청 연사(invited speaker), 학술 프로그램(scientific program) 또는 사교프로그램(social program) 및 한국에 대한 개략적인 소개, 회의장의 장점 등을 수록하고 등록양식, 호텔예약양식 등을 동봉한다. mailing list는 전년도 주최자로부터 참가자 리스트를 입수하여 입력하고 추가로 참가가 예상되는 대상을 포함, 작성하여 반복 발송한다 (최태영, 1998:55).

④ **논문요약 안내**(Guidelines for Abstract) **또는 논문원고**(Full Manuscript), **논문저자 안내**(Authors Kit)

논문작성 지침서는 1st Announcement와 동시에또는 그 후에 발송한다. 논문작성지침서 또는 논문저자 안내는 Abstract 또는 Full Manuscript 작성에 필요한 자세한 지침과 양식을 필요량만큼 동봉하여 발송한다. 이 양식은 camera-ready form이라 하여 접수한 그대로 인쇄한다. 이때 논문의 원본(original copy) 및 diskette를 요구하는 것이 관례이다. 또한 논문을 지정된 서식으로 작성된 e-mail로 접수 한다.

⑤ **기조 연설자 또는 초빙연사**

회의에서 기조 연설자(keynote speaker)가 누구이며 어떠한 사람이 초빙 연사(invited speaker)로 논문을 발표하는가는 회의의 위상을 정하는 중요한 요인이 된다. 대회장 또는 조직위원장은 가급적 빠른 시기에 후보자를 선정하여 정식 초청장을 발송하여야 한다. 기조연설자, 본회의 강연자 또는 일반 session에서의 초빙 연사는 회의 운영에 필수적인 연사들이므로 대개의 경우 재정지원(항공비, 체제비 또는 강연료)을 하는 것이 관례이다.

⑥ 제 2차, 3차 안내 홍보물 또는 제 1차 프로그램 책자

회의 준비기간의 장 · 단에 따라2차, 3차 안내문 또는 제 1차 프로그램 책자(preliminary program book)를 제작하여 발송하며 경우에 따라서는 2차 announcement를 최종(final) 프로그램으로 하는 예도 있다. 안내문의 수록 내용은 점차 자세한 정보를 수록하여 제 1차 프로그램 책자(preliminary program book)에서는 거의 확정된 회의소개 내용이 된다. 이를 정리 · 요약하면 〈표 15-2〉와 같다.

〈표 15-2〉 단계별 안내 홍보물의 내용

Announcement	수록내용
2nd circular/ announcement	① 대회장/조직위원장 초청인사 ② 조직위원, 이사회 및 사무국 ③ 일반정보 - 회의주제 - 개최일자 - 개최장소 - 주최단체 - 후원단체 ④ 임시 회의 스케쥴 - keynote speaker - invited speaker ⑤ 참가자 구분에 따른 등록 및 등록비 ⑥ 호텔 및 숙박비 ⑦ 사교프로그램 ⑧ 동반자 프로그램 ⑨ 관광프로그램 ⑩ 전시 ⑪ 관광지, 기후, 비자 및 환율 ⑫ 논문제출 지침서를 수록한 call for paper
3rd announcement/ preliminary program book	① 대회장/조직위원장 초청인사 ② 조직위원, 이사회 및 사무국 ③ 회의정보 ④ 임시회의 스케쥴 - keynote speaker, plenary session speaker

3rd announcement/ preliminary program book	- invited speaker 및 발표주제 ⑤ 참가자 구분에 따른 등록 및 등록비 ⑥ 호텔 및 숙박비 ⑦ 사교프로그램 ⑧ 동반자 프로그램 ⑨ 관광프로그램 ⑩ 전시 ⑪ 관광지, 기후, 비자 및 환율 ⑫ 논문제출 지침서를 수록한 call for paper ⑬ 교통(공항회의장) ⑭ 개최시설 지도
final program	① 대회장/조직위원장 초청인사 ② 조직위원, 이사회 및 사무국 ③ 회의정보 ④ 회의장 floor plan ⑤ 회의 스케쥴 - keynote speaker - plenary session speaker - invited speaker, 발표주제 및 회의장 - scientific session, 발표주제 및 회의장 ⑥ 사교프로그램 ⑦ 동반자 프로그램 ⑧ 관광프로그램 ⑨ 개최시설 지도 ⑩ 일반사항(식사, 은행, 우편 서비스 등) 발행부수는 3차부터는 감소하는 것이 상례이다. final program은 회의에 관한 모든 정보를 수록하여 등록 시 참가자에게 교부한다. 단 final program이 확정된 후 인쇄된 program book의 변경이 생겼을 경우에는 그 내용을 회의장 내 게시판에 고지하여 참가자에게 주지시키도록 하여야 한다.

출처: 최태영(1998: 54~55)

⑦ 편지

일괄적으로 인쇄되어 발송되는 편지 보다는 개인적인 느낌을 주는 서신이 예상 참가자의 관심을 끌 수 있다. 이러한 서신은 단독으로 발송될 수도 있고 다른 홍보물과 함께 발송될 수도 있다(Dotson, 1995: 193).

⑧ 뉴스레터

뉴스레터를 활용하면 값비싼 브로슈어를 만들지 않고도 회의와 관련된 주요 소식이나 흥미로운 정보 등 추가 정보를 게재할 수 있다(Dotson, 1995: 193).

⑨ 개최지 홍보자료

컨벤션뷰로나 호텔, 컨벤션센터에서 제작한 홍보용 자료를 이용할 수 있다. 이런 자료를 등록 패키지에 포함 시키거나 우편으로 발송함으로써 회의에 대한 예상참가자의 관심을 유도할 수 있으며 종종 이러한 호텔 및 개최지가 회의 참가 동기부여의 요인이 되기도 한다Dotson, 1995: 193).

⑩ 특수 제작물

회의에 대한 관심을 진작시키기 위해 홍보용품을 제작할 수 있는데 열쇠고리, 수화물 꼬리표, 핀, 범퍼 스티커, 펜, 연필 등, 다양하며 제작비용 또한 천차만별이다. 따라서 이러한 홍보용품을 제작할 때는 예산을 고려하여 이루어져야 한다. 홍보물을 결정할 때 고려할 사항은 다음과 같다(Dotson, 1995: 193).

- 조직의 예산, 가치, 이미지, 신용도
- 참가자들의 충성도, 관심 지불능력, 의무감
- 기획하기위한 리드 타임, 홍보 재료의 사용 가능성, 후원
- 자격 있는 하청업체의 선정과 홍보물 제작 과정을 감독할 수 있는 기술

4) 마케팅 일정

회의 준비 기간에 따라 세 차례 홍보물 발송시기를 계획해야 한다. 첫 번째 발송시기는 회의 개최 18~24주 전으로 등록 양식과 프로그램 정보를 함께 발송한다. 두 번째 홍보물

은 회의 개최 12에서 15주 전에 발송하는데, 첫 번째 발송되었던 정보와 더불어 수정된 프로그램 내용과 기타 결정된 세부사항을 발송한다. 최종적으로 발송되는 홍보물에는 모든 회의 관련 자료와 최종 프로그램이 포함되는데, 회의 개최 6-8주전에 발송되도록 한다. 일부 경우에는 이외에 등록자에게 최종자료를 수록한 reminder mailing을 발송하여 재차 확인 시킨다. 그 단계별 마케팅 전략은 다음과 같다(Dotson, 1995: 194).

- 침투(penetrating): 표적대상이 홍보물을 읽도록 해서, 참가의 가치를 인식시킨다.
- 시기(timing): 표적대상이 욕구, 문제, 관심, 시간을 갖게 될 때 접근해야 한다.
- 판매(selling): 실제 결정권자뿐만 아니라 실질적 영향력을 행사하는 대상에게 주의를 기울여야 한다.

5) 마케팅 비용 계산

Polivka(1996: 189~194)의 조사에 따르면 마케팅에 소요되는 비용은 전체 예산의 11.1%를 차지한다. 예를 들어 보자.

만약 목표로 하고 있는 참가인원수가 1,500명(작년 대비 5% 증가한 인원)이고 등록비가 $500이라고 가정한다면 목표를 달성하였을 경우 총 수입은 $750,000이 된다. 여기서 11%가 참가자 확보를 위한 마케팅 예산부분이라고 하면 마케팅 비용은 $82,500, 즉 등록자 1명당 $55인 셈이 된다.

여기서 우편홍보를 통한 회수율이 3%라고 하면 1,500명의 참가자에게 최소 50,000통의 우편물(0.3 x 50,000 = 1,500)을 발송할 필요가 있다. 전체 예산이 $82,500 이므로 예상 참가자 1인에게 배당되는 총 우편홍보비용은 $1.65(우편요금 포함)이다. 이때 예상 참가자가 회신을 보내기 전에 최소 3번은 우편 홍보물을 받아 보기 때문에 1회 우편홍보비용은 55센트가 된다. 이렇게 보면 우편홍보비용은 매우 저렴하므로 부담 없이 다양한 방법으로 마케팅을 할 수 있을 것이다. 마케팅에서 중요한 것은 사전 기획력이다.

최근에는 홈페이지 구축비용, 이메일 및 팩스 발송 등 컨벤션 관련 IT 기술 발전에 따른 비용 항목도 고려해야 한다.

2. 전시

전시는 주최 측의 입장에서는 주요한 수입원으로 여겨지고 있으며, 아울러 손쉽게 제품 정보와 신기술에 접할 수 있는 기회를 제공함으로써 교육 프로그램으로서의 깊이를 더해 주고 참가자와 제조업체 간의 상호관계를 활성화시킨다는 점에서 회의에서도 차지하고 있는 비중이 매우 크다.

그러나 모든 회의에 전시가 개최되는 것은 아니다. 일부 회의에서는 전시가 필수적인 요소이지만 다른 경우에서는 도리어 회의목표달성에 장애가 될 수도 있다. 컨벤션 기획사는 전시마케팅 및 운영에 익숙하지 못한 경우가 많으므로 이러한 경우 전시운영에 대한 지식 습득을 위해 많은 시간을 할애해야한다. 전시업무는 회의 프로그램 기획과 마찬가지로 세부적이면서도 조직적인 기술을 요한다.

1) 전시운영 기본계획 수립

① 개최개요 결정

전시회의 기획은 국제회의 기획과 병행하여 이루어지는 것이 통상적이며 전시회를 개최하기 위해서는 전시회 전반에 대한 종합계획과 이에 따른 추진 계획서를 작성하여야 한다.

ⓐ 전시 주제 및 운영조직 협의

전시회의 주제는 회의와 관련된 분야로 설정하며 모든 전시물은 결정된 주제에서 벗어나지 않도록 한다. 그리고 전시회의 운영은 조직위원회 중 전시회만을 담당하는 부서를 따로 두어 조직위원회가 직접 운영하는 방법과, 전시 전문업체를 활용하는 방법이 있는데, 이

중 운영에 편리한 방법을 택해 전시회를 진행한다.

ⓑ 전시 기간/운영 시간 협의

전시회의기간은 회의기간 중 며칠 동안 개최하여 회의 참가자가 편리한 시간에 참관할 수 있도록 하는 것이 일반적이지만, 때로는 회의기간 전에 따로 개최하기도 한다. 회의일정 및 참가자일정에 맞춰 전시기간 및 운영 시간을 결정한다.

ⓒ 전시규모 협의

과거 전시회의 참가업체와 국내외 신규 참가예상업체를 파악하고, 부스사용 규모를 예상하여 전시 규모를 결정한다.

ⓓ 전시장소 협의

전시장을 선택할 때는 참가자들의 바쁜 일정 및 전시 규모를 고려하여 회의장과 같은 건물 내이거나 인접한 지역의 전시장을 선정한다. 전시장소는 전시물 반출입이 편리하고 엘리베이터, 주차장, 전원, 수도, 가스 등의 필요 설비가 잘 갖추어져 있는지 확인해야 한다.

ⓔ 부대행사 협의

전시회 개막식, 테이프 커팅, 리셉션 등 필요한 행사의 개최 여부에 대해 협의한다.

② 전시 예산 편성

전시회를 개최하기 위해서는 무엇보다도 예산 편성 및 확보가 중요하다. 전시회의 예산을 편성하기 위한 주요항목을 수입부문과 지출부문으로 나누어 구성하도록 한다.

ⓐ 수입항목 산정

전시회 참가비(부스 판매비), 전시회 directory 및 안내책자 판매 수입, 광고 수입, 입장료 수입, 은행 이자 등의 기타 수입을 포함시켜서 수입 항목을 구성한다.

ⓑ 지출항목 산정

전시장 임차료, 전시장 설치/장치료, 인쇄비, 인건비, 보험 등의 기타 비용을 포함시켜서 지출 항목을 구성한다.

ⓒ 수지차 분석

산정한 수입항목 및 지출항목을 바탕으로 전시회의 사업 수지계획서를 작성한다.

③ 전시 장치업체 선정

전시 장치업체를 선정하면, 전시회를 진행하는 데에 많은 협력을 얻어낼 수 있기 때문에, 전시회가 개최되기 전, 기획 단계에서 시설공사 업체 일부를 미리 선정해 두는 것이 바람직하다. 장치업체는 전시회를 기획할 당시에 도면(floor plan)에 필요한 각종 자료부터 시작해서 많은 홍보물을 제공할 수 있는 전문 협력업체이기 때문에 주최자가 전시회를 진행하는 기간 내내 협조를 받을 수 있는 장점이 있다.

ⓐ 견적요청서 작성

전시장에 부스 등의 시설공사 의뢰를 위해 해당 업체에 발송할 견적요청서를 작성한다.

ⓑ 견적요청서 발송

전시회의 규모 및 구성 내용에 적합한 장치업체를 몇 군데 선정하여, 견적요청서를 발송한다.

ⓒ 견적분석 및 업체선정

업체들로부터 받은 견적서를 토대로 각 업체들의 견적을 분석하고, 공식 업체를 선정한다.

ⓓ 조건협의 및 계약

선정된 업체와 비용, 기간, 규모, 철거 등의 세부 사항 및 조건을 협의하고 계약을 맺는다.

2) 업체 유치 및 관리

① 전시 프로모션용 자료 제작

전시회 운영에 대한 기본적인 계획이 수립되면, 본격적으로 전시 업체들을 유치하고 홍보하는 활동을 전개하기 위해 프로모션용 자료를 제작해야 한다.

ⓐ 전시참가 안내서 제작

전시회 개최개요, 참가비 등이 확정되면 전시회와 관련된 업체들을 대상으로 하는 참가안내서를 작성한다. 참가안내서에는 개최취지, 전시회개요, 참가자격, 부스규격, 비용지불방법, 참가요령 및 신청용지 등이 수록된다.

ⓑ 전시참가 요청공문 작성

전시참가 안내서와 더불어 참가 대상자들에게 배포할 참가요청 공문을 작성한다.

ⓒ 전시참가업체 매뉴얼 제작

후에 전시참가업체가 결정되면 배포할 매뉴얼을 작성하는데, 이는 전시회 참가에 대한 주의사항 및 규정과 directory 게재신청서 및 보세취급신청서 등 각종 신청서가 수록된 exhibitor' s kit을 의미한다.

② 업체 유치 프로모션 진행

전시 참가업체를 유치할 때는, 전년도 전시회 참가업체 등 전시내용과 관련된 업체들을 대상으로 출전안내서를 배포하여 참가를 권유하게 된다. 참가자의 모집은 주최자가 직접하는 경우와 PCO나 기타 대리점을 통해서 하는 경우가 있다.

참가안내서는 팸플릿, 가이드북의 형태로 제작하는 경우와 회의 circular에 출전 관련 사항을 게재하는 경우가 있는데, 일반적으로 대표자의 개최인사말, 개최목적, 전시회의 개요 및 기대 효과, 참가자격, 부스할당 계획 및 방법, 참가요령 및 참가신청용지 등의 내용이 수록된다.

ⓐ 국내외 관련 업체/기관 list 확보

전년도 전시회 참가업체, 관련협회 소속사 등을 검토해 전시회에 참가할만한 업체 및 기관의 list를 작성한다.

ⓑ 전시참가 안내서 및 참가 요청공문 발송

작성해 둔 전시참가 안내서 및 참가요청 공문을 참가예상 업체 및 기관에 발송해, 전시회 참가를 유도한다.

ⓒ 전시참가 안내서 수신 및 수락여부 확인

참가예상 업체들의 참가 안내서수신 여부 및 참가수락 여부를 확인한다.

ⓓ 전화/직접 방문 등 업체 유치 활동 진행

우편 등 간접적인 방법으로 유치활동을 펼쳤음에도 유치하지 못한 업체의 경우에는, 전화나 방문 등 직접적인 방법으로 업체 유치활동을 펼친다.

③ 참가업체 관리

전시 참가업체가 결정되면 전시업체 담당자를 대상으로 전시회의 각종 규정, 정보 및 각종 신청서 등이 수록된 exhibitor' s kit을 배포한다. 전시회 참가에 관해서는 주최 측에서 참가에 관한 주의사항을 알리고 각종 정보를 제공한 후 각 전시업체로부터 질문을 받는데, 상황이 허락하면 전시장을 같이 답사하는 것도 바람직하다.

ⓐ 참가신청서 접수

업체 및 기관들의 전시회 참가 신청서를 접수한다.

ⓑ 부스비 입금 확인

신청서를 제출한 업체들의 부스규모에 따른 부스비 입금내역을 확인한다.

ⓒ 입금확인 영수증 및 매뉴얼 발송

입금확인이 완료된 참가업체들에게 입금확인 영수증 및 업체대상의 매뉴얼(exhibitor' s kit)을 발송한다. 미 입금업체들에겐 invoice를 발송한다.

ⓓ 각종 부대시설 사용신청서 접수

전시물 보관창고, 비즈니스센터 등 부대시설에 대한 참가업체들의 사용신청서를 접수한다.

ⓔ 최종 참가업체 list 작성

참가신청서, 부스비 입금확인 등을 토대로 하여 최종적인 참가업체 list를 작성한다.

④ 부스 배정

조직위원회는 전시장으로부터 일정 공간(space)을 임차하여 참가업체에 참가비를 받고 공간 또는 부스를 할당한다.

부스판매료는 스페이스(space)단위와 부스단위의 두 가지 방식에 의해 판매된다. 스페이스단위 방식은 ㎡당으로 계산하는 방식이며 최소 신청면적은 9㎡로 한다. 부스단위 방식은 기본부스(3m X 3m)를 몇 개 단위로 판매하는 것인데, 여기에는 스페이스 외에도 좌, 우, 뒷벽, 전시업체 명판, 기본 조명 등의 비용이 포함된다.

일반적으로 기본부스의 요금은 부스위치에 관계없이 동일하므로, 참가업체는 가능한 한 관람객의 왕래가 많은 위치나 입구 쪽의 부스를 배정받으려고 한다. 부스배정은 일반적으로 신청순서, 추첨, 점수제(과거 참가실적, 부스 사용개수 등을 기준으로 삼아 점수로 환산) 등에 의해 이루어진다.

3) 전시 운영 준비

① 디렉토리(directory) 제작

참관객에게 제공하기 위해 참가기업과 간단한 업체 소개를 정리한 가이드북을 최소한 2개 국어(한국어, 영어)로 제작해야 한다. 전시회 디렉토리에는 보통 참가업체의 광고를 게재하여 광고수입을 올린다.

ⓐ 업체별 디렉토리 원고 접수

디렉토리에 실릴 참가업체들의 원고를 접수한다.

ⓑ 디렉토리 광고필름 접수

보통 디렉토리에는 광고를 게재하여 광고수입을 올리는데, 해당 업체로부터 광고 필름을 접수한다.

ⓒ 표지 및 내지 디자인

디렉토리 인쇄를 앞두고, 전문 업체에 의뢰해 표지 및 내지 등 디렉토리의 디자인을 결정한다.

ⓓ 인쇄 및 교정 실시

디렉토리를 최종적으로 인쇄하기 전에 마지막으로 인쇄본을 보고 교정을 실시해서, 변경 및 수정 사항을 반영한다.

ⓔ 제작 발주

계획 수량에 맞춰 디렉토리 제작을 발주한다.

② 전시품 운송 준비

참가업체들이 각자의 전시물품을 제 때에 도착시켜 전시회를 운영할 수 있도록, 공식 운송회사를 선정해 참가업체들의 편의를 도모한다.

물품의 종류나 무게, 운송되어야 하는 시점에 따라 어떤 서비스와 운송수단을 이용하여 물품을 옮길 지를 결정해야 한다. 분실이나 파손되는 물품에 대해서는 보험혜택을 받을 수 있는지 사전에 확인해야 한다.

전시회가 국제전인 경우에는 해외출품물이 많으므로 관세청의 허가를 받아 전시회장 전체를 보세지역으로 지정받도록 한다. 또한 세관과는 사전에 전시회의 취지와 외국제품의 반입상황 등을 직접 설명하여 통관상 협조가 원만히 이루어지도록 한다.

③ 배포용 자료 준비

참가업체들의 부스요원이 착용할 명찰, 참관객들이 작성할 등록카드 등을 작성한다. 참관객 등록카드의 경우, 전시장 입구에 비치해 두었다가 참관객들이 전시장 입장 시 카드를 작성해 등록데스크에 제출하도록 한다. 이 등록카드는 전시회 종료 후에 주최 측에서 분석하여 데이터베이스로 구축해, 향후 행사에 참고자료로 활용할 수 있다.

전시회의 구성과 진행에 관련된 모든 것을 망라한 가이드라인 격인 매뉴얼을 작성한다. 이 자료는 조직위원회와 PCO, 운영 요원, 개최 센터 등이 공유하여 전시회의 전체적인 흐름 및 각자의 역할을 숙지하도록 한다. 매뉴얼에는 다음과 같은 내용이 포함된다.

- 물품 반입/반출에 대한 정보
- 전시 참가업체 리스트
- 전시 시간
- 전시장 도면(floor plan)

④ 전시용 기자재/가구 임차 준비

ⓐ 필요 기자재/가구 종류 및 수량 파악

안내데스크, 비즈니스 센터 등 전시장 내부에 필요한 기자재 및 가구의 종류와 수량을 파악한다.

ⓑ 기자재/가구 임차 비용 조사

기자재 및 가구 임대 업체를 대상으로 견적서를 받아 기간 및 수량에 따른 임차 비용을 조사한다.

ⓒ 기자재/가구 임차 계약

선정된 업체와 세부 조건에 대해 협의를 하고 임차 계약을 맺는다.

4) 전시회

① 전시장 요원 관리

전시회의 원활한 운영을 위해 운영요원을 확보해 투입해야 한다. 전시회의 경우에는 전시품이 있는 관계로 다른 행사와 달리 통관보조요원 및 경비요원을 필요로 한다.

각 업무영역별로 해당 요원을 정하고, 관련사항에 대한 교육을 실시한다. 전시회 운영 매뉴얼을 바탕으로 각자의 임무와 전시회에 대한 내용을 숙지하도록 한다. 교육이 완료되면 해당되는 업무 분야에 요원을 배치시켜 전시운영에 대한 준비를 마친다.

② 전시장 설치

전시장의 설치공사는 전시품의 설치와 전시장치물(기본공사, 전기, 전화, 수도, 가스 및 독립 부스공간)의 설치를 통틀어 말하는데, 전시품의 설치는 출품업체에서, 전시 장치물의 설치는 지정 장치업체에서 진행한다. 전시장 설치 시에는 참가업체, 주최 측 이외에도 운송업자, 장식업자, 공사업자 등 많은 인원이 출입하여 전시장이 매우 혼잡하므로 설치작업 스케줄을 확실히 구성한다.

ⓐ 부스 마킹(marking)

마킹작업은 전시장 바닥 위에 확정된 각 출품업체의 부스위치를 전시장 도면(floor plan) 내용대로 표시하는 작업을 말하는데, 모든 공사는 이 표시에 따라 실시되어야 한다.

ⓑ 사용 시설물 설치

전기, 전화, 가스, 수도 등의 사용 시설물 공사는 전시장 바닥과 벽 등에서 연결되므로, 마킹 작업이 끝난 후 가장 먼저 설치를 실시한다.

ⓒ 기본/독립 부스 설치

기본부스를 설치하기 위해서 먼저 바닥에 카펫(파이텍스) 공사를 완료하고, 기본부스를 설치한다. 그리고 독립부스를 꾸미는 참가업체의 경우 자체적으로 공사를 실시한다.

ⓓ 기자재/가구/비품 설치

부스공사가 완료되었으면, 부스에 필요한 의자나 안내데스크에 필요한 전화기 등 기자재, 가구, 비품을 전시장에 설치한다.

③ 전시업체 관리

전시업무를 담당하는 요원들은 업체의 전시품 통관에서부터 전시장 반입 등에 이르기까지 참가업체의 업무진행에 도움을 주고, 불편사항이 있을 경우, 사무국 및 담당 책임자와 연락해 즉각적으로 문제를 해결할 수 있도록 한다.

ⓐ 업체 전시품 반입상황 확인

부스공사가 완료될 즈음, 전시물품 중 경량품이나 전시회에 사용될 기자재 등부터 반입해야 한다. 전시담당 요원들은 반입상황을 파악해 반입된 후 즉시 전시품의 전시가 완료될 수 있도록 지원한다.

ⓑ 업체 불편사항 처리

시설물에서부터 전력, 전화 등 참가업체가 전시회 중 어려움을 느끼는 점을 즉각적으로 파악해 처리하도록 한다.

④ 전시장 철거

전시회 종료와 동시에 모든 전시품이나 장치들은 정해진 시간 내에 완전히 철거되어야 한다. 대개 종료 후의 철거는 설치와 비교해 비교적 원활히 진행됨. 철거 작업 후에는 반출에 따른 정리, 전시관의 파손 유무, 청소와 정리 상태 등을 최종적으로 점검해야 한다.

ⓐ 전시품 반출

참가업체는 전시회가 끝나는 시점부터 전시품 포장작업을 실시해, 반출시킨다. 반출 시에는 잊어버리고 두고 가는 물건이 없는지 확인하고, 부스에 대한 하자 또는 전시장에 대한 하자가 발생되지 않았는지 확인한 후 전시장을 떠난다.

ⓑ 기자재/가구/비품 반출

중량품 운반이나 독립부스를 철거할 때 방해가 되지 않도록, 먼저 기자재/가구/비품을 반출시킨다.

ⓒ 전시부스 철거

사용 시설물, 기자재, 전시품 등이 모두 반출되었으면, 주최 측에서는 마지막으로 전시부스를 철거하고 전시장 청소 및 하자 점검을 실시한다.

5) 전시 보고

① 일일 전시 보고

전시회를 담당하는 현장운영요원은 날마다의 진행현황 및 발생되는 변동사항을 해당

사무국에 보고하여, 사무국과 현장간의 즉각적이고 유기적인 협조가 이루어지도록 해야 한다. 이러한 일일전시보고는 진행현황 파악 및 향후 동일문제 발생의 최소화에 도움을 줄 수 있다. 특히 전시회는 전시품이 있는 관계로, 통관 및 경비에 신경을 써야 하므로, 이런 사항은 시간대별로 점검해 이상 유무를 보고해야 한다.

② 최종 전시 보고

행사 종료 후 전시회와 관련해 진행되고 발생된 모든 사항을 결과보고서로 정리해, 최종적으로 전시보고를 하며, 이는 행사 관련 DB로 활용될 수 있으므로, 차기 행사운영에 참고가 될 수 있다.

전시회 평가를 위해 참가업체를 대상으로 다음과 같은 항목에 대해 설문을 실시한다.

- 일일 전시회 참관객 수는 어느 정도였으며 동선의 흐름은 어떠하였나?
- 참가자들이 묻는 질문의 수준은 어떠하였나? (참가자들이 잠재 고객이었나?)
- 무료 홍보물이나 전단지가 잘 배포되었는가?
- 전시장 운영에 대해 어떻게 생각하는가?

3. 예산

컨벤션 기획에 있어서 예산은 행사규모 및 진행방식의 절대적인 기준이 된다. 예산은 중요한 기획 도구이며 예산에 있어 가장 중요한 점은 예산편성 및 집행과정에서 정확성을 기하는데 있다. 어느 기업이나 협회에서도 예산 편성은 상당히 조심스럽게 진행되며 컨벤션 기획사는 전체 예산에서 책임을 맡은 부분에 대해서만 관여하는 것이 관례이다. 그러나 회의를 기획함에 있어 컨벤션 기획사는 필수적으로 예산편성, 집행, 결산에 대한 기본지식을 요한다.

1) 예산편성

성공적인 재무관리를 위한 첫번째 단계는 컨벤션의 재무목표(financial goal)를 결정하는 것이다. 수익을 얻을 수 있는 경우라면, 어느 정도의 수익을 목표로 하는 지가 미리 정해져야 한다. 처음 개최되는 행사들은 단순히 지출을 감당할 수 있는 정도의 수입으로 계획되어 진다. 재무 목표는 예상 참석자들과 청중들의 구성에 맞도록 짜여야 한다. 참석자들의 경제적 능력과 그들이 프로그램에 참여하여 얻는 이익에 대해 기꺼이 지불할 정도의 금액을 고려한 예산 책정이 이루어져야 한다(최태영, 1998: 43~45; Polivka, 1996: 87~101; Price, 1999: 110~116; Hildreth, 1990: 44~59).

예산편성은 우선 자체기금, 지원금, 등록금, 광고료, 전시장 임대료 등을 토대로 하고, 고정사업비 및 가변사업비 등을 감안하여 편성한다. 수입에 있어서 자체기금은 처음부터 확인할 수 있는 항목이어야 하며 등록금은 대개의 경우 미리 정해진다. 등록금 수입은 회의 참가 인원수에 따라 크게 변동한다. 지원금은 회의를 준비하는 단계에서 미리 사전교섭을 하는 것이 보통이다. 광고료나 전시장 임대료 수입도 의뢰인이나 전시 참가자 수에 따라 많이 변동한다. 따라서 수입은 예상 사전등록자의 80~90% 선에서 편성하는 것이 바람직하다고 볼 수 있다.

① 수입

수입예산의 결정은 지출 예산 수립과 상당히 비슷한 방법으로 이루어진다. 여기서도 회의의 재정적인 목표가 고려되어야 한다. 수입예산이 수립되기 전, 이윤의 대부분이 어디서 창출되는가를 결정하는 것도 중요하다. 지출과 마찬가지로 수입도 직무별로 나뉘어서 예산을 수립해야 한다.

- 자체기금 또는 융자
- 전시장 임대료
- 광고료
- 등록금, 예금이자
- 지원금 (정부, 학술단체, 관련기업체 등)
- 판매대금(회의 상징 기념품, 기념 우표 등)

- 자체기금
- 본부지원금
- 기타

② 지출

회의의 재무목표가 세워지고 나면 시작되는 예산편성작업에서 지출부분을 직무별로 세분화하여 수립해야 한다.

- 사무국운영비
- 초청경비
- 도서 인쇄비
- 주문제작비
- 홍보비
- 통신비
- 연회 행사비
- 임대료
- 인건비
- 수송, 관광비
- 제회의비
- 용역비
- 본부 지불금
- 예비비 및 물가 상승분

③ 지출종류

지출은 두 가지로 구분하여 편성한다.

ⓐ 고정/확정비용 (참가자 수에 관계없이 고정적으로 지출되는 비용)

- 회의장, 전시장 임차료
- 회의장 장치비(ign board, banner, 무대장치 등)
- 홍보비(브로셔, 포스터, 광고비 등)
- 기자재 임차료
- 초청연사 경비
- 동시통역비
- 제회의비
- 사무국운영비
- 리셉션, 연회 (부분적 가변비용)
- 사교행사시 여흥 프로그램비
- 수송(부분적 가변비용)
- 인쇄물(abstract, proceedings, coupon, name tag, 참가자 리스트 등)

- 통신비
- 인건비
- 본부지불금

ⓑ 가변비용 (참가자 수에 따라 변동되는 비용)

- 리셉션, 연회, 오찬 등
- 수교물 (참가자 기념품, 문구류 등)
- conference kits (수교가방, 회의자료 등)
- 수송
- 관광

수입과 지출을 비교하여 지출이 초과할 것으로 예측되면 확정비용은 조정이 어려우므로 지출 면에서 사업을 줄이거나 후원금을 높여 예산을 재편성하여야 한다.

2) 재무분석

회의에 대한 재무분석을 하는데 있어 최소한 두 가지 재무명세서를 준비해야 하는데 최종 예산서와 수입/지출 명세서이다. 여기에 더하여 대규모 회의라면 정기적인 수입/지출 명세서와 손익계산서를 요구할 수도 있다.

① 예산

예산을 작성할 때 첫 번째 난에는 예산 잡은 수입/지출 금액을 적고 그 다음 칸에는 실제 비용을 기입하며 세 번째 칸에는 실제비용과 예산 금액과의 차액을 적어 놓는다. 만약 예산 금액보다 실제비용이 적은 경우에는 차액에 괄호표시를 해 놓는다. 이렇게 하면 차액 합계로 쉽게 재정목표 달성에 성공하였는지, 실패하였는지를 판단할 수 있다.

※ 예산 작성 예

지출항목	예산금액	실제 비용	차액
수송	10,000	8,000	(2,000)
식,음료	25,000	28,000	3,000

이렇게 차액이 발생한 데에 대해 이유를 명시해 놓아라. 일부 경우에는 천재지변에 따른 것일 수도있다. 그렇다고 해서 차액이 발생한 요인을 조직위원회 측에 보고하는 일에 소홀해서는 안 된다. 일단 요인이 규명되었으면 같은 실수를 반복하지 않도록 주의해야 한다.

② 수입/지출 명세서

수입/지출 명세서는 회의와 관련하여 발생된 모든 수입과 지출내역을 기록해 놓은 것이다. 일부 경우에는 명세서 한 장으로 전체 회의의 수입/지출내역을 설명할 수 있지만 대규모 회의인 경우에는 정기적으로 명세서를 제출해야 한다. 수입/지출 명세서를 보면 행사의 이윤, 손실을 파악할 수 있다. 이익 창출이 되지 않는 기업회의 등의 경우에는 이 명세서를 보고 행사가 예산을 초과했는지, 아니면 예산 내에서 이루어 졌는지를 파악할 수 있다.

※ 수입/지출 명세서 예

수 입		지 출	
항 목	금 액	항 목	금 액
1. 등록비	315,000,000	1. 사무국운영비	7,300,000
		2. 초 청 비	95,904,000
		3. 도서인쇄비	94,990,000
		4. 주문제작비	35,300,000
2. 지원금	498,000,000	5. 연회행사비	280,023,500
		6. 인 건 비	84,080,000
		7. 수송관광비	10,000,000
		8. 홍 보 비	3,400,000
3. 전시수입	70,000,000	9. 임 차 비	12,550,000
		10. 전 시 비	80,050,000
		11. 통 신 비	16,000,000
		12. 제 회의비	12,000,000
4. 기타	18,000,000	13. 용 역 비	39,644,000
합 계	901,000,000	14. 예비비/잉여금	129,758,500
		합 계	901,000,000

③ 분석

수입/지출 명세서를 완성하고 나면 이를 분석해야 한다. 이때 금액 자체만을 가지고는 분석이 어렵다. 예를 들어 전년도 회의에 비해 금년도에 $2,000이 더 지출되었다고 해서 지출이 전년도에 비해 많다고 판단할 수는 없다. 만약 등록비가 $5,000 증가하였다면 지출이 늘어나는 것도 당연한 일이다. 따라서 이러한 수치를 분석하려면 가장 좋은 방법은 수입 대비 지출금액을 백분율로 표시하는 것이다. 만약 수입이 발생하지 않은 경우라면 전체 지출 총액 대비 지출액을 백분율로 표시하면 된다.

금년도 수입/지출 백분율을 전년도 수입/지출 백분율과 비교해 보아라. 올해선물 값이 전체 지출액의 3%이었는데 전년도의 경우 1.5%이었다면 그 이유를 알아보아야 할 것이다. 만약 금년도 회의가 첫 번째 개최된 회의라면 차기년도 회의 재무 내역과 비교, 검토해 보아야 할 것이다.

④ 재무제표에 근거한 의사결정

모든 예산관련 결정은 재무제표에 근거해서 이루어지는 것이 바람직하다(Hildreth, 1990: 58).

ⓐ 회의와 관련하여 일어날 수 있는 변화들을 결정

예를 들어, 등록 수입이 특정 시점에서 낮다면, 내재하는 원인을 찾기 위해서 모든 요소들이 분석되어야 한다. 이것이 참석자가 줄어들었다는 것을 암시하는 것인가, 아니면 우편발송 마케팅 수단이 계획보다 늦게 진행된 결과인가? 전시 수입이 줄어든 것이 판매가 비효율적이기 때문인가 아니면 전시 출품 회사들이 단순히 요금을 늦게 지불하기 때문인가? 이러한 요소들을 분석함으로써 적절한 대비가 이루어질 수 있고, 잠정적인 문제들을 바로잡기 위해 빨리 절차를 마련할 수 있다.

ⓑ 재정운영을 향상시키는 방법들을 결정하는데 사용

예를 들어, 대차대조표가 당좌 예금구좌에 많은 돈이 있음을 보여준다면, 돈을 이자율이 높은 구좌로 옮기는 결정에 영향을 미칠 수 있다. 그러나 이러한 결정을 내리기 전에 모든 요소들에 대해서 평가해 볼 필요가 있다. 중요한 지출은 언제 이루어져야 하는가? 이익을 제공하고, 필요할 때 기금을 마련할 수 있는 올바른 투자수단이 이용 가능한가? 이러한 것들이 재무제표를 검토할 때 고려되어질 필요가 있다.

Chapter **16**

행사 및 식음료와 관광 및 수송, 의전

1. 행사 및 식음료

공식행사에 속하는 것에는 개회식과 폐회식이 있는데, 개회식은 회의를 시작하는 의식으로 회의 규모가 중/대형일 경우에는 일반 session, 분과회의장과는 다른 회의 장소에서 개회식이 치러진다. 개회식에서는 본회의, 분과회의, 관련 행사 등의 각종 회의내용을 좀 더 활기 있게 진행할 수 있도록 분위기를 조성시키는 연출력이 필요하다.

개회식은 참석한 모든 참가자들과 언론인 또한 초청자들에게 주최 측에 대한 깊은 인상을 심어주기 때문에 회의 중 가장 중요하고 의의가 있는 공식행사이다. 따라서 개회식의 프로그램은 조직위원회가 기획하지만 국제본부와 사전에 긴밀하게 협의를 해야 하고, 기조연설이 매우 중요하므로 사전에 철저하게 본부와 협의를 해 준비해야 한다.

폐회식은 전체 프로그램의 내용을 총 정리하며 차기 회의로 자연스럽게 연결시켜주는 중요한 요소이다. 특히 폐회식 및 환송파티에서는 '개최지에서 만족스런 회의를 개최했다.' 라는 인상을 주는 연출력이 요구되며, 회의 마무리 단계로서 표창 또는 감사장 수여 등이 이 때 이루어지기도 한다.

회의에 부대되는 행사인 사교행사는 주최 측의 철저한 기획과 준비 및 운영 등에 의해 전체행사의 성패를 좌우할 만큼 중요한 행사이다. 또한 최근의 국제회의는 상호간의 정보교환 목적보다는 상호 대면을 통한 사교의 장을 넓히는 기회로 활용되는 것이 더 일반적이다. 사교행사를 기획할 때에도 회의 전체의 목표와 테마를 염두에 두고 있어야 한다.

사교행사는 만찬, 오찬, 리셉션, 조찬회, 다과회 등 여러 가지로 나눌 수 있다. 참가자들은 시간이 흐르고 나면 회의 내용은 세부적으로 기억하지 못해도, 멋진 연회나, 테마파티, 휴식시간에 제공되던 음료의 맛은 잊을 수 없는 경우가 있을 정도로 식음료는 성공적인 회의진행에 있어 중요한 역할을 한다.

식음료가 제공되는 행사는 콘티넨탈 아침식사, 뷔페, 테마 이벤트, 만찬, 리셉션, 칵테일파티, 커피 브레이크 등의 형태로 이루어진다. 따라서 컨벤션 기획사는 기획중인 회의에 가장 적합한 식음료행사의 형태를 선정하고 아울러 참가자 그룹과 예산에 적합한 메뉴를 결정해야 한다.

1) 행사/식음료 운영 기본계획 수립

① 공식행사운영 기본계획 수립

개회식과 폐회식이 속하는 공식행사는 행사의 시작과 끝을 장식하는 행사로서, 회의에 참석한 참가자들 및 언론, 초청자들에게 깊은 인상을 심어줄 뿐만 아니라, 전체 프로그램의 내용을 총 정리하여 자연스럽게 차기 대회로 연결시켜주는 역할을 하므로, 행사 조직위원회는 사전에 국제본부(해당 기구 또는 단체)와 충분한 사전협의를 거쳐, 행사 진행 계획을 수립해야 한다.

ⓐ 행사 개최 일시 및 장소 선정

본회의, 분과회의 등 다른 행사 일정에 맞춰서 행사 시작과 종료 시에 개회식과 폐회식의 일정을 결정하고, 위치나 수용능력, 분위기, 설비, 사용가능시간 등을 고려해 장소를 결정한다.

ⓑ 행사 참가대상 범위 선정

회의를 주최하는 해당 기구(또는 단체) 개회식과 폐회식에 참석할 참가자들과 초청 인사들, 환영사, 기조연설을 할 인사 등을 선정한다.

ⓒ 행사 진행계획 수립

행사순서 및 규모, 소요시간, VIP 의전 등을 고려해 행사장 선정, 프로그램 기획등 행사 진행 계획을 수립한다.

② 사교행사 운영 기본계획 수립

국제회의에서는 보통 참가자의 친목을 도모하고 자국을 소개하기 위해 여러 가지 사교행사를 기획한다. 그 종류로는 환영 리셉션, 환송파티, 만찬, 연회 등이 있는데, 기획사는 행사의 성격과 회의 예산에 맞추어 가장 적합한 사교행사를 선정해야 하며, 성공적인 행사 진행을 위해서는 세밀하고 꼼꼼한 기획력이 요구된다. 행사의 독적이나 주빈의 지위, 기호, 피 초청자의 범위, 예산, 장소, 시간 등을 고려해서 사교행사의 증류를 결정한다.

ⓐ 행사 개최 일시 및 장소 선정

회의 및 공식 행사 등 다른 행사 일정을 살펴보고 그것에 따라 사교행사의 개최 일시를 결정하고, 위치나 수용능력, 분위기, 설비, 사용가능시간 등을 그려해 장소를 결정한다.

ⓑ 행사 참가대상 범위 선정

환영 리셉션, 환송파티, 만찬, 오찬 등 행사 성격 및 일정에 따라 참가할 대상의 범위를 선정한다.(예: 동반자 참가여부, VIP 대상 행사 등에 따라 행사 참가자가 달라진다.)

ⓒ 행사 진행계획 수립

행사 일시와 참가 대상이 결정되었으면, 어떤 장소에서 어떤 프로그램에 따라 행사를 진행할 것인지에 대해 구체적인 계획을 수립한다.

③ 식음료 운영 기본계획 수립

국제회의에는 식음료가 제공되는 여러 행사가 있는데, 이런 행사의 대부분은 참가자에게 식사를 제공하는 목적 외에도 참가자간에 교제할 수 있는 기회를 제공해 주기 위한 목적이 있다. 회의에서 제공되는 식음료는 단순히 배를 불리기 위한 것이 아니기 때문에, 메뉴의 선택뿐만 아니라 연회장의 장식과 서비스, 식사 중의 프로그램진행 등에 신중을 기해야 한다. 식음료 부문에서 예상했던 예산보다 훨씬 초과되는 비용이 사용될 가능성이 높으므로, 식음료 서비스가 제공되는 행사나 연회 계획을 수립할 때에는 각별히 신경을 쓰고 많은 시간을 투자해야한다.

ⓐ 식음료 제공 횟수 및 시간 선정

행사의 종류와 참가자 규모, 예산 등에 따라 행사별 식음료 제공 횟수 및 제공 시간을 결정한다.

ⓑ 식음료 메뉴 선정

행사종류, 참가자규모 뿐만 아니라 참가자들의 음식성향, 전년도 식음료 메뉴, 예산 등을 참고하여 행사별 식음료 메뉴를 선정한다. 참가자들 중 음식에 대한 특이사항이나 요구사항이 있는지도 반드시 조사를 해서 메뉴 선정에 반영한다.

④ 커피 브레이크 운영 기본계획 수립

회의에서는 참가자들은 한 장소에 1시간 30분-2시간 이상 머물게 해서는 안 되는 것이 원칙이다. 장소를 옮길 때, 즉 session과 session 사이마다 휴식시간을 가지는 것이 보통이며, 이때에 간단한 음료수(주로 커피)와 간식(빵, 쿠키 등)을 참가자에게 제공한다.

커피브레이크 시간은 단순히 참가자들이 커피 한 잔을 급하게 마시는 시간이 아니라 그 이상의 의미를 지닌다. 브레이크 시간 동안 참가자들은 에너지를 재충전하고 다른 회의장으로 이동하거나 기타 필요한 경우 개인적인 연락을 취하는 등의 여유를 가질 수 있다.

일반적으로 커피브레이크는 하루에 두 번, 즉 오전, 오후에 각 한 번씩 실시한다. 하지만 행사의 종류나 참가자 규모, 예산 등을 고려해 제공 횟수 및 시간은 조정될 수 있으므로, 행사에 맞춰 횟수 및 시간 계획을 수립한다.

2) 행사별 운영 준비

① 진행 예산 파악

식음료의 경우, 기업회의인 경우는 예산을 참가자의 참가비로 충당해야 하는 협회회의보다는 예산이 넉넉하다. 그러나 두 회의 모두 식음료 예산결정에 있어서 신중하고 현실적이어야 하다. 필요한 식음료, 기자재, 공연 팀 등을 사전에 조사하여 투입 비용을 파악하고, 인상이 될 경우를 대비해 예비비를 확보해 두어야 한다.

② 초청자 관리

회의참가 대표단에 대한 각종 행사의 초청장은 현장에서의 회의참가 등록 시 일괄적으로 등록물품 세트(set)와 함께 전달하는 방식이 일반적이다. 또한 각 행사별로 회의 참가인원 중 특정인원을 대상으로 하는 행사를 제외하고는 회의 참가 등록자는 전 행사의 참석권을 가지는 것이 일반적이다. 따라서, 전체 인원이 참가하는 행사의 경우, 개별적으로 참가여부를 확인하는 것보다는 과거의 관례 등을 참조하여 참석인원을 예측하는 것이 일반적이다.

ⓐ 행사별 초청장 발송여부 결정

만찬, 오찬, 리셉션 등 행사에 따라 초청장을 따로 발송할 것인지, 공지사항으로 전달할 것인지. 기타 방법을 사용할 것인지의 여부를 결정한다.

ⓑ 행사별 초청대상 선정

각 행사에 따른 초청 대상자를 주최 측과 협의해 선정한다.

ⓒ 초청장 제작

선정된 초청 대상자 인원에 맞춰, 행사별로 초청장을 제작한다.

ⓓ 초청장 발송

제작 완료된 초청장을 행사별 초청 대상자들에게 발송한다.

ⓔ VIP 참석 여부 확인

초청 대상자들 중 VIP의 참석 여부를 파악하여, 의전 등에 각별히 신경을 쓰도록 한다.

ⓕ 참가자들의 음식성향 파악

참가자들의 음식성향(예: 채식주의자, 이슬람교인)을 사전에 파악해, 이들을 위한 음식 준비가 가능한지 여부 등을 식음료 준비 팀과 함께 논의한다.

ⓖ 최종 참가자 List 정리

각 행사별 참가 확인서 및 기타 확인된 정보를 바탕으로 최종 참가자 리스트를 정리한다.

③ 사회자 섭외

행사를 진행하는 데에 있어서, 행사별 특성에 따라 사회자에게 주어진 역할은 실로 중요하다. 행사의 진행 내용은 이후 펼쳐질 회의일정이나 분위기, 타 행사에 영향을 미치므로 행사 분위기 리드, 시간분배 등에 노련한 사회자를 섭외해 행사를 성공적으로 이끌도록 해야 한다.

ⓐ 전문 사회자 필요여부 협의

각 행사의 특성 및 예상진행상황을 파악해 전문 사회자가 필요한지의 여부를 협의한다.

ⓑ 사회자 선정

사회자가 필요한 행사별로 적합한 사회자 후보를 찾아 접촉해 사회자를 선정한다.

ⓒ 조건 협의 및 계약

사회자가 선정되었으면 진행료, 시간 등 구체적인 조건에 대해 협의를 하고 계약을 맺는다.

④ 공연 팀 섭외

행사의 분위기를 고조시키고, 참가자들에게 회의 내용 외에 엔터테인먼트를 제공해 준다는 측면에서 행사 중 펼쳐지는 공연 프로그램은 중요하다. 또한 참가자들이 공연을 통해 행사를 오래 기억하고 좋은 인상을 받을 수 있다는 점에서, 공연 프로그램은 행사의 성격에 맞게 기획되고 진행되어야 한다.

ⓐ 공연 포함여부 결정

각 행사별로 공연이 필요한지의 여부를 행사 성격, 시간 등에 따라 검토하고, 공연 포함 여부를 결정한다.

ⓑ 공연 주제 및 소요시간 협의

전체 회의의 주제 및 행사별 성격에 따라 공연의 주제와 소요시간을 결정하기 위해 협의한다.

ⓒ 공연 팀 섭외 및 조건 협의

공연주제 및 시간이 결정되었으면, 이에 맞는 공연 팀을 섭외하고 공연비, 무대 설치, 기타 요청 사항 등 구체적인 조건에 대해 협의한다.

ⓓ 공연일정 확인 및 계약

공연 팀이 결정되었으면 최종적으로 일정을 확인하고 계약을 맺는다.

⑤ 행사장 조성

호텔 등 회의시설에는 별도로 회의장과 연회장 등을 갖추고 있는 경우는 드물며, 대부분 복합적인 용도로 활용할 수 있는 홀을 마련해 놓고 회의나 행사규모에 따라 전체를 사용하거나 파티션을 설치하여 사용하고 있다.

오찬이나 소규모의 사교행사는 회의기간 중에 회의장과 별도의 장소에서 개최할 수 있다. 그러나 만찬 등 대규모의 연회행사는 당일 회의 종료 후 회의시설을 철거하고 행사를 개최하게 되는 경우가 있다.

행사가 회의장소와 별도의 장소에서 개최되면 여유를 가지고 행사장 조성을 할 수 있다. 하지만 호텔 등에서는 국제행사가 개최되는 중에도 시설사용 스케줄에 따라 시간대별로 여유가 있는 회의장이나 연회시설을 타 행사에 임대하는 경우가 종종 있으므로 사전에 사용가능성이 있는 행사장은 타 행사에 임대치 않도록 조치하여 놓는 것이 필요하다.

ⓐ 행사장 내부 도면 작성

각 행사에 따라 참가규모, 공연여부, 식사여부, 식사스타일 등 여러 가지 사항을 고려해 행사장 내부 도면을 작성한다.

ⓑ 행사장 장식 협의

각 행사의 특성, 행사장 위치 및 내/외부 공간 등을 참고하여 행사장 장식을 할 것인지에 대해 협의한다.

ⓒ 무대 설치여부 협의

행사 성격 및 진행 내용에 따라 무대가 필요한지, 무대를 설치할 것인지의 여부를 협의해 결정한다.

ⓓ 무대 디자인

행사 내용, 특성에 맞춰 무대를 디자인하고 배치해야 한다. 공연무대의 경우에는, 공연단 측과 사전에 협의해 당일 공연의 종류에 알맞은 높이와 넓이의 무대를 준비해야 한다. 무대장치는 통상적으로 해당 행사장과 계약이 되어있는 업체가 행사장 실정을 잘 알고 있기 때문에 해당 업체를 이용하는 것이 바람직하고, 기타 특수장치 등을 설치할 경우에는 전문업체를 섭외하여 설치하면 된다.

⑥ 식음료 준비

예산을 고려해 식음료를 정할 때, 메뉴의 가격을 주의 깊게 살펴보고, 가격이 정해지지 않았을 경우라면 가격인상이 될 경우도 고려해야 한다. 따라서 식음료 행사에는 세금과 팁을 포함해 예산을 20-25% 추가해야 한다. 식음료에 대해 예약은 최소한의 음식 주문량을 예약하는 것인데, 일단 최종 주문량은 행사가 있기 24시간이나 48시간 이전에 정해져야 한다.

식사는 비용이 높기 때문에, 예약주문과정을 아주 신중히 결정해야 하는데, 총 참가자 수 대비 실제 식사에 참가하는 참가자의 평균 수치를 파악해야 하고, 행사기간 동안의 날씨, 참가자가 다른 레스토랑을 이용하거나 쇼핑, 오락시설을 방문할 가능성도 생각해 보아야 한다.

ⓐ 식음료 제공 스타일 협의

참가자들이 테이블에 착석한 뒤에 음식을 제공할 것인지, 뷔페 테이블을 차려놓고 음식을 제공할 것인지 등 행사별 식음료 제공스타일에 관해 협의한다.

ⓑ 예산에 적정한 식음료 가격결정 및 메뉴 update

호텔 또는 catering 업체 등 식음료 제공자와 협의해 예산에 맞춰 적정 수준의 식음료 가격을 결정하고, 전에 결정된 메뉴에 추가, 변경할 사항이 있으면 반영토록 한다.

ⓒ 주문 개런티 협의 및 계약

예상 참가자 수, 예상소요 음식량, 행사 개최시간 등을 고려해 식음료 제공자와 최종 주문량, 일정, 비용 등에 대해 협의한다. 대부분 식음료 제공자들은 예약 주문량에 더하여 3-10%(대개는 5%) 정도 더 음식을 준비해 두는데, 이 경우 준비한 식사량과는 상관없이, 예약 주문량만큼만 비용 지불을 하면 된다.

⑦ 각종 인쇄/제작물 준비

공식 및 사교 행사에도 현수막, 안내 게시물, 식사 메뉴 등 많은 인쇄/제작물이 필요한데, 제작 시 지정된 로고(logo), 심벌(symbol), 칼라(color)를 사용하면 회의의 분위기를 고조시키고, 회의 전체의 이미지를 높이며, 참가자의 회의관련 사항에 대한 인지도를 높이는 효과가 있다.

ⓐ 인쇄/제작물 종류 및 수량 확인

행사별로 필요한 인쇄/제작물의 종류 및 수량을 파악한다. 참가자들의 명찰에서부터 행사장의 게시물 및 안내판, 옥외행사일 경우의 환영아치 등 행사 프로그램에 맞게 인쇄/제작물의 종류와 필요 수량을 체크해야 한다.

ⓑ 인쇄/제작물 발주

행사시 필요한 각종 인쇄/제작물은 수량, 디자인은 물론 제작시기에 대해서도 충분히 고려를 거친 다음 발주되어야 한다. 예비기간이 없이 행사직전에 발주하면 제작상의 오류가 있더라도 시간적으로 다시 제작할 수가 없게 된다. 따라서 여유를 갖고 제작물을 발주하는 것이 바람직하다.

3) 행사 및 식음료 운영 및 보고

① 최종 리허설 진행

행사 바로 전날에는 행사장 사용계획서, 플로어 플랜을 보면서 안내 간판, 테이블, 의자 및 필요한 기자재를 배치해 두어야 한다. 행사장측이 행사장 배치를 하는 경우는 계획대로 설치가 되었는지를 점검해야 한다.

행사 프로그램의 원활한 진행을 위해 타 프로그램과 마찬가지로 전담 운영요원을 배치해야 한다. 행사동안 발생할 업무에 대한 분담과 업무별 요원 배치가 결정되면 요원 전원에게 회의운영에 있어서의 각자의 역할과 책임을 자각시키기 위해 교육을 실시한다.. 교육을 위해서는 행사 운영매뉴얼을 제작해 사용하도록 한다.

모든 설치와 점검이 끝난 시점에는 최종 상태를 재확인하기 위해서 전 요원이 행사장을 직접 방문하여 자신이 일할 지점과 시설의 위치를 파악하도록 한다. 그리고 진행 시나리오를 근거로 리허설을 실시한다. 실제로 현장에서의 활동을 확인해 보면 예정했던 절차와는 상당히 다른 경우가 많으므로, 진행 시나리오와 다른 부분을 체크해 현장 운영 시 반영하도록 한다.

ⓐ 행사요원 교육/배치

행사 운영매뉴얼을 제작해, 요원들이 자신의 담당업무, 업무별 책임자, 행사의 전반적인 내용 등을 파악하도록 교육을 실시한다. 교육이 완료되었으면 행사별, 업무 별로 각 요원들을 배치시킨다.

ⓑ 행사장 배치 및 필요물품 설치 확인

행사장 배치가 계획대로 되었는지 확인하고, 현수막, 안내간판에서부터 참가자들이 사용할 물품, 행사시 필요한 기자재에 이르기까지 정해진 장소에 설치가 되었는지를 확인한다. 또한 프로젝터와 같은 기자재의 경우 제대로 작동이 되는지의 여부도 확인한다.

ⓒ head table 배치

head table은 host와 hostess를 중심으로 참가자 중에서 해당 행사에서 가장 중요한 인물 위주로 좌석을 배치한다.

ⓓ 기타 준비물 점검

참가자들이 패용할 코사지, 메뉴카드, 명창, 방명록 등의 준비물이 제대로 준비가 되었는지를 확인한다.

ⓔ 최종 리허설

설치와 점검이 끝났으면, 전 요원이 행사장에서 자신이 담당한 업무대로, 진행 시나리오에 맞춰 최종 리허설을 실시한다. 리허설 시 문제가 발생되었던 점이나 수정되어야 할 사항을 확인해 행사진행 시 반영하도록 한다.

② 현장 운영

리허설 시 제기되었던 문제 및 수정 사항을 반영해, 진행 프로그램에 따라 원활한 행사 진행이 이루어질 수 있도록 한다.

③ 행사/식음료 보고

행사/식음료 부분을 담당하는 현장운영요원은 날마다의 진행 현황 및 발생되는 변동 사항을 해당 사무국에 보고하여, 사무국과 현장간의 즉각적이고 유기적인 협조가 이루어지도록 해야 한다. 이러한 일일보고는 진행현황파악 및 향후 동일문제 발생의 최소화에 도움을 줄 수 있다.

행사 종료 후 행사/식음료와 관련해 진행되고 발생된 모든 사항을 결과보고서로 정리해, 최종적으로 행사/식음료 분야 보고를 하며, 이는 행사 관련 DB로 활용될 수 있으므로, 차기행사운영에 참고가 될 수 있다.

보고 시 참가자들의 평가내용도 포함되어야 하는데, 실제 행사에 참가한 개인의 의견이나 행사 참가자 수 등으로 행사의 성패 여부를 판단할 수도 있다. 교육적인 목적을 둔 회의나 강연의 경우 참가자들이 자발적으로 참여한 동기가 부여되지만, 연회와 같은 행사는 특별한 동기 부여가 없기 때문에 평가과정에서 확연한 차이가 드러난다.

2. 관광 및 수송

관광은 주최국의 문화, 역사, 명소 등을 소개하고 필요할 경우 회의 주제와 관련된 기업체, 기관, 연구소 등의 산업시찰을 통해 이해를 깊게 하기 위한 목적이 있다. 관광행사는 국제회의 개최전후에 실시되는 경우와 국제회의 개최 중에 실시되는 경우로 구분할 수도 있고, 참가자를 위한 관광과 동반자를 위한 관광으로도 나눌 수 있다.

회의 개최전후에 실시하는 행사는 동반자를 포함한 전체 국제회의 참가자를 대상으로 숙박 등을 포함하여 1일 이상으로 원거리 관광이나 산업현장을 방문하는 내용으로 기획할 수 있으나, 국제회의 개최 중에 실시하는 행사는 동반자를 참가대상으로 하여 근거리에 위치한 관광지나 명소를 방문하는 당일행사로 기획하는 것이 일반적이다. 회의 전이나 후에 제공되는 관광 프로그램은 종종 참가자들에게 인센티브로 작용해서 더 높은 참가율을 기대할 수 있다.

관광행사는 가능하다면 참가자들의 선택의 폭을 넓혀 주기 위해 한 가지 프로그램을 기획하는 것보다는 두 개 이상을 동시에 운영토록 하는 것이 바람직하다. 특정 프로그램에 인원이 편중되는 것을 방지하기 위해 프로그램별로 같은 방문장소를 다른 날짜에 방문토록 하거나, 당일행사인 경우에는 프로그램별로 방문순서를 달리하는 등의 방법을 활용하면 된다.

1) 관광운영 기본계획 수립

① 전문 여행사 선정

관광행사는 자체적으로 방문지 선정이나 식음료 제공방법 등 프로그램을 기획하여 운영할 수도 있으나, 시행착오가 있을 수 있으므로 많은 경험을 보유한 신뢰할 수 있는 여행사 등 전문업체를 선정하여 시행하는 방안이 오히려 바람직하다.

ⓐ 관광운영 제안요청서(RFP) 작성 및 배포 (견적요청)

자료수집을 통해 행사의 관광 프로그램을 운영할 대상 여행사를 몇 개 선정하고, 관광 프로그램 운영 제안요청서(RFP)를 작성, 배포한다.

ⓑ 운영제안서 및 대행비 견적 분석

대상 여행사들이 제출한 운영제안서 및 견적서를 바탕으로, 업체 및 비용에 대해 분석을 한다.

ⓒ 여행사 선정

분석한 내용을 바탕으로 관광 프로그램을 담당할 여행사를 최종적으로 선정한다.

ⓓ 조건 협의

선정된 여행사와 비용 및 일정, 옵션 등과 같은 세부사항 및 조건에 대해 협의한다.

ⓔ 계약서 작성 및 계약

조건협의가 완료되면 협의된 내용을 기초로 하여 계약서를 작성하고, 서로 계약서를 검토해서 이의가 없으면 최종적으로 계약을 맺는다.

② 관광 프로그램 구성계획

관광프로그램의 기획에서 가장 중요한 것은 참가자들의 연령, 문화수준, 사회적 지위정도, 관심분야 등을 종합적으로 감안해 그들에게 무엇을 보여줄 것인가를 결정하는 것이다.

일자별로 당일 프로그램의 주제를 정해, 방문 가능한 후보지를 대상으로 장단점을 분석하고 방문에 따른 시간계획 등 임시 프로그램을 수립한다. 이후 해당 방문지의 관리기관과 협의하여 해당 행사에의 지원 가능여부 및 방문지에서의 관광경로나 행사 등에 대해 협의해 지원이 가능할 경우에 행사내용을 확정한다. 통상 유명 방문지를 관리하는 기관에는 유사 행사의 수행경험이 많기 때문에 가급적 해당 기관에서 권장하는 방안 중에서 하나를 선정하는 것이 바람직하다.

ⓐ 프로그램 종류 결정

먼저 관광 프로그램의 주제를 정하고, 여행사와 함께 주제에 따른 프로그램의 종류를 결정한다.

ⓑ 프로그램 진행일자 결정

정해진 주제에 따른 프로그램이 일자별로 구성되도록 프로그램 계획을 수립한다.

ⓒ 우천시 대체 프로그램 기획

관광행사는 대부분이 실외에서 개최되므로 우천 시를 대비한 계획을 수립해야 하는데, 실내에서 이루어질 수 있는 대체 프로그램을 기획하여 시행하는 것이 바람직하다. 우천 시에도 무조건 행사를 취소하기보다는 일부 시행이 가능한 프로그램을 위해 기념품을 우산으로 준비해서 평상시에는 행사 종료 이후에 지급하고, 행사 진행 중 비가 올 경우에는 기념품을 조기에 지급하여 행사를 계속 진행하는 방안도 고려해볼 만하다.

2) 프로그램별 코스 및 참가비 결정

① 관광코스 결정

관광코스는 지정 여행사나 한국관광공사에 문의하여 결정하는데. 한국의 대표적 관광코스를 참고하면서도, 예상되는 참가자들의 성향에 따라 호응도가 높을 만한 코스 및 교통, 숙식편을 결정해야 함.

ⓐ 동반자 프로그램 기획

참가자의 동반자를 위한 관광코스를 준비한다. 동반자 관광 프로그램은 보통 회의가 열리는 동안에 동시에 진행되고, 동반자들은 대부분 회의 후 열리는 환영 및 환송 만찬에 참석하므로 이를 감안해 코스를 기획한다. 예를 들면 당일코스의 경우, 회의기간 중 저녁에 대부분 연회 등이 개최되므로 동반자가 행사에 늦지 않도록 교통체증, 연회 참석 준비 시간 등을 예상하여 충분한 시간을 두어 출발지로 복귀해야 한다.

ⓑ pre & post 관광코스 기획

행사 전/후에 열리는 관광코스를 기획한다. 이 때 특정 관광코스에 대량참가자가 몰리는 사례를 방지해야 한다.

ⓒ 일일관광코스 기획

일일관광코스의 경우, 참가자들마다 계획한 일정이 다르므로, 반일 투어 및 종일 투어를 다양하게 계획해 참가자들이 일정에 따라 선택할 수 있도록 한다. 시간이 제한되어 있으므로 복잡한 프로그램은 피하는 것이 좋다.

ⓓ 산업시찰 프로그램 기획

시찰관광은 회의 주제와 관련된 연구 및 시찰을 목적으로 한 관광으로서 목적지는 분야에 따라 다양하다. 방문지별 수용인원이 다르므로 사전신청을 유도하고, 해당 방문지, 노선 등의 안전위험 요소를 사전에 파악 대응책을 마련한다. 그리고 수송차량 및 방문지를 대 시민 행사 홍보매체로 적극 활용할 수 있도록 기획한다.

ⓔ 관광코스 예정지 답사

관광 예정지 답사를 통해, 도착 시까지 소요시간 및 거리, 수용인원, 노선, 진/출입로, 주차 공간, 인근지역의 위험요소 등을 사전에 파악한다.

ⓕ 관광코스 확정

답사가 완료되었으면, 답사 내용을 바탕으로 소요 시간, 수송, 숙박사항, 코스의 매력도 등을 모두 고려해 관광코스를 확정한다.

② 관광 프로그램 참가비 결정

관광코스가 결정되었으면, 여행사와 협조해 각 프로그램에 따른 진행경비를 산출하고, 이에 따라 참가자 1인당 참가경비를 확정한다.

ⓐ 진행경비 산출

결정된 각 프로그램에 따라, 교통, 숙박시설, 식사, 가이드 경비 등을 고려해 진행 경비를 산출한다.

ⓑ 1인당 참가경비 확정

전체 진행경비가 산출되었으면, 이를 바탕으로 각 프로그램별 1인당 참가경비를 확정한다.

3) 관광 예약 관리

① 관광 신청서 접수

관광 프로그램이 확정되면 안내 브로슈어(brochure)를 작성하여 예상 회의 참가대상자에게 송부한다. 안내 브로슈어는 각 방문지에 대한 사진을 포함, 장소에 대한 소개와 설명이 담긴 것으로 충분하며, 대략의 출발시간과 도착시간을 명시하면 된다. 해당 행사가 참가자가 비용을 부담하는 옵션일 경우에는 행사별 요금을 명시하여야 한다.

참가신청은 회의참가 신청서에 관련내용을 삽입하여 회의참가 등록 시 참가자들이 참가여부를 표기토록 하는 방법이 일반적이다. 현장등록자를 위한 참가신청은 유관기관과의 협조 등 관련일정을 감안하여 행사 2~3일 전에 마감하는 것이 바람직하며, 현장에 설치한 관광 데스크에서는 참가자들의 예약확인 등의 업무를 수행하여 행사에 참여하는 정확한 인원의 예측이 가능하도록 해야 한다.

ⓐ 관광 신청서 제작 및 발송

확정된 관광 프로그램을 바탕으로 관광 안내 브로슈어 및 신청서를 제작해 예상되는 회의 참가대상자에게 발송한다. 관광신청서는 회의참가 신청서에 관련 내용을 삽입해 회의참가 등록 시 참가자들이 참가여부를 표기하도록 한다.

ⓑ 관광 신청서 접수

회의참가자들의 관광 신청서를 접수하는데, 관련일정을 감안해서 행사 2~3일 전에 관광 등록을 마감하는 것이 바람직하다.

ⓒ 관광 신청 확인서 발송

관광 신청자들에게 관광 프로그램 신청이 완료되었음을 알리는 확인서를 발송한다.

ⓓ 관광 신청비 입금 확인

관광 신청자들의 프로그램 비용 입금 상황을 확인해서, 관광 신청비가 결제되지 않은 미입금자에게는 invoice를 발송한다.

ⓔ 입금확인 영수증 발송

입금자들에게 입금확인 영수증을 발송한다.

② 관광 신청자 관리

관광 신청비까지 입금해, 예약이 완료된 신청자들을 관광 프로그램별로 분류해서 리스트를 작성한다. 프로그램 참가자들의 변경사항 및 기타 요청사항 등을 접수받아 처리를 하고 최신 내용으로 갱신을 한다. 요금과 관련해서는, 사전에 예약을 하고 요금을 지불한 참가대상자가 불가피한 사정으로 불참하는 것에 대비해 해약가능시한을 설정해 환불절차를 마련한다.

ⓐ 관광 프로그램별 신청자 list 작성

관광 프로그램별로 총 신청인원 및 신청자 명단을 파악해 list를 작성한다.

ⓑ 변경 요청사항 처리 및 update

각 신청자들의 변경 요청사항을 접수받아 처리하고, 신청자들이 특별히 선호하거나 기피하는 사항이 있다면 (예: 채식주의자), 그런 사항들 또한 파악해 프로그램 진행에 차질이 없도록 준비한다. 요금과 관련해서는 사전에 해약가능시한을 설정해 두고 환불절차를 마련하도록 한다.

4) 관광 프로그램 운영

① 사전 준비

참가대상자가 확정되면 참가자명단을 작성하여 관련기관이나 방문지에 통보하고, 음식점 등에는 사전에 약정한대로 식음료 준비 확정수량을 통보한다. 이와 병행해 사전에 계약된 보험사에 통보해서 여행보험에 가입하는 등 참가자의 안전을 위한 조치를 취해야 한다.

관광행사 중에 발생할지도 모를 불의의 사고에 대비하기 위해 의료진을 준비시키고, 통역이나 관광 안내 가이드도 사전에 대행사 등을 통해 확보해 둔다. 관광행사 참가자들을 위해 행사별 상세한 시간계획과 방문지에 대한 안내도 공식 언어별로 작성하여 행사당일 참가자에게 배포하도록 준비해야 한다.

ⓐ 수송차량 임차

프로그램별 최종 참가자 수에 의거해, 필요한 차량 대수 및 차량 크기를 결정하고, 수송차량 및 운전기사를 확보한다.

ⓑ 관련물품 및 전문요원 확보

관광지 소개자료 및 일정표, 차량에 부착할 사인물 등의 물품 및 통역 가이드, 유사시에 대비한 의료진 등 전문요원을 확보한다.

② 현장 운영

관광안내 데스크를 마련해, 사전예약이 필요치 않은 관광 프로그램의 현장 신청을 접수하고, 참가자들에게 관광정보, 지역정보 등을 제공하여 참가자들의 편의를 도모한다. 또한 관광 프로그램 예약자들의 참가의사 확인 업무를 수행해, 최종 참가자 수를 파악하는 데에 도움을 준다.

당일 현장 프로그램 진행을 위해서는 여러 명의 현장진행요원을 배치해야 한다. 예를 들면, 한 요원이 참가자들을 안내할 동안, 다른 요원은 방문지에 미리 도착해 입장권 구입, 행사장 안내 등을 담당하는 방식으로 업무를 구분해서 진행시키는 것이 바람직하다. 현장진행요원들은 관광 프로그램 진행 시, 사무국과 수시로 연락을 취해 저녁 시간에 열리는 만찬과 같은 연계행사에 차질이 없도록 해야 한다.

ⓐ 관광 진행요원 교육/배치

관광 프로그램의 특성상 동시다발적으로 처리해야 할 일이 발생하므로, 여러 명의 진행요원을 배치시켜, 업무를 분담하도록 한다. 관광진행요원들은 특히 프로그램 진행 내내 행사장 외부 현장에서 참가자들과 함께 움직여야 하므로, 참가자들에 대한 응대, 돌방상황 대처 등에 대한 사전 교육을 철저하게 실시한다.

ⓑ 관광 안내데스크 운영

관광 안내데스크를 설치해, 참가자들의 관광 프로그램 예약, 관광정보 제공, 지역 정보 제공 등 참가자들의 편의를 위한 각종 서비스를 제공한다.

ⓒ 여행사 관광 프로그램 운영 감독

관광 프로그램 공식 여행사와 협력해 관광 프로그램의 일정, 관광지 등을 다시 확인하고 문제 발생시, 여행사의 인력 및 노하우를 활용해 해결할 수 있도록 준비를 갖춘다.

ⓓ 코스별 관광 프로그램 진행

코스별로 정해진 계획에 따라 관광 프로그램을 운영한다.

5) 관광 보고

① 일일 관광 보고

관광 프로그램 진행을 담당하는 현장 운영 요원은 날마다의 진행 현황 및 발생되는 변동사항을 해당 사무국에 보고하여, 사무국과 현장간의 즉각적이고 유기적인 협조가 이루어지도록 해야 한다. 이러한 일일관광보고는 진행 현황 파악 및 향후 동일 문제 발생의 최소화에 도움을 줄 수 있다.

② 최종 관광 보고

행사 종료 후 관광 프로그램과 관련해 진행되고 발생된 모든 사항을 결과보고서로 정리해, 최종적으로 관광 보고를 하며, 이는 행사 관련 DB로 활용될 수 있으므로, 차기 행사 운영에 참고가 될 수 있다.

6) 수송

수송은 크게 나누어 회의기간 전체에 걸쳐 국제회의 참가자들이 회의참가를 위해 이용하는 항공교통에 의한 수송과 회의기간 전후의 입·출국 지원과 행사기간 중의 행사장간 이동을 위한 지상교통에 의한 수송으로 구분할 수 있다. 따라서 수송 분야 담당자는 항공수송 및 지상수송 전반에 대한 수송 종합계획 및 세부 추진계획을 수립하여 시행함으로써 국제회의를 개최하는 데 소홀함이 없도록 해야 한다.

그 밖에도 VIP를 위한 공항 영접, 영송을 위한 의전차량 운행, 단체관광, 답사 등을 위한 차량운행 등도 수송에 포함되므로, 수립된 계획에 따라 수송업체 또는 여행사와 포괄적 계약을 체결해 운영한다. 수송은 필요 충분한 수량을 계약하고, 운행시간을 엄수하며, 보험가입 차량에 의한 안전운행을 하는 것이 가장 중요하다.

① 수송운영 기본계획 수립

회의 개최지와 개최 시설을 선택하는 과정에서부터 참가자들이 이용할 교통수단에 대한 배려를 잊지 말아야 하고, 수송 계획은 반드시 행사 스케줄에 맞추어 수립해야 한다. 수송 선정 업체가 최적의 루트를 포함한 계획을 제공해주기도 하지만, 무엇보다도 기획사 스스로가 어떠한 수송편이 언제, 어떠한 형태로 필요한지 이해하는 것이 선행되어야 한다.

ⓐ 항공수송 세부계획 수립

국제회의 참가자는 거의 대부분 항공교통을 이용하며, 주최 측에서는 참가예정자들에게 보다 유리한 요금이나 서비스를 제공하기 위하여 공식항공사를 지정하게 되는 경우가 있다. 이 때 노선별, 시기별로 협상 조건이 많이 달라지고 항공사가 취하게 되는 이점에 따라 협상이 달라진다.

공식 항공사가 선정되었다고 해도 1개의 항공사로는 항공노선이나 스케줄 등 국제회의 참가자들의 요구를 전부 충족시킬 수는 없기 때문에, 다른 항공사도 추가로 확보하는 것이 바람직하다. 컨벤션 일정 및 참가자들의 일정에 따라 부합하는 항공노선을 확인, 조정하고, 수송 예상인원 및 계획을 수립해 항공사와 논의한다.

ⓑ 지상수송 세부계획 수립

지상수송의 주된 기능은 참가자들의 입·출국 시 공항과 숙박 장소간의 수송 및 회의기간 중에 숙박호텔과 행사장간 또는 회의장과 행사장간 등의 참가자 수송이다.

입·출국수송은 회의참가자들의 입·출국 시 공항과 숙박 장소간의 수송을 위해 참가자들을 위한 교통편을 제공하는 것인데, 대부분의 국제공항에는 다운타운의 주요 호텔 간에 리무진서비스가 있으므로 이를 이용하게 하거나 대중교통수단을 이용하게 할 수 있다. 따라서 통상적인 국제회의에서는 참가자들이 밀집되는 시기에는 별도의 교통수단을 배정하고, 그렇지 않은 경우에는 기존의 교통수단을 이용하도록 하는 것이 일반적이다.

VIP 참가자의 경우에는, 입·출국 시 공항과 숙소 또는 행사장을 운행하는 전용차량을 따로 준비해 두어, 의전 업무를 수행해야 한다. 참가자들의 입·출국 수송에서 장시간 항공여행을 한 참가자를 공항에서 또 장시간 대기토록 하는 것은 지양하고, 필요하다면 공항 내 대기장소를 마련하여 잠시 대기한 후 주최 측에서 마련한 교통수단이나 대중교통수단 등으로 신속히 이동토록 하는 것이 필요하다.

행사장간 수송에서는 회의장 등 행사장과 참가자들의 숙박장소를 연결하는 셔틀(shuttle) 시스템을 설계해야 한다. 또한 여기에는 회의참가자들이 전체적으로 연회행사 등의 참석을 위하여 타 장소로 이동할 경우의 수송대책도 포함된다.

- 공항-행사장 수송 계획

  공항과 행사장을 연결하는 수송수단 및 스케줄을 구성하는데, 항공기 도착 시간과 참가자 공항 도착 및 출발 시간을 고려하여 계획을 수립한다.

- 행사장-호텔 수송 및 행사장간 수송 계획

행사장 - 호텔 및 행사장간 수송의 경우도 사전에 운행계획을 수립하여야 하는데, 셔틀 서비스는 회의나 행사 등의 스케줄에 따라 시간대별로 탄력적으로 제공해야 한다. 장소별 이동 수요를 예측해 차량을 배치하는 것이 효과적이고, 교통 혼잡이 심한 개최지일 경우에는 운행 간격과 시간대 구성에 특히 주의를 기울여야 한다.

7) 항공수송

① 항공노선 정보 수집

국제회의 참가자들이 편리하고 안전하며 저렴한 비용으로 회의에 참가할 수 있도록, 개최지와 참가자들의 거주지를 연결하는 항공노선 및 요금을 조사해야 하며, 필요할 경우 공식 항공사를 선정해서, 참가자들에 대한 항공운임 할인, 참가 VIP나 본부요원들에 대한 무료 항공권 확보 등의 서비스를 제공할 수 있다.

공식 항공사가 선정되면 주최 측에서는 공식 항공사의 예약시스템을 통해 입·출국자의 정보를 수시로 제공받을 수 있어서, 이를 토대로 회의 참가자 수나 일정 등을 예측하여 국제회의 개최의 주요 기초자료로 활용할 수 있다. 공식 항공사가 선정되어도, 모든 참가자가 이를 이용하는 것은 아니므로 타 항공사를 이용하는 참가자들의 수요 및 일정의 다양성을 감안해 계획을 수립해야 한다.

ⓐ 개최지역 취항 항공사 조사

우선적으로 개최지에 취항하는 항공사에 대해 조사를 실시해, list를 작성한다.

ⓑ 개최지역 취항 노선 조사

개최지 취항 항공사에 대한 조사가 완료되었으면, 그 항공사들의 개최지 취항 노선을 조사하고, 참가자들의 거주지 또는 출발지와 연결되는 노선에 대해서 파악한다.

ⓒ 노선별 항공운임 조사

참가자들의 이용이 예상되는 해당 노선별로 항공운임을 조사한다.

② 공식 항공사 선정

필요할 경우 공식 항공사를 선정하는데, 항공사와의 협상에서 노선별, 시기별로 협상조건이 많이 달라지다. 또한 공식 항공사는 참가자와 화물 수송을 통한 항공운임수입과 함께 국제회의 홍보물을 통한 프로모션을 할 수 있게 되는 이점을 얻으며, 주최 측에서는 이러한 이점을 바탕으로 회의참가 VIP나 본부요원들에 대한 무료항공권 확보나 대폭적인 할인율의 적용 및 국제회의 참가자들에 대한 항공운임 할인, 회의자료 및 전시물에 대한 무료 운송 또는 운임의 할인을 받을 수 있다.

ⓐ 공식 항공사 후보 선정

항공노선과 관련해 수집한 정보를 바탕으로 공식 항공사 후보를 선정한다. 전문 여행사로부터 자문을 구하거나 업무를 위탁할 수도 있다.

ⓑ 항공료 할인혜택 협의

- 컨벤션 예약 데스크 운영
- 참가자 항공료 할인
- 회의 관련 운영자들을 위한 무료 항공권
- 항공 화물 운송
- 홍보(행사 홍보 광고를 항공사내 잡지나 뉴스레터에 게재)

ⓒ 기타 서비스 제공에 대한 협의

무료항공권 제공이나 자료의 무료운송과 같은 기타 서비스 제공 사항에 대해 협의한다.

ⓓ 계약서 작성 및 계약

협의 및 조건 검토를 통해 공식 항공사를 선정하고 국제회의 공식항공사로 정식 계약을 맺는다.

③ 항공정보 제공

공식 항공사가 선정되면 주최 측에서는 각종 국제회의 공식 홍보물에 공식 항공사의 광고를 게재하거나 로고를 삽입하여 주고, 항공사로부터 홍보물을 확보하여 회의참가 안내서 등을 참가예정자들에게 발송할 때 첨부해 해당항공사의 홍보와 함께 참가자들이 공식 항공사를 많이 이용할 수 있도록 협조한다.

특정 항공사를 공식 항공사로 지정하고 할인율 등을 확정한 후에는 확정된 내용을 해당 국제회의에 참가가 예상되는 인원들에게 개별통보나 해당 국제기구의 회람 등 홍보물을 통하여 알리고, 할인된 항공운임을 편리한 장소에서 국제회의 참가자들이 적용받을 수 있도록 공식 항공사의 지점망이나 대리점 위치, 전화번호와 함께 본인이 해당 국제회의의 참가를 위하여 예약하는 것임을 증명할 수 있는 쿠폰을 제작하여 배포한다.

ⓐ 공식 항공사 선정 공지

공식 항공사가 선정되면 공식 홍보물에 공식 항공사를 게재하는 등의 방법으로 공식 항공사를 정식으로 발표한다.

ⓑ 할인 항공료, 항공 스케줄 공지

회의 목적으로 공식 항공사를 이용하려는 참가자 및 운영 요원들에게 할인 항공료 및 항공 스케줄을 공지하여, 각자의 일정을 미리 계획할 수 있도록 한다.

ⓒ 공식 항공사 이용방법 공지

공식 항공사를 이용할 참가자들에게 공식항공사의 지점망이나 대리점, 연락처 등을 공지하여 회의 참가 시 편리하게 이용할 수 있도록 한다.

④ 항공사와 업무 협조

주최 측에서는 공식항공사의 예약시스템을 통해 입·출국자의 정보를 수시로 제공받아 이를 토대로 회의 참가자 수나 일정 등을 예측하여 회의개최의 주요 기초자료로 활용할 수 있다.

ⓐ 예약 및 발권상황 정보 공유

항공사의 예약시스템을 통해 예약 및 발권상황을 파악해, 참가자 수나 일정 등을 파악한다.

ⓑ 참가자 입출국 정보 공유

항공사를 통해 참가가의 입출국 예정 스케줄을 파악해, 영접 및 환송 프로그램 구성에 반영한다.

8) 지상수송

① 수송업체 선정

수송업체 선정은 사전에 자료 수집을 통해 행사에 필요한 차량을 충분히 보유한 업체들을 대상으로 행사계획을 제공하고, 이에 따른 업체별 제안서를 제출받아 주최 측에 가장 유리한 조건을 제시한 업체 1개 이상을 선정하는 방식으로 이루어진다.

ⓐ 차량종류 및 필요대수 산정

행사 일정 및 특성에 맞춰 차량종류와 필요대수를 산정한다. 차량수요는 행사시작전과 후에는 입/출국 수송에, 행사기간 중에는 행사장간 셔틀버스 수송에 집중되는 특성이 있으므로, 일자별로 최대 수요량을 예측하여 계획을 세운다.

ⓑ 차량임차 견적요청서 작성 및 배포

자료수집을 통해 행사에 필요한 차량을 충분히 보유한 업체들을 대상으로 차량임차 견적 요청서를 작성, 배포한다.

ⓒ 수송업체 및 임차비 견적 분석

수송업체들이 제출한 견적서를 바탕으로 업체 및 임차비용에 대한 분석을 한다.

ⓓ 수송업체 선정

분석한 내용을 바탕으로 최종적으로 수송업체를 선정한다. 업체 선정 시에는, 견적서 외에도 업계 내 평판, 버스의 유형과 관리상태, 안전여부 등을 고려해야 한다.

ⓔ 조건 협의

선정된 수송업체와 비용 및 일정 등 수송과 관련된 전반적인 조건을 협의한다.

ⓕ 계약서 작성 및 계약

조건 협의가 완료되면 협의된 내용을 기초로 하여 계약서를 작성하고 최종적으로 계약을 맺는다.

② 수송 준비

항공사 및 호텔과의 정보 공유를 통해 획득한 내용을 바탕으로 참가자들의 일정, 동선, 소요 거리 및 시간 등을 파악해 셔틀버스의 운행 노선, 운행 횟수, 운행 시간을 결정해 본격적으로 수송 준비 작업을 진행시킨다.

ⓐ 참가자 입국 스케줄 확인

항공사와 협조해 참가자들의 예약사항 및 항공노선 스케줄을 확인해, 참가자들의 입국 스케줄을 확인한다.

ⓑ 호텔별 숙박자 분포 확인

호텔과 협조해 참가자들의 예약 사항 및 호텔별 투숙 예정 인원을 확인한다.

ⓒ 운행 노선 결정

확인 과정을 거친 참가자들의 입국 스케줄, 호텔별 예상 투숙 인원 그리고 참가자들의 참석 예정 행사를 바탕으로 공항 및 행사장, 그리고 호텔 간의 운행 노선을 구성한다. VIP의 경우 입국 후 목적지를 파악해 의전 차량의 운행 노선을 결정한다.

ⓓ 노선별 소요시간 분석

행사 일정에 따라 예상되는 동선을 파악하고 노선별 이동 소요시간을 분석한다. 이동시간대가 교통 혼잡 시간대와 겹치는 지, 그 시간대에 타 행사가 겹치는 지 등의 변수 또한 파악해서 소요시간 분석에 반영한다.

ⓔ 노선별 운행 스케줄 결정

노선이 결정되었으면 노선별로 운행 스케줄을 결정한다. 참가자 입/출국, 행사 일정에 따라 이동 수요가 변동하므로 이에 맞춰 탄력적으로 운행되도록 운행 스케줄을 결정한다.

ⓕ 셔틀버스 운행시간표 제작

결정된 운행 노선 및 운행 스케줄을 바탕으로 운행시간표를 제작한다. VIP 의전 차량의 경우, 대상자의 일정에 따라 스케줄이 변경되므로, 배포의 목적으로 시간표를 제작할 필요는 없다.

ⓖ 셔틀버스 운행 안내 사인물 제작

차량에 부착할 표지판, 주차장용 게시물 등의 셔틀버스 운행안내 사인물을 제작한다. 버스정류장은 되도록 크기가 큰 유도사인을 제작하여 눈에 잘 띄도록 하며 버스번호와 행선지명 등이 포함되어야 한다.

④ 지상수송 운영

행사장간, 행사장과 호텔, 공항 등을 연결하는 지상수송에 대한 계획이 수립되고, 운영요원 교육 등의 모든 준비가 완료된 후 행사가 시작되면, 본격적으로 셔틀버스 운행을 시작해 참가자들이 이동하는 데 불편이 없도록 한다. 또한 수송 담당 요원을 확보해 교육을 실시하고, 연락용 무선장비 등을 준비해 수송 진행에 차질이 없도록 한다.

ⓐ 수송요원 교육/배치

수송요원은 승하차 안내 외에도, 주차장, 각 셔틀버스 등에도 배치되어야 하고, 참가자들의 이동상황이 행사장, 호텔, 사무국 등에 실시간으로 보고되어야 하므로, 요원들의 사전 교육은 무엇보다도 중요하다. 또한 연락용 무선장비 등 사용기자재에 대한 사용법을 충분히 익힐 수 있도록 사전에 교육을 실시한다. 교육이 완료되면 요원들을 주차장, 셔틀버스, 행사장 등 적소에 배치시킨다.

ⓑ 셔틀버스 운행시간표 배포

참가자 및 요원들, 요청자들에게 제작한 셔틀버스 운행시간표를 배포한다.

ⓒ 차량별 운행노선 안내 사인물 부착

운행 차량에 노선 안내 표지판 부착, 대기장에 노선 표지판 설치 등 차량별 운행노선 안내 사인물을 부착한다.

ⓓ 차량 운행

계획된 스케줄에 따라 셔틀버스 및 VIP 의전 차량을 운행해서, 참가자들의 편의를 도모한다.

9) 수송 보고

① 일일 수송 보고

수송분야 진행을 담당하는 현장운영요원은 이동 시 시시각각으로 변화하는 진행현황 및 변동 사항을 행선지(호텔, 행사장 등) 및 해당 사무국에 보고하여, 서로 즉각적이고 유기적인 협조가 이루어지도록 해야 한다. 이러한 수송보고는 진행현황파악 및 이후 행사 및 타 프로그램 진행에 영향을 미치므로 신속하고 정확하게 이루어져야 한다.

교통량, 시간대, 운행 노선에 계획되어 있는 타 행사 등 여러 요인에 따른 이동 소요시간을 꼼꼼하게 체크해, 동일 노선 운행 시 반영함으로써, 참가자들의 행사 참여와 타 프로그램 진행에 차질이 없도록 해야 한다.

② 최종 수송 보고

행사 종료 후 수송과 관련해 진행되고 발생된 모든 사항을 결과보고서로 정리해, 최종적으로 수송 보고를 하며, 이는 행사 관련 DB로 활용될 수 있으므로, 차기 행사 운영에 참고가 될 수 있다.

3. 의전

1) 의전운영 기본계획 수립

① 영접 및 환송 세부계획 수립

의전이 필요한 참가자들을 규명하고, 그 참가자들을 다시 VIP와 일반 대상자로 구분하여, 의전에 관한 세부계획을 수립한다. 참가자들의 원활한 입출국을 돕기 위해, 영접상황실 및 안내 데스크, 전용 심사대를 설치 · 운영 한다.

사전에 참가자들에게 입국과 관련해 비자취득사항을 확인하고 준비하도록 공지를 하지만. 공지를 받았음에도 불구하고 시간 제약 및 기타 사항으로 인하여 비자를 미처 준비하지 못하는 경우가 발생할 수 있다. 따라서 비자 미 획득상황에 대비해 정부 기관에 협조를 요청, 대책을 마련해 비자 미 획득자도 입국이 가능토록 해야 한다.

VIP 의전 대상자를 위해서는 전용통로 설치 및 심사대 설치를 해 입출국 수속을 돕거나 영접관이 대리로 수속을 밟는다. 공항에 귀빈실을 설치해 의전 대상자의 입출국 수속 대기 또는 다른 노선으로의 환승대기 시 휴게공간으로 활용하도록 한다.

ⓐ 일반 참가자 의전 절차 확정

공항 도착에서부터, 전용 입국 심사, 세관 검사, 국제회의 폐회 후 출국에 이르기까지 신속하고 간편한 입출국 절차를 마련한다.

ⓑ VIP 참가자 의전 절차 확정

VIP를 위한 영접 · 환송 팀을 구성해 공항 도착에서부터, VIP 전용 통로를 통한 입국 수속 또는 대리 수속, 목적지로 향하는 차량대기 및 국제회의 폐막 후 출국에 이르기까지 신속하고 원활한 입출국 절차를 마련한다.

② 회의장 내 의전 세부계획 수립

VIP의 경우, 각 행사와 관련해 의전 대상자들의 행사 참석여부, 동반여부 등을 파악해, 동선을 파악하고, 행사 상황표를 구성한다. 또한 VIP룸을 운영하고 초청부서와 협조하여 담당자를 배치시킨다.

2) 공항 영접/환송

① 대상자 관리

조직위원회에서는 의전 대상자를 선정해, PCO에 통보하고, PCO에서는 대상자의 입/출국 일정을 확인하고, 조직위원회와 상의해 영접인사를 선정하는 등 영접/환송에 차질이 없도록 준비한다.

ⓐ 영접/환송 대상자 선정

조직위원회에서는 기구(또는 단체)의 지위, 이력, 컨벤션의 방향 등을 고려해 의전 대상자를 선정해 PCO에 알린다.

ⓑ 입/출국 일정 확인

의전 대상자들의 입/출국 일정을 확인하여 영접/환송 스케줄을 구성할 때 반영한다.

ⓒ 대상별 영접인사 선정

의전 대상자별로 영접을 담당할 인사를 선정하고, 대상자의 입국 일정, 숙소 등을 확인해 영접 준비를 한다.

ⓓ 영접 스케줄 조정

영접 담당인사의 업무 스케줄 및 참가자의 스케줄에 변경된 사항이 있다면, 이를 고려해 일정을 조정한다.

② 영접 · 환송 운영 준비

영접은 행사안내와 환영을 위해 참가자 도착 시 행사에 대한 안내 및 편의를 도모하기 위함이고, 환송은 행사를 무사히 마친 참가자들을 마지막까지 배려해 주며, 추후 행사에도 긍정적인 영향을 미칠 수 있도록 하기 위함이다. 이와 같은 영접 · 환송의 개념을 숙지하고, 참가자들의 입/출국에 불편함이 없도록 철저한 준비가 선행되어야 한다.

ⓐ 관련기관 협조 요청

- 국가정보원: 국가 안보 및 보안에 관한 사항
- 법무부 출입국관리국: 미수교국을 포함한 입국사증 발급, 출입국 심사편의 제공, 전용 법무심사대 설치
- 관세청 세관: 통관 절차 간소화 및 전용심사대 설치
- 경찰청: 미수교국 인사에 대한 경호 및 경비 지원

ⓑ 관련공항 협조 요청

영접/환송 시 준비되어야 하는 귀빈실 마련, 안내데스크 마련, 전용 심사대 설치 등의 관련사항에 대해 사전에 해당 공항에 협조를 요청한다.

ⓒ 공항 영접/환송 데스크 확보

공항의 협조 하에 영접/환송데스크를 공항 내에 확보해, 참가자들의 편의를 도모한다.

ⓓ 영접용 피켓(picket) 제작

참가자 환영 및 안내를 위해 영접용 피켓을 제작한다.

ⓔ 공항 현수막 및 각종 사인물(signage) 제작

참가자 환영 및 안내를 위해 공항에 부착할 현수막 및 각종 사인물을 제작한다.

③ 영접/환송 운영

ⓐ 영접/환송 요원 교육/배치

참가자들의 도착/출발 일정, 편명, 소속 등에 대한 기본 사항을 숙지하도록 요원들을 교육시킨다. 교육이 완료된 요원들을 CIQ, 안내데스크, 수하물 인수장 등 각자의 위치에 배치시킨다.

ⓑ 공항 현수막 및 각종 사인물 부착

준비해 둔 공항 현수막 및 각종 사인물을 부착해 참가자 환영 및 안내에 도움이 되도록 한다.

ⓒ 공항 영접/환송 데스크 운영

공항에 영접/환송 데스크를 마련해, 참가자 안내, 참가자들 요청사항 처리 등을 담당한다.

ⓓ VIP 의전 차량 대기

VIP 참가자들이 입국수속을 마치는 즉시 차량을 이용해 목적지로 이동할 수 있도록 의전차량을 대기시킨다.

3) 회의장 의전

① 대상자 관리

ⓐ 의전 대상자 선정

조직위원회에서는 기구(또는 단체)의 지위, 이력, 컨벤션의 방향 등을 고려해 의전대상자를 선정해 PCO에 알린다.

ⓑ 대상자별 의전계획 수립

대상자들의 행사 참석여부, 동반여부, 동선 등을 파악해 의전계획을 수립한다. VIP의 좌석을 배치할 때에는 VIP를 수행하는 보좌관이나 주최 측과 충분히 협의하여 결정을 내려야 한다. 이 때 개인 간의 갈등이나 언어 문제, 경호상의 편의, VIP 주변에 앉는 사람들의 지위 등을 반드시 고려해야 한다.

② 의전 운영

ⓐ 의전요원 배치

사전에 수립한 계획에 따라 의전을 담당할 요원을 VIP룸, 행사장 입구, 행사장 내부 등 적소에 배치시킨다.

ⓑ 주요 대상자 의전

주요 대상자들의 스케줄에 맞춰 VIP룸 운영, 동선안내, 자리안내 등의 의전을 수행한다. VIP가 참가하는 회의 Session에는 당사자를 위한 좌석을 두고 다른 참가자들의 접근을 막아야 하며, 전담 의전요원이 VIP를 좌석까지 인도하도록 한다.

4) 의전 보고

① 일일 의전 보고

의전수행을 담당하는 현장운영요원 및 영접인사는 날마다의 진행현황 및 발생되는 변동사항을 해당 사무국에 보고하여, 사무국과 현장간의 즉각적이고 유기적인 협조가 이루어지도록 해야 한다. 이러한 일일의전보고는 진행현황 파악 및 향후 동일문제 발생의 최소화에 도움을 줄 수 있다.

② 최종 의전 보고

행사 종료 후 의전과 관련해 진행되고 발생된 모든 사항을 결과보고서로 정리해서, 최종적으로 의전보고를 하며, 이는 행사 관련 DB로 활용될 수 있으므로, 차기 행사운영에 참고가 될 수 있다.

참고문헌

A 국내문헌

최태영, 1998. 국제회의 산업론, 한림대학교

한국컨벤션전시산업연구원, 2005. 컨벤션서비스 표준화연구, (사)한국컨벤션이벤트산업협회

B 해외문헌

Dotson, Penny C., 1995. Introduction to Meeting Management, Birmingham, Alabama.

Hildreth, Richard A., 1990. The essentials of meeting management, Regents/Prentice Hall, Englewood Cliffs, New Jersey.

Polivka, Edward G., 1996, Professional Meeting Management(3rd Ed.), Birmingham, Alabama.

Price, Catherine H., 1999. The complete guide to professional meeting and event coordination(2nd ed.), The George Washington University Event Management Program, D.C.

■ 국제회의산업 육성에 관한 법률

제정 1996.12.30 법률 제5210호

개정 2001. 3.28 법률 제6442호

개정 2003. 8. 6 법률 제6961호

개정 2005. 3.31 법률 제7459호

제1조 (목적)

이 법은 국제회의의 유치를 촉진하고 그 원활한 개최를 지원하여 국제회의산업을 육성 · 진흥함으로써 관광산업의 발전과 국민경제의 향상등에 이바지함을 목적으로 한다.

제2조 (정의)

이 법에서 사용하는 용어의 정의는 다음과 같다.

1. "국제회의"라 함은 상당수의 외국인이 참가하는 회의(세미나 · 토론회 · 전시회등을 포함한다)로서 대통령령이 정하는 종류와 규모에 해당하는 것을 말한다.
2. "국제회의산업"이라 함은 국제회의의 유치 및 개최에 필요한 국제회의시설, 서비스등과 관련된 산업을 말한다.
3. "국제회의시설"이라 함은 국제회의의 개최에 필요한 회의시설, 전시시설 및 이와 관련된 부대시설등으로서 대통령령이 정하는 종류와 규모에 해당하는 것을 말한다.
4. "국제회의도시"라 함은 국제회의산업의 육성 · 진흥위하여 제14조의 규정에 의하여 지정된 특별시 · 광역시또는 시를 말한다.[개정 2003.8.6]
5. "국제회의의 전담조직"이라 함은 국제회의산업진흥을 위하여 각종 사업을 수행하는 조직을 말한다.[신설 2003.8.6]
6. "국제회의산업육성기반"이라 함은 국제회의시설, 국제회의 전문인력, 전자국제회의체제, 국제회의정보 등 국제회의 유치 · 개최지원 · 촉진하는 시설 · 인력 · 체재 · 정보등을 말한다.[신설 2003.8.6]

제3조 (국가의 책무)

① 국가는 국제회의산업의 육성 · 진흥위하여 필요한 계획의 수립등 행정 · 재정상의 지원조치를 강구하여야 한다.

② 제1항의 규정에 의한 지원조치에는 국제회의 참가자가 이용할 숙박시설 · 교통시설 및 관광편의시설등의 설치 · 확충또는 개선을 위하여 필요한 사항이 포함되어야 한다.

제4조 (국제회의산업육성위원회의 설치 · 운영등)[개정 2003.8.6]

① 국제회의산업육성에 관한 다음 각호의 사항을 심의하기 위하여 문화관광부장관 소속하에 국제회의산업육성위원회(이하 "육성위원회"라 한다)를 둔다.[개정 2001 · 3 · 28][개정 2003.8.6]

1. 국제회의산업육성 기본계획
2. 국제회의시설 건립계획
3. 국제회의도시 지정 및 취소
4. 그 밖에 문화관광부장관이 필요하다고 인정하여 부의하는 사항

② 문화관광부장관은 육성위원회의 효율적인 운영을 위하여 전문직 · 기술적인 자문이 필요하다고 인정하는 경우 관계전문가로 구성되는 국제회의산업자문단(이하 "자문단"이라 한다)을 둘 수 있다.[개정 2001 · 3 · 28][개정 2003.8.6]

③ 제1항 및 제2항의 규정에 의한 육성위원회와 자문단의 구성 · 운영등에 관하여 필요한 사항은 대통령령으로 정한다.[신설 2003.8.6]

제5조 (국제회의 전담조직의 지정 및 설치) [개정 2003.8.6]

① 문화관광부장관은 국제회의산업육성을 위하여 필요한 경우에는 국제회의 전담조직(이하 "전담조직"이라 한다)을 지정할 수 있다.[개정 2001 · 3 · 28][개정 2003.8.6]

② 국제회의시설을 보유 · 관할지방자치단체의 장은 국제회의 관련업무의 효율적인 추진을 위하여 필요하다고 인정하는 때에는 전담조직을 설치할 수 있다.[개정 2001 · 3 · 28][개정 2003.8.6]

③ 제1항 및 제2항의 규정에 의한 전담조직의 지정 · 설치및 운영등에 관하여 필요한 사항은 대통령령으로 정한다.[신설 2003.8.6]

제6조 (국제회의산업육성기본계획의 수립 등) [개정 2003.8.6]

① 문화관광부장관은 국제회의산업의 육성 · 진흥위하여 다음 각호의 사항이 포함되는 국제회의산업육성기본계획(이하 "기본계획"이라 한다)을 수립 · 시행개정 2001 · 3 · 28][개정 2003.8.6]

1. 국제회의의 유치 · 촉진관한 사항
2. 국제회의의 원활한 개최에 관한 사항
3. 국제회의에 필요한 인력의 양성에 관한 사항
4. 국제회의시설의 설치 및 확충에 관한 사항
5. 그 밖에 국제회의산업의 육성 · 진흥관한 중요사항

② 문화관광부장관은 제1항의 규정에 의한 기본계획을 수립 또는 변경하고자 하는 때에는 육성위원회의 심의를 거쳐야 한다.[개정 20013 · 28][개정 2003.8.6]

③ 문화관광부장관은 국제회의산업육성과 관련된 기관의 장에 대하여 육성계획의 효율적인 달성을 위하여 필요한 협조를 요청할 수 있다.[개정 20013 · 28][개정 2003.8.6]

④ 기본계획의 수립에 관하여 필요한 사항은 대통령령으로 정한다.[개정 20013 · 28][개정 2003.8.6]

제7조 (국제회의 유치 · 개최 지원) [개정 2003.8.6]

① 문화관광부장관은 국제회의의 유치를 촉진하고 그 원활한 개최를 위하여 필요하다고 인정하는 때에는 국제회의를 유치 또는 개최하는 자에 대하여 지원을 할 수 있다.

② 제1항의 규정에 의한 지원을 받고자 하는 자는 문화관광부령이 정하는 바에 의하여 문화관광부장관에게 국제회의 유치 또는 개최에 관한 지원을 신청하여야 한다.[전문개정 2003.8.6]

제8조 (국제회의산업육성기반 조성) [개정 2003.8.6]

① 문화관광부장관은 국제회의산업육성기반 조성을 위하여 관계중앙행정기관의 장과 협의하여 다음 각호의 사업을 추진하여야 한다.[신설 2003.8.6]

1. 국제회의시설의 건립
2. 국제회의 전문인력의 양성
3. 국제회의산업육성기반 조성을 위한 국제협력
4. 인터넷 등 정보통신망을 통하여 수행하는 전자국제회의 기반의 구축
5. 국제회의산업에 관한 정보 및 통계의 수립 · 분석 및 유통
6. 그 밖에 국제회의산업육성기반 조성을 위하여 필요하다고 인정되는 사업으로서 대통령령이 정하는 사업

② 문화관광부장관은 다음 각호의 기관 · 법인 또는 단체(이하 "사업 시행기관" 이라 한다)등으로 하여금 국제회의산업육성기반 조성을 위한 사업을 실시하게 할 수 있다.[신설 2003.8.6]

1. 제5조제1항 및 제2항에 의한 전담조직
2. 제14조제1항에 의하여 지정된 국제회의도시
3. 한국관광공사법에 의해 설립된 한국관광공사
4. 고등교육법에 의한 대학 · 상업대학 및 전문대학
5. 그 밖에 대통령령이 정하는 법인 · 단체

제9조 (국제회의시설의 건립 및 운영촉진 등)[신설 2003.8.6]

문화관광부장관은 국제회의시설의 건립 및 운영촉진 등을 위하여 사업시행기관이 추진하는 다음 각호의 사업을 지원할 수 있다.

1. 국제회의시설의 건립
2. 국제회의시설의 운영
3. 그 밖에 국제회의시설의 건립 및 운영촉진을 위하여 필요하다고 인정하는 사업으로서 문화관광부령이 정하는 사업

제10조 (국제회의 전문인력의 교육 · 훈련 등)[신설 2003.8.6]

문화관광부장관은 국제회의 전문인력의 양성 등을 위하여 사업시행기관이 추진하는 다음 각호의 사업을 지원할 수 있다.

1. 국제회의 전문인력의 교육 · 훈련
2. 국제회의 전문인력 교육과정의 개발 · 운영
3. 그 밖에 국제회의 전문인력의 교육 · 훈련과 관련하여 필요한 사업을서 문화관광부령이 정하는 사업

제11조 (국제협력의 촉진)[신설 2003.8.6]

문화관광부장관은 국제회의산업육성기반 조성과 관련된 국제협력을 촉진하기 위하여 사업시행기관이 추진하는 다음 각호의 사업을 지원할 수 있다.

1. 국제회의관련 국제협력을 위한 조사 · 연구
2. 국제회의 전문인력 및 정보의 국제교류
3. 외국의 국제회의관련 기관 · 단체의 국내유치
4. 그 밖에 국제회의육성기반 조성에 관한 국제협력을 촉진하기 위하여 필요한 사업으로서 문화관광부령이 정하는 사업

제12조 (전자국제회의기반의 확충)[신설 2003.8.6]

① 정부는 전자국제회의기반을 확충하기 위하여 필요한 시책을 강구하여야 한다.

② 문화관광부장관은 전자국제회의기반의 구축을 촉진하기 위하여 사업시행기관이 추진하는 다음 각호의 사업을 지원할 수 있다.

1. 인터넷 등 정보통신망을 통한 사이버 공간에서의 국제회의 개최
2. 전자국제회의 개최를 위한 관리체제의 개발 및 운영
3. 그 밖에 전자국제회의기반 구축을 위하여 필요하다고 인정하는 사업으로서 문화관광부령이 정하는 사업

제13조 (국제회의 정보의 유통촉진)[신설 2003.8.6]

① 정부는 국제회의 정보의 원활한 공급·활용 및 유통을 촉진하기 위하여 필요한 시책을 강구하여야 한다.

② 문화관광부장관은 국제회의 정보의 공급·활용 및 유통을 촉진하기 위하여 사업시행기관이 추진하는 다음 각호의 사업을 지원할 수 있다.

1. 국제회의 정보 및 통계의 수집·분석
2. 국제회의 정보의 가공 및 유통
3. 국제회의 정보망의 구축 및 운영
4. 그 밖에 국제회의 정보의 유통촉진을 위하여 필요한 사업으로 문화관광부령이 정하는 사업

③ 문화관광부장관은 국제회의 정보의 공급·활용 및 유통을 촉진하기 위하여 필요한 경우에는 문화관광부령이 정하는 바에 따라 관계행정기관 및 국제회의와 관련되는 기관·단체에 대하여 국제회의 정보의 제출을 요청하거나 제공할 수 있다.

제14조 (국제회의도시의 지정 등)[신설 2003.8.6]

① 문화관광부장관은 대통령령이 정하는 국제회의도시 지정기준에 적합한 특별시·광역시 및 시를 육성위원회의 심의를 거쳐 국제회의도시로 지정할 수 있다.

② 문화관광부장관은 제1항의 규정에 의한 국제회의도시를 지정할 경우에는 지역간의 균형적 발전을 고려하여야 한다.

③ 문화관광부장관은 국제회의도시가 제1항의 규정에 의한 지정기준에 적합하지 아니하게 된 경우에는 육성위원회의 심의를 거쳐 그 지정을 취소할 수 있다.

④ 문화관광부장관은 제1항 및 제3항의 규정에 의한 국제회의도시의 지정 또는 지정취소를 한 때에는 이를 고시하여야 한다.

⑤ 제1항 및 제3항의 규정에 의한 국제회의도시의 지정 및 지정취소 등에 관하여 필요한 사항은 대통령령으로 정한다.

제15조 (국제회의도시의 지원)[신설 2003.8.6]

문화관광부장관은 제14조제1항의 규정에 의하여 지정된 국제회의도시에 대하여는 다음 각 호의 사업에 우선 지원할 수 있다.

1. 국제회의도시에서의 관광진흥개발기금법 제5조의 용도에 해당하는 사업
2. 제16조제2항 각호의 1에 해당하는 사업

제16조 (재정 지원)[신설 2003.8.6]

① 문화관광부장관은 이 법의 목적을 달성하기 위하여 관광진흥개발기금법 제2조제2항제3호의 규정에 의한 국외여행자의 납부금 총액의 100분의 10에 해당하는 금액의 범위안에서 국제회의산업육성재원을 지원할 수 있다.

② 문화관광부장관은 제1항의 규정에 의한 예산의 범위안에서 다음 각호에 해당되는 사업에 소요되는 비용의 전부 또는 일부를 지원할 수 있다.

1. 제5조제1항 및 제2항의 규정에 의한 전담조직의 운영
2. 제7조제1항의 규정에 의한 국제회의 유치 · 개최자에 대한 지원
3. 제8조제2항제2호 내지 제5호에 해당하는 사업
4. 제10조 내지 제13조의 각호에 해당하는 사업
5. 그 밖에 국제회의산업의 육성을 위하여 필요한 사항으로 대통령령이 정하는 사업

③ 제2항의 규정에 의한 지원금의 교부에 관하여 필요한 사항은 대통령령으로 정한다.

④ 제2항의 규정에 의한 지원을 받고자 하는 자는 대통령령이 정하는 바에 의하여 문화관광부장관 또는 제18조의 규정에 의하여 사업이 위탁된 기관의 장에게 지원을 신청하여야 한다.

제17조 (다른 법률과의 관계)

① 국제회의시설의 설치자가 국제회의시설에 대하여 건축법 제8조의 규정에 의한 건축허가를 받은 때에는 동법 제8조제5항 각호의 사항외에 다음 각호의 허가 · 인가등을 받거나 신고를 한 것으로 본다. 〈개정 2003.5.29, 2005.3.31〉

1. 하수도법 제20조의 규정에 의한 시설 또는 공작물 설치의 허가
2. 수도법 제36조의 규정에 의한 전용상수도 설치의 인가
3. 전기사업법 제32조의 규정에 의한 자가용 전기설비공사계획의 인가 또는 신고
4. 소방시설설치유지및안전관리에관한법률 제7조제1항의 규정에 의한 건축허가의 동의
5. 폐기물관리법 제30조제2항의 규정에 의한 폐기물처리시설설치의 승인 또는 신고
6. 대기환경보전법 제10조, 「수질환경보전법」 제33조 및 소음 · 진동규제법 제9조의 규정에 의한 배출시설 설치의 허가 또는 신고
7. 삭제 〈2001.3.28〉

② 국제회의시설의 설치자가 국제회의시설에 대하여 건축법 제18조의 규정에 의한 사용승인을 얻은 경우에는 동법 제18조제4항 각호의 사항외에 다음 각호의 검사를 받거나 신고를 한 것으로 본다. 〈개정 2003.5.29, 2005.3.31〉

1. 수도법 제37조의 규정에 의한 전용상수도의 준공검사
2. 소방시설공사업법 제14조제1항의 규정에 의한 소방시설의 완공검사
3. 폐기물관리법 제30조제4항의 규정에 의한 폐기물처리시설의 사용개시 신고
4. 대기환경보전법 제14조, 「수질환경보전법」 제37조 및 소음 · 진동규제법 제13조의 규정에 의한 배출시설등의 가동개시 신고

③ 제1항 및 제2항의 규정에 의한 허가 · 인가 · 검사등의 의제를 받고자 하는 자는 당해 국제회의시설의 건축허가 및 사용승인 신청시 문화관광부령이 정하는 관계서류를 함께 제출하여야 한다. 〈개정 2001.3.28〉

④ 시장 · 군수 또는 구청장(자치구의 구청장에 한한다)이 건축허가 및 사용승인 신청을 받은 때 제1항 및 제2항에 해당하는 사항이 다른 행정기관의 권한에 속하는 경우에는 미리 그 행정기관의 장과 협의하여야 하며, 협의를 요청받은 행정기관의 장은 요청받은 날부터 15일이내에 의견을 제출하여야 한다.

[제9조에서 이동 〈2003.8.6〉]

제18조 (권한의 위탁)

① 문화관광부장관은 제7조의 규정에 의한 국제회의 유치 · 개최의 지원에 관한 업무를 대통

령령이 정하는 바에 의하여 법인 또는 단체에 위탁할 수 있다. 〈개정 2001.3.28, 2003.8.6〉

② 문화관광부장관은 제1항의 규정에 의한 위탁을 한 경우에는 해당 법인 또는 단체에 대하여 예산의 범위안에서 필요한 경비를 보조할 수 있다. 〈개정 2001.3.28, 2003.8.6〉

[제10조에서 이동 〈2003.8.6〉]

부칙 〈제5210호,1996.12.30〉

이 법은 공포후 3월이 경과한 날부터 시행한다.

부칙 〈제6442호,2001.3.28〉

이 법은 공포한 날부터 시행한다.

부칙(소방기본법) 〈제6893호,2003.5.29〉

제1조 (시행일) 이 법은 공포후 1년이 경과한 날부터 시행한다.

제2조 내지 제4조 생략

제5조 (다른 법률의 개정) ①내지 ⑤생략

⑥국제회의산업육성에관한법률중 다음과 같이 개정한다.

제9조제1항제4호중 "소방법 제8조제1항"을 "소방시설설치유지및안전관리에관한법률 제7조제1항"으로 하고, 동조제2항제2호중 "소방법 제62조"를 "소방시설공사업법 제14조제1항"으로 한다.

⑦내지 〈23〉생략

제6조 생략

부칙 〈제6961호,2003.8.6〉

이 법은 공포후 6월이 경과한 날부터 시행한다.

부칙(수질환경보전법) 〈제7459호,2005.3.31〉

제1조 (시행일) 이 법은 공포 후 1년이 경과한 날부터 시행한다.

제2조 내지 제4조 생략

제5조 (다른 법률의 개정) ①및 ②생략

③ 국제회의산업육성에관한법률 일부를 다음과 같이 개정한다.

제17조제1항제6호중 "수질환경보전법 제10조"를 "「수질환경보전법」 제33조"로 하고, 동조 제2항제4호 "수질환경보전법 제14조"를 "「수질환경보전법」 제37조"로 한다.

④내지 〈36〉생략

제6조 생략

■ 국제회의산업육성에관한법률시행령

개정 1997. 4. 4 대통령령 제15337호

개정 2004. 2. 7 대통령령 제18271호

제1조 (목적)

이 영은 국제회의산업육성에관한법률에서 위임된 사항과 그 시행에 관하여 필요한 사항을 규정함을 목적으로 한다.

제2조 (국제회의의 종류 · 규모)

국제회의산업육성에관한법률(이하 "법"이라 한다) 제2조제1호의 규정에 의한 국제회의는 다음 각호의 1에 해당하는 회의를 말한다.

1. 국제기구 또는 국제기구에 가입한 기관 또는 법인 · 단체가 개최하는 회의로서 다음 각목의 요건을 갖춘 회의

가. 당해 회의에 5개국 이상의 외국인이 참가할 것

나. 회의참가자가 300인 이상이고 그 중 외국인이 100인 이상일 것

다. 3일 이상 진행되는 회의일 것

2. 국제기구에 가입하지 아니한 기관 또는 법인 · 단체가 개최하는 회의로서 다음 각목의 요

건을 갖춘 회의

가. 회의참가자중 외국인이 150인 이상일 것

나. 2일 이상 진행되는 회의일 것

제3조 (국제회의시설의 종류 · 규모)

① 법 제2조제3호의 규정에 의한 국제회의시설은 전문회의시설 · 준회의시설 · 전시시설 및 부대시설로 구분한다.

②전문회의시설은 다음 각호의 요건을 갖추어야 한다.

1. 2천인 이상의 인원을 수용할 수 있는 대회의실이 있을 것
2. 30인 이상의 인원을 수용할 수 있는 중 · 소회의실이 10실 이상 있을 것
3. 2천제곱미터 이상의 옥내전시면적을 확보하고 있을 것

③ 준회의시설은 국제회의의 개최에 필요한 회의실로 활용할 수 있는 호텔연회장 · 공연장 · 체육관 등의 시설로서 다음 각호의 요건을 갖추어야 한다.

1. 600인 이상의 인원을 수용할 수 있는 대회의실이 있을 것
2. 30인 이상의 인원을 수용할 수 있는 중 · 소회의실이 3실 이상 있을 것

④전시시설은 다음 각호의 요건을 갖추어야 한다.

1. 2천제곱미터 이상의 옥내전시면적을 확보하고 있을 것
2. 30인 이상의 인원을 수용할 수 있는 중 · 소회의실이 5실 이상 있을 것

⑤ 부대시설은 국제회의의 개최 및 전시의 편의를 위하여 제2항 및 제4항의 시설에 부속된 숙박시설 · 주차시설 · 음식점시설 · 휴식시설 · 판매시설 등으로 한다.

제4조 (국제회의산업육성위원회의 구성)

① 법 제4조의 규정에 의한 국제회의산업육성위원회(이하 "육성위원회"라 한다)는 위원장 1인을 포함한 15인 이내의 위원으로 구성한다.

② 육성위원회의 위원장은 문화관광부차관이 되고, 위원은 다음 각호에 해당하는 자중 문화관광부장관이 위촉하는 자가 된다.

1. 관계 중앙행정기관의 1급 공무원
2. 특별시 · 광역시 및 도의 부시장 및 부지사
3. 국제회의산업에 관한 학식과 경험이 풍부한 자
4. 관련단체가 추천하는 자

제5조 (육성위원회의 회의)

① 육성위원회의 위원장은 위원회의 회의를 소집하고 그 의장이 된다.

② 육성위원회의 회의는 재적위원 과반수의 출석과 출석위원 과반수의 찬성으로 의결한다.

제6조 (국제회의산업자문단)

① 법 제4조제2항의 규정에 의한 국제회의산업자문단(이하 "자문단"이라 한다)은 관광관련 전문가중 문화관광부장관이 지명하는 10인 이내의 자문위원으로 구성한다.

② 자문단의 장은 자문위원간의 호선으로 결정한다.

③ 자문위원의 임기는 3년으로 하되, 공무원인 자문위원은 그 직에 있는 동안 재임한다.

제7조 (수당)

육성위원회 및 자문단의 회의에 출석한 위원 및 자문위원에 대하여는 예산의 범위안에서 수당과 여비를 지급할 수 있다. 다만, 공무원인 위원 또는 자문위원이 그 소관업무와 관련되는 회의에 출석하는 경우는 그러하지 아니하다.

제8조 (운영세칙)

이 영에서 규정한 것 외에 육성위원회의 운영에 관하여 필요한 세부사항은 육성위원회의 의결을 거쳐 육성위원회의 위원장이 정한다.

제9조 (국제회의 전담조직의 업무)

법 제5조제1항의 규정에 의한 국제회의 전담조직은 다음 각호의 업무를 담당한다.

1. 국제회의의 유치 및 개최 지원
2. 국제회의산업의 국외홍보
3. 국제회의 관련정보의 수집 및 배포
4. 국제회의 전문인력의 교육 및 수급
5. 법 제5조제2항의 규정에 따라 설치된 전담조직에 대한 지원 및 상호협력
6. 그 밖에 국제회의산업의 육성과 관련된 업무

제10조 (국제회의 전담조직의 지정)

문화관광부장관은 법 제5조제1항의 규정에 따라 국제회의 전담조직을 지정하고자 하는 때에는 육성위원회의 심의를 거쳐야 한다.

제11조 (국제회의산업육성기본계획)

문화관광부장관은 법 제6조의 규정에 의한 국제회의산업육성기본계획을 수립 또는 변경하는 경우에는 국제회의산업과 관련이 있는 기관 또는 단체 등의 의견을 들어야 한다.

제12조 (국제회의산업육성기반 조성사업 및 사업시행기관)

① 법 제8조제1항제6호에서 "대통령령이 정하는 사업"이라 함은 다음 각호의 사업을 말한다.

1. 법 제5조의 규정에 의한 국제회의 전담조직의 육성
2. 국제회의산업에 관한 국외홍보사업

② 법 제8조제2항제5호에서 "그 밖에 대통령령이 정하는 법인 · 단체라 함은 국제회의산업의 육성과 관련된 업무를 수행하는 법인 · 단체로서 문화관광부장관이 지정하는 법인 · 단체를 말한다.

제13조 (국제회의도시의 지정기준)

법 제14조제1항의 규정에 의한 국제회의도시의 지정기준은 다음 각호와 같다.

1. 지정대상도시안에 국제회의시설이 있고, 당해 특별시 · 광역시 또는 시에서 이를 활용한 국제회의산업육성에 관한 계획을 수립하고 있을 것
2. 지정대상도시안에 숙박시설 · 교통시설 · 교통안내체계 등 국제회의 참가자를 위한 편의시설이 갖추어져 있을 것
3. 지정대상도시 또는 그 주변에 풍부한 관광자원이 있을 것

제14조 (재정지원 등)

법 제16조제2항의 규정에 의한 지원금의 교부는 당해 사업의 추진상황 등을 고려하여 분할하여 지급한다. 다만, 사업의 규모 · 착수시기 등을 참작하여 필요하다고 인정하는 때에는 일시에 이를 지급할 수 있다.

제15조 (지원금의 관리 및 회수)

① 법 제16조제2항의 규정에 따라 지원금을 교부받은 자는 그 지원금에 대하여 별도의 계정을 설치하여 관리하여야 하고, 그 사용실적을 사업종료후 1월 이내에 문화관광부장관에게 보고하여야 한다.

② 법 제16조제2항의 규정에 따라 지원금을 교부받은 자가 법 제16조제2항 각호의 규정에 의한 용도외에 지원금을 사용한 때에는 그 지원금을 회수할 수 있다.

제16조 (권한의 위탁)

문화관광부장관은 법 제18조제1항의 규정에 따라 법 제7조의 국제회의의 유치 · 개최의 지원에 관한 업무를 법 제5조제1항에 의한 국제회의 전담조직에 위탁한다.

부 칙

이 영은 공포한 날부터 시행한다.

■ 국제회의산업육성에관한법률시행규칙

제정 1997.5.12 문화체육부령 제37호

개정 2004.2.21 문화관광부령 제87호

제1조 (목적)

이 규칙은 국제회의산업육성에관한법률 및 동법시행령에서 위임된 사항과 그 시행에 관하여 필요한 사항을 규정함을 목적으로 한다.

제2조 (국제회의 유치 · 개최 신청)[개정 2004.2.21]

국제회의산업육성에관한법률(이하 "법"이라 한다) 제7조제2항 및 제18조제1항의 규정에 의하여 국제회의 유치 · 개최에 관한 지원을 받고자 하는 자는 별지 서식의 국제회의지원신청서에 다음 각호의 서류를 첨부하여 법 제18조 제1항에 의하여 위탁된 법인 또는 단체의 장에게 제출하여야 한다.[개정 2004.2.21]

1. 국제회의 유치 · 개최계획서(국제회의의 명칭 · 목적 · 기간 · 장소 · 참가자수 · 소요비용 등을 포함하여야 한다) 1부
2. 국제회의 유치 · 개최 실적에 관한 서류(국제회의를 유치 · 개최한 실적이 있는 경우에 한한다) 1부
3. 지원을 받고자 하는 세부내용을 기재한 서류 1부

제3조 (지원 결과보고)

법 제7조 2항 및 제18조제1항의 규정에 의하여 지원을 받은 국제회의 유치 · 개최자는 당해 지원사업이 완료된 후 2개월 이내에 사업결과 보고서를 위탁된 법인 또는 단체의 장에게 제

출하여야 한다.[신설 2004.2.21]

제4조 (국제회의도시 지정신청)

법 제14조제1항의 규정에 의하여 국제회의도시의 지정을 신청하고자 하는 특별시장 · 광역시장 또는 시장은 다음 각호의 내용을 기재한 서류를 문화관광부장관에게 제출하여야 한다.[개정 2004.2.21]

1. 국제회의시설의 보유현황 및 관리 · 운영계획[개정 2004.2.21]
2. 숙박시설 · 교통시설 · 교통안내체계등 국제회의 개최와 관련된 편의시설의 현황 및 확충계획
3. 관광자원의 현황 및 개발계획
4. 국제회의의 유치 · 개최 실적 및 계획

제5조 (인 · 허가등의 의제를 위한 서류제출)

법 제9조제3항에서 "문화체육부령이 정하는 관계서류"라 함은 법 제9조제1항 및 제2항의 규정에 의하여 의제되는 인 · 허가등에 필요한 서류를 말한다.

부칙 〈제37호,1997.5.12〉

이 규칙은 공포한 날부터 시행한다.

■ 해외 컨벤션 교육제도 및 자격증

1. 해외 교육기관

1) 미국 사례

유럽을 제외하고 가장 큰 회의시장을 확보하고 있는 미국의 경우, 본 연구 조사결과에 따르

면 약 50 여 개 대학 (4년제 대학: 35개 대학, 2년제 대학: 14개 대학)에서 컨벤션 관련 교육과정이 제공되고 있으며 이외에도 자격증 시험을 대비한 소규모의 스터디 그룹이 전국적으로 운영되고 있다. 각 대학의 교육과정은 다음과 같다.

○ 미국 4년제 대학

대학이름	소재지	소속대학	개설과목
아팔라치안 주립대학	북 캐롤리나	경영대	회의 경영론 데스티네이션 경영론
콜롬비아 대학	미저리		회의기획 개론 관광학 원론 회의기획실무 마케팅/홍보론 회의기획원론
플로리다 대학	플로리다	관광경영대	회의/전시 경영론
조오지 주립대학	아틀란타	관광행정대	전시경영론 회의기획, 컨벤션서비스 경영론
인디애나 대학	인디아나 폴리스		회의경영 개론 컨벤션 세일즈
켄사스 주립대학			컨벤션 서비스 원론
케유카 대학	뉴욕		회의기획실무 컨벤션 세일즈/서비스
메르커스트 대학	펜실베니아		컨벤션 개론 컨벤션 원론 회의/전시 경영론 컨벤션 응용학
메트로폴리탄 주립 대학	덴버		회의기획 실무
뉴멕시코 주립대학			회의기획/운영론 전시/이벤트 경영론
뉴욕대학			회의 기획가를 위한 연회 경영론

대학이름	소재지	소속대학	개설과목
나이아가라 대학			인센티브 여행 컨벤션 운영론
노스이스턴 주립대학	오클라호마	회의경영대	회의경영원론 컨벤션/전시 경영론 회의기획 실무 관계 법률
퍼듀 대학 대학이름		호텔/관광 경영대	컨벤션 세일즈/서비스
루즈벨트 대학	일리노이	관광경영 프로그램	
산호세 주립대학		관광경영대	회의 기획론 이벤트 기획론
서든 일리노이 대학			컨벤션 경영론
알라바마 대학		관광경영	전시 운영론 회의 기획론
로버트모리스 대학	펜실베니아		컨벤션 운영론
센트럴 플로리다 대학		호텔경영	전시, 컨벤션 경영론
휴스톤 대학		호텔경영	컨벤션 경영론 이벤트 경영론
메사추우셋츠 대학		호텔/관광경영	회의 기획 실무론
네바다 라스베가스 대학	라스베가스	관광/컨벤션 경영	
뉴헴프셔 대학			컨벤션 기획론
뉴올리안즈 대학		호텔/관광경영	컨벤션 기획론
버지니아 폴리테크 대학		호텔/관광 경영	회의 기획론

2) 캐나다

4개 대학 Atlantic Tourism and Hospitality Institute, College of the Cariboo, Ryerson Polytechnical University, University of Calgary에서 컨벤션 관련 교육과정이 개설되어 있으며 회의 및 이벤트기획론을 강의한다.

3) 유럽

유럽 일부 국가에서는 컨벤션 관련 석사과정이 개설되어 운영되고 있다. Meeting Europe, March, 2000, p. 3 유럽에서 처음 석사과정이 개설 된 대학은 이태리의 볼로그나 대학(Bologna Univ.)으로 행정, 재무, 회의수요 분석, 커뮤니케이션, 인력관리, 컨벤션산업론, 마케팅, 데이터분석기법, 컴퓨터공학 및 컨퍼런스기획 및 경영학 과정이 개설되어 있다. 이외에도 포르투갈의 Vianade Castelo, 프랑스의 Angers, 스콧틀랜드의 Glasgrow Caledonian, 네덜란드의 Erasmus University Rotterdam, 영국의 Birmingham college, 독일의 Munich, 오스트리아의 Krems, 핀란드의 Joensu 대학에서 컨벤션 경영 석사과정이 운영되고 있다.

4) 싱가폴

일본을 제외하면 아시아에서 가장 많은국제회의를 개최하고 있는 싱가폴의 경우, 협회(SACEOS; Singapore Association of Convention and Exhibition Organizers and Suppliers) 차원에서 관련 교육과정을 개설, 운영하고 있다. 교육과정은 회의 경영과정과 전시 경영과정으로 나뉘어 운영되며 회의 경영과정의 경우 교육과목으로 회의전문가의 역할, 광고/홍보론, 개최지선정, 프로그램 기획, 공급업자 선정, 후원모집, 예산, 작업기획서 작성 및 현금흐름표 작성, 등록기획, CVB의 역할이 포함된다.

2. 국내 컨벤션기획사 자격증제도

	시험 과목		문항 수	합격기준
	제 1 과목	컨벤션 산업의 개요	40 문항	4지선택형
	컨벤션산업론	컨벤션 기획 및 운영		과락 40점
필기		홍보 및 마케팅	30 문항	평균 60점 이상
	제 2 과목	호텔 실무		
	호텔관광실무론	관광 실무	30 문항	작업형
		어휘구사력 및 문법파악력		60점 이상
실기	제 3 과목	독해력 및 표현력	70 점	
	컨벤션영어	컨벤션 커뮤니케이션		
		컨벤션기획서 작성	30 점	
	컨벤션실무	실무제안서 작성		
		영어서신 작성		

서 승 진

한림성심대학학장, 한림국제대학원 원장
한국컨벤션전시산업연구원 원장
'2008 APEC' 준비기획단 자문위원
컨벤션 기획사 관련 연구,
컨벤션 전시 관련연구 프로젝트 다수 수행
현재: 문화관광부 관광정책 심의위원
산업자원부 무역통상정책 심의위원
한림국제대학원대학교 교수

윤 은 주

한림성심대학 호텔외식경영과 조교수
한국컨벤션협회 실무위원
한국컨벤션학회 이사
컨벤션의 국내유치 촉진전략에 관한 연구 등
컨벤션 전시 관련연구 프로젝트 다수 수행
현재: 한림국제대학원대학교 조교수
한국컨벤션전시산업연구원(icem) 연구위원

컨벤션 기획·운영 실무자들을 위한 **컨벤션 산업론**

초판 1쇄 발행 ॥ 2007년 08월 30일
초판 3쇄 발행 ॥ 2011년 03월 15일

지은이 ॥ 서승진·윤은주
펴낸이 ॥ 홍정표
이 사 ॥ 양정섭
디자인 ॥ 김미미
기획·마케팅 ॥ 최관호 주재명 노경민 김현아
경영지원 ॥ 조기호 최정임

펴낸곳 ॥ 세림출판
등 록 ॥ 제25100-2007-000014호
공급처 ॥ (주)글로벌콘텐츠출판그룹
주 소 ॥ 서울특별시 강동구 길동 349-6 정일빌딩 401호
전 화 ॥ 02-488-3280
팩 스 ॥ 02-488-3281
홈페이지 ॥ www.gcbook.co.kr
이메일 ॥ edit@gcbook.co.kr

값 18,000원
ISBN 978-89-92576-10-9 93980